湖北省公益学术著作出版专项资金
Hubei Special Funds for Academic and Public-interest Publications

『湖北近代文学研究』丛书·第一辑

杨守敬年谱

◎程翔章　程祖灏/编著

華中师範大学出版社

新出图证(鄂)字 10 号

图书在版编目(CIP)数据

杨守敬年谱/程翔章，程祖灏编著. —武汉：华中师范大学出版社，2022.12
(“湖北近代文学研究”丛书. 第一辑)
ISBN 978-7-5622-9802-1

Ⅰ. ①杨… Ⅱ. ①程… ②程… Ⅲ. ①杨守敬(1839—1915)—年谱
Ⅳ. ①K825.89

中国版本图书馆 CIP 数据核字(2022)第 097937 号

杨守敬年谱

©程翔章 程祖灏 编著

责任编辑：张晶晶 **责任校对**：王 炜 **封面设计**：罗明波
编辑室：综合编辑室 **电话**：027-67867370
出版发行：华中师范大学出版社有限责任公司
社址：湖北省武汉市珞喻路 152 号 **邮编**：430079
电话：027-67863426(发行部) 027-67861321(邮购)
传真：027-67863291
网址：http://press.ccnu.edu.cn **电子信箱**：press@mail.ccnu.edu.cn
印刷：湖北新华印务有限公司 **督印**：刘 敏
字数：400 千字
开本：710mm×1000mm 1/16 **印张**：24
版次：2022 年 12 月第 1 版 **印次**：2022 年 12 月第 1 次印刷
定价：96.00 元

欢迎上网查询、购书

前　言

湖北位于中国大陆的中部、长江的中游，汉江的大部分流域在湖北境内。境内周边为山地丘陵，中部为辽阔富饶的江汉平原，不仅土地肥沃，物产丰富，乃全国有名的鱼米之乡；而且交通便利，四通八达，有“九省通衢”之誉，地理位置十分优越。自先秦至清代中叶，湖北都是各个朝代文学的重镇，有着优良的文学传统，为中国文学的发展作出过重要贡献。进入近代后，文学创作的成就虽然没有广东、福建、湖南、江苏和浙江等省份突出，但湖北作家继承前辈的优良传统，紧跟时代步伐，勇于探索，积极实践，也取得了可喜的成就，为中国文学的近代化与现代化，奉献了自己的智慧和力量。

这里所说的“近代”，通常是指自鸦片战争开始至五四运动为止，即1840年至1919年的这一历史时期。这一历史时期是中国历史上一个非常特殊的历史阶段；由于帝国主义列强侵略的日益加深，中国的社会发生了数千年未有之大变局，原有的封建君主专制的封建社会逐渐转变为半封建和半殖民地的社会，故史学界将这一特殊历史阶段的历史称为“中国近代史”；而发生、发展于这一特殊历史阶段的中国文学，无论是文学观念、文学思想、文学理论，还是文学体裁、文学方法、文学创作，随着社会大动荡、大分化、大变革的历史进程，亦发生了前所未有的变化，故文学界将这一特殊历史阶段产生的文学，称为“中国近代文学”。

改革开放以来，中国迎来了学术研究的春天，尤其是对中国近代文学的研究，可谓兴盛繁荣，一日千里，硕果累累。但与全国其他省市相比，尤其是与福建、广东、湖南、安徽、山东、江苏、上海、北京等省市相比，湖北近代文学的研究相对比较薄弱、落后：不仅研究的学人少，而且研究的成果亦少。

笔者从事中国近代文学的研究，最初接触湖北近代作家的文学创作，始自20世纪80年代的中期。那时刚大学毕业不久，留在学校从事管理工作，应师友们之邀，在工作之余，跟随林非先生一起编撰《中国散文大辞典》，并被安排负责整个近代部分。从那时起，笔者就发现湖北近代文学是一座富矿，值得花力气去挖掘、开采，并有心在这方面做些努力。随着辞典编撰的深入展开，笔者开始有意收集湖北近代作家的相关资料，并断断续续写过一些湖北作家的研究文章。只是由于各种任务繁重，难以集中精力在这方面下功夫。

进入 90 年代后，除管理工作比较繁重之外，承担的教学任务亦很重。根据教学工作的需要，笔者将有限的业余时间几乎都用在了对中国近代文学作整体、全面、深入的探讨和思考上，为撰写既能够反映中国近代文学发展整体面貌又适合教学实际的文学史做准备。

20 世纪末与 21 世纪初，我们编撰的《中国近代文学作品选》《中国近代文学》相继出版面世，并受到社会和学生的普遍欢迎与肯定，年年加印；后又应出版社之邀，曾多次对这套教材进行修订再版和改版，花费了笔者不少时间和精力。直到 2015 年前后，才逐渐从繁重的事务中脱身出来，开始对湖北近代作家作整体、全面、深入的研究。尤其是退休后，笔者谢绝了多所学校的聘请，一心一意在家进行对湖北近代作家的研究，并在学校出版基金的资助下，相继出版了《湖北近代作家研究（第一集）》《樊增祥年谱》《王柏心年谱》等著作，受到朋友和学术界同人的肯定。

尽管如此，笔者总觉得出版周期过长，过于零散，研究成果不能及时面世，故难以产生较大的影响。因此，笔者产生了组织人力编撰一套《“湖北近代文学研究”丛书》的想法。诸如作家的年谱、评传、佚文和作家的诗文选、湖北近代文学史等等，均可纳入其中。丛书不求一次整体推出，可以分辑推出，每辑 6～8 本，完成一辑，推出一辑；这样日积月累，十几年下来，也会形成一定规模，产生一定影响。

笔者将此想法汇报、告知校出版社的领导，立即得到他们的肯定和大力支持。适值湖北省启动了 2020 年度学术著作出版专项资金的申报工作，出版社领导遂积极支持和推荐笔者申报了“‘湖北近代文学研究’丛书（第一辑）”（8 本）这个项目。感谢各位专家、评委的支持和信任，这个项目最终获得批准。

笔者真诚地希望，《“湖北近代文学研究”丛书》第一辑和以后将陆续出版的各辑，能够引起学人们的关注，都来重视湖北近代文学的研究，促进湖北近代文学的研究更加全面、深入地开展，出现更多、更好的研究成果，共同为繁荣湖北的文化建设作出我们的贡献。

程翔章

例　　言

一、本谱是根据杨守敬的各种传记资料与谢承仁主编之《杨守敬集》（13册）以及时人的著作编成。

二、本谱为记述的方便起见，正文中对谱主直呼其名（如称“杨守敬”，或称“守敬”，或称“邻苏老人”），而对谱主的先辈则称“某某公”，对谱中所涉及的其他人物，亦皆直称其名。

三、本谱纪日期，例以农历，其后用括号；在括号内标注公历，以资参照。

四、谱中各年，首列清帝或民国纪年，次列干支，（括号内）再列公元，最后列谱主年岁。

五、本谱各年之下，按时间顺序详列谱主的行止交游与著述情况；谱文之下，择要引述相关诗文或文献，既可明谱主事迹之所本，又能就迄今为止诗文作品或文献资料中涉及谱主之记载有讹误或歧义者，采用“案语”形式进行说明、辨正与考异。

六、谱中所征引之诗文作品与文献资料，皆注明出处，以便读者检核。

七、谱中涉及的与谱主关系重要或密切的人物，或当时政治、军事、文化、文学界出现的重要人物，一般略注其生平事迹：逝于谱主之前的，在其逝世之年标注；逝于谱主之后的，则择适当时期标注。

八、为更加准确地把握谱主的思想发展脉络，在谱主生活、活动时间内所发生的重大历史事件以及出现的重要历史人物，亦择要列出；而对于文化、文学界出现的重要事件或重要人物，还将作出简要介绍。

九、已收入谱主各集的主要诗（词）文作品，大多按年编入谱中（极少数写作时间不能确定的暂未编入）。凡编入谱中的诗（词）文作品，只列题目，不录内容；对部分不见于集中而保存于他人文集中、论著中的诗（词）文作品，则全文（诗）照录。

十、友朋与谱主的唱和酬赠之作，亦适当征录一些，系于各年之内。这些作品大多只列题目，部分作品则根据情况全文（诗）录入。

十一、凡作品中或征引资料中缺失的字或辨认不清的字，均以“○”表示；明显的错字则在“（　）”中标出。

十二、因在谱主的《杨守敬集》中收入的各类著作、函札、题跋众多，因此，凡编入各年内的各种著作、函札、题跋等，皆注明其出处，如卷数、文体、页码，以方便读者查检、阅读。

目　　录

谱前

杨守敬（1839—1915），谱名开科，榜名恺，字云朋，号心物；后更名守敬，字鹏云，号惺吾，一作星吾、醒吾，晚号邻苏老人；别署晦堂、激素、恪郦主人、观海道人。室名“飞清阁”“望古堂”“邻苏园”“观海堂”“晦明轩”“悔明轩”“明晦轩”“三不惑斋”等。湖北布政使司荆州府宜都县陆城镇（今湖北省宜昌市宜都市陆城街道办事处）人。

杨氏源出江南和州（今安徽省马鞍山市和县），先世本地方世族，后“助明开国有功，为武略将军，以千户侯出守枝城，遂居焉”①。后因历时既久，族人繁衍昌盛，杨守敬一族的先祖遂从枝城分出，移居宜都的龙窝。而此一族自杨伟公以上的世系无考，故只好尊奉杨伟公为一世祖。

宜都龙窝杨氏一世祖杨伟公以下为二世祖杨显曜公，三世祖杨振春公，四世祖杨琥公，五世祖杨京臣公；五世祖以上诸公，均系单传（因受旧的宗法观念影响，过去的族谱只载男不载女，故杨氏家族各世女儿的名字暨生卒年月均无从查考，下同）。

五世祖杨京臣公膝下有三子，曰尚文、尚武、尚科。次子杨尚武公乃杨氏之六世祖。

六世祖杨尚武公膝下有一子，曰应昌。杨应昌公即杨氏之七世祖。

七世祖杨应昌公膝下有四子：曰星、冕、旻、暹。长子杨星公乃杨氏之八世祖，亦即杨守敬的高祖。

高祖杨星公，字北极，配张氏，膝下有一子，曰正芳，即杨守敬之曾祖。

曾祖杨正芳公（1753—？），字桂林，配孔氏，膝下有二子，曰惟章（1774—1855，字美含；有子有道、有高）、惟一。惟一公乃杨守敬之祖父。

---

① 《和州杨氏三修家谱》，民国二十五年（1936年）家刻本，湖北宜都市杨守敬纪念馆有藏，以下简称《家谱》。

祖父杨惟一公（1786—1868），科名用启，字诚斋，小商人。配万氏，妾林氏；膝下有一子，名有纯，即杨守敬之父。

父亲杨有纯公（1816—1843），字粹然，“幼聪慧，十余岁担任祖父两店事，能左右手握算，不爽分毫，以操劳过度，得咯血疾不起”[①]。配王氏，续配黎氏，膝下有二子，曰开科、开甲（皆黎氏生）。开科乃有纯公之长子。

开科即守敬，配李氏，妾龚氏，膝下有三子：必钧、必承、必昌。必钧字道承，号子鸿，配邹氏，有子先棐、先楙；必承字德承，号祗仲，配孔氏，续配陈氏，有子先齐、先汉、先植；必昌庠名蔚光，字秋浦，配陈氏，妾李氏，有子先梅、先橘。

守敬幼时由母亲王氏启蒙，继入私塾，十一岁辍学经商，十四岁重入学，咸丰七年（1857 年）取秀才，同治元年（1862 年）中举人。此后，一边设馆授徒，一边赴京应试，还一边撰书、刻书；然科场困顿，历七次会试而不第，乃绝意科举，一心向学。曾随何如璋、黎庶昌出使日本，购得国内久已不传的宋以来的古籍，刻成《古逸丛书》二十六种，共二百卷。回国后，任黄冈县儒学教谕，加内阁中书衔。晚年，受湖广总督张之洞聘，主两湖书院及勤政、存古两学堂讲席；又充湖北通志局编纂。辛亥革命后，寓居上海、北京，曾出任袁世凯政府顾问、参政院参政、清史馆名誉纂修。逝于京城寓所。

守敬一生勤奋刻苦，好学深思，博览强识，学问淹博；又富藏书，不仅数量多，而且藏品精；亦工骈俪，文如其人。其数十年间著述、刻书不辍，著作等身，生前留下的著作就达八十余种，今人编有《杨守敬集》（13 册）等[②]。

守敬一生于舆地之学用力最勤，是公认的清末民初杰出历史地理学家，撰有《隋书经籍志补正》《历代舆地图》《水经注图》《水经注疏》等二十多种著作。尤其是其《水经注疏》（八十卷，近二百万字），为有明以来

---

① 杨守敬：《邻苏老人年谱》，《杨守敬集》第一册，湖北人民出版社/湖北教育出版社 1988 年版，第 7 页。本书后凡引自《邻苏老人年谱》中的内容，皆为此版本，后不再罗列版本信息，仅列页码以供查询。

② 杨守敬著，谢承仁主编：《杨守敬集》（13 册），湖北人民出版社/湖北教育出版社 1988—1997 年版。本书后凡引自《杨守敬集》中的内容，皆为此版本，后不再罗列版本信息，仅列出册数、页码以供查询。

郦学研究的集大成著作，将郦学研究提高到前所未有的水平，也使我国的沿革地理学达到一个新的高峰，成为郦学史上的一座丰碑，学者称之为“开舆地学之新纪元”①。故现、当代著名学者张舜徽亦说：“其一生精力所瘁，尤在《水经注疏》一书……论者叹为绝学。”②

守敬也是清末民初最著名的版本目录学家，独具慧眼的鉴识和求实创新的品格，使他在版本目录学上取得了巨大的成就。一生撰有《留真谱初编》《留真谱续编》《历代经籍存佚考》《古诗存目录》《日本访书志》等十数种著作，其中不少著作在一些分支学科特别是在版本分类编目中具有承前启后或开启先河的作用。

守敬亦是公认的清末民初著名的金石学家，一生撰有《（初辑）寰宇贞石图》《（续辑）寰宇贞石图》《望堂金石初集》《望堂金石二集》《钟鼎彝器砖瓦拓本》等近三十种著作。他不仅特别注重金石文字在治学、研究中的作用，而且善于运用金石文字来考订史籍和考释历史，这就不仅扩大了史料的来源，也拓宽了史学的研究领域。

守敬还是一位享誉中外的书学理论家和书法家。作为理论家，他有《激素飞清阁评碑记》《激素飞清阁评帖记》《楷法溯源》《学书迩言》等多部著作行世，泽慧时人和后世；作为书法家，他楷、行、隶、篆、草具长，尤以行书著称，不仅受到国内书家的推崇，还被日本书家尊为“近代日本书道之祖”③“日本书道的大恩人”④。

赵尔巽等纂《清史稿·杨守敬传》谓：“其学通博。精舆地，用力于《水经》尤勤；通训诂，考证金石文字；能书，摹钟鼎至精；工俪体，为箴铭之属，古奥耸拔，文如其人。以举人官黄冈教谕，加中书衔。尝游日本，搜古籍，多得唐宋善本。辛苦积资，藏书数十万卷。为鄂学灵光者垂二十年。”⑤

---

① 现代著名图书馆学家、目录学家、北京大学教授袁同礼语，转引自谢承仁：《杨守敬与〈水经注疏〉》，陈上岷主编：《杨守敬研究学术论文选集》，崇文书局 2003 年版，第 6 页。

② 张舜徽：《清人文集别录》（下册）卷二十一，中华书局 1963 年版，第 573 页。

③ 1990 年 9 月 18—23 日，日本书道教育学会为纪念其创立 40 周年，在东京日中友好会馆举办“杨守敬及其友人书法展”，所发请柬上就直接称呼杨守敬为“近代日本书道之祖”。

④ 日本《书艺》第四卷第十一号《杨守敬特辑号》，东京平凡社 1937 年版。

⑤ 赵尔巽等：《清史稿·杨守敬传》卷四八六，上海古籍出版社/上海书店 1986 年版，第 1538 页。

正　谱

道光十九年己亥(1839 年)　一岁

正月二十五日（3 月 10 日），钦差大臣林则徐抵达广州禁烟。

二月初四日（3 月 18 日），钦差大臣林则徐传见“十三行”商人，斥责其见利忘义、为外国鸦片烟贩效力的罪行，并谕令英国及各国烟贩三天内上缴所存鸦片烟，各人出具中、英两种文字的甘结（保证书），嗣后永不夹带。

二月初十日（3 月 24 日），英国驻华商务总监督查理・义律潜入广州，企图破坏禁烟。

二月十三日（3 月 27 日），查理・义律被迫同意交出全部鸦片。

四月十五日（5 月 16 日）丑时（凌晨一至三时），杨守敬出生于湖北宜都（今宜都市）一个小商人家庭①。

四月二十二日至五月十五日（6 月 3—25 日），林则徐将所收缴的 19 187 箱、2 119 袋总计 2 376 254 斤鸦片，在虎门沙滩当众销毁。虎门销烟，大长了中国人民的志气，大灭了帝国主义的威风，全国上下为之振奋。

五月初二日（6 月 12 日），清政府制定《严禁鸦片章程》三十九条。

五月二十七日（7 月 7 日），英国水手在广东九龙尖沙咀伤毙农民林维喜。事后，查理・义律拒不交出凶手，史称“林维喜事件”。

---

① 据“同治元年壬戌乡试朱卷”杨氏自填履历云：“道光庚子四月十五日吉时生”；而他自订《邻苏老人年谱》中则谓：“己亥，道光十九年，一岁。四月十五日丑时，吾以生。”这两种记载相差一岁。按理说，杨氏年轻时参加科举考试所填之履历不应有错，而《邻苏老人年谱》是晚年所回忆，难免有记错之处，因此应以朱卷为准。但是，《邻苏老人年谱》流传海内外，学人皆知，且都认同这一说法；而各种有影响的词典、传记亦都是按《邻苏老人年谱》的说法行文的，故本谱只好“从众”了。

七月初七日（8月15日），林则徐下令禁止供给澳门英人柴米食物，并撤回英国商人所雇佣的中国职员、工人。

七月二十七日（9月4日），英国兵舰在九龙附近炮击广东水师兵船，遭到广东水师的还击。英国兵舰遁回尖沙咀。

九月二十八日（11月3日），英国军舰开至穿鼻洋向我国挑衅。广东水师提督关天培率水师迎头痛击，英军败退。

十二月初一日（1840年1月5日），清政府任命在广州查禁鸦片的钦差大臣林则徐为两广总督。

同日，林则徐根据道光皇帝的旨意，发布通告，正式封港，下令停止一切中英贸易，禁止一切英国船只进口。

十二月初四日（1840年1月8日），英国新任驻华海军司令官士密宣布英舰自十一日起封锁广州口岸与珠江口。

十二月二十二日（1840年1月26日），清政府调原两广总督邓廷桢为闽浙总督。

是年，祖父惟一公开有两家商店，由父亲有纯公执掌店务。

道光二十年庚子（1840年）　二岁

是年，杨家仍开着两家商店，继续由有纯公执掌店务。

正月初一日（2月3日），林则徐正式就任两广总督，并积极招募水勇，督造战船，增建炮台，组织兵勇操练；又开始用从澳门等处购买的二百门新式铜、铁大炮装备虎门各要塞，防止英舰闯入。

正月十八日（2月20日），英国政府任命驻好望角舰队司令、海军少将乔治·懿律和驻华商务总监督查理·义律分别为对华交涉正、副全权公使，并由懿律出任侵华英军总司令。

同日，英国外交大臣巴麦尊（亦译作“帕麦斯顿”）在向懿律和义律发出的第一号训令中，详列了侵华的具体步骤。

二月十六日（3月19日），英国政府宣布出兵中国。

三月初九日（4月10日），英国议会正式通过发动侵华战争的决议案，派兵侵略中国。

五月中旬，英国军舰封锁珠江口，进攻广州，被守军击退。

五月二十二日（6月21日），英国对华谈判全权公使、侵华英军总司令乔治·懿律和英国侵华远征军海军司令官伯麦率英国舰船四十八艘、士兵四千余人，从印度加尔各答陆续开抵广东海面集结。

五月二十九日（6 月 28 日），英国军舰封锁广州江面入口与所有河道港口，主力则北上，第一次鸦片战争正式爆发。

六月初二日（6 月 30 日），因广东防守严密，乔治・懿律率英军主力北上，进犯闽浙沿海；士密则率舰船五艘继续封锁珠江口。

六月初四日（7 月 2 日），英国军舰“布朗底”号炮击福建厦门，遭到守军的英勇反击，被击退，英军舰队旋即北上。

六月初七日（7 月 5 日），英国侵略军攻占浙江定海。定海知县姚怀祥殉难。

六月十二日（7 月 10 日），英国军舰封锁浙江宁波及长江口。

六月间，林则徐向美商购买九百吨重的轮船“甘米力治”号，改装成舰船，置新式大炮三十四门，配入水师，为中国近代引进外轮之始。

七月十四日（8 月 11 日），乔治・懿律率领英国舰队抵达天津大沽口拦江沙外。

七月十八日（8 月 15 日），英国侵略军向清政府递交外交大臣巴麦尊拟定的“照会”，提出鸦片贸易合法、赔款、割地等无理要求。

八月初四日（8 月 30 日），直隶总督琦善受道光皇帝之命，至大沽口南岸与懿律会谈，表示如英国军队回到广东，当有满意结果。

八月初五日（8 月 31 日），广东水师在矾石洋击败前来进犯的英国军舰。

八月二十二日（9 月 17 日），英国舰队南返后，道光皇帝命直隶总督琦善为钦差大臣，赴广东办理中英交涉，同时下令沿海各省督抚不要炮击英国舰船。

九月初一日（9 月 26 日）丑时，弟先三（1840—1880）出生于宜都。

九月初三日（9 月 28 日），朝旨“林则徐、邓廷桢著交部分别严加议处”。

同日，朝命钦差大臣琦善署理两广总督。

九月初八日（10 月 3 日），钦差大臣林则徐、闽浙总督邓廷桢因禁烟问题得罪投降派，被革职。

十月十三日（11 月 6 日），钦差大臣、两江总督伊里布与英国舰队司令乔治・懿律达成妥协的浙江停战协议。

十月二十三日（11 月 16 日），浙江镇海千余人请愿，反对伊里布撤退镇海守军。

十一月初六日（11 月 29 日），钦差大臣琦善到达广州，英国舰船返抵澳门海面。

十一月十一日（12 月 4 日），钦差大臣琦善接任两广总督，撤除海防工事，解散兵勇，与义律议和。

十一月十四日（12 月 7 日），乔治·懿律因病返回英国，英国驻华全权公使职务暂由其堂弟、驻华副使查理·义律代理。

十二月十五日（1841 年 1 月 7 日），英国军队乘琦善裁撤海防之际，突然向清军穿鼻洋外的大角、沙角炮台发动进攻，守将陈连陞父子身先士卒，力战殉国。

是年，朱之榛（1840—1909）出生于浙江平湖一个书香官宦之家。

道光二十一年辛丑(1841 年)　三岁

是年，杨家仍开着两家商店，继续由有纯公执掌店务。

正月初三日（1 月 25 日），查理·义律伪造了清政府同意割让香港、赔偿烟价六百万银元、开放广州海口贸易等内容的所谓“穿鼻草约”。

正月初四日（1 月 26 日），英国军队侵占香港，香港开埠，始受英国殖民统治。

正月初五日（1 月 27 日），道光皇帝下旨对英宣战，决心在广东和浙江把英国人“痛加剿洗”。

正月初八日（1 月 30 日），清政府派御前领侍卫内大臣、皇侄奕山为靖逆将军，户部尚书隆文、湖南提督杨芳为参赞大臣，调集各省军队一万七千人，驰往广东。

正月十九日（2 月 10 日），道光皇帝免除伊里布的钦差大臣职务，命署理两江总督裕谦为钦差大臣，主持浙江方面军务。

正月二十日（2 月 11 日），广东巡抚怡良上奏清政府，揭露琦善出卖香港的罪行。

二月初五日（2 月 25 日），英国军队进攻广东的虎门镇（位于广东省东莞市西南部、珠江口东岸），并于次日攻陷虎门镇，广东水师提督关天培率军在靖远炮台拼死抵抗，最后以身殉国。

二月二十一日（3 月 13 日），琦善被革职后锁拿离开广州，解往京城问罪，查抄家产。

二月二十八日（3 月 20 日），钦差大臣裕谦亲赴浙江定海，招募水勇，添兵置炮，鼓励军民擒杀侵略者；参赞大臣杨芳与代理英国驻华全权公使查理·义律达成暂时停战协议，广东恢复对外贸易。

三月初九日（3 月 31 日），义律派伯麦到印度请求援军。

三月二十五日（4 月 16 日），道光皇帝命林则徐以四品卿衔赴浙江军营协办海防事务。

闰三月初十日（4 月 30 日），英国政府以“穿鼻草约”得利太少，拒绝承认，任命璞鼎查接替义律为全权公使。

闰三月十三日（5 月 3 日），林则徐奉旨从广州天字码头乘船赴浙江；清政府实授裕谦为两江总督。

四月初一日（5 月 21 日），英国军舰全部驶入虎门，奕山贸然下令夜袭英国兵船，误烧民船而返。

四月初二日（5 月 22 日），英国侵略军大举反扑，进逼广州。

四月初四日（5 月 24 日），英国军舰先后攻占广州城郊的泥城、四方两座炮台。

四月初六日（5 月 26 日），英国军舰炮轰广州城内。奕山竟令在城头高竖白旗，并派广州知府余保纯向英军求和。

四月初七日（5 月 27 日），余保纯与查理·义律订立《广州和约》，同意向英军交纳六百万银元，赎回广州城。

四月初九日（5 月 29 日），小股英军骚扰广州北郊三元里一带，被村民奋力击退，击毙英军多人。

四月初十日（5 月 30 日），广州北郊三元里一带一百零三乡民众聚集于牛栏冈，抗击英军，毙伤二百余名、生俘二十余名侵略者。

四月十一日（5 月 31 日），广州附近番禺、南海、花县、增城等县义勇数万人包围四方炮台的英军，为广州知府余保纯强令撤离解散。

四月十六日（6 月 5 日），英国军队退出广州泥城炮台。

四月十八日（6 月 7 日），义律贴出《告示民众》，广东民众则发布《广东义民斥英夷说帖》，痛斥英国侵略者。

五月初十日（6 月 28 日），道光皇帝听信投降派谗言，以广东的军事失败归罪于林则徐、邓廷桢“废弛营务”，下令革去林则徐四品卿衔，将林则徐、邓廷桢遣戍新疆伊犁，效力赎罪。

五月二十六日（7 月 14 日），林则徐奉命踏上赴新疆伊犁的戍途。其子林聪彝、林拱枢随侍前往。

五月间，广东北郊十三社八十余乡联合组成抗英义勇，成立“昇平社学”。东北郊、南郊亦先后成立“东平社学”“南平社学”“隆平社学”等。

六月十六日（8 月 2 日），黄河在开封府城西北十余里的南厅祥符汛三十一堡堤防决口，造成严重水灾。

六月二十四日（8月10日），英国新任驻华全权公使璞鼎查爵士和新任英国远征军总司令兼海军司令巴尔克抵达澳门。

七月初五日（8月21日），璞鼎查、巴尔克率英国舰船北犯闽浙。

七月初十日（8月26日），英国军舰突袭厦门，鼓浪屿、厦门相继失守，金门镇总兵江继芸、副将凌志力战殉国。

八月十六日（9月30日），英国一艘军舰向台湾基隆炮击，被台湾道台姚莹、总兵达洪阿率守军开炮击伤，触礁沉没。

八月十七日（10月1日），英国侵略军再次进攻浙江定海，总兵葛云飞、郑国鸿、王锡朋英勇抵抗，战死。

八月二十六日（10月10日），英国侵略军攻陷浙江镇海，总兵谢朝恩战死，两江总督裕谦登城督战，城破时投水殉国；浙江提督余步云不战而逃。

八月二十九日（10月13日），英国侵略军攻陷浙江宁波。

九月初四日（10月18日），道光皇帝命协办大学士、吏部尚书、皇侄奕经为扬威将军，户部左侍郎文蔚、蒙古副都统特依顺为参赞大臣，率兵援浙。

九月初五日（10月19日），英国一艘三桅兵舰进攻三沙湾（今福建省宁德市霞浦县三沙镇），登陆后又被守军击退。

十二月十二日（1842年1月22日），湖北崇阳秀才钟人杰发动农民举行反清起义，攻占县城，称“钟勤王”。

是年，邓承修（1841—1892）出生于广东归善淡水（今惠州市淡水镇）一个书香之家。

道光二十二年壬寅（1842年）　四岁

是年，杨家仍开着两家商店，继续由有纯公执掌店务；父亲时常带着幼年守敬到店中玩耍。

正月十六日（2月25日），钦差大臣奕经率援军抵达浙江绍兴。

正月二十九日（3月10日），奕经下令清军分三路反攻宁波、定海、镇海，皆战败。道光皇帝旋派原两江总督伊里布随杭州将军、钦差大臣耆英一道，向英军求和。

正月三十日（3月11日），英军一艘三桅兵船驶入台湾大安港（今台北市大安区），被守军俘获五十四人。

正月间，浙江镇海、宁波的黑水党多次奇袭英国军队。

二月初八日（3月19日），大学士、军机大臣王鼎在“效力赎罪”的林则徐的襄助下，终于将黄河决口合拢；朝命林则徐次日仍发往伊犁充军。

三月十六日（4月26日），英国军队放弃浙江宁波，退据浙江定海。

四月初九日（5月18日），英国军队攻陷乍浦（今浙江省嘉兴市平湖市）。

五月初五日（6月13日），英国三十余艘军舰驶入长江口，攻打吴淞炮台，两江总督牛鉴逃遁。

五月初八日（6月16日），英国军队攻占吴淞、宝山，江南提督陈化成率军英勇抵抗，壮烈牺牲。

五月十一日（6月19日），英国侵略军攻陷上海县城，大肆抢掠。

五月十五日（6月23日），英国侵略军退出吴淞，逆江西上，一路焚烧杀掠。

六月十四日（7月21日），英军六千余人再次攻打镇江，副都统海龄督部与英军肉搏，战败后自缢身亡。镇江城破后，英国侵略军进行了大屠杀。

六月二十九日（8月5日），英军舰船八十余艘抵达南京下关江面。

七月初八至初九日（8月13—14日），英国侵略军向清政府提出议和条件。

七月二十四日（8月29日），在南京下关江面英舰“皋华丽”号上，钦差大臣耆英、伊里布、牛鉴代表清政府接受英军提出的全部条件，与英国新任驻华全权公使璞鼎查签订中英《南京条约》（又称《江宁条约》）十三款，第一次鸦片战争结束。

九月二十九日（11月1日），澳门的马礼逊学堂迁入香港继续开办，设置汉语、英语、算数、化学、几何、代数、生理、地理、历史、音乐等课程。它是近代向中国传播西学的第一所洋学堂。

十月十二日（11月14日），父亲有纯公因操劳过度而病殁。

案：据《家谱》记载：有纯公卒于道光二十三年十一月十八日（1844年1月7日），而杨守敬在《邻苏老人年谱》中却记为道光二十二年十月十二日（1842年11月14日），或许是杨守敬晚年的记忆之误。

十月间，广东民众发布《全粤义士义民斥英夷公檄》；捻党在安徽亳州抗击清军，清政府命江苏、安徽、河南等省督抚分兵四路进剿。

十一月初六日（12月7日），广州民众自发组织起来焚烧、捣毁教堂、洋馆。

十一月初九日（12 月 10 日），林则徐到达流放地伊犁的惠远城（今新疆伊犁哈萨克自治州霍城县惠远镇），与早已到达戍所的邓廷桢相会。

是年，王先谦（1842—1917）出生于湖南长沙一个书香之家。

是年，何维朴（1842—1922）出生于湖南道县一个书香之家。

道光二十三年癸卯（1843 年）　五岁

是年，祖父惟一公因儿子病逝无人料理，遂关闭一家商店，自己亲自经营一店。小守敬仍然经常到店中玩耍，帮着祖父数钱玩。晚年时，杨守敬曾回忆说："尝于数钱时摘古钱而弄之，盖天性然也。"①

五月间，广东花县人洪秀全在其第六次考秀才失败后，对仕途彻底死心，遂从《劝世良言》中吸取西方基督教教义，创立"拜上帝会"，开始宣传活动，发展信徒。

六月初十日（7 月 7 日），冯云山、洪仁玕在花县的官禄布村（今属广州市花都区新华街道）加入"拜上帝会"。

六月中旬，钦差大臣、署理两广总督耆英致函英国驻华全权公使璞鼎查，同意英国人进驻广州城。广州民众闻讯，坚决反对。

六月二十五日（7 月 22 日），《中英五口通商章程》在香港公布，作为中英《南京条约》的补充。

七月初一日（7 月 27 日），广州正式对外开埠。

八月十五日（10 月 8 日），耆英与璞鼎查在广东虎门签订《虎门条约》，作为《南京条约》的附约，明文规定了统一的税率，从此无论何种货物，一律以百分之五抽税。

九月十一日（11 月 2 日），厦门正式对外开埠。

九月二十六日（11 月 17 日），根据《南京条约》的规定，上海正式对外开放，各国商人均可至上海自由贸易。

十一月十二日（1844 年 1 月 1 日），宁波正式对外开埠。

十二月间，英国在香港设立码头，向华商收取关税，遭到香港民众的坚决反对。

是年，英国传教士在上海创办"墨海书馆印刷所"，成为外国资本在中国开办的第一家工厂。

---

① 见《邻苏老人年谱》，第 7 页。

道光二十四年甲辰(1844 年)　六岁

年初，母亲王氏见小守敬聪明伶俐，便亲自教其识字、背诵古人诗词；而小守敬特别懂事、好学，母亲当天所教，都能背熟记牢。

二月初一日（3 月 19 日），清政府正式授钦差大臣耆英为两广总督。

二月十五日（4 月 2 日），洪秀全、冯云山离开花县，至珠江三角洲各地进行传教活动。

三月二十一日（5 月 8 日），英国政府派德庇时接替璞鼎查为英国驻华全权公使。

三月间，洪秀全、冯云山至广东珠江三角洲一带进行传教活动。

四月初一日（5 月 17 日），湖南耒阳人阳大鹏为反对官府假公济私、敲诈勒索，率领农民发动反清起义。

四月初五日（5 月 21 日），洪秀全、冯云山进入广西开展传教活动。

四月间，广州河南四十八乡民众三千多人举行示威，反对英人图谋占领河南等地。

五月十八日（7 月 3 日），两广总督耆英代表清政府与美国专使顾盛在澳门附近的望厦村签订中美《望厦条约》。自此，美国遂取得了英国在《南京条约》中的全部特权，还扩大了领事裁判权和关税协定权。

同日，福州正式对外开埠。

六月十八日（8 月 1 日），吴昌硕（1844—1927）出生于浙江吉安一个小知识分子家庭。

八月初九日（9 月 20 日），缪荃孙（1844—1919）出生于江苏江阴申港镇缪家村一个书香官宦之家。

九月十三日（10 月 24 日），两广总督耆英代表清政府与法国专使拉萼尼在广州黄埔法国军舰上签订中法《黄埔条约》。自此，法国遂取得了中英、中美条约中规定的全部特权。

十月初二日（11 月 11 日），清政府批准天主教弛禁。

十月初九日（11 月 18 日），洪秀全离开赐谷村，仍回广东花县老家传教。

十月间，洪秀全返回广东，冯云山则仍留在广西紫荆山继续开展传教活动。

同月里，清政府迫于形势，正式设立“五口（上海、宁波、福州、厦门、广州）通商大臣”，由两广总督兼任。

十一月初一日（12 月 10 日），上海道台宫慕久与英国驻沪领事签订《上海租地章程》，是日后租界的肇始。

是年，英国“东方女子教育会”派遣阿尔赛德女士在宁波开设女子学塾，成为外国传教士在中国开办的第一所女子学校。

道光二十五年乙巳(1845 年)　七岁

是年，杨守敬带弟弟先三仍在家跟着母亲识字、背诵古人诗词；不仅如此，小守敬在母亲的指点下，还学会了对对联。

三月间，英国丽如银行在香港设立分行，不久又在广州设立了其业务机构，是外国在中国开设最早的银行，也是在中国发行钞票最早的外国银行。

四月十三日（5 月 18 日），清政府命直隶、山东、河南各省督抚剿拿“教匪、盗匪”。

五六月间，山东发生特大灾害，曹州等地爆发捻党领导的反清起义。

六月初六日（7 月 10 日），清政府命山东巡抚“剿办”曹州府属捻军。

六月二十九日（8 月 1 日），清政府命两广总督耆英严拿广州“三合会”“卧龙会”等反清组织的会众。

九月初二日（10 月 2 日），云南永昌（今保山市）七哨汉民将城内回民杀戮几尽，遂激起回民发动反清起义。

九月二十九日（10 月 29 日），清政府下令释放林则徐，回京以四、五品京堂候补。

十一月初一日（11 月 29 日），宫慕久公布与英国驻上海第一任领事巴富尔签订的《上海租地章程》二十三条，划定洋泾浜以北、李家场以南的土地作为英国人租借居留地，成为西方资本主义国家在中国强占“租界”的开端。

十二月十八日（1846 年 1 月 15 日），广州民众拒绝英人入城，捣毁知府衙门，取得反入城斗争的第一次胜利。

是年，爆发广西藤县会党首领邓立奇、钟敏和领导的“劫富豪、济贫民、抗清廷”的农民反清起义。

是年，庞鸿文（1845—1909）出生于江苏常熟塘桥镇（今苏州市张家港市塘桥镇）一个书香官宦之家。

是年，王秉恩（1845—1928）出生于四川华阳（今成都市双流区）一个书香之家。

道光二十六年丙午(1846年)　八岁

年初，母亲王氏见小守敬进步迅速，觉得应该让他进私塾接受正规教育，于是就让他带着弟弟先三拜本镇的覃先生为师，进覃先生开办的私塾读书。

母亲还在家里准备了一桌酒菜，请覃先生来家里吃席。开席后，覃先生用筷子夹了一只鸡腿放进嘴里吃起来，一不小心，鸡腿骨头将牙齿“顶”了一下，把牙齿“顶”疼了，便赶紧放下筷子，用手去脸上揉牙床。正好此时小守敬双手捧着一碗绿豆汤从厨房来到覃先生的身边，看到了这一幕。覃先生颇有点不好意思，随即灵机一动说道：“玉香鸡稀烂棒硬。”小守敬听了，知道是覃先生要考考自己，稍微思索了一下，便双手捧着绿豆汤呈递给覃先生道：“绿豆汤翻滚热烫。”覃先生听了，暗暗吃惊：没想到他小小年纪，思维如此敏捷，将来肯定会有出息，并暗自庆幸自己能收这样一个好学生。于是，覃先生微笑着向小守敬点点头，表示肯定与赞许。

正月十五日（2月10日）元宵节那天，宜都陆城镇上家家户户门口都挂着大红灯笼，一派节日景象。覃先生的夫人今年做的是一个鲤鱼跃龙门的大红灯笼。覃先生就在灯笼的右边写了上联：“龙变鱼，鱼变龙，龙鱼变化”，然后让所有的学生来到大门口，认真观察大红灯笼，并要求对出下联。小守敬仔细观赏了灯笼和覃先生的上联后，很快就想好了下联；但他见其余的同学还在那里冥思苦想，就没有过早地说出下联。又过了一会儿，小守敬见还没有小朋友对出下联，就有些忍不住了，他问覃先生道：“先生，如果有人对上了，有没有奖励呢？”覃先生一听，知道小守敬已有了下联，就微笑着说：“谁要是对上了，我书案上的文房四宝，可任意挑选一件。”小守敬听了满心欢喜，便大声吟诵道：“老携幼，幼携老，老幼欢欣。”覃先生听后，大加赞赏，连声说道：“好，好，好！真是好对。”小守敬听了，连忙跑到先生的书案旁，拿起一方端砚就放在自己的座位上。

爷爷惟一公知道这件事情后，高兴得合不拢嘴，逢人便夸赞小守敬聪慧好学，并对其宠爱有加。

三月初三日（3月29日），福建福州民众捣毁洋馆。

三月二十日（4月15日），文学家、民族英雄、陕西巡抚邓廷桢逝于任上。

闰五月十五日（7月8日），广州市民爆发反英斗争，抗议英人无理殴打中国商人。

八月间，湖南宁远（今永州市宁远县）胡有禄率天地会会众发动反清起义。

同月里，爆发了云南昌宁桑道三领导的回民反清武装起义。

九月间，湖南东安（今永州市东安县）王宗献率民众发动反清起义。

冬月朔日（农历十一月初一，即夏历 11 月 29 日），樊增祥出生于湖北宜昌父亲任职的官舍。

是年，在覃先生的指导下，本来就有一定基础而又勤奋刻苦的杨守敬“四子书”竟然能“成诵”[1]。

是年，美国商人在上海成立“旗昌洋行”，以贩运鸦片为主，与英国商人的“怡和洋行”“宝顺洋行”并称三大“鸦片大王”。

道光二十七年丁未(1847 年)　九岁

是年，小守敬和弟弟先三仍从覃先生学，除开始学习作文外，又开始读“五经”。

正月二十五日（3 月 11 日），洪秀全、洪仁玕赴广州美国传教士罗孝全处学习基督教教义。

二月十八日（4 月 3 日），英国驻华公使德庇时率军队突入省河，要求在广州郊外强租土地，激起广州民众的反抗，后被迫退出，广州民众取得反对英人入城斗争的第二次胜利。

二月二十一日（4 月 6 日），两广总督耆英全盘接受德庇时提出的七项无理要求，其中包括允许英人两年后入城。

四月初一日（5 月 14 日），陕西巡抚林则徐奉旨调任云贵总督。

四月初二日（5 月 15 日），德庇时派人在广州河南洲头咀丈量土地，插旗志界。

四月初四日（5 月 17 日），广州绅民数千人在双洲书院集会抗议英人暴行。

四月初七日（5 月 20 日），广州河南四十八乡民众三千余人聚集英商馆前示威，同时广州人民齐集壮勇十余万人以为声援，英国侵略者被迫暂停在广州建立租界的阴谋活动。

六月初九日（7 月 20 日），因天主教耶稣会确定以上海徐家汇为在华活

① 见《邻苏老人年谱》,第 8 页。

动总部，强占大片土地，兴建教堂，遭到上海人民反对，引发徐家汇天主耶稣会教案，此次教案是中国近代发生的第一次教案——“徐家汇教案”。

六月初十日（7月21日），洪秀全再次赴广西，与冯云山在桂平紫荆山共同制定“拜上帝会”的各种仪式和“十款天条”。

七月二十七日（9月6日），沙皇俄国任命穆拉维约夫为东西伯利亚总督，加紧侵占我国黑龙江流域。

九月初十日（10月18日），爆发湖南新宁天地会首领雷再浩领导的农民反清起义。

九月十五日（10月23日），叶昌炽（1847—1917）出生于江苏长洲（今苏州市）一个书香之家。

九月十六日（10月24日），洪秀全、冯云山率会众捣毁象州（今广西来宾市象州县）甘王庙，声威大震。

十一月二十一日（12月28日），王作新的地主团练武装逮捕冯云山，旋被卢六率“拜上帝会”会众抢回。

十二月十二日（1848年1月17日），冯云山和卢六再次被王作新的地主团练武装逮捕，洪秀全闻讯，立即赴广州设法营救。

是年，英国丽如银行在上海、广州设立分行。

是年，杨枢（1847—1917）出生于广州驻防汉军一个旗籍回族家庭。

道光二十八年戊申（1848年）　十岁

是年，小守敬和弟弟先三改从谢先生学习，除继续诵读“四书”“五经”外，也学习作文。

二月初四日（3月8日），英国传教士麦都思等非法进入江苏青浦县传教，并无故殴打中国民众，引起反抗。英国驻上海领事阿礼国借故殴辱清朝地方官员，并停付关税，封锁江口，派军舰至南京向两江总督要挟；结果以地方官员被撤职、十人被判刑、赔款三百银两结案，史称“青浦教案”。

二月十八日（3月22日），英国政府任文翰代德庇时出任驻华全权公使兼香港总督。

三月二十四日（4月27日），黄遵宪（1848—1905）出生于广东嘉应州（今梅州市）一个由经商致富的官宦家庭。

五月，俄国驻京商人具呈请添设新疆伊犁（今伊宁）、塔尔巴哈台（今塔城）、喀什噶尔（今喀什）三地进行贸易。

七月初一日（7月30日），俄国商船抵达上海，要求贸易，未果。

八月初七日（9月4日），刘心源（1848—1917）出生于湖北嘉鱼腾云洲（今洪湖市龙口镇）一个书香之家。

九月间，经多方营救，冯云山出狱，随即赴广东花县。卢六则病死狱中。

十一月初二日（11月27日），英国驻上海领事与上海道议定扩大上海英国租界范围。

年底时，爷爷对小守敬说："敬娃子，爷爷都快70岁了，身子骨实在支撑不住啦。明年你就不要去读书了，留在家里管理铺子学做生意吧！"小守敬听了爷爷的话，感到很惊讶，沉默了好半天才小声说："爷爷，我还这么小，正是读书的时候；要是学做生意，我站着还没有柜台高，怕是管不好铺子呢！"爷爷马上说："怎么会管不好？你爹像你这么大的时候已经管理两个铺子了。他的两只手同时可以打两把算盘，不管进货出货，账目算得又快又准，分文不差。你读的书比你爹多，脑子比你爹更加灵活，肯定管得好！"

小守敬听了爷爷的这番话，再看看爷爷衰弱的身子，想想家中愈来愈困难的境况，不好再推辞了，只得点点头说："那我就先试试看，还要请爷爷多指点，手把手地教我！"

本年，广东钦州、宾州等地爆发天地会起义，张钊领导"艇军"在广西梧州起义。

是年，吴德潚（1848—1900）出生于四川平昌白衣庵一个书香之家。

是年，张仁黻（1848—1908）出生于河南固始县一个书香之家。

是年，陆钟琦（1848—1911）出生于顺天宛平（今属北京市）一个书香之家。

道光二十九年己酉（1849年）　十一岁

年初，小守敬和弟弟先三遵照爷爷的安排，都辍学在家学做生意。

杨守敬在《邻苏老人年谱》中记载说："祖父以年近七十，店中无人经理，乃嘱守敬及先三皆辍读。以守敬至孙姑父店，以先三在己店，均学商业。"①

母亲王氏见两个儿子听从爷爷的安排，放弃学业，开始学做生意，是又高兴又难过：高兴的是，杨家的家业终于有了继承之人；难过的是，两个儿

① 见《邻苏老人年谱》，第8页。

子年纪尚幼，正是读书的时候，却要早早地品尝人生的艰辛，而承担起家人生活的重担。

每天，小守敬一大早就去孙姑父家的店铺专心致志学做生意，晚上回到家里，却不愿荒废学业，仍坚持挑灯夜读。

一天深夜，母亲王氏因思虑儿子的前程而翻来覆去睡不着觉，便索性起床缝补衣服。突然发现小守敬卧室里还有灯光，以为是儿子睡觉忘了灭灯，就轻手轻脚地推门进去，只见儿子还在油灯底下聚精会神地读书。母亲心疼地对小守敬说："敬娃子，你白天在铺子里忙进忙出，晚上回家又熬夜读书，这样下去是会把身体搞垮的呀！"说完，便上前将守敬手中的书拿过来合上，并迅速地为他脱衣解带，将他安置睡下，然后吹灭灯，掩上门离去。

母亲王氏一觉醒来，见儿子房间里又有灯光，便立即起床披衣，悄悄推门进去，只见儿子全神贯注地伏在书案上写一首诗："白昼营生夜秉烛，经商习文两不误。杨氏男儿早自立，事成须下苦功夫。要慕古人与前贤，前悬梁来锥刺股。发奋识遍天下字，立志阅尽人间书。"看到这里，母亲再也忍不住了，热泪夺眶而出，转身静悄悄地离去。

杨守敬晚年曾回忆说："守敬每日虽专心生意，夜间仍诵书学文不辍。先三聪颖过于守敬，惟目神不足，数丈外不见人，向夕即同瞽者，而夜就灯光犹能识蝇头字，亦一奇也。"①

正月二十五日（2 月 17 日），英国香港总督文翰在虎门口外会晤两广总督徐广缙，提出进入广州城的要求，遭到拒绝。

二月初二日（2 月 24 日），因台湾北路各厅县大水及地震成灾，朝命闽浙总督刘韵珂派员查勘。

三月十四日（4 月 6 日），广州社学群众十万余人守卫珠江两岸，文翰被迫宣布放弃立即入城的要求，广州民众取得反英人入城斗争的第三次胜利。

同日，苏松太道麟桂出示布告，以上海县城与英租界之间总面积约九百八十六亩的区域作为法租界。

六月间，洪秀全、冯云山在紫荆山建立领导中心，奉上帝为"天父"，耶稣为"天兄"，洪秀全为二兄，冯云山行三，杨秀清行四，萧朝贵行五，韦昌辉行六，石达开行七，共推洪秀全为首。

---

① 见《邻苏老人年谱》，第 8 页。

九月间，因是年湖北有四十余州县发生洪灾，损失巨大。

十月十三日（11 月 27 日），李元发组织湖南新宁天地会会众再次举行反清起义。

是年，广西灾荒，天地会会众与灾民纷纷举行反清起义。

是年，归国华侨陈正成、江源在厦门创立“小刀会”。

道光三十年庚戌(1850 年)　十二岁

年初，“祖父以先三有目疾，不能独任贸易，乃嘱守敬回家在己店照拂”①。

正月十四日（2 月 25 日），道光皇帝（旻宁）驾崩。

正月二十六日（3 月 9 日），咸丰皇帝（奕詝）即位。

二月二十九日（4 月 11 日），沈曾植（1850—1922）出生于北京兵马司中街一个书香官宦之家。

五月初六日（6 月 15 日），李元发的起义军被镇压，天地会起义失败。

六月间，洪秀全发布团营令（即集合令），命各地“拜上帝会”会众向广西桂平县金田村集中。

七月初六日（8 月 13 日），沙俄强占中国黑龙江口的庙街，改名为“尼古拉耶夫斯克”。

八月初八日（9 月 13 日），鉴于南方严峻的形势，朝廷不得不起用在家养病的林则徐为钦差大臣，总督广西军务，前往镇压农民的反清起义。

八月初十日（9 月 15 日），广西会党在修仁、荔浦发动反清起义。

八月二十五日（9 月 30 日），清政府调陕西提督向荣为广西提督，前往镇压。

八月三十日（10 月 4 日），曹廷杰（1850—1926）出生于湖北枝江顾家店一个耕读之家。

十月初一日（11 月 4 日），“拜上帝会”会众在平南县思旺击溃清军。

十月十九日（11 月 22 日），林则徐行至潮州普宁县行馆，病发去世。

十一月十二日（12 月 15 日），朝廷任命已辞官在家养病的前两江总督李星沅接替林则徐为钦差大臣，驰赴广西办理军务。

十一月二十九日（1851 年 1 月 1 日），“拜上帝会”会众与清军在金田附近的蔡村江展开战斗，大败清军。

① 见《邻苏老人年谱》，第 8 页。

十二月初十日（1851 年 1 月 11 日），洪秀全率领“拜上帝会”会众在金田村发动反清起义，建号“太平天国”，称“天王”。太平天国运动爆发。

十二月十六日（1851 年 1 月 17 日），钦差大臣李星沅进驻广西柳州。

同月，广西李文彩（又名李七）率永淳十三屯苗族农民举行反清起义。

是年，天主教耶稣会在上海创办“徐汇公学”，后改称“圣依纳爵公学”，这是天主教在中国开办最早的洋学堂之一。

是年，谈文（1850—1910）出生于浙江海盐。

咸丰元年辛亥(1851 年)　十三岁

是年，杨守敬和弟弟先三仍在家中商店专心做生意，每天夜晚则坚持学习不辍。

案：杨守敬在《邻苏老人年谱》中记载，此年因“粤匪窜宜昌”，全家除祖父留在家照看之外，其他人皆至外地避乱；“粤匪”退后才返家，“家中什物皆在”。此记载明显有误：或是杨氏本人的记忆有误，或是这些“粤匪”根本就不是太平军，而是打着“太平军”旗号的地方土匪。因为这一年太平军尚在广西，太平军进入湖北应该是次年十月以后的事情。

正月十八日（2 月 18 日），太平军在大湟江牛排岭（在桂平县境内）与清军展开激战。

二月十三日（3 月 15 日），太平军向武宣县（今属广西来宾市）进军，击败广西巡抚周天爵、广西提督向荣所部清军。

二月二十一日（3 月 23 日），洪秀全在武宣东乡称“天王”，以杨秀清为左辅正军师，领中军主将；萧朝贵为右弼又正军师，领前军主将；冯云山为前导副军师，领后军主将；韦昌辉为后护又副军师，领右军主将；石达开为左军主将。

二月二十二日（3 月 24 日），清政府任命广州副都统乌兰泰驰赴广西，帮办广西军务。

三月初二日（4 月 3 日），太平军在三里圩（今广西来宾市武宣县三里镇）大败周天爵、向荣所部清军。

三月初八日（4 月 9 日），清政府派大学士赛尚阿为钦差大臣，赴湖南防堵太平军。

三月二十五日（4 月 26 日），李星沅亲赴武宣督战。

三月底、四月初，由于将帅不和，屡战屡败，李星沅旧病复发，朝廷遂命其赴岳州（今岳阳市）驻防、养病。

四月十二日（5 月 12 日），钦差大臣李星沅病逝军中。

四月十六日（5 月 16 日），太平军由武宣东乡进入象州（今来宾市象州县）。

五月初十日（6 月 9 日），太平军在象州梁山村、独鳌岭、马鞍山击败乌兰泰所部清军。

六月十六日（7 月 14 日），吴引孙（1851—1921）出生于江苏仪征一个书香之家。

七月初十日（8 月 6 日），沙俄政府强迫清政府签订《伊犁塔尔巴哈台通商章程》。

七月十九日（8 月 15 日），太平军自桂平紫荆山分三路出征。

八月二十九日（9 月 24 日），上海《北华捷报》刊载一份由英、美、法三国领事联名发表的通告，宣布上海道台任命美国人贝莱士为上海港务长，成为上海港第一任外籍港务长；并公布《上海港口章程》，攫取了中国港口的管理权。

闰八月初一日（9 月 25 日），太平天国起义军攻克广西永安州（今梧州市蒙山县）。

十月二十五日（12 月 17 日），洪秀全在永安建制封王：杨秀清为东王，九千岁；萧朝贵为西王，八千岁；冯云山为南王，七千岁；韦昌辉为北王，六千岁；石达开为翼王，五千岁。以上所封各王均受东王节制。同时，还陆续颁定称谓、历法、蓄发、禁私有金银等法令。清政府闻讯大震，严令赛尚阿、向荣、乌兰泰等限期攻破永安城。

十二月十四日（1852 年 2 月 3 日），太平天国正式颁行由冯云山创制的《太平天历》。

十二月间，张乐行（又名张洛行）与龚得树聚集捻党万余人举行反清起义，抵抗清军，打击地方地主武装。

是年，刘恢（1851—1920）出生于江苏吴县（今苏州市）一个耕读之家。

咸丰二年壬子(1852 年)　十四岁

年初，祖父见长孙守敬虽然已经十三四岁了，可个子不高，看上去还像个小孩，但却特别勤奋，有天分，好学上进，说不定真的能够学业有成，鱼跃龙门，光宗耀祖。祖父便下狠心让他不去做生意，而是再次送他进私塾，从朱凤池先生专攻举子之业。“先生时文为一邑名手，以守敬不愿读庸烂时艺，惟喜陈大士稿及诸名家文，乃刮目相视。”①

能够重新走进学堂，杨守敬感到特别高兴，也深感机会之难得，不敢也不愿意浪费时光，学习异常勤奋刻苦；由于他一直在坚持业余自学，现在又有朱先生的悉心指导，故其学业进步很快。

正月二十八日（3 月 18 日），清政府钦差大臣赛尚阿督军炮轰永安。

二月十五日（4 月 4 日），新疆伊犁、塔尔巴哈台正式对外开埠。

二月十六日（4 月 5 日），太平军从广西永安突围，北上桂林。

四月初一日（5 月 19 日），太平军在桂林城外大败清军，击毙广西军务帮办乌兰泰；攻打桂林不克，遂撤围北上。

四月十六日（6 月 3 日），太平军攻克全州（今桂林市全州县），南王冯云山负伤。

四月十八日（6 月 5 日），太平军在蓑衣渡（湘江上的一个重要渡口，在今全州城东北十里）与清军激战，南王冯云山因伤重牺牲。

四月二十五日（6 月 12 日），太平军攻克湖南道州（今道州市），全军整顿后，确定进取南京的战略方针。

五月初九日（6 月 26 日），安徽徽宁池广太道惠征之女叶赫那拉氏被选进宫，旋由贵人晋封贵妃；后因生载淳（即同治皇帝）而得宠。

五月间，太平天国以东王杨秀清、西王萧朝贵名义发布《奉天讨胡檄布四方谕》《奉天诛妖救世安民谕》《救一切天生天养中国人民谕》等檄文，湖南会党纷纷响应，军威大振。

同月，广西新宁秀才吴凌云（原名吴元清）发动了以“锄强扶弱，劫富济贫”为口号的农民反清起义。

六月间，虽然南方的战事异常紧张，湖北及以北地区则相对较为安全，故已经停了几年的县试②又恢复举行；杨守敬听从朱先生的建议，也报名应试。

主考官是本县县令崔培元。他五十多岁，中等身材，脸上有一些麻子，乃进士出身，是湖北境内一位有名的清官。点名时，崔知县见杨守敬眉清目秀，个子矮矮的，像个娃娃；而两只眼睛晶莹透亮，颇为机灵，就想

① 见《邻苏老人年谱》，第 8 页。

② 县试：清代读书人要取得出身，首先必须参加本县由县令主持的考试，通过（录取）者，才取得了参加上一级府试的资格。

逗逗他。于是向他招招手说道："小朋友，你过来！"杨守敬见知县大人向自己招手，便走上前去，向知县大人鞠了一躬，然后不慌不忙地问道："请问大老爷，您有何吩咐？"崔知县见杨守敬彬彬有礼，镇定自若，更加喜欢，便笑着问道："小朋友，你叫什么名字？"杨守敬一板一眼地回答道："我姓杨，名守敬。"崔知县又问道："你来干什么？"杨守敬立即回答说："我来考童生[①]呀！"崔知县有些不相信地看着杨守敬，好一会儿未说话。杨守敬见状，马上认真地说："有志不在年高，无志空活百岁。我读过孔孟之书，习过周公之礼。"崔知县见杨守敬神情严肃，也收起笑容，板着脸说道："看来是我有眼不识泰山了。不过，大凡有才华的人都会作对。我出一上联，你如果对得上、对得好，自然就够格做童生了。"杨守敬接口说道："那就请大老爷出联吧。"崔知县想了想，就出联道："年年县试荟豪客。"杨守敬听了上联，稍稍思索了一会便出口应道："次次榜中添仕人。"崔知县一听下联，心中暗喜："这孩子虽然年纪不大，还真有点才气！我再试探试探。"随后接着说道："小孩子滥竽充数，可有真本事？"杨守敬一听，这显然是瞧不起自己，就有些不高兴，但还是压住火气，仔细想了想应道："大人才鱼目混珠，哪来妙文章！"崔知县听了越发感到惊奇。再仔细审视着杨守敬，只见他两手沾满了墨汁，脏兮兮的，忍不住笑起来说道："小孩子两手黑，横道竖道。"原来，早晨和爷爷来试院的路上，杨守敬不小心将装墨汁的瓶子碰倒了，弄得到处是墨。杨守敬见崔知县出言不逊，在那里讥笑自己，再也忍不住了，就马上回应道："大老爷一脸麻，左坑右坑。"崔知县一听，脸唰地红了，很是尴尬；他本想再难为一下杨守敬，但一想是自己不对在先，怪不得杨守敬，只是笑了笑，就让杨守敬进场了。

县试结束，杨守敬榜上有名，被取中为"第十三名"[②]，全家人都为他感到高兴。

七月初三日（8 月 17 日），太平军攻占湖南郴州（今郴县）。

七月二十九日（9 月 12 日），太平军在进攻湖南长沙时，西王萧朝贵中炮牺牲。

九月初二日（10 月 14 日），清政府以钦差大臣赛尚阿贻误军机，革职拿问；任命徐广缙为钦差大臣，署理湖广总督。

---

① 童生：又名文童、儒童，明、清两代未经考试入学的考生（已入学的称生员）。

② 见《邻苏老人年谱》，第 8 页。

十月十九日（11 月 30 日），太平军撤长沙之围，乘雨渡越湘江。

十月二十二日（12 月 3 日），太平军攻占湖南益阳，数千户船民加入太平军。

十月二十六日（12 月 7 日），太平军浮江东下，进入湖北。

十月间，福建厦门一千五百多民众举行游行示威，反对英国侵略者掠卖华工，遭到英国海军的枪杀，死八人，伤十六人。

同月里，壮族人黄鼎凤（又名黄三，绰号“特旁三”）率农民在广西贵县发动反清起义。

十一月初三日（12 月 13 日），太平军攻占湖南岳州，获得大批船只。

十一月十三日（12 月 23 日），太平军攻克湖北汉阳，围攻武昌（即夏口）。

十一月十九日（12 月 29 日），太平军攻克长江重镇汉口。

十一月二十九日（1853 年 1 月 8 日），在家丁忧的原礼部右侍郎曾国藩奉命在湖南帮办团练，后扩编为湘军。

十二月初四日（1853 年 1 月 12 日），太平军攻克武昌。

咸丰三年癸丑(1853 年)　十五岁

年初，因朱凤池先生“移馆下乡，祖父以乡读费重，嘱守敬在家”自学①。

正月初二日（2 月 9 日），太平军放弃武昌，顺江东下。

正月十一日（2 月 18 日），太平军攻克江西九江。

正月十七日（2 月 24 日），太平军攻克安徽安庆。

正月二十九日（3 月 8 日），太平军兵临南京城下。

二月初十日（3 月 19 日），太平军攻占江苏南京。

二月二十日（3 月 29 日），太平天国定都南京，将原清两江总督府衙门改作“天王府”，并将南京改名为“天京”。

二月二十二日（3 月 31 日），太平军攻克江苏镇江，清朝政府钦差大臣向荣在天京孝陵卫建立“江南大营”。

二月二十三日（4 月 1 日），太平军林凤祥、李开芳等将领率军攻占江苏扬州。

---

① 见《邻苏老人年谱》，第 8 页。

三月初一日（4 月 8 日），上海英、美领事商定成立“上海义勇队”，对抗太平军。

三月初九日（4 月 16 日），清朝政府钦差大臣琦善、胜保抵达扬州，建立“江北大营”。

三月十六日（4 月 23 日），沙皇尼古拉一世下令沙俄军队侵占中国库页岛。

四月初一日（5 月 8 日），太平军派天官副丞相林凤祥等率军自扬州出师北伐。

四月十二日（5 月 19 日），太平军将领胡以晃、赖汉英率军攻克和州（今安徽省马鞍山市和县），开始西征。

杨守敬在家自学了几个月以后，碰到不少问题搞不懂，但他自幼就养成了一个习惯：遇到问题不搞懂决不罢手。他听说龙窝马门溪有位教私塾的汪先生很有学问，就经常跑好几里路去向他请教。这位汪先生总是热情地接待他，回答他提出的问题。时间长了，汪先生见杨守敬跑去跑来十分辛苦，就收留他同其他学生一块学习，不收他的学费。

在汪先生的私塾，杨守敬特别用功，成为所有学生中学业最突出的一个。汪先生见杨守敬上进心强，勤奋好学，也特别喜欢他。

有一天暴雨过后，马门溪里涨水，流速很快。杨守敬放学回家时，见到一位容貌清秀、穿着朴素的少女站在溪边，望着滚滚向前的流水急得流泪。杨守敬上前一问，知道她急着要过溪回家，二话没说，就卷起裤腿，将那位素不相识的少女背着送到了溪对岸。没想到这件事被另一位放学回家的同学看见了，第二天上学后，他添盐加醋地将这件事告诉了汪先生。汪先生是一位受封建传统思想影响极深的乡村读书人，觉得杨守敬的行为举止有伤风化，有失体统，颇为不满。他将杨守敬叫来训斥了一顿，质问他这是怎么回事，还要他写一首诗，将事情的原委写清楚、讲明白。

杨守敬回到自己的座位，仔细想了一会儿，然后提起笔来写道：“村女溪边泪水流，书生化作渡人舟。相逢何必曾相识，解人危难勿须求。胭脂坝头惊飞鸟，红蓼丛中起群鸥。轻轻放落芦荏岸，默默无言各自羞。”

汪先生看完杨守敬交来的诗作，细细端详一番，然后点点头，没有说什么，后来也没有再追究此事了。

八月二十七日（9 月 29 日），太平军西征军撤南昌之围，攻下九江；北伐军则攻占直隶临洺关（今河北省邯郸市永年区）。

九月初九日（10 月 11 日），清政府以惠亲王绵愉为大将军、科尔沁郡王僧格林沁为参赞大臣，守卫京畿。

九月二十一日（10 月 23 日），陈三立（1853—1937）出生于江西义宁州（今修水县）一个书香官宦之家。

九月间，太平军北伐军不仅攻占直隶深州（今河北衡水市深州市），迫近北京；而且攻占静海（今天津市静海区）、独流（今天津市静海县独流镇），逼近天津。西征军则攻下汉阳、汉口，不久退守安徽、黄州待援。

十月二十九日（11 月 29 日），太平军攻克安徽舒州（今安徽省六安市舒城县），向庐州（今合肥市）进军。

十一月十一日（12 月 11 日），俄国东西伯利亚总督穆拉维约夫向沙皇政府提交开辟黑龙江航线以控制中国东北的秘密报告。

十二月十六日（1854 年 1 月 14 日），太平军西征军攻占安徽庐州，安徽巡抚江忠源投水死。

同日，太平天国在天京开科取士，以选拔人才；同时开考女科，允许妇女应试。

十二月二十五日（1854 年 1 月 23 日），沙皇尼古拉一世批准穆拉维约夫提出的“武装航行黑龙江”计划，悍然决定：不管清政府同不同意，都要“沿黑龙江航行”。

是年，徐星州（1853—1925）出生于江苏吴县一个书香之家。

咸丰四年甲寅(1854 年)　十六岁

是年，杨守敬没再去汪先生的私塾读书，而是留在家里自学举子之业；这年府试①开考，守敬本想前去试试，祖父却未让其报名应试。

正月初七日（2 月 4 日），太平军北伐援军曾立昌、陈仕保等部从安徽安庆出发。

正月十五日（2 月 12 日），太平军西征军在黄州大败清军，湖广总督吴文镕投水死。

正月十九日（2 月 16 日），太平军西征军三占湖北汉阳、汉口。

正月二十八日（2 月 25 日），湘军练成水、陆两军，出湖南衡州（今衡

① 府试：清代经县试录取的士子均可参加管辖该县的府（或直隶厅、直隶州）所举行的考试。府试由知府主持。府试录取者，才有参加院试的资格。

阳市）与太平军作战。

二月十一日（3月9日），太平军北伐军南撤至直隶阜城（今河北衡水市阜城县），平胡侯吉文元战死。

三月十五日（4月12日），太平军北伐援军攻占山东临清（今聊城市临清市），旋因部众不愿北上，全军南下。

四月初二日（4月28日），太平军西征军在靖港（今长沙市望城区靖港镇）大败湘军，湘军则水陆进攻湖南湘潭。

四月初五日（5月1日），湖南湘潭为湘军攻陷，太平军突围走靖港。

四月初九日（5月5日），太平军北伐军从阜城突围，退守直隶东光县连镇。

四月三十日（5月26日），沙俄总督穆拉维约夫率军闯入我国黑龙江，建立村屯、炮台、兵站。

五月初四日（5月30日），李开芳率领太平军北伐军占领山东高唐州（今聊城市高唐县）。

六月初二日（6月26日），太平军西征军再次攻克湖北武昌。

六月十一日（7月5日），英、法、美三国驻上海领事公布《上海英法美租地章程》，规定在租界内设巡捕、征税。

同日，广东天地会首领陈开率众在佛山发动反清起义。

六月十七日（7月11日），上海租界成立“工部局”（即“市政厅”）。

六月十八日（7月12日），上海新海关正式建立，由美国、英国、法国人士担任“海关管理委员会”委员，中国海关落入外国列强手中。

六月二十六日（7月20日），广东天地会起义军十余万人围攻广州。

七月初一日（7月25日），湘军攻陷湖南岳州（今岳阳市）。

八月二十三日（10月14日），湘军及清军反攻武汉，武昌、汉阳相继被攻下。

十月二十五日（12月14日），张勋（1854—1923）出生于江西奉新（今宜春市奉新县）南乡之赤田村。

十二月十二日（1855年1月29日），太平军在翼王石达开的指挥下，大败湘军水师，取得“湖口大捷”。曾国藩欲投水自杀，幸被部下救起。

是年，邹代钧（1854—1908）出生于湖南新化一个书香之家。

是年，余肇康（1854—1930）出生于湖南长沙一个书香之家。

咸丰五年乙卯(1855 年)　十七岁

是年，杨守敬仍在自己家中自学举子之业。

正月上旬，太平军西征军在九江大败湘军，随即攻占湖北汉阳。

正月十九日（3 月 7 日），太平军北伐军主将林凤祥被俘就义。

正月二十九日（3 月 17 日），太平军北伐军李开芳率军自高唐州突围，进驻山东茌平县冯官屯。

二月十七日（4 月 3 日），太平军第三次攻克湖北武昌。

三月十五日（4 月 30 日），贵州东部苗民受太平天国影响，推张秀眉为首领，起义抗清。

四月十六日（5 月 31 日），清兵引运河水灌冯官屯，太平军北伐军的营垒被攻破，太平军北伐失败，李开芳被俘。

四月二十七日（6 月 11 日），太平天国地官正丞相李开芳在北京遇害。

七月间，捻军首领张乐行招集各地捻党首领在雉河集(今安徽涡阳)会盟，建黄、白、蓝、黑、红五旗军制。

八月间，太平军西征军在湖北汉口、汉阳大败清军。

九月十四日（10 月 24 日），徐世昌（1855—1939）出生于河南卫辉府(今新乡市卫辉市)府城曹营街寓所一个书香官宦之家。

十二月二十五日（1856 年 2 月 1 日），江苏镇江被清军围困，太平天国燕王秦日纲奉命赴援，连破清营，逼近镇江。

是年，祖父以祖母年事已高，母亲一人难以支持家务，需要帮手，“乃择期为守敬成婚。妇李氏，柔顺有妇道”①。

案：杨守敬《邻苏老人年谱》中关于李氏的信息很少，据《家谱》得知，李氏为同郡岁贡生李宗元之第三女，生于道光十八年九月初八日（1838 年 10 月 25 日）。

咸丰六年丙辰(1856 年)　十八岁

年初，杨守敬仍在自己家中自学举子之业。

三月（4 月）间，太平天国燕王秦日纲与江苏镇江守将吴如孝大败清军，解镇江之围，并渡江克扬州、浦口，第一次大破“江北大营”。

四月二十九日（6 月 1 日），太平军在镇江高资（今江苏丹徒）大破江苏巡抚吉尔杭阿所部，吉尔杭阿战败自杀。

---

① 见《邻苏老人年谱》，第 9 页。

五月十八日（6月20日），太平军第一次大破“江南大营”，钦差大臣向荣逃至丹阳（于七月初九日病死）。

八月初四日（9月2日），太平天国发生内讧，北王韦昌辉杀死东王杨秀清，随后又诱骗杨秀清部属，大肆进行屠杀。

八月中旬，太平天国翼王石达开赶回天京，谴责北王韦昌辉；韦昌辉蓄意杀害石达开，石达开连夜缒城逃走，全家被杀。

八月间，院试[①]因战乱在停考三年后恢复开考，杨守敬在征得祖父的同意后，遂前往荆州府补行府试，通过后即参加了随后举行的院试，落榜而归。

此次院试由湖北学政冯誉骥[②]主持。考试结束后，“阅已售者之文，均不出守敬右”。那为什么自己会落榜呢？经过仔细检查发现：原来“冯学使工小楷，颇重字学，而守敬书法草率，故尔见摈”[③]。

八月二十九日（9月27日），法国政府借口“马神甫事件”，通知英国政府，将组建一支远征军赴中国，与英国联合出兵侵华。

九月上旬，钦差大臣和春、帮办大臣张国樑重建“江南大营”。

九月初十日（10月8日），英国侵略者制造了“亚罗号事件”[④]，正式向中国发动侵略战争，第二次鸦片战争爆发。

---

① 院试：清代由各省学政巡视各府并主持的考试。凡府试录取的士子均可参加。院试通过（录取）者，即取得入学的资格，确定“生员”的身份，并有资格参加乡试的考试。

② 冯誉骥（？—1889年在世），字仲良，号展云，晚号卓如、钝叟，斋名“绿伽楠馆”。广东高要（今肇庆市高要区）人。早年肄业于广州学海堂，为张维屏、林则徐等名流所赏识。道光二十年（1840年）举人。二十四年（1844年）进士，选庶吉士，散馆授编修。历官翰林院侍读学士、山东学政、湖北学政。同治间（1862—1874年），回端州（今肇庆市端州区）丁忧，曾受聘主讲广州应元书院。光绪五年（1879年）八月，擢升陕西巡抚，有政绩。九年（1883年）十月，遭御史弹劾，被革职。致仕后，寓居扬州。工诗文，喜收藏，精鉴赏，又擅书画。著有《绿伽楠馆诗存》等。

③ 见《邻苏老人年谱》，第9页。

④ 亚罗号事件：1856年10月8日，广东水师检查走私船只，从一艘中国船“亚罗”号上拘捕海盗2人及嫌疑犯12人。此纯属中国内政。但英国驻广州领事巴夏礼在英国驻华公使、香港总督包令的指使下，借口该船曾在香港领取过英籍登记证，对中国水师检查船只横加干涉；还捏造情节，诬陷中国水师扯坏船上的英国国旗，“侮辱”了英国；要求两广总督叶名琛在48小时内送还全部拘捕人员，并公开道歉，否则将采取军事行动。当中国广东当局屈服于压力，将被捕人犯交给巴夏礼时，他又拒绝接受。据英国人在英国下议院作证，承认该船英籍登记证已过期，并未挂出英国国旗。英国政府竟利用这一事件，突然向广州发动进攻，挑起了第二次鸦片战争。

九月十九日（10 月 17 日），云南大理回民起义军在大理成立“大元帅府”，并推举杜文秀为“总统兵马大元帅”。

九月二十五日（10 月 23 日），英国侵略军突然向广州进犯，占领猎德炮台。

十月初一日（10 月 29 日），英国侵略军攻入广州城，抢掠两广总督衙门；当晚，因遭军民奋勇阻击，被迫退出。

是日，钦差大臣德兴阿重建“江北大营”。

十月十一日（11 月 8 日），太平天国翼王石达开自安徽安庆出师，东进讨伐韦昌辉。旋天王洪秀全诛杀韦昌辉、秦日纲，迎翼王石达开回京辅政。

十一月初六日（12 月 3 日），英国侵略军再次进攻广州城，被清军击退。

十一月十八日（12 月 15 日），广州民众烧毁十三行洋楼及英、法、美商行。

十一月二十二日（12 月 19 日），署理湖北巡抚胡林翼乘太平军战斗力大大削弱的有利时机，率围城清军按照湖北名儒王柏心谋划的方案，一举攻陷武昌、汉阳，江汉一带告平；随后，湖北援军水、陆东下，攻向江西。

十一月二十三日（12 月 20 日），因夺取省城武昌之功，朝廷实授胡林翼湖北巡抚，并赏头品顶戴。

十二月十三日（1857 年 1 月 8 日），太平军将领林启容在九江大败湘军杨载福、李续宾部，以功封“贞天侯”。

十二月二十五日（1857 年 1 月 20 日），英国侵略军陆续从广州省河撤走，等待援军。

是年，屠寄（1856—1921）出生于江苏武进（今常州市武进区）一个书香之家。

咸丰七年丁巳(1857 年)　十九岁

年初，杨守敬见自己的书法不好，直接影响到考试的成绩，必须请一位老师认真辅导、指点，以改变这种状况；又打听到江陵的朱景云先生工书法，目前正在本县一位许姓人家家里教字兼课文。于是，杨守敬托人介绍，认识朱先生并征得朱先生同意，到那位许姓人家附读。事情办妥后，才告知祖父，祖父颇有些不高兴；后经外舅李宗允的解劝，方才得到祖父的谅解与同意[①]。

---

① 见《邻苏老人年谱》，第 9 页。

朱先生对杨守敬的学业抓得很紧，且“朱先生精力绝人，每夜必鸡鸣始就寝，守敬素弱，不胜其苦。且每当就枕时，必出一题，口占半篇始眠，故每当考试，他人未脱稿，守敬已交卷，盖素习惯也”①。

二月初四日（2 月 27 日），太平军将领陈玉成、李秀成攻占安徽舒州。

二月初八日（3 月 3 日），太平军将领陈玉成率领所部攻占安徽皋城（今六安市）。

二月二十日（3 月 15 日），湖南天地会首领、“升平天国”镇南王朱洪英率军攻陷广西柳州府（今柳州市）。

二月二十三日（3 月 18 日），太平军将领李秀成联合捻军李昭寿、龚得树攻克安徽霍邱（今六安市霍邱县）。

同日，穆拉维约夫向沙俄政府提出新的侵华战争计划。

四月间，太平军分道攻入湖北东部的黄梅、广济（武穴）、蕲州（蕲春）、蕲水（今浠水）、罗田等地，并在蕲州张家塝（今张塝镇）击败清军。

五月十一日（6 月 2 日），翼王石达开因洪秀全的猜忌，擅自离京出走，带走十多万太平军，使太平军的力量大大削弱；天京由安王洪仁发、福王洪仁达执掌朝政。

五月间，杨守敬经过几个月的刻苦训练，成效显著：再次参加县学的考试，初试获得第一名，复试获得第二名②。

闰五月十一日（7 月 2 日），英国侵华军全权代表额尔金率军抵达香港。

闰五月二十五日（7 月 16 日），提督张国樑率清军攻陷江苏句容，进逼天京。

闰五月二十七日（7 月 18 日），太平军将领陈玉成分道进军湖北黄梅、广济、蕲州等地。

六月十六日（8 月 5 日），俄国驻华公使普提雅廷乘船抵达大沽口外。

七月初一日（8 月 20 日），天王洪秀全削去安王洪仁发、福王洪仁达王爵，诚请翼王石达开回朝辅政。

七月十四日（9 月 2 日），湘军攻克江西瑞州（今高安市）。

七月三十日（9 月 2 日），清政府拒绝俄国公使的要求，普提雅廷离开

---

① 见《邻苏老人年谱》，第 9 页。

② 见《邻苏老人年谱》，第 9 页。

天津海面去日本。

七月间，杨守敬再次参加府试，五场下来皆为第一名①。

八月十八日（10 月 5 日），翼王石达开率军自安徽安庆经建德进入江西，开始远征。

八月二十九日（10 月 16 日），法国驻华全权代表葛罗率领法国侵略军抵达香港。

九月初九日（10 月 26 日），湘军攻陷江西湖口、梅家洲，彭玉麟的内湖水师冲出鄱阳湖，与杨载福的外江水师会合。

九月中、下旬，天王洪秀全鉴于当时的严峻形势，任命春官又正丞相蒙得恩为正掌率、成天豫陈玉成为又正掌率、合天侯李秀成为副掌率，共掌朝政。

十月三十日（12 月 15 日），英、法军队侵占广州河南地区，要求入城、赔款。

十月间，杨守敬经过朱先生大半年的精心指导，学业突飞猛进，再次参加院试，颇为顺利，被录取为秀才②。此次院试，仍由学政大人冯誉骥主持。

十一月初九日（12 月 24 日），英、法联军向两广总督叶名琛发出最后通牒。

十一月十二日（12 月 27 日），清军和春、张国樑部攻陷江苏镇江，围困天京。

十一月十三日（12 月 28 日），英、法联军开炮轰击广州，次日广州沦陷。

十一月二十一日（1858 年 1 月 5 日），两广总督叶名琛被英、法联军俘虏。

十一月二十五日（1858 年 1 月 9 日），以英国驻广州领事巴夏礼为首的“广州外人委员会”开始统治广州。

是年，杨守敬在跟随朱景云先生学习举业与参加县试、府试及院试期

---

① 见《邻苏老人年谱》，第 9 页。

② 按照明清科举制度的规定，童生要取得秀才的身份，必须先参加县试，县试由县令主持；县试通过（录取）者方可参加府试，府试由知府主持；府试通过（录取）者方可参加院试，院试由学政（全省主管教育的长官）主持；院试通过（录取）者，方才称为秀才，亦称为生员。

间，长阳一位名叫谭大勋的先生，经常来塾馆与房东许滋生和朱先生谈古论今。“谭先生曾馆于江都汪孟慈家，得庸甫（中）先生绪论，守敬每侧听之而欣然，盖守敬得闻国朝诸儒之学自此始。”①

案：此处所说之汪孟慈即汪喜孙（1786—1847），又名喜荀，字孟慈，号且住庵，江苏江都人。嘉庆十二年（1807年）举人，历官内阁中书、户部员外郎、河南怀庆府知府，卒于任。工诗文，富藏书，又擅长文字、声韵、训诂之学。著有《且住庵诗文稿》《大戴礼记补》《国朝名臣言行录》等。“庸甫（中）”应为“容甫”，即汪喜孙之父汪中（1744—1794），因音近，故守敬误将“容”写作“庸”。

是年，陶子麟（1857—1928）出生于湖北黄冈一个世代藏书刻书之家。

咸丰八年戊午(1858年)　二十岁

是年，杨守敬仍跟随朱景云先生学习举业，准备参加本年秋天将在省城举行的考试。

二月初五日（3月19日），康有为（1858—1927）出生于广东南海县（今佛山市南海区）一个官僚地主家庭。

三月上旬，广州罢市，佛山团练局发动香港罢工；英、法、俄、美驻华公使率军舰陆续抵达天津白河口。

三月初二日（4月15日），清政府派直隶总督谭廷襄为钦差大臣，负责谈判。

三月十一日（4月24日），四国驻华公使发出照会，提出侵略条款。

四月初七日（5月19日），湘军攻陷江西九江，太平军守将林启容战死。

四月初八日（5月20日），英、法联军攻陷天津大沽炮台。

四月初十日（5月22日），沙俄东西伯利亚总督穆拉维约夫率俄军到达瑷珲，次日向黑龙江将军奕山提出无理的领土要求。

四月十四日（5月26日），英、法联军侵入直隶天津郊外。

四月十六日（5月28日），黑龙江将军奕山被迫与穆拉维约夫签订中俄《瑷珲条约》。

同日，咸丰皇帝派大学士桂良、吏部尚书花沙纳赴直隶天津与各国公使议和。

四月二十一日（6月2日），朝命僧格林沁为钦差大臣，督办京津

① 见《邻苏老人年谱》，第9页。

军务。

春暮夏初，有安徽太平人孙璧文来宜都避乱，在太平会馆设馆授徒。孙氏好学不倦，守敬遂与之结交，时相往来。不久，浙江余杭人郑兰①亦至宜都来避乱，暂租守敬家房屋居住。郑氏多藏书，有时搬出来晾晒。守敬偶尔得见一册绘制历代地志沿革的《六严舆地图》②，爱不释手，遂借来同孙氏不分早晚，分别影绘。结果守敬成书二部，孙氏成书一部；郑兰见这两个年轻人如此好学上进，喜爱舆地之学，乃大加赞赏。于是，他们不仅有幸被允许遍阅其藏书，而且在阅览过程中遇到问题随时可以向他请教。

案：杨守敬自见到《六严舆地图》后，遂引发研究地理学的兴趣，且一发不可收，老而弥笃。

过了一段时间，郑兰感觉守敬家的房屋太小，不够用，便移居至向家巷，而将守敬家的房屋转租于江苏元和（今苏州市）人顾文彬。顾氏本是吴中名流，喜收藏书画，又精鉴赏，见守敬喜好古玩，也对其青睐有加③。

顾氏曾在其自订年谱中云："由荆州而至宜都县，署县令者即魁荫庭之子，登岸觅寓，适郑谱香（兰）亦挈家避居于此。朝夕过从，尚不十分岑寂，在宜都过夏。"④

五月初二日（6 月 12 日），沙俄霸占乌苏里江口伯力，并改名为"哈巴罗夫卡"（1893 年又改名"哈巴罗夫斯克"）。

五月初三日（6 月 13 日），中俄签订《天津条约》。

五月初八日（6 月 18 日），中美签订《天津条约》。

五月十六日（6 月 26 日），中英签订《天津条约》。

五月十七日（6 月 27 日），中法签订《天津条约》。

五月二十八日（7 月 8 日），英、法联军陆续撤离天津。

---

① 郑兰，生卒年不详，字梦徽，号谱香，浙江余杭人。道光二十年（1840 年）举人，三十年（1850 年）钦取景山官学教习。三年后分发湖北知县，曾官汉黄德兵备道兼江汉关监督，官至山东盐运使（署理山东按察使）。诰授荣禄大夫。著有《日下述闻》《时敏斋时艺》《说文字解》等。

② 六严，字承如，又字赓九、德只，江苏江阴人。平生精研舆地之学，曾绘制有《历代地志沿革图》；后曾帮助著名学者李兆洛绘制《皇朝舆地图》，并参加编辑《历代地理志韵编今释》及《皇朝舆地韵编》等书，今均收入《李氏五种合刊》。

③ 见《邻苏老人年谱》，第 9 页。

④ 转引自小东门君《历史地理学家杨守敬的苏州缘》一文，见"苏州档案"微信公众号 2018 年 9 月 7 日稿。

六月十一日（7 月 21 日），广州民众七千余人夜袭广州。

八月二十日（9 月 26 日），太平军发动“浦口战役”，第二次击破“江北大营”。

八月间，杨守敬跟随老师朱景云先生来到省城武昌，做考前的准备工作。

九月间，杨守敬和朱先生一起走进考场，参加了是年的乡试①。考试结果，师生二人均名落孙山。

案：正常情况下，乡试都是在八月份举行，因受战事的影响，此科乡试推迟了一个月。著名学者、文学家王柏心此年曾写有《送展其秋试·是岁秋闱以九月举行》（二首）诗可证②。

十月初三日（11 月 8 日），钦差大臣桂良、花沙纳在上海与英国全权代表额尔金签订中英《通商章程善后条约》。

十月初十日（11 月 15 日），太平军陈玉成、李秀成部大破湘军，取得“三河大捷”，歼灭湘军精锐六千余人，安庆之围不战自解。

十二月初一日（1859 年 1 月 4 日），英国侵略军进犯广州三元里牛栏冈，被乡民击退。

是年，潘飞声（1858—1934）出生于广东番禺（今属广州市海珠区）一个书香之家。

咸丰九年己未(1859 年)　二十一岁

是年，杨守敬仍在家温习举业，有不懂之处，便去向朱先生请教，准备参加秋天将举行的咸丰皇帝万寿恩科的考试。

二月十六日（3 月 20 日），太平军将领陈玉成联合捻军在安徽庐州城外击溃清军，擒斩安徽署理巡抚李孟群。

二月二十八日（4 月 2 日），湖南巡抚骆秉章又上《已革樊总兵劣迹有据请提省究办折》，将“樊左案”的事态进一步扩大。

三月十三日（4 月 15 日），咸丰帝批准了骆秉章的上奏。

---

① 按照明清科举制度的规定：具有“秀才”身份者，才有资格参加“乡试”，“乡试”每三年在省城举行一次，由朝廷选派大臣二人为正、副主考；阅卷官若干人，在全省官员中选调；通过（录取）者称为“举人”。因在秋天举行，又称“秋闱”。如遇朝廷有重大喜庆，可另行加试，则不在三年规定之内，称为“恩科”。

② 《百柱堂全集·诗》卷十七，崇文书局 2008 年版，第 417～418 页。

三月二十日（4 月 22 日），洪仁玕由香港辗转抵达天京。

四月初九日（5 月 11 日），洪仁玕被封为“干王”，总理朝政。不久，洪仁玕提出革新建议，颁布《资政新篇》。

五月上旬，天王洪秀全封又正掌率、前军主将陈玉成为“英王”。

五月十七日（6 月 17 日），借口交换《天津条约》批准书，英国海军上将何伯率舰队抵达大沽口外。

五月二十五日（6 月 25 日），英、法、美舰队轰击大沽炮台，被守军击退，直隶提督史荣椿等三十余名官兵战死，英军司令何伯重伤。

五月二十七日（6 月 27 日），沙俄新任驻华公使伊格那提也夫到达北京。

六月初六日（7 月 5 日），梁鼎芬（1859—1919）出生于广东番禺一个书香之家。

六至七月（7—8 月），上海市民散发揭帖，捣毁天主教堂，反对外国侵略者掠卖华工。

七月十八日（8 月 16 日），美国驻华公使华若翰与清政府代表在北塘互换《中美天津条约》批准书。

七月间，杨守敬第二次来到省城武昌，准备参加即将举行的恩科乡试。

同月里，张通典（1859—1915）出生于湖南湘乡县城南一个书香之家。

八月二十日（9 月 16 日），袁世凯（1859—1916）出生于河南省项城县（今项城市）一个世代官僚地主家庭。

八月间，杨守敬再次走进考场，参加是年举行的恩科乡试，又不中①。

九月二十三日（10 月 18 日），太平天国在天京举行科试，天王洪秀全任命干王洪仁玕为文衡正总裁。

十月二十日（11 月 14 日），长子必钧（字道承，1859—1897）出生于宜都。

十月二十二至二十七日（11 月 16—21 日），太平天国后军主将副掌率李秀成攻破浦口清军大营，击毙湖北提督周天培。

十一月下旬，太平天国天王洪秀全封太平天国后军主将副掌率李秀成为“忠王”。

十二月初一日（12 月 24 日），太平军将领杨辅清、黄文金等从叛将韦志俊手中夺回贵池（今安徽省池州市）。

① 见《邻苏老人年谱》，第 9 页。

十二月二十二日（1860 年 1 月 14 日），英王陈玉成联合北征军主将张乐行所部在安徽潜山（今安庆市潜山县）大败湘军。

是年，李盛铎（1859—1934）出生于江西德化（今九江市）一个书香官宦之家。

是年，熊会贞（1859—1936）出生于湖北枝江安福寺镇杨家店村熊家老屋。

是年，甘作蕃（1859—1941）出生于广东香山（今中山市）一个商人家庭。

咸丰十年庚申(1860 年)　二十二岁

是年，杨守敬仍在家温习举业，朱先生则以次年考取拔贡①相勉励；及岁考②，取为一等，同人认为守敬次年必中，颇为嫉妒③。

正月初三日（1 月 25 日），汪康年（1860—1911）出生于浙江钱塘（今杭州市）一个书香官宦之家。

正月间，太平天国天王洪秀全封左军主将李世贤为“侍王”，封中军主将杨辅清为“辅王”；英、法政府再次派遣额尔金、葛罗为驻华特使，率军侵华。

二月二十七日（3 月 19 日），太平军攻占浙江杭州，迫使“江南大营”分兵往援。

闰三月初二日（4 月 22 日），英、法联军占领浙江舟山。

闰三月十二日（5 月 2 日），郑孝胥（1860—1938）出生于苏州胥门（亦称“老胥门”“姑胥门”）寓庐一个书香官宦之家。

闰三月十六日（5 月 6 日），太平军第二次攻破“江南大营”。

闰三月二十一日（5 月 11 日），太平天国举行天京军事会议，决定先攻克江苏苏州、常州，然后回师进行第二次西征。

闰三月二十九日（5 月 19 日），英王陈玉成率军追击清总兵、江南大营

① 拔贡：科举制度中由地方贡人国子监的一种生员。清朝制度，初定六年一次，乾隆中改为逢“酉”一选，即十二年考一次。优选者以小京官和知县用，次选者以教谕用。每府学二名，州、县学各一名，由各省学政从生员中考选，保送入京，作为“拔贡”。经过朝考合格者，可以充任京官、知县或教职。

② 岁考：又称岁试，指清代各省学政巡回所属各府州举行的考试，意在考校生员的学业。

③ 见《邻苏老人年谱》，第 10 页。

帮办军务张国樑至丹阳，张国樑逃至丹阳南门河下，落水死亡。

四月初七日（5 月 27 日），英国侵略军攻占大连湾（位于辽东半岛最南端的海湾，隶属于大连市甘井子区）。

四月十二日（6 月 1 日），钦差大臣、江宁将军和春逃至浒墅关（今苏州市高新区）自杀。太平军乘势攻占江苏丹阳、常州、无锡等地。

四月十三日（6 月 2 日），太平军攻克江苏苏州，建立苏福省，以苏州为省会。美国军事流氓华尔在上海组成“洋枪队”。

四月中旬，英、法联军封锁渤海湾。

四月十九日（6 月 8 日），法国侵略军攻占山东烟台。

五月二十八日（7 月 16 日），华尔率“洋枪队”袭取江苏松江。

六月十一日（7 月 28 日），英、法联军抵达大沽口外。

六月十五日（8 月 1 日），英、法联军占领北塘（今天津市滨海区北塘镇）。

六月二十四日（8 月 10 日），清政府任命曾国藩为两江总督兼钦差大臣，督办江南军务，大江南北水陆各军均归其节制。

六月二十八日（8 月 14 日），英、法联军攻占天津塘沽。

七月初四日（8 月 20 日），周树模（1860—1925）出生于湖北天门干驿镇一个贫寒之家。

七月初五日（8 月 21 日），英、法联军再陷天津大沽。

七月初八日（8 月 24 日），英、法联军占领直隶天津。

七月间，“洋枪队”两次进犯青浦（今上海市青浦区），被击退；太平军乘胜收复松江。

八月初四日（9 月 18 日），英、法联军攻陷通州（今北京市通州区）。

八月初七日（9 月 21 日），英、法联军进攻八里桥（又名“永通桥”，在通州城西）；次日，咸丰皇帝逃往热河。

八月中旬，太平军进行第二次西征，分兵两路拟合取湖北武昌。

八月二十二日至九月初五日（10 月 6—18 日），英、法联军进抵京郊，大败僧格林沁、瑞麟军，劫掠圆明园，并放火焚烧。

九月十一至十二日（10 月 24—25 日），英、法联军控制北京，钦差大臣奕䜣与英国全权代表额尔金和法国全权代表葛罗签订中英、中法《北京条约》。

十月初二日（11 月 14 日），钦差大臣奕䜣与俄国驻华公使伊格那提也夫签订中俄《北京条约》。

十月间，英、法联军根据条约规定退出北京。

十二月十四日（1861 年 1 月 24 日），清政府任命英国人李泰国为中国海关总税务司。

是年，江标（1860—1899）出生于江苏元和一个书香之家。

是年，俞明震（1860—1918）出生于湖南善化（今长沙市）寓所。

咸丰十一年辛酉（1861 年）　二十三岁

是年，杨守敬仍在家温习举业；"拔贡"考试如期举行，守敬以同人嫉妒、造谣之故，遂放弃了此次考试①。

二月初一日（3 月 11 日），清政府总理各国事务衙门正式成立，启用关防，并知照吏部等各衙门及通商各省督抚臣、天津通商大臣、上海钦差大臣，同时照会英、法各国公使。

二月初八日（3 月 18 日），英王陈玉成率太平军西征北路军攻占湖北黄州等城。

二月十一日（3 月 21 日），英国参赞巴夏礼与汉阳府县议定汉口英租界。

二月十五日（3 月 25 日），外国驻华公使开始驻节北京。

二月中旬，英国政府单方面公布了《扬子江贸易章程》《长江通商章程十二款》等不平等规定，导致外国舰船蜂拥进入长江的上、中游。

五月初八日（6 月 15 日），太平天国忠王李秀成部将占领武昌县（今鄂州市）。

五月二十三日（6 月 30 日），英国人赫德代办总税务司，开始把持中国海关。

六月初二日（7 月 9 日），太平天国忠王李秀成统率太平军西征南路军自湖北咸宁向浙江退军。

七月十六日（8 月 21 日），清军攻陷浔州（今广西贵港市桂平市），大成国的首领陈开牺牲。

七月十七日（8 月 22 日），咸丰皇帝崩于热河避暑山庄行宫寝宫，皇子载淳（即同治皇帝）继位。

七月二十日（8 月 25 日），朝命授骆秉章为四川总督。

八月初一日（9 月 5 日），太平军安庆保卫战失败，安徽安庆失守，守

① 见《邻苏老人年谱》，第 10 页。

将叶芸来、吴定彩等二万余人英勇战死。

八月初十日（9 月 14 日），清廷御史董元醇上疏提出“暂请皇太后垂帘听决”，那拉氏要辅政大臣照办；肃顺以“本朝无太后垂帘故事，令军机处拟旨驳还”。

九月初一日（10 月 4 日），清廷上东、西两太后徽号为“慈安皇太后”“慈禧皇太后”。

九月初四日（10 月 7 日），慈禧太后解除载垣等人掌握的禁卫军兵权，同时争取到掌握京畿和直、鲁重兵的兵部侍郎胜保和僧格林沁的支持，准备发动政变。

九月二十三日（10 月 26 日），慈禧太后由承德起行，携幼帝载淳回銮北京。

九月二十九日（11 月 1 日），慈禧太后回京，次日与恭亲王奕䜣发动“祺祥政变”（亦称“辛酉政变”），免除肃顺等八人赞襄政务王大臣的职务。

九月间，根据总理各国事务衙门下达的谕文，建立“江汉关”海关的筹备工作正式启动，并以汉黄德兵备道道员郑兰兼任江汉关监督。

案：“江汉关”未设立之前，武汉三镇主要设立有以下内陆关卡：武昌的“江关”、汉阳的“朝关”、汉西的“宗关”、汉口的“汉关”。汉口开埠后，根据总理衙门旨意，建立以“汉关”为基础的“江汉关”，其他内陆关卡一并撤销。

十月初五日（11 月 7 日），朝廷发布诏令，改“祺祥”年号为“同治”，两宫皇太后垂帘听政，以次年为“同治元年”。

十月初六日（11 月 8 日），朝廷诏令杀肃顺，赐载垣、端华自尽。

十月初九日（11 月 11 日），汉黄德兵备道衙署由黄州迁驻汉口。

十月十八日（11 月 20 日），清政府旨令钦差大臣、两江总督曾国藩统辖江苏、安徽、江西、浙江四省军务。

十一月初八日（12 月 9 日），太平天国侍王李世贤率部攻占浙江宁波。

十一月二十八日（12 月 29 日），太平天国忠王李秀成部将攻占浙江杭州。

十一月间，钦差大臣、两江总督曾国藩在怀宁黄石矶、安庆大观亭创设内军械所（又称“安庆军械所”），制造子弹、火药、枪炮，官办新式军事工业以此为始；著名科学家华蘅芳曾在此主持制造了中国第一艘轮船。

英国商人奚安门在上海创办第一家中文日报——《上海新报》。

十二月初八日（1862 年 1 月 7 日），太平天国忠王李秀成兵分五路，开始第二次进军上海。

十二月二十四日（1862 年 1 月 23 日），因曾国藩的荐举，左宗棠擢升为浙江巡抚。

是年，守敬的前辈友人湖北长阳人谭大勋①在家乡去世。

是年，陈锐（1861—1922）出生于湖南武陵（今常德市）一个书香之家。

是年，叶瀚（1861—1936）出生于浙江仁和（今属杭州市余杭区）一个书香之家。

同治元年壬戌(1862 年)　二十四岁

正月初十日（2 月 8 日），清政府批准上海成立“中外会防局”（即“中外会防公所”）。

正月十四日（2 月 12 日），英王陈玉成派扶王陈得才、遵王赖文光等会同捻军西进河南。

正月十八日（2 月 16 日），次子必承（字德承，1862—1932）出生于宜都。

年初，因一家几口人要生活，守敬觉得不能老依靠祖父母的接济，遂开始在宜都城设馆授徒，靠束脩“四十千”维持一家人的生计②。

正月二十四日（2 月 22 日），道员李鸿章奉两江总督曾国藩之命，在安徽安庆募集地主武装组成一支新的武装——淮军。

此时，弟媳病得甚重，弟弟要照料店中生意，祖父母已年迈，杨守敬不愿也不敢长时间出远门，故不打算参加是年秋天将举行的乡试。

三月初十日（4 月 8 日），李鸿章所部淮军七千余人，自安徽安庆乘英轮抵达上海。

四月十二日（5 月 10 日），英、法侵略军及清军联合攻占浙江宁波。

---

① 谭大勋(？—1861)，字兆元，一字力臣。湖北长阳县人。道光五年(1825 年)拔贡。曾主陨山书院、惠来书院讲席。咸丰间(1851—1861 年)，在邑主办团练，保卫乡梓。平生好学博览，精通诸子百家。工诗文，著述丰富。有《骈散文》《古今体诗》《读书一得》《读诗一得》《水经注刊误》《新唐书摘谬》《明事类编》《焦氏易林辨同》等，另编撰有《长阳志备考》及《长阳县志》(七卷，首一卷)。

② 见《邻苏老人年谱》，第 10 页。

四月十五日（5 月 13 日），安徽庐州失守，太平天国英王陈玉成赴寿州（今安徽省淮南市寿县），两天后被团练苗沛霖诱执。

四月十九日（5 月 17 日），英、法联军进犯奉贤（今上海市奉贤区）南桥镇，法军水师提督卜罗德被击毙。

四月二十八日（5 月 26 日），太平天国忠王李秀成率军击败英法联军、“常胜军”，攻克嘉定（今上海市嘉定区），第三次进军上海。

四月二十九日（5 月 27 日），西北太平军扶王陈得才、遵王赖文光部占领陕西渭南。洪兴、任武率领西北回民在渭南、大荔举行反清起义。

五月初三日（5 月 30 日），江苏布政使曾国荃率湘军进逼天京，扎营雨花台。

五月初八日（6 月 4 日），太平天国英王陈玉成在河南延津（今新乡市延津县）就义。

五月十三日（6 月 9 日），太平天国慕王谭绍光部攻克青浦（今上海市青浦区），并猛击“常胜军”，擒其副领队法尔思德。

七月初，景云师见守敬仍未打算动身赴考，遂力劝其前往赴考；守敬思考再三，乃接受景云师的建议，决定是年仍赴省城参加考试①。

七月初八日（8 月 3 日），中、俄双方在新疆塔尔巴哈台举行勘分西北边界的谈判。

七月十二日（8 月 7 日），杨守敬告别家人，前往省城武昌准备应试。

八月初八日（9 月 1 日），经过短暂的预习、准备，杨守敬和其他考生一起走进考场，接受命运的选择。

八月初九日（9 月 2 日）凌晨起，杨守敬和其他考生一道参加了是年乡试的首场考试。

案：第一场考试的第一题为“古者，言之不出”二章，语出《论语·里仁第四》：“子曰：‘古者，言之不出，耻躬之不逮也。’子曰：‘以约失之者，鲜矣。’”②

第二题为“柔远人也”一章，语出《礼记·中庸》：“凡为天下国家有九经。曰：修身也，尊贤也，亲亲也，敬大臣也，体群臣也，子庶民也，来百工也，柔远人也，怀诸侯也。”③

---

① 见《邻苏老人年谱》，第 10 页。

② 见《杨守敬集》第十三册，第 435～436 页。

③ 见《杨守敬集》第十三册，第 437 页。

第三题为"'乐正子强乎？'曰：'否。''有知虑乎？'曰：'否。''多闻识乎？'曰：'否。''然则奚为喜而不寐？'曰：'其为人也好善'"四章，语出《孟子·告子章句下》："鲁欲使乐正子为政。孟子曰：'吾闻之，喜而不寐。'公孙丑曰：'乐正子强乎？'曰：'否。''有知虑乎？'曰：'否。''多闻识乎？'曰：'否。''然则奚为喜而不寐？'曰：'其为人也好善。'"①

其诗为《赋得"水绕芦花月满船"》（得"船"字，五言八韵）："一片空明境，芦洲夜泊船。风摇花瑟瑟，水泻月娟娟。雁唳惊潮急，蟾华濯露鲜。半湾铺雪密，双桨荡珠圆。絮落波潆折，窗疏影透穿。琵琶溢浦客，霓羽广寒仙。浪静遥吹管，霜高独扣舷。清辉欣满目，何处绕轻烟？"②

八月十二日（9 月 5 日），湖北本年乡试举行第二场考试。

八月十五日（9 月 8 日），湖北本年乡试举行第三场考试。

八月十六日（9 月 9 日），考试结束，杨守敬自觉此次乡试的准备不足，精神状态也不是太好，"加以腹泻"，考试成绩不会太理想，估计此科没有多大希望，乃于当天便"买舟归"乡了③。

八月二十九日（9 月 22 日），太平军在浙江慈溪击毙"常胜军"领队华尔。

闰八月上旬，湖北乡试榜发，杨守敬竟然被取中第八十名举人④。

案：按照明清封建科举考试制度的规定，乡试要考三场：第一场考"四书"文三篇，题出自《大学》《中庸》《论语》《孟子》中，另加五言八韵诗一首，称为"试帖诗"；第二场考"经文"五篇，题出自《易》《书》《诗》《礼》《春秋》中；第三场考"策问"五道，涉及经史、时务、政治。而三场考试中，以第一场最为重要。此次乡试的正、副主考官为浙江海盐的颜宗仪（1822—1862）和湖南茶陵的谭钟麟（1822—1905）；房师（即具体阅卷官）系四川纳溪的道光二十三年（1843 年）解元宋文观（字海楼）。录取后，好友郑兰曾因事与此次乡试的主考和杨守敬的房师见过面，并对他们说："此人（指杨守敬）年少好学，他日必为传人。"⑤

① 见《杨守敬集》第十三册，第 438～439 页。

② 见《杨守敬集》第十三册，第 440 页。

③ 见《邻苏老人年谱》，第 10 页。

④ 见《邻苏老人年谱》，第 10 页。

⑤ 见《邻苏老人年谱》，第 10 页。

闰八月十九日（10 月 12 日），浙江巡抚左宗棠与法国侵略军组成“常捷军”，由法军水师副将勒伯勒东统领。

闰八月二十日（10 月 13 日），太平天国忠王李秀成率部驰援天京，与湘军在雨花台展开激战。

深秋，杨守敬曾自刻有白芙蓉三阳开泰钮方章一枚（高 10.3 cm），其印文为“吟风弄月坐上不惟名士来”，边款署“壬戌九秋，惺吾刻”①。

十月初五日（11 月 26 日），天京解围战失利，忠王李秀成率部撤离雨花台。

十一月上、中旬，杨守敬告别家人，由陆路北上入京，准备参加次年将举行的礼部试。在抵达樊城（今湖北省襄阳市樊城区）时，与亦北上入京参加礼部试的广东遂溪人陈乔森相识，遂结伴同行；二人性情相投，一见如故，从此成为挚友。

十一月十二日（1863 年 1 月 1 日），“江汉关”正式开关。

十一月二十八日（1863 年 1 月 17 日），太平军在绍兴击毙“常捷军”统领勒伯勒东。

十二月十二日（1863 年 1 月 31 日），太平天国翼王石达开率军自四川叙州（今宜宾市）进入云南境内。

是年，杨守敬的恩师颜宗仪②在京城寓所病逝。

同治二年癸亥（1863 年）　二十五岁

正月二十二日（3 月 11 日），署理江苏巡抚李鸿章奏设“广方言馆”于上海。

正月间，杨守敬和陈乔森一行抵达京城，并一起寓居荆州会馆。

在京城，陈乔森对杨守敬既推崇、关照，“又所至延誉，于是都中之士多有知守敬之名者”。正是因为陈氏的介绍，杨守敬又结识了广东文昌（今海南省文昌市）人潘存和广东归善人邓承修，亦从此成为挚友。杨守

① 见北京印千山国际拍卖有限公司“2013 年秋季艺术品拍卖会：方寸乾坤——无锡荣氏后人荣国铭先生旧藏珍印”专场拍卖品，编号：1125。

② 颜宗仪（1822—1862），字挹甫，号雪庐；室名“清邃堂”“梦笠山房”“琅华仙馆”。浙江海盐人。少即负文名。曾主讲诂经精舍。咸丰三年（1853 年）进士，曾官广东候补道、云南学政，官至翰林院侍读学士。工诗赋，善书法。著有《梦笠山房诗存》、《琅华仙馆诗集》及《清邃堂遗诗》（六卷）等。

敬对此三人有很高的评价："一山故将家子，好驰马试剑，逾壮始折节读书，目光炯炯，豪迈绝伦"；"孺初精诣卓识，罕有伦匹；铁香卓荦不群，皆一代伟人。守敬得闻绪论，智识日开"①。

杨守敬曾在《清故四品衔户部主事陈君墓志铭》中云："尝谓潘先生今之何点也，铁香今之赵清献也，君则今之陈元龙也。"②

二月初一日（3月19日），钦差大臣僧格林沁攻陷捻军根据地——雉河集。

二月初五日（3月23日），捻军首领、太平天国沃王张乐行在雉河集战败被俘。

三月十五日（5月2日），清军攻克江苏太仓（今苏州市太仓市）。

三月初八日（4月25日），杨守敬和陈乔森、潘孺初等友朋一起进入考场，参加是年举行的恩科会试③。

会试期间，杨守敬又节衣缩食，利用考试的间歇时间，经常光顾京城各大书肆，购买自己以前未曾看过的书籍。

案：会试同乡试一样，一共要考三场，每场进出三天。前一场考完后，出场休息几天，再考第二场、第三场。第一场作三篇八股文和一首试帖诗，第二场考试"五经"数篇，第三场考试策问数篇。

四月初九日（5月26日），会试榜发，杨守敬、陈乔森、潘孺初等友朋均落榜。

四月二十四日（6月10日），同治登极恩科殿试毕，张之洞进士及第，钦点"探花"（第三名进士）。

四月二十五日（6月11日），太平天国翼王石达开在四川大渡河紫打地全军覆灭。

五月初十日（6月25日），太平天国翼王石达开在成都被四川总督骆秉

① 见《邻苏老人年谱》，第10页。

② 见《杨守敬集》第五册，第1191～1193页。

③ 会试：各省具有举人资格者，经推荐均可赴京参加会试；会试每三年在京城举行一次，由礼部主持，故又称作"礼部试"；因其考试在春天举行（乾隆之前在二月举行，乾隆时改为三月举行），又称为"春闱"。会试的主考官（称为"总裁"）有4人，一正三副，由皇帝钦命大学士、尚书等大臣充任；另有18名同考官（多的时候增至20位），大多由翰林院的翰林充任。在清代，每科所取名额自百名至四百名不等（最少的一次96名，最多的一次406名）。若乡试有"恩科"，则次年也举行会试，称"会试恩科"。

章杀害。

五月二十六日（7月11日），天王洪秀全在上海《北华捷报》英文周刊刊登号召太平军将士战斗到底的诏旨。

四五月间，杨守敬“在肆厂买得未见书盈车”，当会试一结束，便告别诸友出京，“仍遵陆归”。一路上，因道路泥泞、书多沉重、马老车旧，虽“沿途雇马、骡、牛帮驾”，仍然“每日半夜未能抵站，辛苦万状”；所带盘缠，至樊城时已用完，只得向同行者借贷，才辗转回到家中①。

八月初九日（9月21日），上海英、美租界合并为“公共租界”。

八月二十日（10月2日），太平天国西北远征军攻克陕西汉中。

十月初五日（11月15日），清政府正式任命赫德为中国海关总税务司；从此，控制中国的财政收入达48年之久。

十月二十四日（12月4日），太平天国慕王谭绍光被叛徒郜永宽杀害，次日苏州失守。

十一月初二日（12月12日），清军攻陷江苏无锡，太平天国潮王黄子隆殉难。

是年，祖父鉴于全家的现实状况，决定分家。其时，“家有盘龙堰租谷七十硕，酆家店租谷三十二硕，汉阳河罗家坪租谷八硕；又有正街铺面一栋，临清江老屋一栋，间壁新屋一栋”。其租谷与“会账”的分配结果为：“以盘龙堰租谷划出二十硕，又以酆家店租谷三十二硕，作为祖父母及母养膳之资”；而“逐年所欠亲友会账，则于正屋、铺室交母按年还清后作养老之资”；“守敬与先三则分盘龙堰（租）谷各二十五硕”。关于房屋，“老屋深宽，新屋小而未成，则以罗家坪租谷八硕补之”。分配结果为：“祖父母及母皆仍住老屋”，先三住进老屋，又“于老屋前开米铺谋生”；守敬得新屋，并“假贷亲友，装修两房，移居之”②。

此外，杨守敬又在宜都城中设馆授徒，将其收入以补贴家用。

是年，南京学者汪士铎将湖北巡抚胡林翼生前主持的《皇朝中外一统舆图》（即《大清一统舆图》）完成，并刊刻行世。

案：这是中国在科学理论指导下绘制的第一本流行民间且影响最大的新式地图集，杨守敬、熊会贞师徒后来就是利用此图绘制《水经注图》的。

---

① 见《邻苏老人年谱》，第10页。

② 见《邻苏老人年谱》，第11页。

同治三年甲子(1864年)　二十六岁

是年，杨守敬继续在宜都城中设馆授徒，以补贴家用。

正月初三日（2月10日），太平天国西北远征军自陕西南部由扶王陈得才、祜王蓝成春、遵王赖文光分三路东援天京。

正月二十一日（2月28日），清军攻陷天京钟山要塞天堡城（位于南京太平门外紫金山西峰山顶）。

正月二十四日（3月2日），浙江巡抚曾国荃率湘军合围天京。

二月二十四日（3月31日），闽浙总督左宗棠联合法军洋枪队攻克浙江杭州。

四月初六日（5月11日），戈登率“常胜军”和淮军攻陷江苏常州，护王陈坤书战死。

四月十二日（5月17日），太平天国扶王陈得才、遵王赖文光、梁王张宗禹围攻河南信阳州。

四月二十六日（5月31日），“常胜军”在江苏昆山解散。

四月二十七日（6月1日），太平天国天王洪秀全①病逝天京。

五月初三日（6月6日），太平天国幼天王洪天贵福在天京即位。

六月十六日（7月19日），浙江巡抚曾国荃督师攻占太平天国都城天京，纵兵劫掠。

六月二十六日（7月29日），幼天王洪天贵福流亡至浙江湖州，旋由干王洪仁玕、堵王黄文金等拥戴，继续斗争。

七月初六日（8月7日），太平天国忠王李秀成在南京被两江总督曾国藩杀害。

九月初七日（10月7日），沙俄强迫清政府签订《中俄勘分西北界约记》。

九月初九日（10月9日），幼天王、洪仁玕等部太平军在江西石城杨家

---

①　洪秀全(1814—1864)，原名火秀，又名仁坤。广东花县人。早年曾应秀才试，屡试不中。1843年受基督教影响，创立“拜上帝会”，并撰写《原道救世歌》《原道醒世训》《原道觉世训》等著作，积极进行革命的宣传和组织工作。1851年1月11日领导“拜上帝会”会众在广西桂平县金田村武装起义，建号太平天国，称天王。同年9月，太平军攻克永安，稍作停留，进行军政建设，分封诸王。1853年3月，太平军攻占南京，定为都城，改称“天京”。1864年，太平军原占据的很多军事据点相继丢失，天京危在旦夕。洪秀全拒绝忠王李秀成“让城别走”的正确意见，困守孤城。同年6月1日病逝。50天后(7月19日)，天京陷落。

牌军溃。干王洪仁玕等被俘执。

九月十九日（10 月 19 日），黎元洪（1864—1928）出生于湖北汉阳府黄陂县木兰乡一个贫寒家庭。

九月二十五日（10 月 25 日），太平天国幼天王洪天贵福在江西石城被俘执。

十月初九日（11 月 7 日），西北太平军在安徽霍山黑石渡兵败，扶王陈得才自杀。

十月二十日（11 月 18 日），太平天国幼天王洪天贵福在南昌被处死，太平天国政权覆亡。

十月二十五日（11 月 23 日），太平天国干王洪仁玕在江西南昌遇害。

十一月初，杨守敬打算起程北上，前往参加明春将举行的会试，“苦无川资，乃襆被由沙市搭内河船间关到汉口郑谱香观察处，假银百金而归”；又见“先三负债无可抵偿，追索急，乃以五十金与之”；随后便与枝江新举人彭大兴（字云峰）同行北上赴京；“至樊城，则车价昂贵，乃两人同雇一轿车”，继续北上；“及过新野县，天大风雪，车沿淯河行。向晚离车站尚十余里，黑夜路迷不能行，各停车燃灯”，“云峰帽为风吹落，彼欲下车觅之，余下车簾力阻”。因风大，守敬下车帮车夫燃灯；当“灯燃开车”，车中却不见云峰；“众欲行”，守敬劝阻，分头寻觅，终不见人；“各车皆欲行，余不能复阻”；“及到店，则已深夜，众皆倦极思卧”。守敬“以为深夜临河，未有村庄，必失足落河；时严冬水涸，落河当在河岸边，或不死，若至明日，必冻死。乃悬赏车夫及所带家丁，与店主人回头沿河”寻找，终于在河边找到，已“奄奄一息，不能语，以姜汤灌之，方明始能语”，“众皆叹守敬之义”①。

十一月间，捻军和西北太平军联合，推太平天国遵王赖文光为领袖，继续战斗。

十二月间，中亚浩罕汗国军事头目阿古柏在英、俄帝国主义的支持下率兵侵入我国新疆。

年底，杨守敬与彭大兴等一行人在北上的旅途中度岁。

是年，长尾雨山（1864—1942）出生于日本赞岐高松一个名门望族。

---

① 见《邻苏老人年谱》，第 11 页。

同治四年乙丑(1865 年)　二十七岁

正月初三日（1 月 29 日），太平天国遵王赖文光、梁王张宗禹在鲁山（今河南省平顶山市鲁山县）击败钦差大臣僧格林沁所部。

正月十一日（2 月 26 日），李之鼎（1865—1925）出生于江西南城一个书香之家。

正月间，杨守敬与彭大兴等一行人抵达京城，仍寓居荆州会馆。

其时，翰林院编修张之洞在京中提倡风雅，“大会天下名流于城南陶然亭”，杨守敬与陈乔森亦接到通知；陈乔森如期赴会，杨守敬则以为其“迹近标榜，不赴”①。

二月初九日（3 月 6 日），段祺瑞（1865—1936）出生于安徽合肥一个行伍之家。

二月二十一日（3 月 18 日），太平军余部戴王黄呈忠率部攻占福建漳浦。

三月初七日（4 月 2 日），太平天国遵王赖文光、梁王张宗禹率部进军山东曹县。

三月初八日（4 月 3 日），会试举行，杨守敬再次入场应试。

四月上旬，会试榜发，杨守敬之卷“荐而不售”，又落榜。“时都中友朋均劝余留京，余亦以都中为人文渊薮，乐与赏奇析疑，为学问进步，并非为他日发迹计，盖其时已屏除时文于意计外矣。”②

四月二十一日（5 月 15 日），清军攻陷漳州，侍王李世贤突围败走；后撤至广东镇平部将汪海洋军营。

四月二十四日（5 月 18 日），捻军首领、太平天国遵王赖文光、梁王张宗禹等在山东曹州高楼寨大败清军，杀死钦差大臣僧格林沁。

四月间，杨守敬考取景山官学③教习，好友邓承修遂请杨守敬搬到他家里居住。 不久，邓承修告假南归，守敬便应东草厂胡同④安徽太平人苏维

---

① 见《邻苏老人年谱》,第 11 页。

② 见《邻苏老人年谱》,第 11～12 页。

③ 景山官学:清代五所八旗子弟官学之一,创立于康熙二十四年(1685 年)。校址设在北上门(今景山南门)两旁的官房中。学中设有总管 3 人,满、汉教习共 21 人,掌教上三旗官学生学习满、汉书籍。教习任职三年,期满后由吏部另行叙用。学生肄业三年,按成绩分别录用为“笔帖式”“库使”等职。

④ 东草厂胡同:根据杨氏在其他处之记载,这里所说之“东草厂胡同”即今北京前门外草场七条胡同。

翰（字次屏）之聘，“假太平会馆为学堂”，教读其子。自此，守敬“每日散学后，徒步到琉璃厂法帖店物色碑版文字，及归，街上已寂无行人，到馆则漏三四下矣”；“旁观者多非笑之，惟苏君于守敬无闲言”；“苏君之为人慷慨好义，待先生至恭且敬。又欲出赀为守敬捐主事，已上兑矣，经孺初先生力阻，以为守敬既得景山教习，何必捐主事，长无出头之日，乃嘱苏君以其赀改捐他人，然已损失不少”。“厥后，因其子性拙，读书无进境，而铁香返京，乃力辞次屏馆，仍主铁香家。”①

其间，杨守敬亦于教读、购买碑版法帖之余，与前辈好友往还相聚。

邓承修返京后，杨守敬闲暇之时，常同其一起游览京师。“是时，铁香亦好金石，每日游市上觅所得，其精者归铁香，其次者守敬收之，缘守敬无力买精者。然饮食之费、租屋之费，皆铁香任之。计铁香亦非殷实富人，每年不过得其叔津贴数百金，而以之养吾闲人，其志非寻常好客之比。”②

七月初三日（8月23日），太平天国侍王李世贤被康王汪海洋的部下杀害。

八月初一日（9月20日），曾国藩、李鸿章在上海创建“江南机器制造总局”。

十月二十一日（12月8日），太平天国康王汪海洋率所部太平军攻占广东嘉应州。

十二月十二日（1866年1月28日），康王汪海洋所统率之太平军余部在嘉应州溃败。

十二月二十四日（1866年2月9日），康王汪海洋在黄沙嶂迷路坠崖，被执殉难；南部太平军的斗争结束。

是年，沈塘（1865—1921）出生于江苏吴江（今苏州市吴江区）雪巷一个富裕之家。

是年，顾麟士（1865—1930）出生于江苏元和一个世代书香之家。

同治五年丙寅（1866年）　二十八岁

是年，杨守敬仍在景山官学任教习，仍寓住好友铁香家中。

案：杨守敬在《邻苏老人年谱》中说：“教习期满，引见以教职用，于是希望皆绝。”杨氏这里所记“教习期满”的时间可能有误。据《家谱》记

① 见《邻苏老人年谱》，第12页。

② 见《邻苏老人年谱》，第12页。

载，杨守敬“（同治）四年考取景山官学教习，六年引见以教职用”，这与《清史稿》中所记景山官学教习“三年期满，咨部叙用”的规定正好相符。而杨氏在《邻苏老人年谱》中却自记其“教习期满”在同治五年，很明显，这一年他还不到规定的“三年期满”时间。

二月二十三日（4 月 8 日），太平天国梁王张宗禹率所部太平军自河南攻入山东定陶。

四月初一日（5 月 14 日），东北马傻子起义失败，马傻子战败牺牲。

五月十三日（6 月 25 日），闽浙总督左宗棠奏设“船政学堂”于福州，为清末最早的海军学校。

六月二十八日（8 月 8 日），罗振玉（1866—1940）出生于江苏省淮安市淮安区一个书香之家。

七月初十日（8 月 19 日），闽浙总督左宗棠在福建设立“福州船政局”，开启专门制造轮船的近代造船工业。

八月十七日（9 月 25 日），朝命调闽浙总督左宗棠为陕甘总督。

八月二十八日（10 月 6 日），恭亲王奕䜣等奏请在天津设立“军火制造局”，清廷命三口通商大臣、署理直隶总督崇厚筹办。

九月十二日（10 月 20 日），鉴于形势的严峻，新捻军分为东、西两支，由遵王赖文光等率领东捻军，梁王张宗禹等率领西捻军。

十月初六日（11 月 12 日），孙中山（1866—1925）出生于广东香山县（今中山市）翠亨村一个农民家庭。

十月十三日（11 月 19 日），钦差大臣曾国藩以进攻捻军无效，奏请朝廷另派钦差大臣接办军务。

十一月初一日（12 月 7 日），朝廷任命江苏巡抚李鸿章为钦差大臣，进剿捻军。

十一月初八日（12 月 14 日），梁王张宗禹率西捻军进逼陕西西安。

十一月初九日（12 月 15 日），汪诒年（1866—1941）出生于浙江钱塘一个书香官宦家庭。

十一月十六日（12 月 22 日），遵王赖文光率东捻军攻克湖北麻城。

十二月初六日（1867 年 1 月 11 日），东捻军在湖北安陆府（今荆门市钟祥市）罗家集击败清军提督郭松林。

十二月十八日（1867 年 1 月 23 日），西捻军在西安城东灞桥十里坡歼灭陕西巡抚刘蓉部湘军，进围西安。

十二月二十一日（1867 年 1 月 26 日），东捻军在湖北德安府（今孝感市安陆市）新家闸歼灭张树珊部淮军。

是年，蒋黻（1866—1911）出生于江苏吴县一个书香之家。

是年，志钧（1866—1921）出生于京城一个世袭公爵之家。

是年，徐乃昌（1866—1946）出生于安徽南陵一个书香官宦之家。

同治六年丁卯(1867年)　二十九岁

年初，杨守敬仍在景山官学任教习，并从好友铁香家搬到宜昌会馆寓居。

正月十一日（2月15日），清政府任命钦差大臣李鸿章为湖广总督，仍督办“剿捻”事宜。

正月十五日（2月19日），东捻军在湖北安陆取得“尹隆河大捷”，旋被湘军的鲍超部击败。

正月十八日（2月22日），朝廷授陕甘总督左宗棠为钦差大臣，督办陕甘军务。

二月十八日（3月23日），东捻军在湖北蕲水六神港大破湘军，斩记名布政使彭毓橘。

二月间，杨守敬在宜昌会馆作有《激素飞清阁碑目记》①。

三月间，山西泽州府高平知县龙汝霖②“求都中渊雅之士为其子授读”，束脩颇丰厚，“年六百金”；经湖南友人“力荐”，杨守敬赴山西高平，到龙汝霖家为西席，教授其子③。

四月二十四日（5月27日），太平天国梁王张宗禹率西捻军再攻陕西西安失利。

五月十二日（6月13日），美国派军舰入侵我国台湾，被台湾军民击退。

同日，东捻军在山东梁山（今济宁市梁山县）突破清军运河防线，攻入

---

① 见《杨守敬集》第八册，第527页。

② 龙汝霖，生卒年不详，字皓臣、皞臣，湖南攸县槚山人。道光二十六年(1846年)举人。曾与李寿蓉、邓辅纶、邓绎、王闿运在长沙成立“兰林词社”，被称为“湘中五子”。后以教习出任山西曲沃知县，调任高平知县，再调江西铅山县知县，正直敢言，所到之处有政绩。工诗文。著有《坚白斋集》等。

③ 见《邻苏老人年谱》，第12页。

山东，进逼济南。

五月十三日（6 月 14 日），钦差大臣、陕甘总督左宗棠军分三路入陕。

五月二十九日（6 月 30 日），太平天国遵王赖文光率东捻军进逼山东烟台，为英、法侵略军击退。

六月间，吴隐（1867—1922）出生于浙江山阴州山（今绍兴市山阴县）一个贫寒之家。

七月初九日（8 月 8 日）寅时，李瑞清（1867—1920）出生于父亲在广东的寓所（时其父为广东巡抚蒋果敏的幕僚）。

七月二十日（8 月 19 日），遵王赖文光率东捻军突破“胶莱防线”，西走潍县（今山东省潍坊市）。

七月二十四日（8 月 23 日），杨晟（1867—？）出生于广州驻防汉军正红旗一个旗人之家。

八月初一日（8 月 29 日），朝命翰林院编修张之洞出任湖北学政。

九月二十八日（10 月 25 日），张元济（1867—1959）出生于浙江海盐一个世代书香之家。

九月间，梁王张宗昌率西捻军进入陕北。

十月二十四日（11 月 19 日），东捻军在江苏赣榆战败，鲁王任柱牺牲。

十月间，杨守敬在高平县廨完成其《激素飞清阁评碑记自序》①，其《激素飞清阁评碑记》（四卷）初稿基本完成，对自先秦至唐代的 288 种碑刻进行了系统评论。

十一月十三日（12 月 8 日），浙江乡试结束后，张之洞离杭州、过苏州，风尘仆仆赶到湖北省城武昌学政衙门就任。

十一月二十二日（12 月 17 日），梁王张宗禹率所部西捻军由陕西宜川之壶口东渡黄河，进入山西吉州地区，并相继攻占吉州、乡宁、临汾、曲沃等地。

十二月上旬，“捻匪扰山西，警报日亟，龙君乃著材勇押其辎重赴河南清化镇，寄其友人家，守敬因与同行”；“及到清化，则离匪不过一日程，市上恐慌，移家者十室九空”。在河内县清化镇（今博爱县县城所在

① 见《杨守敬集》第八册，第 529 页。

地），“幸有车夫系京中人”，守敬“乃雇之，而星夜赶站，抵都门则捻匪已至白河矣”①。

十二月初九日（1868年1月2日），西捻军自山西垣曲进入河南济源县。

十二月十一日（1868年1月5日），东捻军在江苏扬州瓦窑堡战败，遵王赖文光被俘，5天后就义。

年底，杨守敬终于又辗转回到京城，仍寓好友铁香家度岁。

同治七年戊辰(1868年)　三十岁

年初，杨守敬仍寓居好友邓铁香家中。闲暇之时，则“常与孺初相往还，凡学问流别及作文、写字，得其指授为多”②；大约从此时起，二人开始合作编辑《楷法溯源》。

正月十二日（2月5日），西捻军逼近直隶易州（今河北省保定市易县），京师大震。

正月二十六日（2月19日），清政府命钦差大臣左宗棠总统直隶境内各路清军，防堵西捻军。

二月二十三日（3月16日），西捻军幼沃王张禹爵和怀王邱远才在河北饶阳（今衡水市饶阳县）战死。

三月初八日（3月31日），杨守敬再次入闱参加会试，“仍荐而不售”③。

案：关于此科考试的情况，杨氏《邻苏老人年谱》中有详细记载：“是科首题为：‘畏大人，畏圣人之言’二句（语出《论语·季氏第十六》：‘孔子曰：君子有三畏：畏天命，畏大人，畏圣人之言。小人不知天命而不畏也，狎大人，侮圣人之言’），余文仅三百余字，示同人皆惊服，以元许之。时蕲州黄云鹄（翔云）、武昌范鹤生（鸣和）两先生见余文，叹为高古绝伦，已云：‘场中考官未能识，惟福建林天龄、江苏蒋彬蔚二人能识之，若君卷落此二人手，则必出房。但总裁中有一旗人，若落此人手，恐亦未必赏之。’及榜后，知果在蒋公房中，而派于旗总裁分下，果不以为佳。蒋公又力荐，且云：‘我房中只中此一人，亦所情愿。’而总裁乃复示云：‘君湖北卷中若复中有一人，可以易之；否则，他人房中卷已定，不能易也。’蒋公复查房中拟中卷，只守敬一人，乃罢。榜发，犹复批落卷数百言，以古作者许之。

---

① 以上均见《邻苏老人年谱》，第12页。

② 见《邻苏老人年谱》，第13页。

③ 见《邻苏老人年谱》，第12页。

并访守敬寓所，先施之。及守敬答拜，其时新进士多谒蒋先生者，先生皆辞以异日，守敬不安，欲辞出，先生慨然曰：‘君之文首场既简古，三场条对且有正原问之误处，非绩学有素，何能有此！当与吾为文字友，何敢以师相视。彼诸生皆揣摩时墨得售，何敢与君并论。’因留饭，且出所藏金石文字使品骘，其虚怀真不愧古人。厥后，守敬复入都访谒，则已归道山，失此知己，常用郁郁。时云鹄先生每挟吾落卷到酒馆，出以示人，言：‘我湖北今年有此落卷！’观者皆大叹惋。济宁孙莱山先生（如仅）尤为激赏。”①

另："莱山""如仅"实际上是两个不同的人，杨氏在此处误记为一人。孙莱山即孙毓汶（1834—1899），字莱山，一作来杉，山东济州（今济宁市）人。咸丰六年（1856年）进士，曾官内阁学士、工部左侍郎、军机大臣兼总理各国事务大臣、刑部尚书、兵部尚书等要职。孙如仅（1820—1880），字亦何，一字揖鹤，号松坪，山东济州人。咸丰三年（1853年）状元，曾官翰林院修撰、陕甘学政、侍读学士、江苏学政、内阁学士等职。

三月十三日（4月5日），廉泉（1868—1931）出生于江苏无锡一个书香之家。

四月上旬，会试结束后不久，杨守敬得到祖父病重的消息，便立即"束装由海道归"②。

四月二十一日（5月13日），祖父惟一公在宜都老家去世，享年八十三岁。

五月上、中旬，杨守敬自上海抵家，祖父已经去世，"停柩堂中"；随后"以葬资无出"，守敬与先三意见不一致：先三主张卖盘龙堰之田以葬祖父，守敬认为此田若卖，不仅祖母今后的赡养成问题，而且祖母百年之后亦无资安葬，不妥，而极力主张给佃户加租。最后议定，按守敬的意见办理，遂葬祖父于龙窝祖茔③。

处理完祖父的丧事后，杨守敬方才了解清楚：自己离家三年，妻子李氏带着三个孩子（二子一女）住在老屋旁，一年除了租谷"二十五硕"外，再无其他来源，"每日食菜饭、稀粥或番薯以充饥；又不足，则以针黹、纺织

① 见《邻苏老人年谱》，第12～13页。

② 见《邻苏老人年谱》，第13页。

③ "龙窝祖茔"是杨氏家族的祖茔地之一，地点在今宜都市陆城街道东南的龙窝村。据《家谱·墓地》载："其地宽敞，冈岭重叠，祖墓多至数百家。年虽久，碑记犹大半可读焉。"惜"文化大革命"时，墓地都被平毁。今此地重修有杨守敬的陵墓，是全国重点文物保护单位。

补之”；虽然生活十分艰难，却没有给守敬留下一分钱的债务，这让守敬对李氏顿生感激、钦佩之情，也希望自己的子孙不要忘记此恩情①。

闰四月十七日（6 月 7 日），清政府任都兴阿为钦差大臣赴直隶天津，会同钦差大臣左宗棠、湖广总督李鸿章进剿捻军。

五月初，经过数年的努力，杨守敬的《激素飞清阁评帖记》（二卷）基本完成，对先秦至唐代的 96 种书帖进行了品评。

五月初五日（6 月 24 日），杨守敬为了一家人的生计，不得不赴上海，为人写字。

在上海旅店，杨守敬为其《激素飞清阁评帖记》写了一篇序言②。

六月初九日（7 月 28 日），清政府出使美、英、法、普、俄等国大臣蒲安臣在华盛顿代表清政府与美国签订《中美续增条约》，即《蒲安臣条约》。

六月二十八日（8 月 16 日），西捻军在山东茌平徒骇河战败，张宗禹牺牲（一说不知所终），捻军起义至此失败。

七月间，杨守敬卖字赚了一些钱后，便又自上海启程回到宜都老家。

八月十三日（9 月 28 日），江南制造总局第一号轮船竣工，名为“恬吉”，后改为“惠吉”，是中国自行设计制造的第一艘轮船。

八月十九日（10 月 4 日），钦差大臣、陕甘总督左宗棠出京西征。

十月十七日（11 月 30 日），应友朋之邀，杨守敬为了一家人的生计，再次来到上海卖字。

十月十八日（12 月 1 日），杨守敬应友朋之邀作《繁阳令杨君碑·跋》成。

十一月十四日（12 月 27 日），由赫德制定的《中国引水总章》正式公布，在全国各港施行，它是一个在旧中国实行了 80 年之久的殖民主义性质的引水章程。

十一月二十日（1869 年 1 月 2 日），四川酉阳（今属重庆市）发生反洋教斗争。

十一月三十日（1869 年 1 月 12 日），章太炎（1869—1936）出生于浙江余杭一个地主之家。

年底，杨守敬回到宜都后，友广东高州（现茂名市代管县级市）人陈荔秋推荐其入崇文书局任职；杨守敬经过反复思量、权衡，最终放弃了进入官书局的机会。

---

① 见《邻苏老人年谱》，第 13 页。

② 即《激素飞清阁评帖记序》，见《杨守敬集》第八册，第 585 页。

同治八年己巳（1869 年）　三十一岁

年初，为补贴家用，杨守敬乃在新街姜姓家的空房设馆授徒，束脩“不及百千（金）”，且“火食皆由家中自备”，颇为艰辛——当时在宜都，“大约年四五十千即为好馆，其能得百千者甚少”；“守敬以举人授读”，才比别人好得多①。

二月十八日（3 月 30 日），西北回民起义军会师于萧金镇（今甘肃省庆阳市西峰区），并十八营为四大营。

三月十六日（4 月 27 日），中俄签订《陆路通商章程》。

四月间，贵州遵义因法国天主教徒擅自毁坏庙宇引起中外冲突，史称“遵义教案”。

五月初一日（6 月 10 日），福州船政局建造成第一艘轮船——“万年清”号；至 1880 年的 12 年间，该局共建造成 23 艘轮船。

八月十九日（9 月 24 日），英、俄、德、美、法五国驻华公使在北京订立《上海公共租界土地章程》《法租界市政组织法》。

十月二十三日（11 月 26 日），美国传教士丁韪良出任“京师同文馆”总教习。

十二月初七日（1870 年 1 月 8 日），清政府命湖广总督李鸿章驰赴贵州督办军务。

是年，杨守敬在教读之余，除继续收集和研究碑版之外，又“兼习经史”；所撰之《论语事实录》成，并刻之。“亦间有《小学记录》，今不存。”②

案：《论语事实录》③ 是杨守敬研究经学的著作之一。它以问答的形式，对《论语》的作者、内容、成书时间以及后世儒家研究该书情况等一些问题作了深入的探讨，提出了不少独到见解。

与《论语事实录》同时刊刻的尚有他的另一著作——《三毫考》（今收入《杨守敬集》第一册，第 175～180 页），并与《论语事实录》合订成一册。

---

① 见《邻苏老人年谱》，第 13 页。

② 见《邻苏老人年谱》，第 13 页。

③ 见《杨守敬集》第一册，第 127～174 页。

同治九年庚午(1870 年)　三十二岁

年初始，杨守敬应邀至外舅家授读；教授之余，继续进行碑版、经史的研究。

五月初八日（6 月 6 日），清政府允准英国驻华公使威妥玛的要求，在中国沿海铺设海底电线。

五月二十三日（6 月 21 日），因法国天主教堂拐卖并残害中国幼童而引起中外冲突，史称“天津教案”。

五月二十五日（6 月 23 日），清政府命直隶总督曾国藩查办“天津教案”，严重损害了中国人民的尊严和情感。

六月二十五日（7 月 23 日），熊希龄（1870—1937）出生于湖南凤凰一个世代行伍之家。

六月间，经仔细考订、辨识，杨守敬为自己所收藏之《陈德残碑》碑刻撰写了一篇跋文①。

七月间，长江中、下游连降大雨，顿时“江水泛涨，街流屋宇无算”。而守敬“家中老房将倾”，不得不四处筹钱、买旧材料将老屋重新翻修②。

八月初三日（8 月 29 日），清政府调曾国藩为两江总督，以湖广总督李鸿章为直隶总督。

八月间，乡试结束，宜都的张小云（鼎煌）被取为举人；于是，杨守敬便邀约其届时一起进京参加次年的会试。

十月初二日（10 月 26 日），胡思敬（1870—1922）出生于江西宜丰新昌镇一个书香官宦之家。

十月十二日（11 月 4 日），直隶总督李鸿章接办“天津军火机器总局”，改称“天津机器制造局”。

十一月十六日（1871 年 1 月 6 日），陕甘回民起义的重要据点金积堡（今宁夏吴忠市利通区金积镇）被清军攻破，回民起义首领马化龙降清。

十二月间，汪洛年（1870—1925）出生于浙江钱塘一个书香官宦之家。

是年，杨守敬开始将自己近几年所收集的古碑刻进行整理并付梓刊刻。

是年，田吴炤（1870—1926）出生于湖北天门一个书香之家。

是年，郭立山（1870—1927）出生于湖南湘阴一个书香之家。

---

① 见《杨守敬集》第十一册，第 511 页。

② 见《邻苏老人年谱》，第 13 页。

同治十年辛未(1871 年)　三十三岁

正月初，年尚未过完，杨守敬便和张小云结伴一起北上赴京。

二月初一日（3 月 21 日），山东农民起义首领宋景诗在安徽亳州（今亳州市）被俘。

二月二十九日（4 月 18 日），上海至香港之间的海底电缆铺设完成。

二月间，杨守敬一行抵达京城，仍寓居好友铁香家中；闲暇之时，二人常在一起聚谈、研讨金石、碑帖。

多年后，杨守敬在为邓氏旧藏《褚书雁塔圣教序拓本》作题跋时还写道："忆余自领乡荐后，每北上必寓鸿胪邸第，昕夕聚谈，摩挲金石。"

三月上旬入场，首题为"信近于义"一章①。此次会试的房师为于荫霖中丞。于师得守敬试卷，"亟荐之"，且云："三场一律，非绩学之士不能。""及榜发，仍不中。"于师"深惜之。既知为余卷，乃向同乡毕东屏（保鳌）②云，欲余留京，就其家馆。拳拳之意，至为可感"；而守敬"因家计艰难"，还是决定回乡③。

其间，杨守敬利用会试休场的时间，曾在都中搜求不少汉、魏、六朝的金石文字，只缺后魏卢无忌的《修太公庙碑》。

会试结束后，杨守敬遂收拾行装南下归乡。"车过汲县北约数里，路旁有太公庙，碑在庙前田中，无碑亭。及车到站，月颇明，乃携毡、墨独自返太公庙拓之，并拓碑阴，及回店，则同行已鼾睡矣。次日得知，皆非笑之。此事载于黄云鹄集中。"

案：黄云鹄《实其文斋文钞》卷三之《激素飞清阁金石录序》中记有此事。该序写于同治七年（1868 年）四月，据此可知杨氏在汲县拓碑的时间应在黄氏写此序之前。而据杨氏《三续寰宇访碑录序》中所载，可知杨氏拓碑在同治癸亥（1863 年）由京城南返途经汲县之时。然杨氏在《邻苏老人年谱》中将此事记于同治十年（1871 年），显然是杨氏的记忆之误。

归家后，"日用益窘，已负公债，适鄷家店田有人出重价谋购之"；杨

---

① 语出《论语·学而第一》："有子曰：信近于义，言可复也。恭近于礼，远耻辱也。因不失其亲，亦可宗也。"

② 毕保鳌，生卒年不详，字治孙，号东屏，湖北蕲水人。毕秋帆之父。咸丰十年(1860 年)进士。散馆授翰林院编修，官至苏州知府。工书善诗，素有文名。

③ 见《邻苏老人年谱》，第 14 页。

守敬“乃与先三商议卖之”，“以其半偿债，又为母预制棺木，以其余钱存于张裕兴家备日用”①。

五月十七日（7 月 4 日），沙俄派军队占据我国新疆伊犁九城。

六月初六日（7 月 23 日），三子必昌（1871—？）出生。

六月二十七日（8 月 13 日），福建古田民众拆毁英国教堂，史称“古田教案”。

七月十九日（9 月 3 日），两江总督曾国藩、直隶总督李鸿章奏请派陈兰彬、容闳带领幼童出国，学习军政、船政、步算、制造等先进科学技术。

七月间，经仔细考订、辨识，杨守敬为自己所收藏之《日本题名残碑》（即《多胡郡碑》，又名《和铜题名》）撰写了一篇跋文②，上有湖北前辈叶志诜道光十九年（1839 年）的题识。

八月十六日（9 月 30 日），经仔细考订、辨识，杨守敬为自己所收藏之《化度寺邕禅师碑》（全名为《化度寺邕禅师舍利塔铭》）撰写了一篇跋文③。

是年，夏寿康（1871—1923）出生于湖北黄冈仓埠镇（今属武汉市新洲区）一个书香官宦之家。

同治十一年壬申(1872 年)　三十四岁

年初始，为生计所迫，杨守敬又在家设馆授徒。

二月初四日（3 月 12 日），武英殿大学士、两江总督曾国藩卒于金陵，朝廷追赠太傅，谥“文正”，祀京师昭忠、贤良祠。

三月初六日（4 月 13 日），苗民起义首领张秀眉被俘，旋苗民起义失败。

三月二十三日（4 月 30 日），英国人美查在上海创办《申报》。

四月二十日（5 月 26 日），经仔细考订、辨识，杨守敬为自己所收藏之《九成宫醴泉铭》碑刻撰写了一篇跋文④。

七月初九日（8 月 12 日），陈兰彬、容闳等率第一批幼童詹天佑等三十人赴美留学。

---

① 以上均见《邻苏老人年谱》，第 14 页。

② 见《杨守敬集》第十一册，第 541 页。

③ 见《杨守敬集》第十一册，第 537 页。

④ 见《杨守敬集》第十一册，第 538 页。

十月初九日（11 月 9 日），傅增湘（1872—1949）出生于四川泸州江安县（今属宜宾市）一个书香官宦世家。

十一月二十三日（12 月 23 日），直隶总督李鸿章奏请在上海试办轮船招商局，官督商办，定名为“轮船招商公局”，是中国第一家近代轮船航运公司。

十一月二十七日（12 月 27 日），杜文秀被清军杀害，其领导的回民起义失败。

是年，杨守敬开始计划刊刻《望堂金石》①。

同治十二年癸酉（1873 年）　三十五岁

是年，杨守敬仍在家设馆授读，以补贴家用。

正月二十六日（2 月 23 日），慈禧太后归政，同治皇帝亲政。

同日，梁启超（1873—1929）出生于广东省新会县茶坑村一个书香之家。

七月间，法国传教士在四川黔江县（今重庆市黔江区）强行建立教堂，又强迫民众信教，劫掠财物，奸淫妇女，激起民愤，将不法传教士殴毙；清政府在法国驻华公使的威胁下，以处分知县，判处民众四人死刑、二人徒刑，赔款四万银两结案，史称“黔江教案”。

九月十五日（11 月 4 日），清军攻陷肃州（今甘肃省酒泉市肃州区），对回民起义军进行残酷大屠杀。

十月初一日（11 月 20 日），法国海军军官、探险家安邺奉命率法军占领越南河内。

十一月初五日（12 月 24 日），刘永福率黑旗军与法军战于河内，毙杀安邺。

十一月间，守敬雇佣本县脚夫起程北上，准备入都参加次年的会试。至樊城，车价昂贵；适云南兵部“火牌车”（案：云南举人赴会试，皆乘兵部“火车”入都，按驿更换）抵达，乃商之搭便车，略付一些费用；然每站都须与驿站交涉，不胜其烦。至保定后，遂自雇一牛车，单身入都②。

同月里，好友南海伦五常孟臣氏为杨守敬所收藏之《冀州从事张表碑》

① 《望堂金石》，即《望堂金石文字》。

② 见《邻苏老人年谱》，第 14 页。

碑刻撰写了一篇跋文[1]。

十二月十六日（1874 年 2 月 2 日），英国侵略者竟背着中国政府与阿古柏缔结《通商条约》十二条。

十二月间，好友邓承修为杨守敬所收藏之《冀州刺史王纯碑》（又名《汉王纯碑》）碑刻撰写了一篇跋文[2]。

年底，杨守敬抵达京城，仍寓居好友邓铁香家中度岁。

是年，直隶总督李鸿章改“轮船招商公局”为“轮船招商局”，派唐廷枢为总办，徐润、朱其昂、盛宣怀为会办，先后在汉口、九江、镇江设立栈房、码头，在天津、牛庄、烟台、福州、厦门、广州、香港、汕头、宁波、镇江、九江、汉口和长崎、横滨、神户、吕宋、安南、新加坡、槟榔屿设立分局，开辟沿江、沿海及国外航线。至 1876 年有轮船 11 艘；1877 年，又以 222 万两银买进美商“旗昌洋行”的旧船 16 条及其码头、仓库等财产，招商局初具规模。

是年，耶稣会在上海徐家汇建造天文台，设有气象和地震两部，与世界各地天文台站保持联系。1900 年又在上海近郊的佘山顶上建造天文台，专司天文观测，并在上海外滩建立了一座报风塔。

是年，陈毅（1873—1927？）出生于湖北黄陂（今武汉市黄陂区）一个书香之家。

是年，杨守敬的房师、前辈友人蒋彬蔚[3]病逝任上。

同治十三年甲戌(1874 年)　三十六岁

年初，杨守敬一边寓居铁香家做会试的准备；一边利用闲暇之时，与铁香一起在历代正史《地理志》各图的基础上，合作编绘《历代舆地沿革险要图》的草图，惜未完成刊印。

二月间，经仔细考订、辨识，杨守敬为自己所收藏之《酸枣令刘熊残

---

① 见《杨守敬集》第十一册，第 510 页。

② 见《杨守敬集》第十一册，第 509 页。

③ 蒋彬蔚(1817—1873)，字颂芬，号子良、芷梁，江苏吴县人。咸丰六年(1856 年)进士，选庶吉士。历官翰林院编修、文渊阁校理、武英殿纂修管等职，官至刑部给事中。性诚笃，乐于助人。曾考释《长春真人西游记》地名，续成《汉官谱》；又有《咸丰六年丙辰科朱卷》一卷。

碑》（又名《刘孟阳碑》）碑刻撰写了一篇跋文①。

二月下旬至三月中旬，日本政府成立“台湾事务局”，任命大限重信为长官，在长崎设立侵台军事基地；又以陆军中将西乡从道为台湾事务都督，发兵四五千人（号称一万五千人），企图从台湾南端入侵台湾。

三月初八日（4 月 23 日），杨守敬再次走进考场，入闱应试。

三月十八日（5 月 3 日），上海人民发动了反对法国侵略军侵占四明公所的斗争。

三月二十一日（5 月 6 日），日本政府借口台湾杀死琉球船民事，企图侵占我国台湾。

三月二十九日（5 月 14 日），清政府派福建船政大臣沈葆桢以巡阅为名，率兵轮前往台湾察看海防。

在京参加会试期间，杨守敬除与老友潘存、邓铁香、陈乔森等人文酒往还之外，还结识了谭献（原名廷献）、李慈铭、袁昶等名流。

杨守敬晚年回忆说：“是时，钱塘谭仲修（廷献）、山阴李莼客（慈铭）、桐庐袁爽秋（昶）皆在都，与孺初、铁香、一山文酒交还，极一时之乐。守敬虽急欲归，皆劝过夏而后行”②，守敬只好暂留京师。

四月初八日（5 月 23 日），沙俄拒不交还新疆伊犁，清政府命左宗棠所部迅速西进。

四月十八日（6 月 2 日），日本军队分三路进攻我国台湾。

会试结束，杨守敬又名落孙山。不久，“同邑张云陔入都欲贩蘑菇、皮货回湖北贸易，余以张君旧友，又以是时蘑菇、皮货价廉，乃向孺初假八百金，使云陔由海道至汉口卖之即返都。盖守敬素谨慎，不妄交友，故孺初信之。孰知张君过汉口未卖货，径归宜都，而以钱填其店亏空，屡催其兑银入都，久不报。而孺初省衣节食数十年，只有此数，虽不以责我，我何以自安！”③

滞留京师期间，杨守敬曾与湖北蕲水同乡、前辈诗人、时任内阁侍读学

① 见《杨守敬集》第十一册，第 517 页。

② 见《邻苏老人年谱》，第 14 页。

③ 见《邻苏老人年谱》，第 14 页。

士的陈廷经[1]多有往来[2]。

八月下旬，杨守敬在与李慈铭的交往过程中，曾将自己前几年刊印的《论语事实录》和《三毫考》赠送给他，请其斧正。

李慈铭在其八月二十八日（10 月 8 日）的《日记》中曾记载有此事："惺吾以早年所著《论语事实录》《三毫考》相质……"[3]

九月二十二日（10 月 31 日），清政府总理衙门与日本内务卿、全权大使大久保利通(おおくぼ としみち，1830—1878)在北京签订中日《台事专约》三款及凭单，日本侵略者从清廷方面讨得"保民义举"的称誉，并索得五十万银两的补偿。

十月初九日（11 月 17 日），中国第三批官费留学生唐绍仪等三十人启程赴美留学。

十一月间，荆州知府倪文蔚编纂的《荆州万城堤志》（卷首一卷、正文十卷、卷末一卷）一书完成。

十二月初五日（1875 年 1 月 12 日），同治皇帝[4]驾崩。两宫太后宣醇亲王奕譞之子载湉入继大统，嗣皇帝位，以次年为"光绪元年"；两宫皇太后再次垂帘听政。

杨守敬《邻苏老人年谱》中曾记载："会先帝龙驭上宾，同人皆劝余留京，以为恩科伊迩，何必急归。"[5]

年底，杨守敬听从友朋的劝告，留京度岁。

---

① 陈廷经(1804—1877)，原名鸿棨，字执夫，又字小舫，亦作筱舫，晚年自号梦迦叶居士。湖北蕲水人。陈沆长子。少随父读书京师，曾从魏源为师。道光十四年(1834 年)举人，二十四年(1844 年)进士，选庶吉士。散馆后历官翰林院编修，国史馆协修，实录馆纂修兼提调，山东、四川、河南道监察御史，户科给事中，吏部掌印给事中等职。任御史期间，不避权贵，正直敢言，有"铁面御史"之称；又多次荐举曾国藩、胡林翼、左宗棠等人可堪大用。累官至内阁侍读学士，诰授资政大夫。晚年信佛，日诵金刚经。工诗赋。著有《梦迦叶山房诗赋》二卷、《陈学士奏稿》一卷、《六壬占验》四卷等。

② 杨守敬曾在《虞恭公温彦博碑·跋》中记述过与陈小舫交往的情况，见《杨守敬集》第十一册，第 539 页。

③ 参见李慈铭《越缦堂日记》同治十三年(1874 年)八月二十八日记。

④ 同治皇帝，即爱新觉罗·载淳(1856—1875)，满族，咸丰帝子。六岁即位，在位十三年(1862—1875 年)，由慈安太后和生母慈禧太后垂帘听政，实由慈禧执掌大权。实行"借洋兵助剿"政策，依靠湘军、淮军镇压太平天国革命和捻军、回民、苗民、彝族起义。支持洋务派的洋务活动。病逝后，庙号"穆宗"。

⑤ 见《邻苏老人年谱》，第 14 页。

是年，杨守敬曾参加国史馆的考选，被录取为“国史馆誊录”（见《家谱》载）。

是年，刘世珩（1874—1926）出生于安徽贵池一个书香官宦之家。

光绪元年乙亥(1875 年)　三十七岁

年初，杨守敬仍寓居好友邓铁香家中。

正月十六日（2 月 21 日），云南民众在永昌（今保山市）打死非法进入云南并肆意行凶的英国使馆翻译马嘉理（Augustus Raymond Margary），史称“马嘉理事件”。

正月二十日（2 月 25 日），光绪皇帝爱新觉罗·载湉即位，慈禧太后掌握实权。

二月初十日（3 月 19 日），英国驻华公使威妥玛正式向总理衙门提出六项要求，就“马嘉理事件”与清政府进行交涉。

三月二十八日（5 月 3 日），清廷任命左宗棠为钦差大臣，督办新疆军务。

四月二十六日（5 月 30 日），清政府派李鸿章督办北洋海防，沈葆桢督办南洋海防。

六月间，杨守敬收到家信，“言祖母老病，乃决为归计”①。

七月间，杨守敬结识广东大埔人、时任翰林院侍讲学士的何如璋，成为好友，并结伴出京至天津。

在天津时，“子峨乃遍告天津商人”，谓守敬“善书”；杨守敬遂租住在郑君兰的商行中，“不半月遂得润金百五十元”②。

八月初一日（8 月 31 日），清政府任命郭嵩焘为出使英国钦差大臣，为中国政府正式派遣常驻各国公使的开始。

八月二十一日（9 月 20 日），日本蓄意制造了“江华岛事件”（又称“云扬号事件”），出兵侵略朝鲜，迫使朝鲜与日本签订《江华条约》。

八月下旬，“天已渐凉”，且“闻海上风涛，秋冬为大”；加之“天津友人及子峨致书于上海同乡为我吹嘘，因急欲赴上海”。而“友人以余初浮海，皆劝坐官舱，乃搭大沽轮船。初入船，则见江陵郑君半香（士灼）③

① 见《邻苏老人年谱》，第 15 页。

② 见《邻苏老人年谱》，第 15 页。

③ 郑士灼，生卒年及生平不详，字半香，湖北江陵人。光绪二年（1876 年）举人。

弟兄在前舱。余在后舱左边，及出海口，则左边日照甚热，乃自移于右边。是夜，忽闻霹雳一声，惊醒而视，则床前有船头直冲而入，离身不数尺，水瀼瀼入，盖司船者不慎，而与别船相撞所致。幸离岸不远，转舵泊洲上，而以船中人移入武昌轮船中。及郑君等来视，皆挢舌不下，云：若非吾自由左而右，则骨已粉碎矣。同人皆贺余有此幸福，他日必有善果”。

抵达上海后，杨守敬“投书各处，大抵皆以寻常卖字人视之，无主顾者”。一日，“闲游市上，遇仁和龚孝恭（橙）①，与之倾谈，知为龚定庵之子，段若膺之外孙，学问坚僻，而颇有新解，虽以其外祖，尚有微辞，而深服守敬金石之博”。其时，杨守敬“所携碑版盈箱累箧，龚君艳之，欲尽睹而择购焉。龚君以余所住栈房逼窄，不便展阅，乃为移于大栈房，其栈费及火食皆龚君供之。萍水之逢，慷慨如此，不可谓非大手笔也”②。

案：杨氏自传中记龚橙之字为“孝恭”，而“恭”字应为“拱”字音近误书。龚橙为龚定庵（自珍）之子，龚定庵是段若膺（玉裁）的外孙。由此可知，龚橙应是段若膺的重外孙。而杨氏记龚橙为“段若膺之外孙”，误。

九月十六日（10 月 14 日），中国第四批官费留学生四十人启程赴美留学。

十月初四日（11 月 1 日），清政府批准山东巡抚丁宝桢在烟台、威海卫、登州府修筑炮台，在济南建立“山东机器局”。

十月间，“得家信，则云：‘祖母已见背。’乃辞龚君，急搭轮归家，则祖母已停于中堂”——守敬离家时，“所交于先三之款——在张裕兴者已罄尽。先三乃议将正街铺卖之以作葬费，缘此屋本为祖母防老费也”③。守敬则坚持不卖，且一人独自承担葬费，择日将祖母安葬于龙窝祖茔。

同月里，好友黄士琳为杨守敬所收藏之《坛山刻石》（又名《吉日癸巳石刻》《周穆王刻石》）碑刻撰写了一篇跋文④。

十一月十四日（12 月 11 日），清政府任命陈兰彬、容闳分别为出使美

---

① 龚橙(1817—?)，字公襄，又字孝琪、孝拱，号昌匏、石匏，别号半伦，浙江仁和人。龚自珍长子。监生。为人放浪不羁，而性格孤僻，寡言少语，好为狎邪游，喜好收藏古籍，于藏书无所不窥，为学问浩博无涯，编有《孝拱手抄词》，辑佚乃父遗篇。著有《诗本谊》《刑篇》《名篇》等。

② 见《邻苏老人年谱》，第 15 页。

③ 见《邻苏老人年谱》，第 15 页。

④ 见《杨守敬集》第十一册，第 503 页。

国和秘鲁的钦差大臣。

年底，杨守敬在宜都老家陪母亲和妻儿度岁。

是年，沙俄在黑龙江进行第四次“武装航行”，并在其中、上游地区建立了二十个哥萨克“村屯”。

光绪二年丙子(1876 年)　三十八岁

年初，杨守敬在宜都老家陪母亲和妻儿过新年。

正月初七日（2 月 1 日），湖北孝感县乡民与前往传教的英国传教士发生冲突，引起两国争端，史称“孝感教案”。

二月十七日（3 月 12 日），陈衡恪（1876—1923）出生于祖父陈宝箴湖南镇筸辰永沅靖道署。

自二月始，杨守敬因先三“是时烟病已深，不能经理”，遂在先三所开纸行代其经理——先三因原来“所开米店逐年亏累，见屋前租于长阳晏益泰开纸行者颇得利，而其行亦歇业，乃创议开纸行而无本；守敬乃假之本族人，得二三百千开张”①。

三月十三日（4 月 7 日），四川江北厅（今重庆市江北区）因反对传教士强行传教，陈子千率数千民众捣毁教堂，在冲突中民众被打死五十余人，史称“江北教案”。

四月始，杨守敬利用经营纸行之余，在好友所辑《楷法溯源》的基础之上，对其进行认真补充、整理和编校（见光绪四年版《楷法溯源·凡例》）。

五月十九日（6 月 10 日），四川涪陵（今重庆市涪陵区）民众因不满传教士的胡作非为，焚毁教堂多处。

闰五月初九日（6 月 30 日），英国商人在上海擅自修筑的“淞沪铁路”通车，以九吨重的机车牵引一列客车，每天往来上海吴淞间六次。这是外国人在中国修筑和经营的第一条铁路。

闰五月十四日（7 月 5 日），陆宗舆（1876—1941）出生于浙江海盐一个商人之家。

闰五月二十九日（7 月 20 日），钦差大臣左宗棠指挥的清军刘锦堂部击败阿古柏叛军，克服新疆乌鲁木齐，平定天山北路。

---

①　见《邻苏老人年谱》，第 15 页。

闰五月中旬至六月上旬，安徽建平县因传教士强行传教、打死民众二人，引起纠纷；清政府反而判处民众三人死刑，徒刑二人，赔款三万三千三百五十六两银子结案，史称“建平教案”。

六月初八日（7 月 28 日），清政府派直隶总督李鸿章为全权大臣赴山东烟台与英国驻华公使威妥玛谈判“马嘉理案”。

七月二十六日（9 月 13 日），英国政府借口“马嘉理事件”，强行与清政府签订《烟台条约》。

七月间，经仔细考订、辨识，杨守敬为自己所收藏之《〈熹平石经〉残字》碑刻撰写了一篇跋文①。

秋，杨守敬曾自制有水墨纸本行书王维五言诗立轴（129 cm × 66 cm）。其诗及题识云：“不知香积寺，数里入云峰。……薄暮空潭曲，安禅制毒龙。王维《过香积寺》。丙子秋月，杨守敬书”，钤印“杨守敬印”（见“中华古玩网”网站资料）。

九月初八日（10 月 24 日），清政府收买“淞沪铁路”，随后全部拆毁。

九月二十一日（11 月 6 日），钦差大臣左宗棠率军平定北疆。

十月初八日（11 月 23 日），《上海新报》馆设立。

十月十七日（12 月 2 日），出使大臣郭嵩焘及其随员登上英国“塔拉万阔”号轮船，自上海吴淞口启航，前往英国。

十一月间，沙俄特使库洛巴金与阿古柏背着中国政府签订《俄阿边界条约》。

同月里，好友杨之闳为杨守敬所收藏之《许长史旧馆坛碑》（全称《梁上清真人许长史旧馆坛碑》）碑刻撰写了一篇跋文②。

十二月初二日（1877 年 1 月 15 日），清政府派福建船政学堂学生严复、萨镇冰等三十人赴英、法学习航海、造船技术。

十二月上、中旬（1877 年 1 月），曹汝霖（1877—1966）出生于上海一个职员家庭。

十二月间，清政府任命翰林院侍讲学士、加三品衔何如璋为出使日本大臣。

同月里，经仔细把玩、考订、辨识，杨守敬觉好友杨之闳所撰之跋不太

① 见《杨守敬集》第十一册，第 515 页。

② 见《杨守敬集》第十一册，第 530 页。

尽意，遂又为《许长史旧馆坛碑》碑刻撰写了一篇跋文①。

同月里，好友饶敦秩为杨守敬所收藏之《丁道护启法寺碑》（简称《启法寺碑》）碑刻撰写了一篇跋文②。

是年，杨守敬在代先三经营纸行之余，除陆续在家刊刻《望堂金石》之外，开始着手收集资料并撰写《水经注疏》。

汪辟疆在其《明清两代整理水经注之总成绩》中说："杨氏熟精郦《注》……乃于同、光之间，着手为《水经注疏》。"③

是年，张国淦（1876—1959）出生于湖北蒲圻（今赤壁市）一个官宦之家。

是年，基督教青年会传入中国，并在上海设立了第一个青年会。

是年，经仔细考订、辨识，杨守敬为自己所收藏之《虞恭公温彦博碑》（又名《大虞公碑》）碑刻撰写了一篇跋文④。

光绪三年丁丑(1877年)　三十九岁

是年，杨守敬仍在家代弟先三开纸行。

正月间，经仔细考订、辨识，杨守敬为自己所收藏之《石鼓文》碑刻撰写了一篇跋文⑤。

二月十五日（3月29日），经仔细考订、辨识，杨守敬为自己所收藏之《西岳华山庙碑》碑刻撰写了一篇跋文⑥。

二月十八日（4月1日），湖北宜昌、安徽芜湖、浙江温州正式对外开埠。

二月二十六日（4月9日），杨守敬为自己即将刊刻面世的《望堂金石》撰写了一篇序文⑦。

案：杨氏的《望堂金石》采取"随搜随刻、随刻随印、随印随售"的方式，故刊刻面世的时间较长，且版本较多，而每个版本所收的碑刻数量不同。此次刊刻面世的《望堂金石》是从同治九年（1870年）开雕的。

三月初三日（4月16日），钦差大臣左宗棠指挥清军越过天山向南疆进

---

① 见《杨守敬集》第十一册，第530页。

② 见《杨守敬集》第十一册，第532～533页。

③ 汪文见1940年重庆《时事新报·学灯》第六十九至七十期。

④ 见《杨守敬集》第十一册，第539页。

⑤ 见《杨守敬集》第十一册，第501页。

⑥ 见《杨守敬集》第十一册，第506页。

⑦ 见《杨守敬集》第十一册，第15页。

攻，克服达坂城。

三月间，好友黄士瀚为杨守敬所收藏之《泰山刻石》碑刻撰写了一篇跋文①。

同月里，好友饶敦秩为杨守敬所收藏之《破张郃铭》碑刻撰写了一篇跋文②。

同月里，经仔细考订、辨识，杨守敬为自己所收藏之《大将军曹真碑》（又名《魏大司马曹真碑》）碑刻撰写了一篇长跋③。

四月间，钦差大臣左宗棠率领清军相继克复鲁克沁、吐鲁番，新疆叛乱首领阿古柏败逃，随后自杀身亡。

同月里，好友曹廷杰④为杨守敬所收藏之《天玺纪功碑》（又名《吴天发神谶碑》）碑刻撰写了一篇跋文⑤。

五月初，荆州知府倪文蔚前往宜都拜访杨守敬，参观其激素飞清阁，聘其为编纂员，邀请他参与《荆州府志》的纂修；临别之际，倪知府还曾赋诗相赠。

案：安徽望江人倪文蔚（1823—1890），咸丰二年（1852 年）进士。自同治十一年（1872 年）起至光绪四年（1878 年）止出任荆州知府，在任期间倡修府志。光绪六年（1880 年）再任荆州知府，并刊刻《荆州府志》八十一卷。光绪九年（1883 年）解任。

另，倪文蔚《两强勉斋古今体诗存》卷四有五言歌行《过宜都访杨惺吾孝廉留题激素飞清阁》一首，即其与杨守敬相见时所赋。

五月初五日（6 月 15 日），上海有线电报研制成功，是日第一次拍发。

五月初六日（6 月 16 日），杨守敬就纂修《荆州府志》的原则、体例等

---

① 见《杨守敬集》第十一册，第 505 页。

② 见《杨守敬集》第十一册，第 521 页。

③ 见《杨守敬集》第十一册，第 527 页。

④ 曹廷杰（1850—1926），亦名楚训，字彝卿，别署亚东平情人，湖北枝江顾家店人。同治九年（1870 年）秀才。十三年（1874 年）入京，以廪贡生考取国史馆誊录。后曾任山西崞县知县，调办洋务。光绪九年（1883 年），以候选州判调吉林，办边务文案。在吉林三十年，历任边务文案会办、呼兰木税总局总理、五常厅同知、吉林知府、官运局会办、劝业道道员等职。1913 年辞职，专心著述。1919 年携眷回到家乡。1926 年再赴吉林，途中染病，不久逝于上海。著有《东北边防辑要》《西伯利亚东偏纪要》《东三省舆地图说》《伯利探路记》《论孟类纂举要》《论语类纂》《孟子类纂》《万国公法释义》等。

⑤ 见《杨守敬集》第十一册，第 529 页。

事宜，致函（即《致倪文蔚》）[1]前辈文学家、荆州知府倪文蔚，其函云：

豹岑公祖大人钧座：

顷者奉赐诗章，用光小阁，幸甚！敬与梓人、书傭相勾当，日不遑暇，间绎地志之书，成《楚郢都考》《宜都沿革考》二篇，又为《荆州府县沿革表》，付书傭抄之，皆未及覆校。适有便人，遂付以呈览，想谬误不少也。地志之书，最忌附会，征引古书，未见原本，辗转贩鬻，鲜不失真。鄙意仿《桂胜》例，先引原书，有考证者低写一格，若原书已佚者，必著见于何书，以此为例。传闻失实之语，苟且钞录之学，皆无可置辞矣。是否有当，伏惟尊裁。敬料理家事三四后，即当诣署拜谒，谨聆教言。使者刻晷解缆，走笔书此。诸惟亮察，即请著安不庄。

治晚生杨守敬顿首　　五月初六日

案：信中所说“《楚郢都考》《宜都沿革考》”二篇，分别收入《杨守敬集》第五册《荆州府志》一书的《荆州古地名考》和《荆州府治沿革考》中。而所言“《荆州府县沿革表》”，即指《荆州府治沿革考》中的《荆州表》《荆州府领县表》《江陵表》《公安表》《石首表》《监利表》《松滋表》《枝江表》《宜都表》等。所谓“《桂胜》”，乃明代张鸣凤于万历年间（1573—1619 年）所撰写的广西历史地理著作。

六月初，荆州知府倪文蔚颇关心杨守敬，曾致函宜都询问其学问和著作情况。

六月初六日（7 月 16 日），杨守敬在接到荆州知府倪文蔚关心、问候的信函后，即写了这封回函（即《致倪文蔚》）[2]，其函云：

豹岑公祖大人阁下：

敬前在都城时，张君湘涛、袁君爽秋交口称大人为皖江硕学，人伦所瞻。乙亥南旋，因雪庐师谒见，谈艺之余，以封君古泉谱下示，仰见大贤，宏奖风流，无时不以问学相勖。敬以闻赴，仓皇返舍，自分疏贱，无劳记注，两年之间，自郡城来者，具述大人殷勤下问，愧荷交拜，无以报答，用敢自陈。敬少既失学，长未向道，车尘马足，罕有停期。虽九流家言，皆喜流览，作辍相仍，无所成名。唯金石一端，若有

① 占如默：《陶风楼藏杨守敬致倪文蔚手札考释》，《文献》2016 年第 4 期，第 108～109 页。因这些手札不见于《杨守敬集》中，故全文移录。

② 占如默：《陶风楼藏杨守敬致倪文蔚手札考释》，《文献》2016 年第 4 期，第 110～112 页。

天性，岁逾一纪，寝食未忘。至于泉币，虽非专门，时亦旁及。伏念《钱谱》自洪氏以来，传摹多谬，昭代名家，始有定说。宜泉、燕庭，搜罗最博，其书不传。渭园、竹朋，粗具轮廓，未臻精妙。端居多暇，乃以所藏拓本，手自摹刻，得二千余枚。粗有端绪，谨用○○，匆遽不及手拓，工人草率，绝少次第，然其精者，与真不别，若再整齐，实称绝艺。而敬家贫不能购进楮蓄，良工不自毁弃，欲托之封君，自居校雠之列，则力厚而行远。

又有《古印谱》二十卷、《砖瓦文字》四卷，皆刻成而力未能印拓。近复仿翟文泉《隶篇》之例，撰《楷法溯源》一书，上自魏晋，下迄五季，东北至沧海日本、高丽等碑，西极塞外姜行本功德记，南尽滇池大小爨、南诏等碑，名碑巨碣，莫不甄录；下至浙东之残砖，供阙之造像，有○○○，亦所不遗。此书本敬手辑，而署文昌潘君者，此公朴学为敬之○○，穷老著书未就，故推之以报知己。然书至二十余卷，非五六百金不能成。筹画于知交，亦仅得半，不得已，仰恳大人稍为资助，则敬与潘君皆感且不○。昔贤著书多传之身后，唯金石文字则必亲校，景伯《隶释》是其前，现今之此书○由○○，柳子厚《与萧俛书》云："人生少得六七十者，今已三十有七矣，长来觉日月益促，岁岁更甚，大都不过数十寒暑则无此身。"何言之悲也。敬今年三十有九，两须皤然，早衰尤甚，无论柳子厚之非所敢望，纵区区不忍废，而闻道已晚，不足自存，感叹辍业，将恐将惧。不贤识小，或不为后世訾，而力小任重，数年以来，家为之落，惜其不成，中夜焦思，当亦大君子所笑其痴，而矜其挚者也。

《金石文字》壹部是十年来所刻，《论语事实录》是前十年所为，虽宗法西汉，实少家法，一知半解，妄灾枣梨。然敬所著书，大半未脱稿，仅以此呈教，如不鄙夷，即望回示。冒昧陈辞，无任战慄，敬请著安不庄。

治晚生杨守敬顿首　　六月六日

案：信函中提到的"张君湘涛"，疑是张香（湘）涛（1837—1909）。"袁君爽秋"，乃指袁昶（1946—1900），后文有介绍。"雪庐师"，即守敬同治元年（1862 年）乡试中举的主考官颜宗仪（1822—1862），前文有介绍。"封君"，是对古代受封邑贵族的通称，泛指那些拥有爵位和封地的人；此处则指倪文蔚的族曾祖倪模（1750—1825）。"洪氏"，即南宋洪遵（1120—1174），字景岩，号小隐，饶州鄱阳（今江西鄱阳）人；与其兄洪适、弟洪迈有"三洪"之誉；博通文史，通晓宋代翰苑故实；所著以《泉志》最为后世称道。"宜泉"，即翁树培（1765—1809），字宜泉，号申之，直隶大兴（今北京市）人，翁方纲次子；乾隆五十二年（1787年）进士，官至刑部郎中；博学好古，善钟鼎文字，喜收藏和鉴赏古货币；著述有《古泉汇考》及泉拓《古泉汇》等。"燕庭"，即刘喜海（1793—1852），字吉甫，号燕庭，山东诸城人；嘉庆二十一年（1816年）举人，官至浙江布政使；嗜金石，精鉴赏，善考证，富收藏；著有《海东金石苑》《长安获古编》《古泉苑》《三巴孴古志》等。"渭园"，即初尚龄（1759—1841），字渭园，山东莱阳人；出身官宦之家，平生喜金石之学，尤嗜古钱，善考证；著有《吉金所见录》十六卷，另辑有《历代帝王统系》四卷、《读史说略》一卷。"竹朋"，即李佐贤（1807—1876），字仲敏，号竹朋，山东利津人；道光十五年（1835年）进士，官至福建汀州知府，后辞官归隐；好金石，嗜古钱，富收藏；编著有《古泉汇》《书画鉴影》《石泉书屋类稿》等，尤以《古泉汇》名后世。"《隶篇》"，为清代翟云升（1776—1858，字舜堂，号文泉，山东掖城人）编撰的一部隶字形义字典，有《隶篇》十五卷、续十五卷、再续十五卷。"姜行本功德记"，即《姜行本记功碑》。"大小爨"，即《爨龙颜碑》和《爨宝子碑》，前者因字多碑大故称"大爨"，后者因字少碑小则被称为"小爨"，二碑并称为"大小爨"。"文昌潘君"，指其师友潘存（1818—1893），后文有介绍。"柳子厚《与萧俛书》"，即柳宗元之《与萧翰林俛书》；萧俛（？—842），字思谦，祖籍南兰陵（今江苏省常州市武进区），唐贞元七年（791年）进士，累官至同中书门下平章事（宰相）。"《金石文字》"，即《望堂金石文字》之《初集》。"《论语事实录》"，守敬早年的经史著作，刊刻于1869年。

七月中旬，荆州知府倪文蔚致函杨守敬，并赠银五十两，助其刊印《楷法溯源》；同时委托其整理、刊印其叔祖倪模所著之《古今钱略》一书。

七月二十日（8月28日），杨守敬在接到倪文蔚来信后，即写了一封回函（即《致倪文蔚》）①，其函云：

豹岑公祖大人阁下：

十八日奉手谕，并赐白金五十两，以为剞劂之赀。又嘱为迂存封君校泉图，慰诲殷勤，感荷无既。伏念迂公博学多通，等身著述，遭乱散佚，唯《钱略》三十二卷副本及《泉图》两册尚存，此及今之时所急宜摹刻者也。古今钱谱以李竹朋所刻为最博，然其学识不足，开端一序便

① 占如默：《陶风楼藏杨守敬致倪文蔚手札考释》，《文献》2016年第4期，第114～115页。

以此道为玩好之物，知其落下乘矣。迂公《钱略》，敬虽未见，读序传知高识深造，为通儒之作，若使用敬砖刻之法以为图，而以迂公泉说证之，真空前绝后之奇也。来示以《钱略》校勘綦繁，刻赀不易，然用力深者收功远，敬料三十二卷书亦不过数百金。至于校刻，敬固谫陋，略闻绪论，若得厕名编校之列，一切薪水俱不敢受。他日书成，稍沾拓工之利，为妻子饘粥之资足矣。敢求将《钱略》副本寄读，大约不出一年，必能竣工。若册后题识，虽皆一时名流，唯孙渊如、宋芝山于此书有发明，其余皆酬应之作，将来摘附册尾则可。若弟刻诸跋，正恐传迂公不尽。敝邑年岁亦甚旱①，唯附郭一带差沾足，谨以附闻。匆遽不尽所言，容续禀。即请升安不庄。

治晚生杨守敬顿首　　二十日

集古钧器拓本适装成，略识数语其上，不及详考。另有汉石经模本，容后呈上。汉印十余卷，惜无好印〇〇。

案：信函中所云“迂存封君”，即倪模（1750—1825），字迂存，号韭瓶，又号预抡，安徽望江人，倪文蔚族曾祖；乾隆四十四年（1779 年）取举人，嘉庆四年（1799 年）钦赐进士，弃官不就，后因其师力劝，方就任凤阳府学教授；任满后辞官归乡，以著述终老。“《钱略》”，即《古今钱略》，倪模撰。“孙渊如”，即孙星衍（1753—1818），字伯渊、渊如，阳湖（今江苏常州市）人。“宋芝山”，即宋葆淳（1748—1825），字帅初，号芝山，晚号倦陬，自署约斋，山西安邑人。“汉石经”，指东汉灵帝熹平四年（175 年）由蔡邕等刻于石碑上最早的官定儒家经本《熹平石经》。

七月间，杨守敬利用编纂《荆州府志》的间隙，将好友潘存辑录的《楷法溯源》（十四卷，又古碑、集帖目录一卷）一书仔细编校完成，并“得倪公助刻书费，又得季音及同邑诸友佽助，遂鸠工刻之”②。

《楷法溯源·凡例》记载：“是书经始光绪二年四月，成于三年七月，即以七月开雕。”③

---

① 自光绪二年(1876 年)至五年(1879 年),直隶(今河北)、山东、山西、陕西、河南、湖北等省,持续 4 年遭受大面积干旱。此次灾害为有清一代最大的一场劫难,而以 1877 年(丁丑年)和 1878 年(戊寅年)最为严重,故称之为“丁戊奇荒”,为中国二百余年来的未有之灾。

② 见《邻苏老人年谱》,第 15 页。

③ 见光绪四年刻本,又见《杨守敬集》第十三册,第 17 页。

八月间，出使日本大臣何如璋率随员启程赴日。

八月里，直隶总督李鸿章派唐廷枢等在滦州设立“开平矿务局”，官督商办，开采开平镇煤矿，是我国最早使用机器开采的一个大型煤矿。

九月间，杨守敬赴宜昌，与好友饶敦秩一起校勘《历代舆地沿革险要图》。

案：杨、饶所校之《历代舆地沿革险要图》，就是在杨、邓合编之《历代舆地沿革险要图》草稿的基础上丰富、完善而成的。

十月初，荆州知府倪文蔚将其族曾祖倪模的《古今钱略》寄给杨守敬，嘱其校刻；随书附有信函说明有关情况。

十月上旬，杨守敬在宜昌接到倪知府寄来嘱其校勘的《古今钱略》及信函。

十月十九日（11 月 23 日），四川涪州（今属重庆市）、内江、南充、巴州（今巴中市巴州区）等地民众为反对西方传教士的非法传教而拆毁教堂。

十一月十七日（12 月 21 日），左宗棠西征军刘锦棠部收复叶尔羌城（今新疆叶尔羌市）。

十一月二十九日（1878 年 1 月 2 日），左宗棠西征军董福祥部收复和阗，南疆平定。至此，除伊犁地区外的新疆领土全部克复。

十一月下旬，荆州知府倪文蔚曾致函杨守敬，询问《古今钱略》校勘的进展情况。

十一月间，杨守敬和朋友王子上、王子石乃集中精力编辑汉、唐之印，其他事暂无暇顾及，遂将自己十多年来所收集之元印交给好友饶敦秩整理编校，并为其撰写了一篇《元押·序》①。

同月里，好友饶敦秩经仔细考订、辨识、整理，将杨守敬交给自己的元印编辑成一集，名《元押》，并为其写了一篇跋文②，然后刊刻付梓。

案：《元押》由蔡美彪整理，今收入《杨守敬集》第十二册，第 905～961 页。

十二月初三日（1878 年 1 月 5 日），杨守敬自宜昌回到宜都后，遂致函（即《致倪文蔚》）③倪知府，向他禀告自己的进展情况云：

---

① 见《杨守敬集》第十二册，第 911 页。

② 见《杨守敬集》第十二册，第 961 页。

③ 占如默：《陶风楼藏杨守敬致倪文蔚手札考释》，《文献》2016 年第 4 期，第 116～119 页。

豹岑公祖大人阁下：

十月上旬接到《古今钱略》抄本，属敬校对，适方在彝陵为饶君季音编地志之书，未能分身。本月初又读手谕敦迫，乃将地志阁下，归家后校读一过，有所闻见，悉录于简端，又使书佐抄出，为札记一卷呈览。

伏念《钱略》一书，详赡出诸谱上，共图尤精妙绝伦，第二十七、八、九卷，于历代钱法利弊敷陈綦详，诚体用兼备之书。此数卷尚未校，此非尽校所引原书不可，须宽以时日。唯迂公生乾嘉之间，古钱之出土者尚不若今日之夥，此则天实为之，敬窃不自量，拟为补图。其有古籍为原注失引者，则归美迂公；或原说舛误，已为前人议驳者，则竟从删削。惟嘉道以后金石家言谱录之书，迂公所未见者，则署补篇之目，敬自下己意，亦附录焉。顷已请善书、善画者五六人重为编定，大约明春可以告竣。

本朝谱钱之书，向推翁宜泉《古泉汇考》、刘燕庭《古钱苑》为详博，二家皆以身前未刻，继嗣无人，稿本几致散佚（翁谱藏燕庭家，同治戊辰，敬于刘氏寓斋见底本；刘谱近藏潍县陈寿卿家）。前在京师，曾因胡石查劝歙鲍子年先生为汇刻之，期以三年，先生以年老不及待为辞。厥后潘伯寅侍郎欲尽刻钟鼎、彝器、款识并古刀布等，石查又举敬董校刻之役，侍郎复以罢官止。中心歉仄，谓二书不传，后来难乎为继。愤极，乃自以拓本摹刻二千余品，皆典质所成，然奢愿尚未偿也。今幸得读迂公此谱，惊喜无似。又值公祖善承先业，力能付之剞劂，敬虽不敏，亦略有所闻，附校刊之列，则翁、刘未竟之业，将今见之，真天人交会，千载一时矣。昔臧庸刻《经义杂记》，托之其祖玉林先生，此义前儒皆未及，自敬发之。吾乡陈小舫为其尊人刻《诗比兴笺》，实魏默深先生之作，江南人皆知此事。敬以默深先生《诗古微》照之，其说至确，当世不议其假托，而称其孝思，况迂公此书皎然不欺者乎？

来札云校毕即寄上，以便授梓，敬窃有所陈。荆楚之梓人，素乏良工，敬所刻《望堂金石文字》，虽蒙当代许可，其实校刻尚多未精准，印谱、泉谱、古器款识、砖瓦文字，颇能夺真，然数年心血为之耗尽。公祖官事繁剧，摹字心劳，恐未有余力校对于点画之间，若付之他人，非其夙好，纵博极群书，不免为罗长源、郑夹漈所惑。敬不嫌自媒，以此事相委，或不有负。惟书经重编，稿必累易，傭书绘图之费，至少亦须百金。○○无可屏当，敢恳俯赐，则成功更速。至于枣梨之费○○○

省，致蹈《古泉汇》覆辙。此事关千古，一端可议，便落第二乘，不足贵矣。属为作弁言，敬以为不必，孙琴西方伯一序，学识皆高，文章亦尔雅可诵。卷末迁公自作序传，发挥无遗，更无庸添蛇足自秽其书。当今李竹朋、鲍子年为此道专门，而二公所作《古泉汇序》，尚未得其要领，何论他人。敬前谓此谱第三十二卷，诸名人赠言尚待刊削者此也。

再闻公祖刻有《荆州堤志》，编纂者为天门胡公，此公敬未谋面，闻其淹雅，祈赐一部。地志之学，敬少即致力于斯，撰有《历代方舆沿革图说》《历代关塞险要图说》《十六国州郡图说》，又补梁、陈、北周、北齐四史地理志，虽未脱稿，已十得八九。敬〇年所著书以此为最，同治之初，都中相知者皆怂敬成之。厥后以好金石之学，避难就易，此道遂延搁不讲，旧稿亦半散失。弃有用之学为章句之儒，择术已疏，深为惭悔。今年九月至彝陵，与饶君季音谈及此事，颇用惋惜，劝敬重理旧业，怦怦欲动。而数年以来，食指众多，心乱如麻，加以年近四十，不复耐作蝇头细字，势不能不请人襄助校理，力不能赡，徒深浩叹。伏维敬既仰荷帡幪，偿得格外周恤，为置一宽闲地，使其专心壹志，一二年间，必力成此书。此书成，敬亦千古矣。

公祖学优，政事在在皆可见施行，区区文字之名，诚非所尚。若以敬所学，有裨高深，敢以一二种相酬，此所谓相得益彰，与攘夺者异矣。敬固无闻，然不尚虚声，留京师十载，虽与一二知名士相往来，而深自钦仰。平生知交，惟文昌潘君孺初、遂溪陈君一山乔森、两君遭际与敬相等。归家后，杜门不出，无论人之所知，亦无道为人所知。有来叩者，勖以问学，如齐传楚语，终不入耳。况非其类，嫉妒尤甚，故声尘愈寂，犹惧不免。若老死不出，将寻与虞仲翔求清蝇作吊客。诚不料公祖相赏于牝牡骊黄之外，遽以先人手泽郑重托付，知己深于感恩，此敬所为披肝沥胆，衔结不忘者也。古器款识一卷、砖瓦文字一卷、汉石经六幅义工清玩。诸维亮察不庄，寒甚即请刻安。

治晚生杨守敬顿首　　十二月初三日

来人姓向名家环，老实可靠，如有所赐，即以付之。岁末宵小易生，专差亦可。敬又及。《楷法溯源》已刻成七卷，次弟依《说文》，谨以附闻。

案：信函中所说“饶君季音”，即指守敬好友宜昌东湖人饶敦秩，著有《古欢斋泉说》，曾与杨守敬合撰《历代舆地沿革险要图》，并共同校勘《古今钱略》。“陈寿卿”，即陈介祺（1813—1884），字寿卿，号簠斋，晚号海滨病史、齐东陶父。山东潍县人。道光二十五年（1845年）进士，官至翰林院编修，后辞官专心学术；著有《簠斋传古别录》《簠斋金石文考释》《簠斋藏镜全目抄本》《簠斋藏古玉印谱》等十余种，另编有《簠斋印章》《簠斋藏古目》等。“胡石查”，即胡义赞（1831—1898），字叔襄，号石槎（一作石查），晚号烟视翁，河南光山人；同治十二年（1873年）举人，曾官浙江等地知县；工书画，精篆刻鉴赏，善金石考证，富收藏；著有《云烟过眼录》《澹淡轩日记》等。“鲍子年”，即鲍康（1810—1881），字子年，号观古阁主人、臆园野人，安徽歙县人；道光十九年（1839年）举人，官至夔州知府；喜金石、古钱，精鉴赏，富收藏；著有《观古阁泉说》《续泉说》《泉辨》《大钱图录》等。“潘伯寅侍郎”，即潘祖荫（1830—1890），字伯寅，号郑庵，江苏吴县人。“臧庸刻《经义杂记》”，指臧庸，本名镛堂，号拜经，江苏武进人，臧琳的玄孙；臧庸为《拜经日记》，即仿效其祖臧琳《经义杂记》的体例，以诠释古书疑义、校勘误字音读。“陈小舫”，即陈廷经（1804—1877），字执夫，又字小舫，湖北蕲水人，陈沆之子，少时曾师从魏源；道光二十四年（1844年）进士，累官至内阁侍读学士，耿直敢言，不避权贵。“魏默深”，即魏源（1794—1857），原名远达，字默深，湖南邵阳人；道光二十四年（1844年）进士，官至江苏高邮知州。清末思想家、文学家、学者。“罗长源”，即罗泌（1131—1189），字长源，号归愚，江西庐陵人；鉴于“史书言远古者极少”，乃采各种典籍以至纬书著成《路史》四十七卷。“郑夹漈”，即郑樵（1104—1162），字渔仲，自号溪西逸民，世称“夹漈先生”，兴化军莆田（今福建莆田）人；学识渊博，著有《通志》二百卷、七百余万字。“孙琴西方伯”，即孙衣言（1814—1894），字绍闻，又字克绳，号琴西，晚号遁叟、逊学老人，浙江瑞安人；道光三十年（1850年）进士，官至湖北、江宁布政使；著有《瓯海轶闻》《永嘉古文词略》《永嘉内外集》《逊学斋诗文抄》等。“《荆州堤志》”，即倪文蔚所撰之《荆州万城堤志》。“天门胡公”，可能指胡祖翮，字伯钦，湖北汉南（今武汉汉阳）人；道光贡生，道光间曾在天门为官，著有《荆楚修疏指要》三卷、《水道参考》三卷等。“文昌潘君孺初”，即潘存（1817—1893），后文有介绍；“遂溪陈君一山乔森”，即陈一山（1833—1895），后文有介绍。“虞仲翔”，即三国虞翻（164—233），字仲翔，会稽余姚人。“清蝇吊客”，本谓虞翻心境悲伤，想自己死后无人治丧，只有苍蝇作吊客来凭吊自己；后比喻人生无一知己，孤独无友。

另，信函中谓“《诗比兴笺》，实魏默深先生之作”，涉及一桩久悬的公案，即《诗比兴笺》是陈沆所作，还是魏源所作。《诗比兴笺》一书共四卷，署陈沆撰，前有挚友魏源的序。自 20 世纪 80 年代开始，曾有李瑚、顾国瑞、夏剑钦等多位学者考证，认为此书实为魏源所作，且这一结论在魏源研究领域似乎基本上被认可。

年底，杨守敬在宜都老家与家人一起度岁。

光绪四年戊寅(1878 年)　四十岁

是年，杨守敬继续参与《荆州府志》的编纂。

年初，杨守敬延请弟子熊会贞[1]来家中教授第三子蔚光读书。

此时，原来所开纸行每年虽有微利，“只可资先三一家之用”；守敬要想补贴家用，还得另想办法。

五月二十二日（6 月 22 日），清政府派崇厚为出使俄国大臣，前往谈判索还伊犁问题。

六月间，荆州知府倪文蔚将杨守敬所要之“泉拓二册”寄去。

七月间，杨守敬在刊刻《孔子庙堂碑》的过程当中，陆续获得有翁方纲、李宗瀚等名流题识的《孔子庙堂碑》碑刻，经仔细把玩、考订、辨识，亦为《孔子庙堂碑》（又名《夫子庙堂碑》）撰写了一篇跋文[2]。

八月上旬，荆州知府倪文蔚派出专差将杨守敬所要之泉册、《万城堤志》和刊印《古今钱略》的银两送到宜都杨守敬家里，并附有书函。

八月初十日（9 月 6 日），杨守敬收到倪知府派人送来的泉册、《万城堤志》和刊印《古今钱谱》的银两及信函后，乃回函（即《致倪文蔚》）[3]云：

豹岑公祖大人阁下：

奉读手谕并泉册、《万城堤志》，又赐白金百两以为傭书之资，将来补阙删繁，约不过二十卷，得数百金即能刻成，俟脱稿再行呈览。大著《万城堤志》，此经济之书，可见诸施行者，与书生高谈考古不可同日

① 熊会贞(1859—1936)，又名崮芝，湖北枝江安福寺镇人。十五岁中秀才，后累试不举，在家设馆授徒。曾参与《湖北通志》的编纂。自光绪十三年(1887 年)起，襄助其师编纂、刊刻书稿。杨守敬去世后，仍坚持二十余年，修改、复校、完成其师留下的《水经注疏》(四十册)。1936 年在武昌去世。

② 见《杨守敬集》第十一册，第 534～535 页。

③ 占如默：《陶风楼藏杨守敬致倪文蔚手札考释》，《文献》2016 年第 4 期，第 120 页。

语。然其中如辨《水经》"夷水出鱼复"之说及驳正阮文达"枚回洲"考，亦未尝不至精确；惟"息壤"之说似尚未详，曾记应城程拳时《在山堂集》有《息壤考》，稍暇当为检出。校札记已存有副本，此仍缴上。其中体例，虽较原书稍密，亦后事者易为力，未必毫无可议，尚祈指示。来使急于销差，走笔复此，馀容续禀。即请道安不庄。

治晚生杨守敬顿首　　初十日灯下

泉拓二册中有诸名人题识者，六月间已寄来，若必钩墨迹入木，所费不赀，敬〇〇〇图〇刻之。

案：信函中所谓"《万城堤志》"，即倪文蔚编撰之《荆州万城堤志》。"'枚回洲'考"，即阮元的《荆州窖金洲考》（见《清经世文编》卷一一七，中华书局1992年影印本，第2856页）；阮元（1764—1849）根据《水经注》和《宋书》的记载，考证认为该洲就是自晋、宋至唐已有之枚回洲。"应城程拳时"，即程大中，生卒年不详，字拳时，号是庵，湖北应城人；乾隆二十年（1757年）进士，曾官湖北蕲州知县；其殚心稽古，淹通经史，著述甚多，有《四书偶见》《四书逸笺》《周礼外义》《诗传》《在山堂集》《四事笺》《逸姓名录》《旧事考遗》《蕲州志》等。

八月十一日（9月7日），陈曾寿（1878—1949）出生于寓居京城的一个书香官宦之家。

八月二十六日（9月22日），范熙壬（1878—1938）出生于湖北黄陂（今武汉市黄陂区）天河一个书香之家。

八月二十八日（9月24日），杨守敬为了集中精力整理刊刻《古今钱略》一书，乃向倪知府辞去《荆州府志》编纂员之职。

九月初，杨守敬所辑编之《荆州府志》基本完成，遂在宜都老家专心编刻《古今钱略》。

案：杨守敬所辑编之《荆州府志》原稿三本，原计划刊行，后因种种原因未能刊行，稿本为湖北省图书馆所收藏。今收入《杨守敬集》第五册，见第943～1101页。

九月初十日（10月5日），杨守敬自宜都致函（即《致倪文蔚》）[①]倪知府，希望他坚定信心，尽快将《古今钱略》刊刻行世，其函云：

豹岑公祖大人足下：

辱承眄睐，属以郡志，本拟竭力从事，无奈家务冗沓，未能蒇事，

① 占如默：《陶风楼藏杨守敬致倪文蔚手札考释》，《文献》2016年第4期，第121页。

有负雅怀，愧甚！愧甚！客岁寄来迁公《钱略》，仅十四本，缺二本。今检得原来函封，亦只十四本，特用呈览，然则仍宜在尊厨中细觅也。至于敬所钩补诸本俱在，现已赶紧排纂，不十日，即将全稿呈上，乃见敬非徒糜费也。唯念此书公祖初意刻之甚勇，故敬辞志局，以就其大者，不知何故而又踌躇。昔顾嗣立刻《元诗选》，见有无数绛衣人下拜，而况为公祖之先业乎？若恐敬窜乱原书，则前已禀明，皆依原书次第发刻，不增损一字，伏惟详察。《楷法溯源》将刻成，尚待校理，大约冬月间方能携板片到省刷印。前月二十八日，本县补覆，敬之起复、丁艰文书，未识已由府署中递过否？恳为问之。

又，二十八日有家信一函，由马驿递送，时敬已出志局，不知此信存何处，尚祈为转掷下。前代求法书楹联，款署昆城，恳为拨冗书之。刻下敝处谷米踊贵，较郡城尤甚，病疫者亦多，尚不至大损折，并以附闻。诸惟鉴照不庄，即颂升安。

治晚生杨守敬顿首　　初十日

案：信函中所云“顾嗣立刻《元诗选》”：顾嗣立（1665—1722），字侠君，号闾丘，亦号秀野，江苏长洲人。康熙三十八年（1699年）举人，五十一年（1712年）会试，特赐进士，选庶吉士，逾年散馆，改补中书舍人，以病辞官，专心著述。工诗文，多藏书，收藏书画、碑碣亦富。著述有《昌黎先生诗集注》《温飞卿集笺注》《秀野集》《闾丘集》《寒厅诗话》《闾丘辨囿》等二十余种，另辑有《元诗选》。

十月间，宜昌府东湖县的饶敦秩再次延请杨守敬至其家，同他一起编撰《历代舆地沿革险要图》，并作印刷前的最后审核。

案：光绪五年（1879年）五月，饶敦秩在其家刻本《历代舆地沿革险要图》后记中云：光绪四年延请杨守敬至其家同撰此图。而杨氏在《邻苏老人年谱》中则将此事系于光绪二年（1876年）[①]，与饶氏所记时间不符，这应该是杨氏晚年的记忆之误。另，东湖饶氏刊印之《历代舆地沿革险要图》，以古墨今朱双色雕版套印，有图66幅，加地球图1幅，共67幅。

《历代舆地沿革险要图》刊刻完成后，杨守敬曾寄赠好友谭献一套，谭献在日记中曾记有其事[②]。

在宜昌饶敦秩家居住期间，杨守敬曾应邀为饶氏亡父写有《清故同知衔

① 见《邻苏老人年谱》，第15页。

② 谭献著，范旭仑整理：《复堂日记》，河北教育出版社2001年版，第94页。

诰授中议大夫饶公墓志铭并序》一文[①]。

其间，挚友潘孺初曾自京城来函催促杨守敬尽快入京相聚。

十一月上旬，杨守敬告别好友饶敦秩回到宜都老家，完成《古今钱略》排版，便去函（即《致倪文蔚》）[②]禀告倪知府，请其定夺是否正式开印，其函云：

豹岑公祖大人阁下：

两奉手书俱收到，欣悉壹是。比维政余多暇，《郡志》次第告成为颂。敬现已将《钱谱》排纂成帙，唯时日稍迫，未能细校（补），〇书原不刻不过明，敬亦差致力，未尽浪费耳。若必欲付梓，仍当遵前教，依迁公原书，不增损一字。唯迁公考证既明，而未见其钱，今其钱或有出土者则补之。谨将原书二部并敬所排纂之壹部呈览，若无意刻之，便可收之；若尚有意，祈仍将此书掷回，敬当遵前教再校一次。唯此书卷帙甚繁，若全刻，恐非四百金所能也。敬拟于月之中旬将《楷法溯源》板片携至宜昌，搭轮船到省垣刷印，缘敬处纸墨甚艰，人工亦贵，敬又无力措印资，所以必欲到省者，随印随售，或可稍沾余利。前月潘孺初有信来，若敬再不至京，遂无会面之期。此公为敬之师友，受恩深重，不止鲍叔之知我。若使此公旦夕委朝露，敬不得一诀，便成终身之恨。故汲汲下省，定于明年二三月即出省入都者为此也。

前为郡志著《沿革考》，繁冗不能裁省，实不堪用。唯竭数月之力，始成此一帙，敝帚之享，不知其非。前已将原稿付孔广森誊清，祈即饬孔生将原稿付回。又盛宏之《荆州记》、袁山松《宜都记》，前亦嘱书佐抄出大半，此虽志外之书，然亦不可缺略。或将原抄付回，敬当为排纂成之。《楷法溯源》拟印二十部，尚未完工，容日当呈览。求作大叙，以光拙著，未知脱稿否，不胜翘企之至。轮船到沙，虽停轮，不过数刻，不及进城面辞为怅。《攀古阁金文》贰本、《文献通考》壹本、马氏《意林》贰本、迁公年谱一本并奉还。《泉志》一本、《古泉丛话》仍存敝箧，容日再寄。行期在即，诸事猬集，不及作楷，伏维原谅，即请升安不宣。

治晚生杨守敬顿首

---

① 见《杨守敬集》第八册，第1150页。

② 占如默：《陶风楼藏杨守敬致倪文蔚手札考释》，《文献》2016年第4期，第122～123页。

朱书田先生行略可否采入孝义传，并附。此系专人，有回信即付之。

案：信函中所谓“〇书原不刻不过明，敬亦差致力”，文句不甚通，疑有“衍”字或“脱”字。“盛宏之《荆州记》”，盛弘之，生卒年不详，南朝宋文学家、史学家，曾任临川王刘义庆的侍郎，与鲍照友善；其《荆州记》，三卷，是一部地理著作，主要记载荆州与古代楚国的地貌及其变化，兼及郡属各地的乡情、盛物、人文典故、名胜景点。“袁山松《宜都记》”，袁山松（？—401），又名袁崧，陈郡阳夏（今河南太康）人；曾任宜都太守、吴郡太守、吴国内史、湘西伯等职，晋安帝隆安五年（401年），兵败战死；博学能文，著有《后汉书》百卷，已佚；其《宜都记》，又称《宜都山川记》，主要记述宜都的山川风物，尤其是对三峡的描写极为生动，一直为后人所传诵。“《攀古阁金文》”，即《攀古楼彝器款识》。“马氏《意林》”，即唐代马总所撰《意林》。“《古泉丛话》”，清代戴熙所撰，同治十一年（1872年）吴县潘氏滂喜斋刻本。“朱书田”，即朱占元，生卒年不详，字书田，光绪《荆州府志》卷五十六有朱占元传记①。“孝义传”，光绪《荆州府志》人物志中卷五十四至五十六为《孝义传》。

另，杨守敬曾在给倪文蔚知府的书函中，向他“求作大叙，以光拙著”。查今本《楷法溯源》中不见有倪序，不知何故。

十一月十八日（12月11日），杨守敬久等倪知府所作序文未至，只好另请自己的房师、同乡好友毕保釐为其即将面世的《楷法溯源》一书作序②。

十一月中旬，杨守敬与好友潘存合作之《楷法溯源》（十四卷，附所采碑帖目录一卷）一书刊刻完成；好友、遵义著名学者郑知同曾为该书题署。

案：《楷法溯源》由欧阳中石整理，今被收入《杨守敬集》第十三册（见第1～428页）。

《楷法溯源》由潘存和杨守敬共同辑字，杨守敬编次，陈乔森核校。它不仅是专门辑录汉魏至五代六百四十六种碑碣、八十二种发帖中的楷书字形，兼收楷而略带行书笔意的字，并按原形钩摹、再依《说文解字》卷次编辑而成的一部约有二万字的字典，也是书学史上一部极具史料价值的文字学、书法艺术的重要文献，还是引导初学者学习书法、循序渐进的极好教科书。

---

① 见《中国方志丛书》之《荆州府志》第三册，第718页。

② 毕保釐：《楷法溯源·序》，《杨守敬集》第十三册，第9～10页。

适省城友朋来函，希望购买杨守敬所刻之《楷法溯源》一书；杨守敬遂决定将家里的纸行仍交弟弟先三自理，自己则携版去省城武昌卖书。

杨守敬若去省城卖书，只能一人前往，没有一个帮手，确实不行；于是纳龚氏为妾，并携长子道承一起前往。

十一月二十三日（12 月 16 日），杨守敬携妾龚氏和长子道承自宜都乘轮船抵达省城武昌，暂时寓居武昌马家巷东首林公馆之侧。

十一月间，杨守敬的友人林天龄①在江苏学政任上病逝。

十二月间，杨守敬抵达省城武昌后，打算与好友石宗建②重新编撰《古文汇编》，为借书之事致函（即《致倪文蔚》）③荆州知府倪文蔚，其函云：

豹岑公祖大人阁下：

顷陈述贤书台端〇来，尚无谬误，唯其领钱究在何处，伏祈示之。敬拟与石子韩同撰《古文汇篇》，两家所藏金石书甚备，独无潘伯寅《攀古阁》一书，此书敬借阅一过，旋还尊架，伏恳再赐一览，至祷！至祷！此上，即请旅安不庄。

治晚生杨守敬顿首

《荆州沿革山川考》二本附呈。再敬所排纂《钱略》，不第，洋钱印诸品及厌胜、打马皆未全钩。习少牧处既有底本，无妨悉数寄来。缘习君所摹最精，敬所摹只能双钩，似不如其毫发毕肖。现拟先刻首卷、宋本及刀布正品，馀悉候习本寄到，再为开雕。守敬又及，《攀古阁》万祈假读。

案：信函中所谓“拟与石子韩同撰《古文汇篇》”：石子韩即石宗建，为清代著名金石学家，辑有《古欢阁双钩秦汉石刻》（清光绪十五年刻本）；又曾校订清代夏宝晋所编之《山右金石录》三卷（光绪八年归安石氏刻本）；

---

① 林天龄（1830—1878），字受恒，一字锡三，福建长乐（今福州市长乐区）人。咸丰十年（1860 年）进士，选庶吉士。曾主台湾海东书院讲席两年。散馆后历官翰林院编修，江南乡试副主考，翰林院侍讲学士、侍读学士，国子监祭酒等职，官至江苏学政，卒于任。工诗文。著有《治安策》《林锡三诗作选》等。后人辑有《林学士遗诗》。

② 石宗建，生卒年不详，字子韩，清光绪年间金石学家。光绪初曾任湖北监利知县、汉口江汉关委员，后官扬州，卒于任上；临终前嘱家人将其所藏金石碑帖全部委托给好友李盛铎保存。辑有《古欢阁双钩秦汉石刻》，曾校订清代夏宝晋所编之《山右金石录》，又曾与李盛铎合编有《俪青阁金石文字》。

③ 占如默：《陶风楼藏杨守敬致倪文蔚手札考释》，《文献》2016 年第 4 期，第 124 页。

《古文汇篇》可能是指石宗建与好友李盛铎合编的《古文汇编》，后来定名为《俪青阁金石文字》。“习少牧”，生平不详；倪文蔚所修光绪《荆州府志》的监刊人为习炽昌，宜昌东湖人，时为候选从九品，有可能就是此人。

同月里，杨守敬曾将自己所刻之《楷法溯源》一书给杭州的好友谭献寄去。

年底，杨守敬与龚氏妾和长子道承及家丁等留在武昌度岁。

是年，朱国桢（1878—1927）出生于湖北大冶一个书香之家。

光绪五年己卯(1879年)　四十一岁

正月初，杨守敬与龚氏妾和长子道承及家丁尚未过完年就在武昌开始刻书、卖书。

正月初六日（1月27日），杨守敬在《楷法溯源》刊印完成后，寄赠荆州知府倪文蔚阅览，并致函（即《致倪文蔚》）[①]询问其刊印《古今钱略》之事，其函云：

豹岑大公祖大人阁下：

睽违钧诲，邈若山河，不胜翘企，恭维起居曼福为颂。客岁又蒙赐白金五十两，敬自维于迂公之书，未能有所增益，乃累承厚贶，实深愧恧。敬携书板于客岁冬月二十三日，搭轮船到武昌，带小儿、小妾并家丁一人，是皆粗知书史，可以监刷印，助校刊者也。唯迂公此书不刻，敬终以为缺陷。此公竭三十年之力成此书，不幸未授梓而殁，粤寇之乱，不大于劫灰者仅耳。敬携此书到省〇人，梓人有云四百金可以成功。又有渔鼓山房书庄情愿先垫刻赀，唯书成之后，彼必先印行百余部以求利息，而后以板归公祖。问何时可成，期以百二十日。敬本在省售书，大约此数月内亦未能入都，可以校刊竣事。维公祖之意非惜此四百金，亦不过恐其不成，中道而废耳，若如此办法，似乎无碍。若以先人秘笈，不肯假手他人以获利，则速赐回音，以便将原书缴还。前札嘱校定此书后交令弟收存，敬访之，藩礼房云已刻到汉阳出差。敬以书尚未校讫，又岁暮匆遽，未能过江访谒，稍暇必能晤会也。

《志书》想已告成，刻此书时可不列贱名，盖本无功也。必不获辞，附于分校之列，如厕诸总纂则不敢居。盛宏之《荆州记》，尚未得《初

① 占如默:《陶风楼藏杨守敬致倪文蔚手札考释》,《文献》2016年第4期,第125～126页。

学记》《艺文类聚》等书掇抄。缘敬初到省，藏书之家皆未识也。《楷法溯源》以告成，求序不得，云门又未晤面，急于印书，遂勉作一序，托之友人毕君，文辞浅陋，且于此体素非当家，故未敢冒公祖大名，恐有损文声耳。不以此书为可哂，仍请作序，以光拙册。呈上式样壹部，中多讹夺，尚待校补也。敬仓皇外出，本拟移家至省垣，而人口众多，措赀不易，此复尚恳拂拭，则没世感戴，读嵇叔夜《悲愤诗》，可以知敬之苦心矣。临纸神驰，匆任惶恐。诸惟亮察不宣，即请升安，并贺年喜。

治晚生杨守敬顿首　　己卯正月初六日

敬住马家巷东首林公馆间壁，地太偏僻，如有回音即交江汉关①委员石子韩转寄。

案：信函中所说之“渔鼓山房书庄”，是当时武昌一家有名的雕版木刻作坊；光绪十九年（1883年）九月，刘光第《南旋记》“初七日”条曾云：“念廖、卢二公待久，心甚不安，早晨过江开船。先一日在汉口市渔古山房，收得《皇朝经世文编》一部八十本，价六千，纸白而燥，江西板，不少磨灭字面，非善本也。”“令弟”，指倪文蔚之弟倪文英，生卒年不详，字粲甫，号雷池，安徽望江人；光绪年间官至江苏候补道；善画，尤工山水。“云门”，遂指同乡樊增祥（1846—1931），字嘉父，号云门、樊山；时正在荆州知府倪文蔚幕府，杨氏本打算请樊氏代倪知府作序。“毕君”，即指蕲水毕保釐。“不以此书为可哂，仍请作序，以光拙册”，谓杨氏仍请倪知府为其《楷法溯源》作序，但查光绪五年（1879年）杨氏所刻《楷法溯源》，并不见有倪序。“马家巷”，今武汉市武昌区粮道街仍有马家巷。

二月初五日（2月25日），杨守敬在收到荆州知府倪文蔚寄来的信函后，便回函（即《致倪文蔚》）②向他禀告了书籍刊刻的具体情况，其函云：

读手书敬悉。据刻工云洪北江之书系六八寸，又薄且有厢板，此书七九寸且六分成，非八十文不能购得，但此事彼不能全做主，购板时敬必亲到讲价。况敬欲刻《古文汇编》，虽要板无多，亦必亲自购办，此

① 江汉关，即武汉市汉口海关，位于今江汉路与沿江大道交叉路口。咸丰十一年十二月初一日（1862年1月1日）经清政府总理事务衙门批准建立。汉口开埠前，清政府在武汉三镇设有内陆关卡，如武昌的江关、汉阳的朝关、汉口的汉关。1861年，英国政府迫使清政府将汉口辟为对外贸易口岸，设“江汉关”。

② 占如默：《陶风楼藏杨守敬致倪文蔚手札考释》，《文献》2016年第4期，第127页。

辈亦无所容其欺。昨细检此书，约八百块双面，三百块系宋体用，五百块刻图用，且以每块八十文计之，当得六十四串，写宋体以三十万，约计当得四十串。此宜先付，盖八百块板片势不尽得干板，恐有稍湿，当预办候干，故开工即要此款也。行旌何日，当走送。即请豹岑大公祖大人晚安

治晚生守敬顿首　　初五日灯下

案：信函中说到的“洪北江之书”，即洪亮吉（1746—1809），字君直，一字稚存，号北江，江苏阳湖人；乾隆五十五年（1790年）进士，官至贵州学政。工诗文，尤擅骈文，通经史，精音韵、训诂，又长地理学，著有《洪北江全集》；其《三国疆域志》一书是古代地理研究中的重要文献。

三月十三日（4月4日），日本宣布兼并琉球国，废琉球国王，改为冲绳县。

三月二十五日（4月16日），好友谭献收到杨守敬寄去的《楷法溯源》一书后，当即翻阅，并给予此书很高的评价。

谭献在当天的日记中记载：“阅杨惺吾编写《楷法溯源》十四卷……若得冠以目录，论定拓本，增注源流，比傅小学，则更茂于《隶篇》矣。”①

三月间，荆州知府倪文蔚经过反复思考，终于下定决心，要将其叔祖倪模的《古今钱略》刊刻行世，并继续委托杨守敬经办此事。

杨守敬在《邻苏老人年谱》中曾记载说：“因石君子韩吹嘘，卖书亦颇得利，豹臣太守知余在省垣，以其叔祖模《古今钱略》稿本付守敬，使刻之。”②

案：杨氏所说倪文蔚的叔祖模即倪模，其平生通文字、训诂，喜藏书，尤好金石，积数十年之力，精研历代钱币，著成《古今钱略》三十二卷；此外尚编著有《双声古训》《导淮由天长合肥注江辩》《倪氏族约》《江上云林阁书目》《钱谱》等。

五月初，荆州知府倪文蔚为刊刻《古今钱略》的相关事宜，专门派仆人赶到武昌给杨守敬送信。

五月初八日（6月27日），杨守敬接到荆州知府倪文蔚派仆人送来的信

① 谭献著，范旭仑整理：《复堂日记》，河北教育出版社2001年版，第284页。

② 见《邻苏老人年谱》，第16页。

函，遂当即请其仆人带回去一函（即《致倪文蔚》）[①]，向其禀告刊刻《古今钱略》的进展情况，其函云：

豹岑公祖大人左右：

顷尊纪来省，递到手书，知以前有赐章，并嘱将第二十八卷引书体例改刻。惟此信并原印书样至今未接到，不知是由何处寄来。又嘱为雇写手二人，当即特嘱刻字人物色之，皆云志书局所请写字工价每千字必得壹百三十文。又闻志书已得一半，彼来写字，一人不过十万。又去上下盘费数串，除日用火食，几不能剩数串，故人人趑趄。而此地佳写手亦实少，前领手人袁姓屡次带信来，云工人往者为此也，如必要人，须略增价，上下盘费纵不全认，亦给一半，方有好手。《钱略》又刻得数卷，时值农忙，工人多告假回家，刻下始渐有人来。盖此地刻字人亦农亦工，非得重赀，不肯舍其田事。此书之成，又当迟至六月底、七月初矣。盖又恐其刈获时有担搁也。顷闻有人云钱图每品四十文价太昂，彼不知其费功，其中若压胜、洋钱诸品，竟有没人一日不能可成一品者。倒是宋体每字一文，彼尚乐于从事，一言刻图即人人皱眉。旁观者不知当局之难，敬若非平日受公祖知遇之感，几不能终其事。非敬轻诺，良由领手人轻诺，然刻图确难，然即万难，亦必终其事。前云图样当印墨本，宋体当印硃本，非有他意，不过以墨本好看，图之神气。此书成，公祖未印本，而有一部行世。敬岂复得为人乎？岂有以重资购不全不备之书者乎？既有言，当遵命尽印红本。连日肚泻，力疾草此。不恭祈恕之，为请升安不宣。

晚生守敬谨禀　　五月初八日

案：信函中所说“尊纪”，意即“尊介”，旧称他人之仆；这里专指倪知府的仆人。“云志书局”，情形不详，待考。

五月二十五日（7 月 14 日），杨守敬致函（即《致倪文蔚》）[②]荆州知府倪文蔚，向其禀告所找志书局写字工、刻工停刻《古今钱略》而另刻《隶篇》以及尚缺刻《古今钱略》板片等事宜，其函云：

豹岑公祖大人阁下：

前由贵纪达一函，谅邀青览。前刻人袁姓来此请写工，此地人多不愿之，俱详前书中，惟有在敝寓，雷君系为写《钱谱》之人，现值《钱谱》已竣工，敬力怂恿之，始允。《钱谱》与洪彦哲商酌后，又请姚方伯审定板再发钞。缘方伯讲书持去之后，久未掷还，日日着人催之，总

① 占如默：《陶风楼藏杨守敬致倪文蔚手札考释》，《文献》2016 年第 4 期，第 128 页。

② 占如默：《陶风楼藏杨守敬致倪文蔚手札考释》，《文献》2016 年第 4 期，第 129 页。

以未刻编览为辞，盖方伯亦好此书如酒也。因之工人住手近一月，适值荮门张瑜生重刻《隶篇》，敬因让其刻之，现《隶篇》亦告竣，刻字人甚多，书亦斟酌尽美。唯所存未刻之板片仅二百块，尚须用约三百块，数月内此地并无卖板片人，唯思敬家中尚有板片约三百块，意欲恳公祖专差或有便人送去。亦可到敬家中，将此板片取下，到沙市再搭妥船寄来，敬已属家中专人送下，但恐未必有人来也。大约不出二十日到汉，此板尚有用也。半月以来，患水泻，颓唐之甚，力疾草此不庄，诸维亮察，即请升安。

晚生守敬顿首　　（五月二）十五日

案：此信函中所说“贵纪”，即前一函中所说之“尊纪”。“洪彦哲”，生平不详，疑为洪亮吉之后人；据郭嵩焘出任驻英、法公使时所撰日记《伦敦与巴黎日记》中的记载，洪彦哲曾补刊洪亮吉《乞假将归留别成亲王极言时政启》入洪亮吉《卷施阁甲集》卷末。“姚方伯”，即姚觐元（？—约1902），字裕万，号彦侍、彦士，晚号复丁老人，浙江归安（今湖州市）人，姚文田之孙；道光二十三年（1843年）举人，官至湖北按察使；平生通文字、音韵之学，精于目录版本，善诗，工书，亦好篆刻；著有《大叠山房诗集》《集韵》《涪州石鱼文字所见录》《咫进斋书目》《咫进斋善本书目》等，并辑有《汉印偶存》。“张瑜生”，疑与“张玉生”为同一人；《邻苏老人年谱》“己卯，四十一岁”条记载：“九月，携眷入都，而以板片交张玉生。”①

六月十一日（7月29日），杨守敬从荆州知府倪文蔚所遣来人和斋口中得知倪知府接到前信而产生误会后，立即致函（即《致倪文蔚》）②倪知府，向他再作解释，其函云：

豹岑公祖大人座右：

和斋来省，得读手教。疑《钱略》非岁莫不能竣工，此由敬前于病中，匆遽禀报不悉之故。前云欠板片三百块者，非《钱略》实欠三百块，因敬家中尚存三百块，既往取，不得不尽数搬来，以备拣择，其实不过欠数十、百块耳。现在业已购买足数，并不需家中之板。《钱略》现已刻得十分之七，不过尚未收拾净尽，数日后必有红样十余本呈览。所余未刻之书，仅第一卷及副品数卷耳。若非炎暑，二十日定可成功。已嘱工人刻期于七月初十日竣事，并领工人见和斋，订以勿得误期，纵有参池，谅亦不得出四五日。总之，驾临鄂垣时，全书准定告成。至前

① 见《邻苏老人年谱》，第16页

② 占如默：《陶风楼藏杨守敬致倪文蔚手札考释》，《文献》2016年第4期，第130页。

日停工刻他书，此亦有故，盖因《钱略》底本求姚方伯鉴定，方伯欣然允诺，及呈去两月有余，未得领回，敬催之不下六七次，恳请其审定，又许为细校，遂亦不敢自作主张。及赐还则又多所更定，又不能不嘱工人重写重割，尚有未尽校出者，敬又为重理一番。又加以板片不齐，他人板片多薄且间有厢者，此厚而整，所以难得，非刻他书有板，此无板也。所未刻之洋钱等品，工人复多畏难。适值友人张瑜生欲刻《隶篇》，商之于敬，敬因刻样未校定，恐停工人散即难复聚，故让其刻一月，岂敢故搁《钱略》而别刻他书乎？至所存刻赀，敬分毫未曾妄动，至今添裕之钱，尚未用完，可覆问也。总之，书一日不成，公祖一日不再与钱，稍有欠缺，敬当设法垫上，若半途而废，敬将何颜以对，专此禀明。临颖悚惶，诸惟鉴察，即请升安不庄。

晚生杨守敬顿首　　六月十一日

案：此信函中谓“总之，驾临鄂垣时，全书准定告成”，是因为这一年将举行乡试，倪文蔚已被确定为乡试的内簾监试官；而乡试的时间一般在八月份，故杨守敬预计倪文蔚赴省城担任乡试监试官时，《古今钱略》一书“准定告成”。

七月下旬，杨守敬得知荆州知府倪文蔚已抵达省城，立即前往“拜谒”，但“不遇”，遂留此函（即《致倪文蔚》）[①]而去，其函云：

顷拜谒，不遇为怅。《钱略》已刻成，此系初印样本，除前已呈览数本外，一并呈上，其有误字等等，随饬修改，大约不过数日，即能竣工，其账簿容日清理。板片存于何处？祈示知。所欠刻赀已长，用过添裕三四十串。可否再拨数十串，先开零碎之工钱，其余候算清后结给。驾临省垣，想必应接不暇，未知何日得闻书再走候，特此留字。即请豹岑公祖大人升安不庄。

治晚（生）杨守敬顿首

此红样颜色不佳，印手亦劣，缘印此一项，需钱二串有余，工人不肯再印，如要再印看样，可否以绿色印之，则价廉而鲜朗矣，再禀。

八月十六日（10月1日）晚，杨守敬将刊印《古今钱略》的板片及所印成之书一一向倪知府派来的人交代清楚，并写了一封书函（即《致倪文蔚》）[②]作说明，其函云：

① 占如默：《陶风楼藏杨守敬致倪文蔚手札考释》，《文献》2016年第4期，第131页。

② 占如默：《陶风楼藏杨守敬致倪文蔚手札考释》，《文献》2016年第4期，第131～132页。

豹岑公祖大人阁下：

今日辰刻，有要事过江。当已嘱工人将书板清理，每架帖有卷数，共板片七百二十八块，壹千三百八十三叶，封面、签字在外，是小儿亲手交清明白，并非含糊了事，或习君一时未能了了耳。此板将来如要休整，可问普渡庵陶之冈，缘敬之板片皆交是人清理也。余十部书已成，特未穿线，已饬赶紧订讫，敬督同工人，无论三四更，总将此书送呈。敬本拟随同来人走谒，恐工人因天晚四散，故必督催，订成方许歇息，明日辰刻，定当趋送行旌。屡承赐以厚贶，愧感无似，谢谢！又承赐书二部，因思此十部为精，不如将前日所徼之二十部中换来两部，则公祖可多得两部精本也。诸维亮察，即请行安不庄。

晚生守敬顿首　　十六日灯下

案：此信函中提到的“普渡庵”，据函中所云“今日辰刻，有要事过江”，应该是指汉口的“普渡庵”，因武昌没有普渡庵，只有“普渡寺”；而汉口河街（今沿江大道）和中路（今中山大道上段）均有“普渡庵”（据《汉口丛谈》记载，当时仅汉口就有寺庙观庵一百多处），不知此庵究竟所指何处。“陶子冈”，疑指陶子麟的族叔，其时陶子麟就在其刻字作坊做工；陶子麟为清末民初公认的“刻书第一国手”，以摹刻仿宋体及软体字为特长，时有“陶家宋椠传天下”的美誉。

八月十七日（10 月 2 日），崇厚在俄谈判，擅自与俄方订立《里瓦几亚条约》（即《交收伊犁条约》）。

八月下旬，杨守敬收到同乡、同年、时任山西冀宁道王定安（字鼎丞）的来信，谓山西巡抚曾国荃拟开书局，特向曾抚推荐守敬为总办。

案：曾国荃（1824—1890）于光绪二年（1876 年）出任山西巡抚。五年（1779 年）三月，在太原设濬文书局，刻《六经》《四书》《荒政辑要》等书。

九月上、中旬，杨守敬将《楷法溯源》的板片交给张玉生保存，便“携眷入都”。“及至都，时孺初住雷阳会馆，守敬遂依之。”

不久，“鼎丞亦入都，初晤即意见不合，久之益龃龉。时空手入都，距会试尚远，进退维谷，而孺初力任资斧，嘱余不随鼎丞去。孺初以穷京官自顾不暇，而啬衣减食，以济吾困，此情此景，不堪回首，记之以告吾子孙，其恩不可忘也”①。

九月二十七日（11 月 10 日），上海英商祥生船厂工人举行罢工。

① 以上引文均见《邻苏老人年谱》，第 16 页。

十月间，杨守敬曾去老友李宝台[①]所开之古董店购买鼎彝之属，到时只见其婿沈某，而不见李氏，询之，原来老友已去世。守敬见店中鼎彝拓本业已售尽，仅存古泉拓本，遂“倾囊”将其全部购入[②]。

十一月三十日（1880年1月11日），杨守敬的二弟开甲[③]在宜都老家病逝。

十一月间，挚友潘孺初见守敬进京后每天专注于舆地资料的辑查，补充、修改、完善其《水经注疏》，一丝不苟，颇为感动，乃欣然为之作叙[④]：

楚北杨君惺吾，博览群籍，好深湛之思，凡所论述，妙悟若百诗[⑤]，笃行若竹汀[⑥]，博辨若大可[⑦]。尤精舆地之学，尝谓此事，在汉以应仲远[⑧]为陋，在唐以杜君卿[⑨]为疏，此必有洞见症结，而后敢为斯言，所谓眼高四海空无人者也。所撰《历史舆地图》，贯穿乙部；《隋书地理志考证》，算及巧历；而《水经注疏》神光所照，直与郦亭共语，

① 李宝台(1803—1877?)，直隶宝坻(今天津市宝坻区)人。自幼生活在京城，是清道光、同治年间和光绪初年京城著名的古钱商人。善伪造古钱，时人称为“小钱李”。每得古钱稀品，即翻模，铸新作旧，然后高价炫人。各家的古泉著述中，常提及此人。

② 其事见杨守敬《古泉薮·序》，《杨守敬集》第十二册，第15页。

③ 杨开甲(1840—1880)，字占元，号先三。小商人。嗜烟，体弱多病。配陈氏，续配赵氏，有子必寿、必德、必瀛，必德和必瀛早夭。

④ 此叙见《邻苏老人年谱》，第23页。

⑤ 百诗即阎若璩（1636—1704），字百诗，号潜丘，山西太原人。平生博览群书，专意著述，长于考证。著有《古文尚书疏证》《四书释地》等多部。

⑥ 竹汀即钱大昕(1728—1804)，字晓征，一字及之，号辛楣，晚年自署竹汀居士，江苏嘉定人。乾隆十九年(1754年)进士，官至广东学政。后引疾不仕，专心学术，精史学。著有《二十二史考异》《宋学士年表》《诸史拾遗》等数十种。

⑦ 大可即毛奇龄(1623—1716)，原姓甡，又名初晴，字大可，又字于一、齐于，号秋晴，又号晚晴，浙江萧山人。康熙十八年(1679年)举博学鸿儒科，授翰林院检讨、国史馆纂修等职，参与纂修《明史》。后辞官归乡，专心著述。学识渊博。所著《西河合集》达四百余卷。

⑧ 应仲远即应劭(约153—196)，字仲瑗(亦写作“仲远”)，汝南郡南顿县(今河南省项城市南顿镇)人。汉灵帝时举孝廉，中平六年(189年)至兴平元年(194年)，任泰山郡太守，后依袁绍，卒于邺城。博学多闻，乃东汉著名学者。

⑨ 杜君卿即杜佑(735—812)，字君卿，京兆万年(今陕西省西安市)人。早年以门荫进入仕途，曾官司空，同平章事(宰相)，官至司徒、度支盐铁使，封歧国公。唐代著名政治家、史学家。著有《通典》二百卷。

足使谢山却步，赵、戴变色，文起梅村[①]，未堪比数，霾蕴岁久，焕若神明，旷世绝学，独有千古，大雅宏达，不我河汉。

案：关于全谢山、赵一清、戴震的生平著述，后面有专门的介绍，此处不赘述。潘存的这篇“叙语”，对杨守敬的《历史舆地图》《隋书地理志考证》《水经注疏》赞赏有加，《邻苏老人年谱》在“光绪甲辰年”中录入此叙，应有自诩之意。（杨氏在此叙后就云：“此先生己卯冬叙语，爱我之深，不觉推之逾量。至此二十余年，先生墓木已拱，而吾书方成，过情之誉，何堪告人！期许之私，聊以志知己云耳。”）然而，光绪五年（1879年）时，杨氏并未开始着手编撰这三部书，不知潘氏是据何而有此说？胡适曾在《跋杨守敬论〈水经注〉案的手札两封》中谓此“叙语”并非潘存所作，而是杨氏“捏造”。

十二月间，因朝廷特使崇厚在交涉中俄边界及伊犁归属事宜上，刚愎自用，以致丧权辱国，一时朝野舆论哗然；那些被称作“清流”的翰詹科道，亦纷纷上书弹劾。

年底，杨守敬及眷属留在京城与挚友潘孺初一起度岁。

十二月三十日（1880年2月10日），杨守敬接到出使日本大臣何如璋的来信，请他速渡海出国，来日本为出使随员；杨守敬见会试将近，现在就走有些可惜，便回函告诉好友，等次年会试一结束就前去日本。

光绪六年庚辰(1880年)　四十二岁

年初，杨守敬仍与好友潘孺初寓居雷阳会馆，为参加是年即将举行的会试做准备。

正月初三日（2月12日），清政府任命曾纪泽为出使俄国钦差大臣，取代崇厚继续对俄谈判。

正月初十日（2月19日），清政府正式照会沙俄政府，不承认《里瓦几亚条约》。

二月间，杨守敬应邀“移居东北园东莞进士黄夔云（家驹）[②]馆中”。

---

① 梅村即吴伟业(1609—1672)，字骏公，号梅村，别署鹿樵生、灌隐主人、大云道人，江苏太仓人。明崇祯四年(1631年)进士，官翰林院编修、左庶子等职。清顺治十年(1653年)被迫应诏北上，出任秘书院侍讲、国子监祭酒。母丧后辞归，不复出仕。明末清初著名诗人，长于七言歌行，时称“梅村体”。著有《梅村诗集》等。

② 黄家驹，生卒年及生平不详，字夔云，广东东莞人。同治十年(1871年)进士。

此前，“吴荷屋[①]有《帖镜》一书，凡宋以来集帖皆详载，所收之帖细目为南海伦孟臣[②]所得，既而失之”。“余乃与燮云日日携笔墨于琉璃厂各帖店抄集帖目录，又访之收藏家，补其缺。两人昕夕商订”，终于完成《集帖目录》十六卷。

案：据萧一山《清代学者生卒及其著述表》中记载，吴荷屋的《帖镜》“未刊”，系稿本。

其间，因守敬与燮云精诚合作，“情意契合，遂联为姻娅”，杨守敬将三女许配给黄燮云之子志孚为妻[③]。

三月初八日（4月16日），杨守敬再一次入闱参加会试。

此次会试，“首题为‘吾与回言终日’一章。在场中与麻城袁玉谷联号。袁以时艺名家为汉阳教谕，坚欲阅吾稿，见则大加激赏，曰：‘名下无虚士，不意时文亦精能如此！’及出场，则同乡诸先达皆能诵余入手二比，盖由袁君记之而传抄也。新建许仙屏（振祎）见之，以会元相许”。

案：考题“吾与回言终日”语出《论语·为政第二》：“子曰：吾与回言终日，不违，如愚。退而省其私，亦足以发，回也不愚。”

查光绪十年（1884年）《黄州府志》与民国十年（1921年）《湖北通志》，均未见载有麻城县袁玉谷其人，只载有黄安县袁惟谷之名。袁惟谷，咸丰元年（1851年）举人，曾任汉阳教谕。黄安（今黄冈市红安县）与麻城（今黄冈市麻城市）互为邻县，又都是黄州府的属县，杨氏此处有可能将《黄州府志》和《湖北通志》中所载之“黄安袁惟谷”误记为“麻城袁玉谷”了。

又，许振祎（1827—1899），字仙屏，江西奉新县人，杨氏此处说成是

---

① 吴荷屋即吴荣光(1773—1843)，字伯荣，一字殿垣；号荷屋，又号可庵；别号燎光，晚号拜经老人、石云山人。广东南海人。嘉庆四年(1799年)进士，由翰林院编修累官至湖南巡抚兼湖广总督，后坐事降为福建布政使。工诗词，擅书画，精金石、鉴赏。著有《历代名人年谱》《吴荷屋自订年谱》《筠清馆金文》《筠清馆钟鼎款识》《筠清馆金石录》《筠清馆帖》《辛丑销夏记》《石云山人文集》《石云山人诗稿》《石云山人诗文集》《盛京随扈日记》《绿枷楠馆录》《吾学录》等。

② 伦孟臣即伦五常，生卒年不详，字孟臣，广东南海人。咸丰十一年(1861年)举人。官京师二十余年，后出任云南昭通知府，卒于任。他曾收藏吴荷屋的《帖镜》稿本，后此稿本又为萧翼所得。杨守敬《集帖目录序》中曾记有此事(见《晦明轩稿》第二册)。

③ 见《邻苏老人年谱》，第16页。

新建县（今南昌市新建区）人，误。

四月上旬，清政府为向俄国索回新疆伊犁，频调劲旅分布诸边以为防备；又命浙江提督吴长庆立即进京陛见。

四月十二日（5月20日），会试榜发，杨守敬“仍不中。闻闱中得余卷亦拟元，而检三场策卷不得，黜之，岂非命也耶”①。

四月中下旬，杨守敬匆匆出京，带着深深的遗憾“携卷由天津至上海，渡海赴何子峨钦使之招”②。

当杨守敬携眷属风尘仆仆地抵达东京后，却遇上公使何如璋与副使张斯桂正闹矛盾，关于录用随员之事一时难以确定，只得暂时寄居在使馆里，生活上则靠何如璋的接济。

杨守敬自己回忆说：“及抵东京，则何钦使方与副使张斯桂为争调随员大有意见，嘱余暂住使馆。缘各使臣有正、副二人，多不合，议并裁副使。时已将及瓜期，故嘱余静候。未几，则正、副皆换，接任者为仁和许竹筼（景澄），故何公同年，又为余友李莼客之门人。孺初与铁香知余在日本尚未受事，乃交向许公说项，允之，已出奏矣。及许至上海，则丁艰归。”③

吴天任在《杨惺吾先生年谱》中记载：本年四月，杨守敬“携眷东渡，赴何子峨钦使之招，为驻日使馆随员”④。

杨守敬抵达日本东京后，虽然生活上较为艰苦，却与驻日公使馆参赞黄遵宪一见如故，结为好友，总算是一件快心之事。

五月初八日（6月15日），总理衙门奏称崇厚获罪后，英、法、德驻华公使均要求宽免。

五月十九日（6月26日），清政府命暂免崇厚斩罪，并知照俄国。

杨守敬在公使馆闲居无事，时常光顾东京书肆，见到不少国内前所未见而流传至日本的中国宋元善本书籍，欣喜若狂。在何如璋的大力支持下，杨守敬遂竭尽全力收购；有的太贵无力购买，就用其出国时带到日本的碑版、法帖、古币、古印换取；对那些书土执意不卖又确有价值的古书，杨守

① 以上所引均见《邻苏老人年谱》，第16页。

② 见《邻苏老人年谱》，第16页。

③ 见《邻苏老人年谱》，第16～17页。

④ 吴天任：《杨惺吾先生年谱》，台北艺文印书馆1974年版，第30页。

敬则想方设法借来影抄或雇人抄写。譬如《春秋左传集解》一书，借出后约定十日归还，杨守敬遂花重金雇请多人、日夜赶工将其全部抄录完成。

其实，在杨守敬未至日本之前，由于何如璋、黄遵宪等友朋的宣扬，其名已为日本文化界名流所熟识。

日下部东作（鸣鹤）①曾在其《鸣鹤先生丛话》中回忆说："那是明治十三年左右的事情，当时杨守敬作为支那公使何如璋的顾问派来的。关于杨守敬其人，在他来之前就听说过了，是一位有名的金石学家。因此我和一六、雪柯商量好了，等他一到我们就去拜访。但当时他不通日语，我们也不通北京话，所以就只好全部用笔谈进行对话。最初给我们的印象好像也没觉得他是一位了不起的大学者似的，但随着交谈的深入，逐渐发现他于斯学不仅见识高超，而且见解蕴蓄深远，这的确令我等吃惊不小。不但如此，最让我们大开眼界的还是他带来的那一万数千张碑版，我们确实感觉很幸运，因为对我们来说这些碑版是属于金科玉律的极佳研究资料。我们问他为何带这么多碑版来日，他回答说因为他是在北京受何公使之招来日的，当时带着行李转道回故里荆州也无暇整理收藏，于是直接就势运来日本了。虽然一路为了它非常吃力费尽（劲），但能把在北京的东西悉数带来日本也是侥幸了。"②

案：郑子瑜、实藤惠秀编校之《黄遵宪与日本友人笔谈遗稿》(《己卯笔谈》第八十八话）曾记载："如璋：'有一杨友在北京，书法极佳，学问亦博，欲招其来署，未知来否。'桂阁（案：指日本贵族大河内辉声）：'阁下请察其情，有杨翁者，才学宏博，仆自今延颈而待杨翁来署，请问杨翁名字官职。'如璋：'杨名守敬，字惺吾，湖北人，辛酉举人。顷寄我《楷法溯源》数十本，钩刻考据俱精详，暇日呈君一览。惺吾古君子，非好色之徒。'桂阁：'仆初学楷法于东京市川孔阳，字米庵，以颜真卿为书祖，仆宛弱笔钝，不能窥其蕴奥，惭恼惭恼！'如璋：'惺吾之书法，古雅之极，若杨梅合

---

① 日下部东作(1838—1922)，字子旸，号鸣鹤，又号东屿、翠雨、野鹤、老鹤、鹤叟，别署兰石山房、墨皇室等。日本彦根城(滋贺县彦根市)人，为藩士之子。曾短暂出任明治政府官职，后辞官致力于书法研究。杨守敬赴日为使馆随员，曾拜杨氏为师学习中国文化及书法。曾来中国游历，与俞樾、吴大澂、吴昌硕等名流交谊甚深。为日本近代书道之父、鸣鹤流派的创始人、日本明治时代最著名的书法家之一。与中林梧竹、岩谷一六并称"明治三笔"。著有《荥阳郑氏碑》《论诗三十首》等。

② 转引自[日]杉村邦彦:《从〈雪柯日记〉中出现的有关记述看杨守敬与松田雪柯、岩谷一六、日下部鸣鹤之间的交流》，陈上岷主编:《杨守敬研究学术论文选集》，崇文书局2003年版，第248～249页。

之，成则毒矣。’桂阁：‘杨书法盖法谁氏?’如璋：‘源于篆隶，不拘一家。’”①

另据松田雪柯《雪柯日记》的记载，明治十三年三月二十八日那天："岩谷君书来，直往访之。昨黄遵宪来访，示《楷法溯源》《激素飞清阁藏碑》二部，有益学书者……二书学书者不可缺之书，故请君属黄遵宪得二书之周旋。"②

七月初六日（8月11日），清政府调钦差大臣左宗棠来京，对俄妥协。

七月初七日（8月12日），清政府开释原出使俄国大臣崇厚。

杨守敬到日本后不久，因闲居无事，时常光顾书肆，故与日本文化界的日下部鸣鹤、岩谷一六、松田雪柯、岛田蕃根等名流结识，往来频繁。

日本明治十三年③七月十七日（8月22日），松田雪柯在其《雪柯日记》中记载："岛田蕃根来。三时，同岩谷、日下部二君及岛田氏访清公使馆，谒黄遵宪、杨守敬二子，请观杨氏所携汉碑碣。杨子云，所藏不下数万种。侍者舁方四尺许皮函来，示数十种，其夥实有汪洋之叹。杨子云，如此皮函有十个，其精金石学可知也。请买其《楷法溯源》《激素飞清阁藏碑》，见诺之，明朝贵使来付之云。诸君笔谈移时辞去。归路憩山王山上亭，颇凉冷，一洗人间暑热。"④

日本明治十三年七月十八日，杨守敬应请将自己所刊部分著作送到友人岩谷一六家中，供日本友朋选购。

据《雪柯日记》记载："岩君从窗呼余曰，从公使馆书籍来。直往访之，书目录如左：《激素飞清阁藏碑》、《楷法溯源》（本曰《今隶篇隶篇》）、《筠青馆金文》、《重刻毛诗古文故》、《历代舆地沿革

① 转引自[日]杉村邦彦：《从〈雪柯日记〉中出现的有关记述看杨守敬与松田雪柯、岩谷一六、日下部鸣鹤之间的交流》，陈上岷主编：《杨守敬研究学术论文选集》，崇文书局2003年版，第249页。

② 转引自[日]杉村邦彦：《从〈雪柯日记〉中出现的有关记述看杨守敬与松田雪柯、岩谷一六、日下部鸣鹤之间的交流》，陈上岷主编：《杨守敬研究学术论文选集》，崇文书局2003年版，第251～252页。

③ 日本明治纪年自1868年10月23日改元至1912年7月30日。明治十三年即公元1880年，后不赘述。

④ 转引自［日］杉村邦彦：《从〈雪柯日记〉中出现的有关记述看杨守敬与松田雪柯、岩谷一六、日下部鸣鹤之间的交流》，陈上岷主编：《杨守敬研究学术论文选集》，崇文书局2003年版，第252～253页。

险要图》、《重刻宋本古文苑》、《文字蒙求》。各部价颇昂，故余割爱而购《激（素）飞清阁藏碑》一部。”①

日本明治十三年七月三十一日，黄遵宪偕杨守敬至嗡霞楼拜访了岩谷一六、日下部鸣鹤、松田雪柯等日本友人。

据《雪柯日记》记载：“午后三时，黄遵宪、杨守敬二君访嗡霞楼。陪席者，鸣鹤、锦山、岛田、皆春及余。主人公及出古帖古经卷请评。余则示《澄清堂帖》及《雁塔圣教序》。评云，此亦邢子愿以澄清堂重刻，非原拓也。然近日澄清堂帖不可得，自当以此为宝。〇此明拓本，三玄不坏，治字亦未封口，可宝也。”②

日本明治十三年八月七日，杨守敬至岩谷一六府宅拜访，并邀请松田雪柯等友朋参加，笔谈书法的“执笔用笔”等。

据《雪柯日记》记载：“从岩君使来云，杨惺吾来访，请来话。直往访之。话次及执笔用笔，得闻所未闻，大有所悟入，多年疑团，一朝冰释，何喜如之。日下部、堀二子后至。归寓，夜已十一时后也。”③

日本明治十三年八月九日，杨守敬至日下部鸣鹤府宅拜访，适岩谷一六、松田雪柯、冈本黄石、堀皆春、涩谷某等友朋均来，应请观赏了杨守敬收藏的相关碑帖。

据《雪柯日记》记载：“午后又往观之，杨惺吾寻至，会者岩谷君、堀兄。不期而来者，黄石老人、涩谷某，诸君代笔谈。岩君请观左之帖，杨氏诺，书一简，走日下部君仆取来。其目录于左：余清斋帖八册，贾似道本阁帖五册，诒晋斋帖六册，铜鼓堂古印谱八册。”④

---

① 转引自[日]杉村邦彦:《从〈雪柯日记〉中出现的有关记述看杨守敬与松田雪柯、岩谷一六、日下部鸣鹤之间的交流》,陈上岷主编:《杨守敬研究学术论文选集》,崇文书局2003年版,第264页。

② 转引自[日]杉村邦彦:《从〈雪柯日记〉中出现的有关记述看杨守敬与松田雪柯、岩谷一六、日下部鸣鹤之间的交流》,陈上岷主编:《杨守敬研究学术论文选集》,崇文书局2003年版,第256～257页。

③ 转引自[日]杉村邦彦:《从〈雪柯日记〉中出现的有关记述看杨守敬与松田雪柯、岩谷一六、日下部鸣鹤之间的交流》,陈上岷主编:《杨守敬研究学术论文选集》,崇文书局2003年版,第257页。

④ 转引自[日]杉村邦彦:《从〈雪柯日记〉中出现的有关记述看杨守敬与松田雪柯、岩谷一六、日下部鸣鹤之间的交流》,陈上岷主编:《杨守敬研究学术论文选集》,崇文书局2003年版,第258页。

八月十四日（9 月 18 日），直隶总督李鸿章在天津设立“电报总局”，并于紫竹林、大沽口、济宁、清江、镇江、苏州、上海七处各设电报分局，架设天津至上海间的电线（1881 年 4 月开始铺设电线，同年 12 月完工）。

同日，日下部鸣鹤在拜访了杨守敬后，又去拜访了老友松田雪柯，并告诉老友说：“刚才我去拜访了杨守敬，就藏锋说向他请教了”①，随即将两人的笔谈记录拿出来给老友看。

日本明治十三年八月二十一日，松田雪柯、日下部鸣鹤等名流再次前往清公使馆拜访杨守敬，观赏碑帖。

据《雪柯日记》记载：“午后，岩溪、八木下二子来，以有访杨守敬之约，休今日之例会，同日下部访杨守敬于清公使馆，请观汉魏六朝及唐诸碑，其目多而不能悉记之。就中颜鲁公争座位帖宋拓，而墨光如漆，精彩奕奕射人，真神品上上也。日下部君借四帖，中有裴镜民、殷令名所书，其书兼有欧、虞之长，杨氏以为唐碑第一，似不诬矣。今夕将访余寓居，后来者松浦、木村、堀三子。”②

当天傍晚，杨守敬便前往松田雪柯的寓所对他进行了回访，适日下部和堀亦在，故大家欢聚在一起，饮茗笔谈。

据《雪柯日记》记载：“黄昏，杨惺吾氏来，日下部、堀（皆君）二氏以来，互笔谈质所疑。余寓无厨房，故不能供酒饭，唯供粗茶粗果耳，请恕之云。杨氏云，名香谈艺，正我辈乐事，肉食者鄙，自古为然。辞还，夜已十一时。”③

八月间，杨守敬在光顾东京书肆时，结识日本书法、篆刻、收藏家益田香远④，并与其成为好友。

---

① 转引自[日]杉村邦彦:《从〈雪柯日记〉中出现的有关记述看杨守敬与松田雪柯、岩谷一六、日下部鸣鹤之间的交流》,陈上岷主编:《杨守敬研究学术论文选集》,崇文书局2003 年版,第 260 页。

② 转引自[日]杉村邦彦:《从〈雪柯日记〉中出现的有关记述看杨守敬与松田雪柯、岩谷一六、日下部鸣鹤之间的交流》,陈上岷主编:《杨守敬研究学术论文选集》,崇文书局2003 年版,第 253 页。

③ 转引自[日]杉村邦彦:《从〈雪柯日记〉中出现的有关记述看杨守敬与松田雪柯、岩谷一六、日下部鸣鹤之间的交流》,陈上岷主编:《杨守敬研究学术论文选集》,崇文书局2003 年版,第 255 页。

④ 益田香远(1836—1921),名厚,字士章,通称“重太郎”,室名“静碧斋”,日本江户(今东京市)人。益田遇所长子。既精通六书,又通晓金石遗文、秦汉印谱,家藏印谱甚富。

益田香远曾为杨守敬刻有“星吾审定古瓦”的藏书鉴赏印章一枚，其边款为“庚辰（1880 年）秋日，香远厚”①。

日本明治十三年九月八日，岩谷一六、日下部鸣鹤曾前往清公使馆拜访杨守敬。

据《雪柯日记》记载：“夜，岩、日二君来访云：过刻访杨荆南，借忠义堂颜帖来，故示之。余枕头展观之，有放生池碑、裴将军诗……学法书者，不可不博观精择也。”②

九月间，杨守敬在使馆闲居无事，曾致函前辈好友潘孺初，告知其近况。

潘光达在《潘孺初先生哀启》中曾有云：“杨惺吾孝廉前随公使出使日本，寄书先君云：东洋人见先生书，仰之如泰山北斗，非虚语也。”

案：杨守敬和潘孺初合著之《楷法溯源》传到日本后，受到日本书法界的极大推崇，以致不少日本著名书法家纷纷拜杨守敬为师学习书法（后面将专门谈到）；一位名叫中林梧竹（1827—1937）的书法家，还专门于第二年（1881 年）渡海，经上海、天津赴京城，拜潘存为师学习书法，终得潘氏笔法之诀窍，于光绪十年（1884 年）四月返国，成为日本书法界的巨匠。

日本明治十三年十一月十一日，松田雪柯、日下部鸣鹤等日本朋友在一起观赏从杨守敬处借来或购买的碑帖。

据《雪柯日记》记载：“日下部君来访，同（北海）老人访日氏，观郑道昭大基山、云峰山。诸碑数十张，供酒饭。”③

十一月二十九日（12 月 30 日），弟先三在老家病故④。

案：杨氏在《邻苏老人年谱》“辛巳，四十三岁”条中记载：“先三已于去年十一月晦日病故。”“辛巳”即光绪七年，“去年”当指光绪六年；而《家谱》中记载先三卒于光绪五年十一月三十日，与《邻苏老人年谱》所记

① 见西泠印社拍卖有限公司“2012 年春季拍卖会：文房清玩·近现代名家篆刻”专场拍卖品。

② 转引自[日]杉村邦彦：《从〈雪柯日记〉中出现的有关记述看杨守敬与松田雪柯、岩谷一六、日下部鸣鹤之间的交流》，陈上岷主编：《杨守敬研究学术论文选集》，崇文书局 2003 年版，第 254～255 页。

③ 转引自[日]杉村邦彦：《从〈雪柯日记〉中出现的有关记述看杨守敬与松田雪柯、岩谷一六、日下部鸣鹤之间的交流》，陈上岷主编：《杨守敬研究学术论文选集》，崇文书局 2003 年版，第 257 页。

④ 见《邻苏老人年谱》，第 17 页。

相差一年。先三的卒年如以《家谱》为准，此处的“去年”应该改为“前年”才对。

十二月初一日（12 月 31 日），直隶总督李鸿章奏请兴建铁路。

日本明治十三年十二月一日，松田雪柯邀请老友日下部鸣鹤至家中一起观赏他从杨守敬处借来的黄山谷书迹。

据《雪柯日记》记载：“午后，日下部君来访，山谷道人大字幽兰赋裱背落成，见示。沉郁雄伟，未知与苏仙罗池庙碑、米颠天马赋孰优。我邦未有山谷道人若此大字，我辈后进获观之，何之幸也。受杨氏之惠实大也。”①

日本明治十三年十二月十六日，松田雪柯曾至“旅馆”拜访了杨守敬。

案：此处“旅馆”可能指杨守敬在公使馆内的住所，也可能是杨守敬在公使馆外租赁的住所。

据《雪柯日记》记载：“午后，访杨惺吾氏旅馆，笔谈。返前日所借山谷道人廉蔺传、李太白忆旧游诗二帖。”②

日本明治十三年十二月二十一日，据《雪柯日记》记载，雪柯前往拜访老友日下部鸣鹤，在老友家观赏了日下部鸣鹤从杨守敬那里购买的《望堂藏碑》（疑即《望堂金石文字》）、《楷法溯源》及《隶编》三书③。

日本明治十三年十二月二十三日晚，杨守敬应邀携带大批所藏之碑帖拓本至日下部鸣鹤的府宅拜访，日下部则邀好友松田雪柯前来一起观赏，而当晚恰好发生地震。

据《雪柯日记》记载：“夜，日下氏使来云，杨子携碑版一函来。直往观之，不下数十百种，多所未曾知，他日借目录写之。十一时前长震，皆出园遁之，近来所稀。”④

---

① 转引自[日]杉村邦彦:《从〈雪柯日记〉中出现的有关记述看杨守敬与松田雪柯、岩谷一六、日下部鸣鹤之间的交流》,陈上岷主编:《杨守敬研究学术论文选集》,崇文书局 2003 年版,第 262～263 页。

② 转引自[日]杉村邦彦:《从〈雪柯日记〉中出现的有关记述看杨守敬与松田雪柯、岩谷一六、日下部鸣鹤之间的交流》,陈上岷主编:《杨守敬研究学术论文选集》,崇文书局 2003 年版,第 254 页。

③ [日]杉村邦彦:《从〈雪柯日记〉中出现的有关记述看杨守敬与松田雪柯、岩谷一六、日下部鸣鹤之间的交流》,陈上岷主编:《杨守敬研究学术论文选集》,崇文书局 2003 年版,第 265 页。

④ 转引自[日]杉村邦彦:《从〈雪柯日记〉中出现的有关记述看杨守敬与松田雪柯、岩谷一六、日下部鸣鹤之间的交流》,陈上岷主编:《杨守敬研究学术论文选集》,崇文书局 2003 年版,第 258 页。

日本明治十三年十二月二十四日，杨守敬又携带大批汉魏六朝至唐的碑版至日下部鸣鹤的府宅，再次邀请雪柯、葵园等友朋前来尽情观赏。

据《雪柯日记》记载："午前，葵园君来访，见示周易大全易蒙引三卷。同君访鸣鹤仙使，观杨惺吾氏所示汉魏六朝唐碑版数百种。至正午未阅半，主人供酒饭，饭后又观之。二时后，碧玉主人同棚仓、铃木常吉来访，家内报之，余暂谈话。葵园君来迎，于是不得已，谢二子。又至日氏观之。黄昏，又供酒饭，至夜八时，全观毕。目录他日录别册云。然就中最称妙品者，录一二于左：《郑文公碑》《高贞碑》《张猛龙碑》《爨龙颜碑》《爨宝子碑》《上尊号碑》……"①

年底，杨守敬及家人仍寓住公使馆等候去留结果。

是年，杨守敬因在使馆等候去留，事情不多，故时常外出逛书肆，购买以前未见之书籍，并于无意间购得唐僧慧琳之《一切经音义》。

据《日本访书志》卷四《一切经音义》条载："唐沙门慧琳《一切经音义》，百卷。余初至日本，有岛四蕃根者持以来赠，展阅之，知非玄应书，惊喜无似……初得此书，即劝黎莼斋星使刻之，经费繁而止。厥后中江李眉生廉使欲刻之，已措资矣。会余差满将归，遂辍议。"②

光绪七年辛巳(1881年)　四十三岁

年初，杨守敬及家人仍寓住公使馆等候去留结果，生计艰难。

日本明治十四年一月九日，鸣鹅老人、日下部鸣鹤、松田雪柯等日本友朋相聚一起，观赏杨守敬为鸣鹅老人所藏黄道周诗卷所作的题跋，并得到他们的赞扬。

据《雪柯日记》记载："鸣鹅老人来访云，所藏黄石斋诗卷，杨惺吾氏付二跋，携来见示。考证诗中语，颇穷力，于是难读处初了解。其书亦遒逸清健，堪欣赏。鸣鹤仙使亦来同观。"③

正月二十六日（2月24日），出使俄国钦差大臣曾纪泽与沙俄签订《伊

① 转引自[日]杉村邦彦:《从〈雪柯日记〉中出现的有关记述看杨守敬与松田雪柯、岩谷一六、日下部鸣鹤之间的交流》,陈上岷主编:《杨守敬研究学术论文选集》,崇文书局2003年版,第263页。

② 杨守敬:《日本访书志》,杨氏邻苏园光绪二十三年(1897年)刻本。

③ 转引自[日]杉村邦彦:《从〈雪柯日记〉中出现的有关记述看杨守敬与松田雪柯、岩谷一六、日下部鸣鹤之间的交流》,陈上岷主编:《杨守敬研究学术论文选集》,崇文书局2003年版,第266～267页。

犁条约》和《陆路通商章程》。

日本明治十四年一月二十七日，杨守敬曾应请将自己所著之《激素飞清阁评帖记》借给日下部鸣鹤、松田雪柯等友朋观赏。

据《雪柯日记》记载："日下部君来访，示杨氏《评帖记》一卷。其议论考证，大有益学书者。"①

正月二十九日（2月27日），朝命大学士左宗棠管理兵部事务，在军机大臣上行走，又在总理各国事务衙门行走。

正月间，杨守敬曾前往拜访日本著名医学家、藏书家、学者森立之，与其笔谈，向他询问、借阅宋本《玉篇》《广韵》等书②。

二月间，杨守敬因在使馆无事，便时常去书肆闲逛，见其中古籍琳琅满目，好多在中国已难见到，甚至有不少在中国已经绝版的宋元古籍，遂决心收书，并写了《日本访书缘起条例》初稿。

三月初十日（4月8日），咸丰皇帝皇后钮祜禄氏、慈安皇太后③在紫禁城猝死。

三月间，清政府擢升出使欧洲二等参赞黎庶昌为记名道员，赏给二品顶戴，派充出使日本钦差大臣，并命其速速回京陛见。

案：杨氏在《邻苏老人年谱》中云："正月，以出使英国参赞遵义黎莼斋（庶昌）充日本钦使"，时间上提前了两个月，误。

其时，杨守敬"离家已两年"，先三也已"病故，且有亏累"；"而黎公尚在伦敦，计归国引见后至日本，为期尚远"，故守敬"焦灼万分"。无奈，"诣何公商之曰：守敬自渡海及至今日，一切盘费、日用负公不少；守敬尝至张公（案：指张斯桂）处谈论，亦似无恶意，何不使人探之，如允

---

① 转引自[日]杉村邦彦：《从〈雪柯日记〉中出现的有关记述看杨守敬与松田雪柯、岩谷一六、日下部鸣鹤之间的交流》，陈上岷主编：《杨守敬研究学术论文选集》，崇文书局2003年版，第266页。

② 《清客笔谈》，《杨守敬集》第十三册，第519～520页。

③ 慈安太后（1837—1881），亦称东太后。满洲镶黄旗人，钮祜禄氏。广西右江道穆扬阿女，道光皇帝第四子奕詝妻。道光三十年（1850年）奕詝继位，年号咸丰，晋孝慈皇贵妃。咸丰二年（1852年）立为皇后。咸丰十年（1860年），英法联军侵入北京，随帝逃往热河（今河北承德市）行宫。次年，咸丰帝崩，同治帝即位，尊为皇太后，徽号慈安，与西太后慈禧共同垂帘听政。性软弱，权操于慈禧之手。同治帝崩，光绪帝继位，又与慈禧共同听政。光绪七年（1881年）三月初十日病逝宫中。

调守敬为随员数月，则归家有费，亦不至再累公。乃使署中翻译杨君星垣（枢）[1]以欲调守敬试张意，及谈次，张乃大笑曰：'吾闻杨君楚中名士，何君招之来以为上客，吾何敢以随员屈之，早知杨君肯就此席，何君胡不言之？'于是乃合辞出奏受事"[2]。

于是，杨守敬正式成为驻日公使随员，生活压力遂稍稍缓解。

同月里，为访求流失日本的中国古籍，杨守敬又前往拜访森立之，与之笔谈[3]。

日本明治十四年四月七日，日下部鸣鹤前往拜访老友松田雪柯，赠给松田雪柯《铜印谱》一帙，并出示有杨守敬序文及该书凡例的郑道昭刻本，可见日下部鸣鹤对《郑道昭碑》的热心和沉迷[4]。

四月二十五日（5月22日），清政府颁布"开平矿务局章程"。

四月间，日本好友、弟子、著名书法家日下部鸣鹤将杨守敬编辑、收藏之《荥阳郑氏碑》（十册）在东京刻板印行，其中收入郑道昭、郑述祖父子的书法刻石38件，前有杨守敬所撰之《荥阳郑氏碑·序》一文。

案：《杨守敬集》将该书（由伍跃先生整理）收入其第十册（见第1～242页）。

同月里，为访求流失日本的中国古籍，杨守敬又前往拜访森立之，与之笔谈[5]。

五月十三日（6月9日），唐山胥各庄运煤铁路建成，"中国火箭号"车头首次行驶。

日本明治十四年五月二十四日，日本著名书法家松田雪柯因身体健康问题要返乡伊势(今三重县伊势市)，故中日文化界名流相邀聚集东京清华吟

① 杨枢(1847—1917)，字星垣，祖籍辽宁沈阳，先世隶广州驻防汉军旗籍，回族。早年入广州同文馆学习，英语甚好，甚受西文教习、英国人庄顺赏识，并受邀协助其编撰《三顺文法》《英语拼音》等工具书。毕业后任两广总督衙门翻译。同治七年(1868年)出任驻日本长崎领事，何如璋使日，为使馆翻译。归国后历任广东高廉钦兵备道、肇阳罗分巡道及江宁、苏州洋务局总办等职，官至外务部右参议、左参议。曾任驻日、驻比利时出使大臣。

② 见《邻苏老人年谱》，第17页。

③ 《清客笔谈》，《杨守敬集》第十三册，第521～524页。

④ ［日］杉村邦彦：《从〈雪柯日记〉中出现的有关记述看杨守敬与松田雪柯、岩谷一六、日下部鸣鹤之间的交流》，陈上岷主编：《杨守敬研究学术论文选集》，崇文书局2003年版，第268页。

⑤ 《清客笔谈》，《杨守敬集》第十三册，第524～526页。

馆，为其举行饯别活动。参加此次饯别活动的名流“有杨守敬、岩谷一六、日下部鸣鹤、川田甕江、山中信夫翁、矢土锦山等。他们的汉学基础很好，都是饱学之士，不仅善书，而且能诗，在这个送别会上便各有诗作，杨守敬以‘南浦赠言’四个大字题端，并注云：‘辛巳五月与东瀛诸友集清华吟馆为雪柯居士饯别，诸君各有赠言，嘱守敬书首。’接着是岩谷一六的七律，其后四句云：‘春园连榻花间坐，秋馆分床月下眠；云树从今千里隔，宵宵只有梦魂牵。’日下部鸣鹤所题七绝有句云：‘分手殷勤留不得，高堂老母迟君归。’矢土锦山所题四首绝句中，更有‘钦君海外遭知己，杨氏之先定子云’。注云：‘荆州杨君惺吾在清国公使馆与先生往来，一日观其书，激赏推篆文为第一。’这些题诗，充分体现了他们之间的亲密友谊，故‘南浦赠言’像‘兰亭集序’一样，作为佳话一直为日本友人所传诵”①。

五月间，为访求流失日本的中国古籍，杨守敬又前往拜访森立之，与之笔谈②。

六月初一日（6 月 26 日），东垂边务督办吴大澂奏请在吉林设立机器局，制造新式枪械子弹，获准。

六月十八日（7 月 13 日），山东济南美国传教士强买民房改建教堂，泺源书院师生发出揭帖，要求收回房屋；传教士却向美国公使报告，谎称教堂已被拆毁，要求赔偿；美国公使馆派参赞到济南向地方官要挟，以退还原房价和赔款结案，史称“济南教案”。

七月间，为访求流失日本的中国古籍，杨守敬曾两次前往拜访森立之，与其笔谈③。

八月初三日（9 月 25 日），鲁迅（原名周樟寿，后改名周树人）出生于浙江绍兴一个书香之家。

八月初七日（9 月 29 日），王瑶卿（1881—1954）出生于北京一个梨园世家。

八月中旬，黎庶昌奉朝命经四十多天的海上颠簸，自欧洲抵达上海。

八月二十三日（10 月 15 日），广东南海县西樵缫丝工人捣毁裕厚昌缫丝厂机器。

---

① 转引自陈上岷：《杨守敬的书法与书学及其在日本的影响》，陈上岷主编：《杨守敬研究学术论文选集》，崇文书局 2003 年版，第 45 页。

② 《清客笔谈》，《杨守敬集》第十三册，第 526～529 页。

③ 《清客笔谈》，《杨守敬集》第十三册，第 529～532 页。

八月间，为访求流失日本的中国古籍，杨守敬再次前往拜访森立之，与之笔谈[①]。

九月初三日（10 月 25 日），出使日本钦差大臣黎庶昌抵达京城，等待陛见并办理出使日本的相关手续以及荐举随员。

日本明治十四年九月三日，杨守敬的好友松田雪柯[②]在家乡病逝。

九月间，英国商人创办“上海自来水公司”。

十月初十日（12 月 1 日），中国第一条电报线（上海至天津）铺成并投入使用。

十月上旬，出使日本钦差大臣黎庶昌奉旨觐见并办理完赴日的相关手续后，返回上海。

张裕钊的长子张后沅被正式聘为公使随员，准备随岳父一起赴日。

因张裕钊的举荐，好友、人已在日本的上一任出使大臣何如璋的随员杨守敬，被续聘为出使日本公使随员；张裕钊还专门去信，请杨守敬对其子后沅多加管束。

杨守敬在《邻苏老人年谱》中曾记载：“及黎公归，引见后则使馆自参赞以下一人不留，唯留守敬与长崎领事余君瓙。余不解其故，馆中人以为采余虚声而得之。及黎公到横滨，何公以守敬为黎公奏调之人，着至横滨接待。守敬往拜，则见故人张廉卿（裕钊）之子静庐（沅）在焉，并有廉卿一信，嘱守敬为管束，乃知廉卿与黎公为儿女姻家，其子即黎公之女婿。黎公所以奏调守敬者，为廉卿之力荐也。”[③]

十一月十四日（1882 年 1 月 3 日），朝命张之洞以内阁学士兼礼部侍郎衔出任山西巡抚。

十一月二十七日（1882 年 1 月 16 日），《申报》首次刊用国内电讯。

十一月间，为从森立之手中购买所需古籍，杨守敬同森立之进行笔谈，

---

① 《清客笔谈》,《杨守敬集》第十三册,第 532～535 页。

② 松田雪柯(1823—1881),名元修,字子践、公静,号雪柯,别号聊得仙、山田逸农、紫芝堂、五芝堂人等。日本三重县伊势市山田一志久保町人。早年在父亲指导下,除学习诗文、经学外,尚钻研书画、篆刻、古碑帖鉴识等。明治维新后出任过皇太神宫的祠官、山田学校的教授,亦曾开办过私塾教授汉学与书法。明治十一年,应岩谷一六、日下部鸣鹤之邀,辞官赴东京,主持“述笔法堂清谈会”,召集日本书法名流研习书法;岩谷氏、日下氏等人均是清谈会的成员。十四年五月因病情恶化返乡,同年九月三日病逝。编著有《段氏述笔法》《雪柯日记》等。

③ 见《邻苏老人年谱》,第 17 页。

讨价还价[①]。

十二月初一日（1882 年 1 月 20 日），出使日本钦差大臣黎庶昌带领家眷和从侄汝谦、长婿后沆以及出使随员乘坐“驭远”兵船，自上海启航赴日。

十二月二十六日（1882 年 2 月 14 日），黎庶昌一行人抵达东京，与前任公使何如璋办理完交接手续，随即前往日本外务部拜见外务卿井上馨，接洽公务。

其间，杨守敬因领着张后沆先黎庶昌等人一天到达东京之事，与黎庶昌发生了冲突，不过很快便得以和平解决。

杨守敬在《邻苏老人年谱》中记载：“守敬接待黎公即返，张君随余到东京。次日，黎公入使馆，则颇有申饬语，谓‘吾向不听旁人言为爱憎’，意以守敬招张君先入使馆有私也。守敬闻之，乃言：彼为我同乡故人子，其父且有信嘱我管束，彼欲同我赴使馆，何可拒之？守敬与公素不相识，因廉卿之荐而留此，廉卿必向公言杨某之生平，而公始允之，今初见即以龌龊之行相诘责，公亦知‘左手持天下之图，右手扼其吭，有识者不为’[②]，请从此辞，勿复多言！守敬即束装待发。而黎公乃向何公道歉，自任出言无状，请何公为转圜，何公言：‘杨君素怀气节，去志已决，公必欲留，请公自向杨君言之。’黎公乃至余室，面惭而谢过，且言：‘余此来无襄事之人，满拟藉君赞助一切，昨日卤莽，幸勿为罪。’守敬乃以其言告知何公。及询之同来随员，乃知黎公之待其随员常无状，而又随自认过。何公乃劝余且留之以观其后。其时，馆中随员皆立而回话，守敬与约并坐而谈，黎亦允之。既而始知黎无城府人，其语言不检，顶撞不校，且常受挟制，又不善计算，往往吃亏而不敢言。”[③]

黎公使是文学家、“曾门四弟子”之一，亦是饱学之士、好古之人。一日，黎公使见杨守敬撰有《日本访书缘起条例》一篇，“则大感动，遂有刻《古逸丛书》之志”[④]。

---

① 《清客笔谈》,《杨守敬集》第十三册,第 544～545 页。

② 语出《淮南子·精神训》:“尊势厚利,人之所贪也。使之左据天下图,而右手刎其喉,愚夫不为。由此观之,生尊于天下也。”

③ 见《邻苏老人年谱》,第 17 页。

④ 见《邻苏老人年谱》,第 17 页。

案：杨氏之《日本访书缘起条例》写于光绪七年（1881年）二月，后收入光绪二十七年（1901年）邻苏园刊本《日本访书志》之中。

是年，杨守敬与好友谭献时有联系。谭献曾在日记中记载有他们书函往来的情况：观“东瀛刻宜昌杨守敬惺吾双钩《荥阳郑氏碑》，出所藏拓本互校”①。

是年，浙江归安富商黄佐卿在上海创办“公和永缫丝厂”，次年正式开工，是上海最早的民族资本机器缫丝厂。

是年，香港仁记洋行买办梁云汉（又名梁安，字鹤巢）在广州设立“肇兴公司”，经营海外航运及贸易。

是年，英商怡和洋行将“华海轮船公司”和“扬子轮船公司”合并为“印华轮船公司”，通称“怡和轮船公司”。

光绪八年壬午(1882年)　四十四岁

年初始，杨守敬仍在驻日公使馆任随员，并遵黎公使之嘱，专任访书、刻书事宜。

杨氏在《邻苏老人年谱》中记载：“先是余初到日本，游于市上，睹书店中书多所未见者，虽不能购，而心识之。幸所携汉、魏、六朝碑版亦多日本人未见，又古钱、古印为日本人所羡，以有易无，遂盈筐箧。及黎公有刻书之议，则日日物色之，又得森立之《经籍访古志》抄本。其时立之尚存，乃按目索之，其能购者，不惜重价，遂已十得八九，且有为立之所不载者数百种，大抵医书类为多，小学类次之。于是由黎公择取付梓人，嘱守敬一人任之。守敬日与刻工磋磨善恶，又应接日本文学士，夜则校书，刻无宁晷，日本诧为万夫之禀，且上新闻报中。”②

案：《经籍访古志》六卷、补遗一卷，日本森立之、涩江全善合撰。该书收编由中国、朝鲜传入日本的汉文古籍目录以及日本庆长时期（1596—1610年）以前抄录的中国古籍目录，其中以医书为多。且每书“必先标其时代，次注储藏之家、缺笔、旧藏印记等”（《经籍访古志·附言》）。此书我国有光绪十一年（1885年）铅印本。

杨守敬在日本访书、刻书期间，亦与一大批日本的文化名流建立了深厚

① 谭献著，范旭仑整理：《复堂日记》，河北教育出版社2001年版，第125页。

② 见《邻苏老人年谱》，第18页。

的友谊，其中关系最为密切的有岩谷修（一六）、日下部东作（鸣鹤）、冈千仞（振衣）等人。

其间，杨守敬为了购书，曾多次拜访日本著名汉学家、藏书家、医学家森立之，与之结交，成为好友；森立之则将自己所撰之《经籍访古志》一书赠送给杨守敬。

案：杨守敬在得到森立之的《经籍访古志》一书后，便按目访书，或购买、或借抄，极为方便，从而后能将大量流传至日本的珍贵汉籍携带归国。在访书的过程中，杨守敬也曾向森立之购买和借阅过若干书籍，并指出了森立之所编撰书籍的一些错误。另，森立之后来曾将自己与杨守敬关于购买书籍的笔谈整理成《清客笔话》一书，以惠后学。

杨守敬又与日本汉学家重野安绎结识，并从其家借得《玉烛宝典》校核刊刻；在其书刻印完成后，遂赠送重野安绎一部；随书附有书函（即《致重野安绎》）①一封，其函云：

成斋先生阁下：

前日蒙许为校《玉烛宝典》，兹以刻成。谨以一部呈览。此本系以狩谷旧藏上木，亦缺第九卷，未知是从加贺本出否？伏祈饬责门人以加贺本对校，无论是非，凡有异同均以朱笔记之其旁。他日也可载囊校之。名不朽之业，当有同情，谅不以烦琐为嫌。顺请文安。不庄。诸位高弟均此。

弟杨守敬顿首

再，敬近移寓平河町廿一番，地即来曼先生旧庐也。虽不精洁，亦颇开敞。若有暇来此一游，亦略有异籍数种，以供清玩也。

守敬又及

案：光绪八年（1882年），杨守敬根据《经籍访古志》按图索购日本所藏而中国已不存的古籍，得《玉烛宝典》等多种。他发现日本重刻之《玉烛宝典》“误字甚多”，“仅校三四页，已改其误字数十”。后杨氏遂假借好友重野安绎之家藏本予以核校重刊。

正月间，朝廷任命杨守敬的好友驻日公使馆参赞黄遵宪为驻美国旧金山总领事。

① 贺宏亮:《新见三十五通杨守敬书札考释》,《中国书法》2016年第3期,第30页。

二月间，随着访书的顺利进行，杨守敬在日本完成其《日本访书志·缘起》一文①。

同月里，经仔细探究、考订，杨守敬为其在日本所收之《和剂局方》十卷（元刊本）撰写了一篇跋文②。

三月初六日（4 月 23 日），直隶总督李鸿章奏请在上海试办机器织布局。

三月初八日（4 月 25 日），以原法国交趾支那海军舰队司令李威利（又译作李维业，1827—1883）为头目的法国侵略军，突然出兵侵占安南（今越南）河内。

三月间，经仔细探究、考订，杨守敬为其在日本所收之《诸病源候论》五十卷、目录一卷（影南宋本）撰写了一篇跋文③。

同月里，为访求流失日本的中国古籍，杨守敬曾前往拜访森立之，与其笔谈④。

四月初二日（5 月 18 日），《字林西报》的中文版《沪报》在上海创刊（后售予日人之东亚同文会，改为《同文沪报》）。

四月间，经仔细探究、考订，杨守敬为其在日本所收之《汉书·食货志》一卷（日本影抄本）撰写了一篇跋文⑤。

同月里，经仔细探究、考订，杨守敬为其在日本所收之《外台秘要》四十卷、目录一卷（明刊本）撰写了一篇跋文⑥。

六月初九日（7 月 23 日），朝鲜发生政变，史称“壬午政变”。

六月十二日（7 月 26 日），上海英、美租界电灯公司电灯发光。

六月三十日（8 月 13 日），清政府命浙江提督吴长庆率兵六营援助朝鲜。

六月间，经仔细探究、考订，杨守敬为其在日本所收之《春秋经传集解》三十卷（影日本古钞卷子本）撰写了一篇长跋⑦。

---

① 见《杨守敬集》第八册，第 27～29 页。
② 王重民：《日本访书志补》，《杨守敬集》第八册，第 403 页。
③ 见《杨守敬集》第八册，第 237～238 页。
④ 《清客笔谈》，《杨守敬集》第十三册，第 535～536 页。
⑤ 王重民：《日本访书志补》，《杨守敬集》第八册，第 398 页。
⑥ 王重民：《日本访书志补》，《杨守敬集》第八册，第 403 页。
⑦ 王重民：《日本访书志补》，《杨守敬集》第八册，第 391～392 页。

同月里，日本友人汉诗家宫岛诚一郎的《养浩堂诗集》即将付梓，特请好友诗人、中国公使馆官员黄遵宪为其删改评点并作序；随后又根据黄遵宪的建议，邀请好友书法家杨守敬为《养浩堂诗集》书写序言：

余每读少陵怀谪仙诗曰："何时一樽酒，重与细论文。"未尝不叹良朋聚首为人世不易得之事也。夫文字之交，臭味相投，得一奇则共赏，得一疑则共析，比之亲戚之情话，骨肉之团聚，其乐有甚焉者。然而此乐正不数数觏也。今之人抗心希古，长吟远慕，每恨与古人生不同时。既同时矣，而两地暌隔，一秦一越，终身不相闻，不知谁某者容亦有之。即幸而彼此缔交而渭北春树，江东暮云，惜别怅离，不得相见，其慨想又当何如！

余与栗香，一居东海，一居北海，所谓风牛马不相及者也。自余有随槎之行，居麴町者四载，乃衡宇相望，昕夕过从。自是以来，墨堤之赏樱，西湖之折柳，龟井之看梅；春秋佳日，裙屐觞咏，未尝不相见，相见未尝不谈诗。栗香之诗，清新俊逸，余叹为天才。既为之校阅四五过，复系以评语累千万言。余生平交友，遍天下南北东西大都，以邮简往复，商量旧学而已。不意于异国之人，乃亲密如此，窃自诧此缘为不薄矣。昔江辛夷一书客耳，赖子山阳至度越阡陌远往长崎，待之九十日，卒以风阻，船不果至，空结遐想。余才不逮古人，而比之古人为幸良多，虽然，余亦倦游，行且归国，他时持此一卷，诵"重与细论文"之句，栗香其亦同此情乎！

光绪七年夏六月，岭南黄遵宪公度撰，荆州杨守敬醒吾书。

案：黄遵宪与杨守敬，一位是诗文大家（书法亦不错），一位是书法名家（在日本影响特大），二人联手，可谓珠联璧合，实则《养浩堂诗集》亦为之增光。

八月二十四日（10月5日），徐州道程国熙集商资设局，以机器开采铜山县（今江苏省徐州市铜山区）属利国驿等处煤矿。

八月下旬，宫岛诚一郎的《养浩堂诗集》即将出版面世，特请好友驻日公使馆官员、著名书法家杨守敬为该诗集题写了书名；随后，宫岛诚一郎自己为诗集写了《例言六则》，并将其交给好友驻日公使馆官员、文学家黄遵宪审改；黄遵宪审改完成后，还在其后附记写道："养浩堂诗例言，仆细加校阅，遂至删易过多，惶悚之至，乞宽容，而是正之为幸。 诗序，仆乞杨醒吾书之。 醒吾书法，胜仆百倍，今既书就，即以奉缴。 光绪七年八月二十九日，黄遵宪。”①

八月间，为刻印《古逸丛书》，杨守敬从森立之处借书数种影抄②。

九月初九日（10 月 20 日），驻日公使黎庶昌请杨守敬出面邀请日本森立之等名流作登高之会③。

九月十八日（10 月 29 日），沙俄强迫清政府与其签订《中俄伊犁界约》。

十月十一日（11 月 21 日），李鸿章与法国驻华公使签订备忘录，初步确定中国撤退驻越武装，法国保证不侵占越南土地和不贬削越南国王的权力，开放保胜为商埠。

十月二十八日（12 月 8 日），经仔细探究、考订，杨守敬为其在日本所收之《论语集解》十卷（日本南朝正平十九年即公元 1364 年刊本）撰写了一篇长跋④。

十月二十九日（12 月 9 日），沙俄政府胁迫清政府签订《中俄喀什噶尔界约》。

十月间，为从森立之手中购买所需古籍，杨守敬与森立之笔谈，讨价还价⑤。

是年，为纪念毛笔的发明者蒙恬将军，日本书法界同人在东京向岛三围神社立了一块碑，碑名“秦蒙将军之像碑”，并请中国驻日公使黎庶昌为其篆额，而请公使馆官员、著名书法家杨守敬撰写像赞并以隶书书丹，以供观瞻。

案：“秦蒙将军之像碑”至今仍在，被日本政府列为“国宝”，成为东京的一道著名景观。

另，据有的学者称，此碑上部的篆额，虽题为驻日公使黎庶昌篆，实际上都是杨守敬的手笔⑥。

十一月初五日（12 月 14 日），朝命工部尚书翁同龢在军机大臣上

① 黄遵宪所写此附记及前面的《养浩堂诗集·序》，均见刘济民：《杨守敬为日本汉诗题写书名并书黄遵宪序文》，《三峡论坛》2011 年第 6 期（总第 244 期）。

② 《清客笔谈》，《杨守敬集》第十三册，第 537 页。

③ 《清客笔谈》，《杨守敬集》第十三册，第 537 页。

④ 见《杨守敬集》第八册，第 65～66 页。

⑤ 《清客笔谈》，《杨守敬集》第十三册，第 542～543 页。

⑥ 赵平：《杨守敬书法艺术研究》，湖北人民出版社 2011 年版，第 22～23 页。

行走。

十一月间，为从森立之手中购买所需古籍，杨守敬与森立之商讨价格以及交款时间等问题①。

同月里，杨守敬从日本友人狩穀望处购得《群书治要》一书，非常高兴，曾在书上题识，云“余别得狩穀望之此书校本，最为详审，拟他日刻之。守敬，壬午仲冬”②。

案：《群书治要》是唐太宗下令编纂的一部帝王学著作，由魏征等大臣从六十五种重要典籍中选辑关于治道政术方面的篇章编纂而成，在此后的一千多年里，《群书治要》逐渐湮没无闻。而由遣唐使带回日本的《群书治要》抄本却保存下来，并在1800年前后回传中国，故其文献价值受到清代及其以后学者广泛的重视。

十二月初十日（1883年1月18日），清政府命在沪粤沿海铺设电线。

十二月间，为刻印《古逸丛书》，杨守敬从森立之处借书数种影抄③。

是年，杨守敬在日本访书之余，石印初辑《寰宇贞石图》成，由日本大藏省印刷局承印，收碑二百七十余种。

是年，粤人徐鸿复、徐润等在上海集股设立“同文书局”，购置机器，影印《二十四史》《古今图书集成》等古籍。同文书局是中国人自办的第一家近代石印图书出版机构。

光绪九年癸未(1883年)　四十五岁

是年，杨守敬仍在驻日公使馆任随员，并遵黎公使之嘱，专任访书、刻书等事宜。

对于访书一事，由于前、后任驻日公使的大力支持，以及日本弟子、友朋的倾情相助，加之杨守敬遍游东京各大书肆，并采取了“以有易无”、购买、借观、影抄等多种方式，故几年下来，竟购求到三万多卷古书。

对于刻书一事，杨守敬自然是内行，加之受黎公使之托，格外细心、认真，进展极其顺利。当时的日本刻书手与刻书店店主都知道杨氏精于此道，不敢有半点马虎。杨守敬在《邻苏老人年谱》中记载：“是年，仍经

① 《清客笔谈》,《杨守敬集》第十三册,第543页。

② 见《留真谱初编》卷十二《群书治要》条。

③ 《清客笔谈》,《杨守敬集》第十三册,第538～539页。

理刻书事。日本刻书手争自琢磨，不肯草率，尤以木村嘉平①为最精，每一字有修改补刻至数次者。《谷梁传》一部尤无一笔异形，传至苏州，潘尚书伯寅（祖荫）、李廉访梅生（鸿裔）见之，惊叹欲绝，谓宋以来所未有，国朝诸家仿刻不足言也。而日本人亦服我鉴别之精。每刻一书，先择其艺之绝高者为准绳，余人规模笔法，既成而后动工，故虽艺之次者，亦有虎贲、中郎之似。然吾每至其家，阅工人所刻之板，不用印刷样本，即以白板分好恶。犹记一日，我到其店，排坐十八工人，其店主人云：'我国工人皆苦先生眼力之精，不能一毫假借，今此十八人中有一领袖，先生试以十八板阅之，谁为领袖所刻？如不误，则真我国所未有矣。'余谢不遑，谓：此十八艺皆已经选择者，未必能如市上之测字，以鹊啄字，百不失一。虽然，请试之。不效勿哂也。寻绎再四，拈一板曰：此当是领袖所刻！其时合坐起立，拍掌之声如雷。次日，新闻出，皆诧为异人。"

古语云："术业有专攻。"此语一点不假。杨守敬在《邻苏老人年谱》中记载："又黎公本文章之士，于古书源流不甚了然，当初议刻《丛书》时，我即自任为黎公每部代作一跋，而不署我之名。黎公则笑云：'我自有我之跋，君自为跋可也。'及为原本《玉篇》跋各成一通，刻之，黎公寄伯寅尚书，回书则云：'君既嘱杨君任刻书，即请杨君代作跋，何必以空文为重台！'而黎公赧然，遂皆不自作跋，亦不愿守敬作跋。故《丛书》，如《玉烛宝典》、正平《论语》、《史略》诸书均有札记，皆辍不刻，至今尚存守敬箧中。"②

案：这里提到的《玉篇》，字书，梁顾野王撰；原书三十卷，已散佚；《古逸丛书》据日本旧抄卷子本辑残六卷。《玉烛宝典》，隋杜台卿撰，十二卷；《古逸丛书》据日本旧抄卷子本影刊。"正平《论语》"，指魏何晏《论语集解》，十二卷；《古逸丛书》据日本南朝后村上正平十九年（1364 年）刊本影刊，故杨氏称为"正平《论语》"。《史略》，宋高似孙撰，六卷；《古逸丛书》据流传到日本的中国宋刊本影刊。

二月十九日（3 月 27 日），法国侵略军攻陷越南南定（今南定省）。

① 木村嘉平，日本著名刻工，又称作"村嘉平""村嘉"，是"木村嘉平"一族第一代至第五代的通称。此处所指为第四代木村嘉平，名庄太郎，号春海，又号昌义，生于安政二年(咸丰五年，即 1855 年)，卒于明治十六年(光绪九年，即 1883 年)十一月十八日。曾为黎庶昌、杨守敬刻《古逸丛书》。

② 以上均见《邻苏老人年谱》，第 18 页。

二月二十二日（3 月 30 日），礼部上奏越南王阮福瑚请求援救。

二月二十三日（3 月 31 日），中、英订立上海至香港电报办法合同。

二月间，杨守敬在日本访书时，得到一本宋刻本的《安吉州思溪法宝资福寺大藏经目录》（二卷），甚是高兴，迅速浏览一遍，并为其作了题跋[①]：

宋安吉州资福寺《大藏经》，全部缺六百余卷，间有抄补，亦据宋折本，旧藏日本山城国天安寺。余在日本，有书估为言，欲求售之状，适黎星使方购佛书，即嘱余与议之，价三千元，以七百元作定金，立约期三月付书。及逾期而书不至，星使不能待，以千元购定日本翻明本。久之书至，星使以过期不受，欲索还定金，书估不肯退书，难以口舌争；星使又不欲以购书事起公牍，嘱余受之而先支薪俸以偿。余以此书宋刻，中土久无传本，明刊南北藏本兵燹后亦十不存一，况明本鲁鱼豕亥不可枚举，得此以订讹除谬，不可谓非鸿宝，乃忍痛受之。缺卷非无别本抄补，以费繁而止，且此书之可贵以宋刻故也。书至六七千卷，时至六七百年，安能保其毫无残缺？此在真知笃好者，故不必徇俗人之见，以不全为恨也。

光绪癸未二月，宜都杨守敬记。

案：此本现藏台北故宫博物院，《日本访书志》《日本访书志补》《日本访书志续补》等均未著录。

三月初二日（4 月 8 日），刘永福率黑旗军驰赴越南安南山西（今越南河内市山西市社），助越抗法。

是日，电报线铺设至广东。

三月二十二日（4 月 28 日），范当世自上海乘船抵达武昌省城通志局。

三月二十九日（5 月 5 日），“江南制造总局”工人为反对延长劳动日举行示威游行。

三月间，经仔细探究、考订，杨守敬为其在日本所收之《净土三部经音义》四卷（日抄本）撰写了一篇跋文[②]。

同月里，经仔细探究、考订，杨守敬为其在日本所收之《论语集解》十

① 参见《善本题跋真迹》一书，由台北市的中央图书馆于 1982 年编印，第 1804 页。后不赘述。

② 王重民：《日本访书志补》，《杨守敬集》第八册，第 397 页。

卷（日本天文癸巳刊本，据《藏园群书经眼录》卷二补）撰写了一篇跋文①。

案：日本后奈良天皇天文癸巳年，即天文二年，为公元 1533 年，为明嘉靖十二年。

四月十三日（5 月 19 日），刘永福率黑旗军在河内以西怀德府的纸桥大败法军，击毙法将李威利，取得“纸桥大捷”。

同月里，经仔细探究、考订，杨守敬为其在日本所收之《重修政和经史证类备用本草》三十卷（明刊本）撰写了一篇跋文②。

同月里，经仔细探究、考订，杨守敬为其在日本所收之《樊川文集》二十二卷（宋刊本）撰写了一篇跋文③。

五月初二日（6 月 6 日），法国驻日本公使来中国重开谈判，企图强迫清政府承认法国在北越的侵略地位。

五月间，杨守敬自去年获得《和剂局方》十卷（元刊本）外，是年又相继获得“大德甲辰余志安刊于勤有堂本”“建安高氏日新堂本”“明崇祯丁丑朱葵刊本”等多个版本，故再为其撰写跋文数篇④。

五六月间，杨守敬“部选黄冈县教谕。黎公以公文咨鄂督，言守敬有经手事件，请委人代署”⑤。

案：此处所说之“鄂督”，指的是湖广总督涂宗瀛，光绪八年（1882 年）三月出任现职，次年五月以病免。

七月初十日（8 月 12 日），中、俄签订《中俄科塔界约》。

七月二十三日（8 月 25 日），法国侵略军侵入安南的顺化（今越南承天顺化省省会）。

八月初一日（9 月 1 日），刘永福率黑旗军和越南军与法国侵略军激战于丹凤（今越南河内市丹凤县）。

八月初四日（9 月 4 日），中、俄订立科布多新界牌标记。

八月十三日（9 月 13 日），中、俄订立塔尔巴哈台北段牌标记。

---

① 刘昌润：《日本访书志续补》，《杨守敬集》第八册，第 424 页。

② 王重民：《日本访书志补》，《杨守敬集》第八册，第 402 页。

③ 王重民：《日本访书志补》，《杨守敬集》第八册，第 413～414 页。

④ 王重民：《日本访书志补》，《杨守敬集》第八册，第 404 页。

⑤ 见《邻苏老人年谱》，第 18 页。

九月初三日（10 月 3 日），中、俄签订《中俄塔尔巴哈台西南界约》。

九月初九日（10 月 9 日），乃中国传统的重阳节，驻日公使黎庶昌发帖邀请森立之等日本名流至公使馆“作萸酒之会”[1]。

九月二十三日（10 月 23 日），中、法谈判中止。

九月间，经仔细探究、考订，杨守敬为其在日本所收之《春秋谷梁传》十二卷（宋刊本，刻入《古逸丛书》）撰写了一篇跋文[2]。

十月十八日（11 月 17 日），法国内阁通知中国驻法公使曾纪泽，一定会以武力夺取安南之北圻（指旧时越南北部的十六省）。

十一月十四日（12 月 13 日），张樾丞（1883—1961）出生于直隶新河南小寨村一个贫寒农民之家。

十一月十七日（12 月 16 日），法国侵略军攻占安南山西。

十一月二十五日（12 月 24 日），清政府命云贵总督岑毓英率兵驰赴安南山西，援越抗法。

十一月间，杨守敬的日本友人著名刻字工木村嘉平在东京病逝。

案：木村嘉平病殁后，驻日公使黎庶昌以为木村所刻书籍而撰写的《识语》相赠；杨守敬打算为木村撰写墓志相赠，因太忙而未果。归国前夕，终于撰有《画赞》一篇赠其家人（详后）。

同月里，应友人沈香阁之请，杨守敬曾为其制作水墨纸本行书立轴：“聚书多处，当有卿云；轮〇金银之气，覆盖其上”，其题识云“癸未冬日，为沈香阁书林题。 惺吾杨守敬”[3]。

十二月间，山西巡抚张之洞在太原创办令德书院。

同月里，经仔细探究、考订，杨守敬为其在日本所收之元刊本《伊川易解》六卷、《系辞精义》二卷（刻入《古逸丛书》）撰写了一篇跋文[4]。

是年，杨守敬在日本搜购古籍期间，曾得到一份唐人所书之《大般若波罗蜜多经卷第一百五十八》残本（25. 6 cm × 230 cm），并为其题跋，云：“唐人书佛经残本，存一百二十三行，余得自日本。 书法虽不工，然用笔皆古法，故非后人所能也。 光绪癸未，宜都杨守敬记”，钤印“杨守敬印”

① 《清客笔谈》，《杨守敬集》第十三册，第 547 页。

② 见《杨守敬集》第八册，第 58～59 页。

③ 赵平：《杨守敬书法艺术研究》，湖北人民出版社 2011 年版，第 32 页。

④ 见《杨守敬集》第八册，第 38～39 页。

（白）①。

案：唐人所写之《大般若波罗蜜多经卷第一百五十八》残本，存四纸，一百二十三行，起“若不净不应观六神通”，终“复作是言，汝善”，行十七字，乌丝栏界。书法丰腴，墨点如漆。卷端有清光绪九年（1883 年）杨守敬墨笔题跋，并粘贴旧签一张。日本旧装，保存完好。此本后为故宫博物院工艺美术史部研究员、中国考古学会理事顾铁符（1908—1990）所珍藏，顾氏乃清代江苏无锡经学家、史学家顾栋高的后裔。

是年，杨守敬将其访得并经认真校点、整理的《古写古文尚书影照本》②一书纳入《古逸丛书》中刊刻面世。

是年，饶汉祥（1883—1927）出生于湖北广济一个书香之家。

光绪十年甲申（1884 年）　四十六岁

年初，杨守敬仍在驻日公使馆任随员，并遵黎公使之嘱，专任访书、刻书等事宜。

正月间，经仔细探究、考订，杨守敬为其在日本所收之《玉篇》（南朝梁顾野王撰）残本四卷（刻入《古逸丛书》）撰写了一篇长跋③。

正二月间，《古逸丛书》雕版完成，随即“督印百部，黎公以赠当时显者，皆惊为精绝”。然在杨氏看来，美中尚有不足：“所刻之书不尽要典，如蔡刻《杜诗》，广东尚有刻本；《庄子注疏》亦载《道藏辑要》中；而慧琳《一切经音义》、杨上善《太素经》等书皆未刊，颇为遗恨。然黎公作主，何能尽如我意！”④

案：黎庶昌和杨守敬辑刻之《古逸丛书》，收古本逸编二十六种，共二百零六卷。此处所说“蔡刻《杜诗》”，应为“蔡笺《杜诗》”，指宋蔡梦弼的《杜工部草堂诗笺》，五十卷；光绪二年（1876 年），巴陵方功惠于广东翻刻元刊《诗笺》残本一至二十二卷，即此处杨氏所说“广东尚有刻本”。《庄子注疏》，又名《南华真经注疏》，晋郭象注，唐成玄英疏，载清彭定求编《道藏辑要·牛集》。慧琳《一切经音义》，又名《大藏音义》，唐释慧琳著；杨

---

① 见西泠印社拍卖有限公司“2019 年秋季十五周年拍卖会：古籍善本·金石碑帖”专场拍卖品，编号：0024。

② 见《杨守敬集》第一册，第 581～661 页。

③ 见《杨守敬集》第八册，第 82～83 页。

④ 见《邻苏老人年谱》，第 19 页。

氏《日本访书志》卷四对该书有题识。《太素经》，即《黄帝内经太素注》，隋杨上善撰，原本三十卷；杨守敬据日本残本影刻二十三卷又零残一卷，《日本访书志》卷九对该书有题识。

二月十一日（3月8日），法国侵略军开始大举进攻清军和黑旗军的防线。

二月十五日（3月12日），法国侵略军攻陷越南北宁（今北宁省）。

二月二十三日（3月20日），法国侵略军攻陷越南太原（今太原省）。

三月十三日（4月8日），慈禧太后黜军机大臣恭亲王奕䜣、翁同龢、李鸿藻、景廉、宝鋆，而以礼亲王世铎、额勒和布、阎敬铭、张之万、孙毓汶为军机大臣。

三月二十日（4月15日），越南兴化失守，法国侵略军占领红河三角洲。

三月间，经仔细探究、考订，杨守敬为其在日本所收之《荀子》二十卷（宋刊本，刻入《古逸丛书》）撰写了一篇跋文①。

同月里，经仔细探究、考订，杨守敬为其在日本所收之《巢氏诸病源候论》五十卷（日人学古校本）撰写了一篇跋文②。

四月十一日（5月5日），清政府命李鸿章办理中法和议事宜。

四月十七日（5月11日），中、法在天津签订《会议简明条款》，清政府承认法国对越南的保护权。

四月下旬，守敬“得家信，言母病促归”；即向黎公使请假，黎公使立即同意其先行回国。

四月二十八日（5月22日），朝廷调山西巡抚张之洞署理两广总督，而以奎斌署理山西巡抚。

四月二十九日（5月23日），已故日本友人著名刻字工木村嘉平的画像完成。

四月三十日（5月24日），杨守敬为亡友木村嘉平的画像题跋，撰《画赞》③一文赠送其亲友：

木村嘉平者，日本梓人第一。余为遵义黎氏刻《古逸丛书》，中有

---

① 见《杨守敬集》第八册，第180～181页。

② 王重民：《日本访书志补》，《杨守敬集》第八册，第400～401页。

③ 转引自[日]石田肇著，孔繁锡译，张新民校：《〈古逸丛书〉的刊刻及刻工木村嘉平史略》，《贵州文史丛刊》1992年第3期，第44～45页。

影宋本《谷梁传》，最为措手，乃以属之嘉平，逾年刻成，意出原本上。盘伯寅司寇称为自有天地以来，未有如此之精者。厥后又为刻北宋本《广韵》及《庄子注疏》、《草堂诗笺》，将告竣矣；而嘉平以积劳病没（殁），余为之扼腕者累旬日。余尝谓嘉平持艺绝一时，其处（虚）心忠实诚德亦世所罕见，固不当以工人目之也。余拟为墓志以张之，以率率未能。故先题其略于画赞。赞曰：一艺之精，通幽入神；将以忠信，仅见斯人；昙花一现，百卉失珍；简册不绝，徽声不泯。甲申四月晦日，束装归国就道之前一日也。宜都杨守敬。

五月初，杨守敬赶紧办理相关手续、拜别日本友朋，为返国做准备。在归国的前夕，杨守敬还将自己所撰之《支那地志摘译》（上、下编）一书呈送给黎公使，以作纪念。其上题写了“黎老夫子钧鉴，杨守敬呈”一行字①。今此书收入《杨守敬集》第二册②。

五月初五日（5 月 29 日），杨守敬拜别公使馆各位同僚，与日本名宿冈千仞父子及书贾王惕斋一行，自日本横滨先行启程回国。

出发之日，驻日公使随员张后沅曾至横滨港码头为杨守敬送行，不仅给冈千仞赠送了《濂亭文集》，还专门给父亲写信引荐了冈千仞。

吴天任在其《杨惺吾先生年谱》中亦记载说：杨守敬“四月差满，五月束载所得古籍归国”③。

五月初十日（6 月 3 日），中、俄签订《中俄续勘喀什噶尔界约》。

五月上旬，杨守敬和冈千仞一行抵达上海后，应好友李梅生之邀，又一起游览了苏州。

杨守敬在《邻苏老人年谱》中说：“李梅生知余到上海，函招余至苏州一会，盖梅生素未谋面也。”④

在苏州时，杨守敬不仅又与老友顾文彬相聚，并“纵观李（梅生）、顾（子山）两家所藏”⑤；而且在老友顾氏的陪同下，相继拜访了俞樾、李鸿裔、潘祖荫（案：时正在家丁父忧）等社会贤达、文学名流。

---

① 此书为杨守敬赠黎庶昌的缮写本，后为北京图书馆馆员顾子刚先生所得，并于民国三十五年（1946 年）九月二日将它赠送给北京图书馆馆藏（见该书下编封底顾先生题识）。

② 见《杨守敬集》第二册，第 5～80 页。

③ 吴天任：《杨惺吾先生年谱》，台北艺文印书馆 1974 年版，第 49 页。

④ 见《邻苏老人年谱》，第 19 页。

⑤ 见《邻苏老人年谱》，第 19 页。

五月中旬，结束苏州之游后，冈千仞将前往杭州游览；杨守敬则与其告别，“即归，而赴黄冈教谕任”①。

五月下旬，杨守敬赴任报到后，因牵挂母病，遂“乞假省墓”，并“迎养母于学署中”②。

杨守敬在“乞假省墓”期间，曾专程前往看望了自己的恩师朱景云（见《清故岁贡生文敬朱先生墓志铭》）。

闰五月初一日（6 月 23 日），法国侵略军挑起“谅山事变”，被中国守军击退。

闰五月初四日（6 月 26 日），朝廷赏在家养病十余年的原直隶提督刘铭传巡抚衔，命其督办台湾军务。

闰五月二十日（7 月 12 日），法国驻北京代理公使谢满禄（M. de Semalle，1839—1946）向清政府提出最后通牒。

闰五月二十三日（7 月 15 日），法国远征舰队以游历为名，强行驶入福建水师基地马尾军港。

六月十四日（8 月 4 日），法国海军少将利士比率 3 艘军舰进犯台湾基隆，向守军投递劝降书，遭严正拒绝。

六月十五日（8 月 5 日），法国军舰炮轰台湾基隆炮台，遭到守军的猛烈反击，基隆炮台被炸毁。

六月二十六日（8 月 16 日），法国议会决定扩大侵华战争，通过 3800 万法郎的侵华经费。

六月二十九日（8 月 19 日），谢满禄借口基隆事件再次提出最后通牒，中法外交关系正式破裂。

七月初三日（8 月 23 日），马尾海战爆发，福建水师船舰大部被毁。

七月初四日（8 月 24 日），法国军舰开炮摧毁福建马尾造船厂。

七月初六日（8 月 26 日），光绪帝被迫下诏对法宣战，中法战争开始。

八月十三日（10 月 1 日），法国海军中将孤拔率领法国侵华主力舰队再次进犯台湾，进攻基隆。

同日，驻日公使黎庶昌的母亲吴太夫人在上海去世，黎氏遂立即电奏总理各国事务衙门，请求卸任回国丁母忧。而黎庶昌的任期也快到了，清政府乃任命前驻美参赞徐承祖为驻日大臣，前来接替他。适值朝鲜开化党在

---

① 见《邻苏老人年谱》，第 19 页。

② 见《邻苏老人年谱》，第 19 页。

日本的支持下发动政变，应朝鲜政府的请求，中国驻朝军队很快就镇压了这次政变，乱党残余分子逃往日本。为避免事态恶化或扩大，朝廷电令驻日公使黎庶昌夺情再留任三个月，与新任大臣会商处理外事交涉。

八月十四日（10月2日），孤拔率领法国侵略军占领基隆。

八月十七日（10月5日），香港工人举行反对英国、法国侵略的罢工。

八月二十日（10月8日），法国军舰炮轰淡水炮台，被守军击退。登陆的法军亦溃败。

九月初五日（10月23日），孤拔宣布封锁台湾海面。

九月三十日（11月17日），清政府在新疆建立行省，设置州县；任命刘锦堂为甘肃、新疆巡抚，仍以钦差大臣督办新疆军务；以原甘肃布政使魏光焘为甘肃、新疆布政使。

十月二十八日（12月15日），西线滇军和刘永福所率之黑旗军包围法国侵略军占据之越南宣光城（今宣光省宣光市）。

十一月初九日（12月25日），前清政府驻美参赞徐承祖抵达日本东京，黎庶昌当即交卸使事电请归国，而军机处复电不允。

十二月初九日（1885年1月24日），军机处复电黎庶昌，准其回国。

十二月十八日（1885年2月2日），前驻日公使黎庶昌终于经朝廷同意，告别使馆同僚和日本友朋离开东京回到上海。

十二月十九日（1885年2月3日）为苏东坡的诞辰日。此前，黄州知府英启[①]已命人将黄州赤壁“二赋堂”东侧之房舍修葺一新，并增塑苏轼像一尊，身着道服，手持洞箫，两边立侍童各一，名之曰“留仙阁”；英启还亲自撰写了一篇《留仙阁记》，并请时任黄冈县教谕的书法家杨守敬书丹，将其镶嵌于壁间。

是日，英启率领众文武部属，又邀请了不少地方缙绅、名流聚集留仙阁，举行了隆重的留仙阁落成典礼仪式，并为苏东坡庆贺冥寿。

前驻日公使黎庶昌回国后，上奏朝廷谓：杨守敬“学问优长，与东士士人交接，甚有声誉。请以知县遇缺即选，并加五品衔”[②]。

---

① 英启，生卒年不详，字续村，隶汉军镶白旗，沈阳人。咸丰九年（1859年）进士，记名翰林院编修。同治六年（1867年）出任黄州知府。在任期间，曾主持修纂《黄州府志》（四十卷，首一卷），有光绪十年（1884年）刻本。后官至广东盐运使。工诗文。著有《保愚轩文集》等。

② 见《邻苏老人年谱》，第19页。

十二月三十日（1885 年 2 月 14 日），法国侵略军攻陷越南谅山（今谅山市，谅山省省府）。

是年，为抗议法国侵略军的入侵，广东、福建、浙江、贵州、云南等地民众自发捣毁天主教堂，频发驱逐法国传教士的事件；旅美、旅日侨胞则纷纷捐款，支持国内的抗法斗争。

光绪十一年乙酉（1885 年）　四十七岁

是年，杨守敬仍在黄冈县教谕任上。

正月初九日（2 月 23 日），法国侵略军占领广西镇南关（曾称鸡陵关、大南关、界首关、睦南关，今名友谊关，在今广西凭祥市西南 15 公里处）。

正月十五日（3 月 1 日），法国侵略军进犯镇海（今浙江省宁波市镇海区）海口，被清军参将吴杰率领的严阵以待的清军击退。

正月间，湖北巡抚彭祖贤以《湖北通志》之“《沿革》一门无人任”，乃聘杨守敬“任之”，并以熊会贞为“襄助”。

杨守敬和熊会贞尚未赴省履任，前辈友人彭祖贤①即病逝湖北巡抚任上。

吴天任在《杨惺吾先生年谱》中记载：“是时，长洲彭中丞芍庭祖贤方修《湖北通志》，聘先生任修沿革门……未蒇事而彭公病殁，是遂辍停。”②

二月初六日（3 月 22 日），清政府派李鸿章为全权代表，与法国驻华公使巴德诺（又译作“巴特纳”，Jules Patenotre）议和。

二月初八日（3 月 24 日），原广西提督冯子材率领“萃军”大败法国侵略军于关前隘，取得“镇南关大捷”。

二月十三日（3 月 29 日），老将冯子材率所部“萃军”攻克越南谅山。

二月十五日（3 月 31 日），法国茹费理内阁倒台，新内阁成立，建议速办和议，清政府下达停战诏书。

---

① 彭祖贤(1819—1885)，字兰耆，号芍庭，一作芍亭。江苏长洲人。彭蕴章第四子。以荫生授主事。咸丰五年(1855 年)举人。历官至顺天府尹。光绪四年(1878 年)，迁江西布政使；六年(1880 年)，擢升湖北巡抚，一度兼署湖广总督。所至有政绩。曾修《湖北通志》(一百七十二卷)，又辑刻《长洲彭氏家集》(九种一百六十三卷)。

② 吴天任：《杨惺吾先生年谱》，台北艺文印书馆 1974 年版，第 50 页。

二月十六日（4 月 1 日），法军舰队攻占澎湖（今中国台湾省澎湖县），法国侵略军主将孤拔（1827—1885）病死。

二月十九日（4 月 4 日），法国强迫清政府在巴黎签订《中法议和草约》。

二月二十二日（4 月 7 日），清政府诏令前线停战。

三月初四日（4 月 18 日），中、日签订《天津会议专条》。

三月间，杨守敬在教授之余，曾为其所藏之《重广补注黄帝内经素问》（二十四卷，十册，明覆宋本）作题跋[①]：

宋槧《黄帝内经素问》，廿四卷，缺北宋诸帝讳，虽未必即嘉祐初刻本，而字体端雅，纸质细洁，望而为宋槧。按，此书自元代古林书堂合并为十二卷，明赵府居敬堂本、熊宗立本、黄海本皆因之递相讹谬，不可读。其廿四卷之本明代有三刻：一为嘉靖间顾从义本，体式全与此本同而板心皆有刻工之姓名；一无名氏翻刻本，体式亦同，板心姓名则有载有不载；一为万历间周曰校刻本，则体式行款尽行改易，不复存原书面目（三书余皆有之）。此本则板心姓名全无，疑顾氏及无名氏皆从嘉祐刻本出，但经明人摹刻，轮廓虽具，意度已失。此则宋人以初刻印本上木，时代既近，手腕相同，故宛然嘉祐原本（唯板心姓名在，宋代翻刻，此等无关精要，故特去之，不足怪也）。且首尾完具，近来著录家皆未之及，知为海内希有之本，亟重装而藏之。

光绪乙酉三月，宜都杨守敬记。

案：此本上钤有“真州吴氏有福读书堂藏书”白文印，为江苏仪征藏书家吴引孙（1851—1921，斋名“有福读书堂”，自署“有福读书堂主人”）从杨守敬手中购得，《日本访书志补》《日本访书志续补》均未著录。

四月十八日（5 月 31 日），杨守敬的好友、日本名宿冈千仞离开中国返回日本。

四月二十七日（6 月 9 日），李鸿章与法国驻华公使巴德诺在天津签订《中法会定安南条约》（即《中法新约》），中法战争结束。

五月初五日（6 月 17 日），直隶总督李鸿章奏设“天津武备学堂”。

五月二十一日（7 月 3 日），清政府在德国订购的“定远”“镇远”两艘铁甲舰抵达中国。

① 《善本题跋真迹》，第 1137～1138 页。

夏日里，经仔细探究、考订，杨守敬为其在日本所收之《论语义疏》十卷（日本旧抄本）撰写了一篇长跋①。

七月二十七日（9月5日），钦差大臣左宗棠②卒于福州任上。

九月初五日（10月12日），清政府改台湾府为行省，以原福建巡抚刘铭传为台湾省首任巡抚。

九月初六日（10月13日），清政府设立海军衙门，以光绪帝生父奕譞总理海军事务。

九月二十三日（10月30日），清政府任命跟随前浙江提督吴长庆援朝平叛战功突出的袁世凯为驻朝鲜总理交涉通商事务大臣。

十一月二十七日（1886年1月1日），英国印度总督宣布将缅甸并入印度。

十一月二十九日（1886年1月3日），朝廷调工部尚书翁同龢为户部尚书，而以兵部尚书潘祖荫为工部尚书。

十二月间，杨守敬的日本朋友著名医学家、汉学家森立之③在江户去世。

是年，经仔细探究、考订，杨守敬为其在日本所收之《经史证类大观本

① 王重民:《日本访书志补》,《杨守敬集》第八册,第393页。

② 左宗棠(1812—1885),字季高,一字朴存,号湘上农人。湖南湘阴人。幼聪慧,负大志。道光十二年(1832年)举人。后屡试不第,但其才干为不少地方大吏推许。咸丰二年(1852年)始,先后入湖南巡抚张亮基、骆秉章幕府。十年(1860年),率楚军随曾国藩镇压太平军。同治元年(1862年),因功授浙江巡抚。三年(1864年),擢升闽浙总督。五年(1866年),调任陕甘总督,镇压回民起义。光绪元年(1875年),任钦差大臣,督办新疆军务。次年,率军入疆作战;不数年,攻灭阿古柏政权,收复新疆,遏制了俄、英企图分割新疆的野心。七年(1881年),入京为东阁大学士,任军机大臣,调任两江总督兼署南洋通商事务大臣。十年(1884年),中法战争爆发,力主抗战。同年,奉旨以钦差大臣督办闽海军务。次年七月,病逝任上。朝廷追赠太傅,谥"文襄",赐祀京师昭忠、贤良祠,并赐各省建祠。工诗文。著有《左文襄公全集》。

③ 森立之(1807—1885),幼名伊织,后改名养真、养竹,字立夫,号枳园;又号醒斋、节斋、泊斋、浴仙;别号枳园居士、自言居士、二端道人、水谷山人等;室名"容膝居""容膝居苏""温和药室",日本江户人。出身医学世家,先后从涩江全善、伊泽兰轩、多纪元坚等医学大家学习。曾被流放相阳十二年,遇赦后至江户医学馆从教。景慕清代朴学大师阮元、钱大昕、孙星衍、段玉裁、王引之。勤奋好学,学问广博,终成一代著名医学家、文献学家、考据学家、汉学家和著作家。其著作达180种,涉及文学、历史、医学、考据、博物等众多领域。代表著作有《经籍访古志》《左传考注》《尔雅正名录》《素问考注》《本草经考注》《伤寒论考注》《金匮要略考注》等。

草》三十一卷（元刊本）撰写了一篇跋文①。

是年，杨守敬的朋友、藏书家李鸿裔②在苏州府宅病逝。

是年，上海“格致书院”成立，王韬被中西董事公举为掌院，同时担任《申报》的编纂主任。

光绪十二年丙戌(1886 年)　四十八岁

是年，杨守敬仍在黄冈县教谕任上。

正月间，杨守敬延请弟子熊会贞来黄州家中教授三子蔚光读书。

二月间，杨守敬安排好家中事情，再次北上入京，准备参加是年举行的会试。

二月二十二日至三月初十日（3 月 27 日—4 月 13 日），中、法订立广西关外各关界约。

三月间，杨守敬第七次入闱会试；榜发，仍不中。

在京城赴试期间，杨守敬曾前往拜访好友缪荃孙；缪荃孙将自己所著之《湖北金石录》交给杨守敬，请他补充完成，并就其中涉及的有关问题交换意见。

其间，杨守敬逛书肆，购得仇十洲《升仙图》，乃为其写了一篇跋文③。

四月下旬，杨守敬出都南下，回到黄州任所，“乃与固芝同起草为《隋书地理志考证》。自是始绝意科名，专心著述”④，以名山之业自励。

五月间，经过仔细探究、考订，杨守敬为自己所收藏之《唐皇甫诞碑》撰写了一篇跋文⑤。

六月初三日（7 月 4 日），左副都御史吴大澂与沙俄订立《珲春界约》。

---

① 王重民:《日本访书志补》,《杨守敬集》第八册,第 401～402 页。

② 李鸿裔(1831—1885),字眉生,一作梅生,号香严,又号苏邻,四川中江人。咸丰元年(1851 年)举人。与剑阁李榕、忠县李士棻合称“蜀中三李”。后入曾国藩幕,以军功历官兵部主事、十府粮道、徐海道、江苏按察使加布政使衔等职。后以耳疾辞官,定居苏州;购“网师园”,修葺一新,更名“苏邻小筑”,内设“万卷堂”以藏书。工诗文,喜金石文字,善书法。著有《苏邻诗集》《益州书画录》《昭代尺牍小传续集》《瓯钵罗室书画过目考》等。

③ 见《杨守敬集》第八册,第 1136 页。

④ 见《邻苏老人年谱》,第 19 页。

⑤ 见《杨守敬集》第八册,第 1089 页。

六月初十日（7 月 11 日），慈禧太后颁发懿旨，宣布次年归政。

六月二十三日（7 月 24 日），中、英签订《缅甸条款》，清政府被迫承认英国占领缅甸。

六月二十四日（7 月 25 日），四川重庆（今重庆直辖市）的民众为反抗英、美传教士强修教堂，自发组织起来焚毁传教士住宅和教堂；教堂武装开枪杀伤民众三十余人，激起三千余名民众聚集起来将城内、外的教堂和领事馆一并捣毁；在英、美、法驻华公使的要挟下，清政府以处死民众二人、赔款二十三万五千两银两结案，史称“重庆教案”。

八月初五日（9 月 2 日），慈禧太后下懿旨：允醇亲王奕譞奏请，于光绪皇帝亲政后，再“训政”数年。

同日，续修《大清会典》书成。

八月间，杨守敬将好友缪荃孙所著之《湖北金石录》补充、校订完成，名为《湖北金石志》[①]，并写了一篇《校记》[②]：

> 缪君小山（按：亦作筱珊，荃孙字）撰此志颇为翔实……小山未见枝江曹氏所藏金石拓本，于此书均留空白以待补入。不知曹君于金石非专家，其所得专文皆真而金文则伪。纵有一二小品可据，亦不定为楚中物。今年春入都与小山面谈之，始恍然。近日唯江陵邓君承渭颇好吉金，所收不下数十事。敬亦略有所得。然邓君多从苏贾物色，余亦多从他省购归，固不尽湖北物也。今就目睹出土之品补录数事，庶几宁严勿滥之意。光绪丙戌秋八月，宜都杨守敬校讫并记。

十月十一日（11 月 6 日），天津《时报》创刊，英国传教士李提摩太（Timothy Richard，1845—1919）担任主笔。

十一月初六日（12 月 1 日），朱德（1886—1976）出生于四川仪陇县一个佃农家庭。

十二月二十八日（1887 年 1 月 21 日），清政府命直隶总督李鸿章速派员前往黑龙江勘办漠河（今大兴安岭地区漠河县）金矿。

是年，万州客民首领陈钟明曾领导琼山（今海南省海口市琼山区）、定安（今海口市定安县）、儋州（今海南省儋州市）等地的黎族、汉族民众举行反清起义。

---

① 《湖北金石志》，共十四卷，约 32 万字，刻板朱印，北京图书馆、湖北省图书馆、武汉大学图书馆、华中师范大学图书馆均有藏。见《杨守敬集》第五册，第 451～941 页。

② 转引自《杨守敬集》第五册，第 471 页。

是年，经仔细探究、考订，杨守敬为其在日本所收之《尚书正义》二十卷（北宋椠本）撰写了一篇跋文①。

是年，王晓籁（1886—1967）出生于浙江嵊州（今绍兴市嵊州市）一个富裕家庭。

光绪十三年丁亥(1887 年)　四十九岁

是年，杨守敬仍在黄冈县教谕任上。

正月十五日（2 月 7 日），朝廷在太和殿举行光绪皇帝亲政礼。

正月二十四日（2 月 16 日），清政府命直隶总督李鸿章在天津购置机器鼓铸制钱。

二月初七日（3 月 1 日），川、滇电线铺成。

二月间，应好友峄卿之请，杨守敬为其制作水墨纸本行书梁武帝评钟繇书横披："梁武帝评钟繇书：如舞鹤游天，飞鸿戏海"，其题识云"丁亥二月，峄卿仁兄大人正，弟杨守敬"②。

三月初二日（3 月 26 日），葡萄牙侵略者迫使清政府与其订立不平等条约《中葡会议草约》，硬加入葡萄牙"永驻管理"澳门的条款。

三月初五日（3 月 29 日），中、法订立广东、广西、云南《中越交界界约》。

三月间，经仔细探究、考订，杨守敬为其在日本所收之《本草衍义》二十卷、目录一卷（宋刊本）撰写了一篇跋文③。

四月间，经仔细探究、考订，杨守敬为自己所收藏之《欧阳修文集》撰写了一篇长跋④。

闰四月里，两广总督张之洞在广州创办广雅书院。

六月十四日（8 月 3 日），两广总督张之洞奏请开办"广东水、陆师学堂"各一所。

同月里，好友谭献的《复堂日记》（六卷）刊刻行世。

七月二十六日（9 月 13 日），朝廷再次任命二品顶戴、记名道员黎庶昌

① 见《杨守敬集》第八册，第 40～41 页。

② 此横披今藏湖北省博物馆，并收入《湖北省博物馆藏杨守敬书法》(湖北人民出版社 2013 年版，后不赘述)。

③ 见《杨守敬集》第八册，第 228 页。

④ 见《杨守敬集》第八册，第 1122～1123 页。

为出使日本钦差大臣。

同日，杨守敬的长孙先棐（1887—？）出生，乃长子必钧之子。

案：据《家谱》记载，杨先棐出生于光绪十三年七月二十六日（1887年9月13日），而《邻苏老人年谱》中则记于光绪十二年（1886年）。杨氏自撰《邻苏老人年谱》时已年届七十三，与先棐生年已相隔二十五年；加之此时他人在上海，先棐则在蕲州，无法询问核实，其记忆难免有误。故先棐的生年仍应以《家谱》所记为准。

八月十三日（9月29日），黄河南岸郑州之下汛十堡处决口三百余丈，黄河断流，下游则大水成灾。

八月二十三日（10月9日），福建至台湾海底的电线铺设完成。

十月上旬，杨守敬应友朋之邀，曾至上海小住。

十月十四日（11月28日），美国传教士李佳白（Gilbert Reid，1857—1927）因在山东济南强占地方民众房产，激起当地士绅的愤怒，将其殴伤。后在美国驻华公使田贝（Charles Denby，1830—1904）的干预之下，地方官府在济南城外拨给教会一块更大的地产作为补偿，事情才算了结。

十月十七日（12月1日），葡萄牙与清政府签订不平等的《中葡北京条约》和《中葡和好通商条约》。1928年，中国政府公开声明此二约作废。

十月中旬，杨守敬仍在上海小住，并与前来上海的好友谭献相聚。

谭献在日记中记载："小住沪上，闻宜昌惺悟杨守敬在此，相见甚欢。惺吾自东瀛归，积书至二十万卷，所得唐以前经籍卷子本及宋元难得之籍甚夥，海内未易偻指。"①

案：谭献此次至沪上小住，据其日记中所载：本月十三日（11月27日）"抵上海"②，二十一日（12月5日）"登舟解缆，系小轮船驶行"③离开上海，共在上海小住了八天。在其小住上海期间，曾与亦在上海小住的杨守敬相聚。

在上海小住期间，杨守敬与浙江上虞的篆刻名家徐三庚结识、往来密切。徐三庚还专门为杨守敬篆刻了三枚印章："杨星吾东瀛所得秘籍"（朱）、"杨守敬印"（白）、"星吾"（朱）。

案：经查西泠印社拍卖有限公司二〇一二年春季拍卖会图录，"杨星吾

① 谭献著，范旭仑整理：《复堂日记》，河北教育出版社2001年版，第170页。
② 谭献著，范旭仑整理：《复堂日记》，河北教育出版社2001年版，第324页。
③ 谭献著，范旭仑整理：《复堂日记》，河北教育出版社2001年版，第325页。

东瀛所得秘籍”印的署款为“上虞徐三庚为星吾先生作藏书印　丁亥十月”，“星吾”印的署款为“星吾先生正　丁亥十月　上虞徐三庚”。惜拍卖图录中没有刊载“杨守敬印”印的边款。

十月下旬，杨守敬离开上海，仍回黄冈教谕任所。

十一月二十一日（1888年1月4日），杨守敬的好友黎庶昌一行抵达日本东京，正式接任驻日公使之职。

是年，经仔细探究、考订，杨守敬为其在日本所收之《孙樵集》十卷（明刻本）撰写了一篇跋文①。

是年，弟子熊会贞“以其亲老，决意辞归”；杨守敬“乃以《隋志》初稿别写一份付之，而自检各地志编入”②。

是年，直隶总督李鸿章发起组织“天津铁路公司”，又在天津设宝津局机器造币，还在山东筹办“山东淄川铝矿”。

是年，两广总督张之洞在广州设机铸制钱局，又在广州石井墟设立枪弹厂。

是年，汪国垣（1887—1967）出生于江西彭泽黄岭乡汪村一个书香官宦之家。

光绪十四年戊子（1888年）　五十岁

是年，杨守敬仍在黄冈县教谕任上。

杨守敬在弟子熊会贞辞归后，乃延请丁兆松③来家教读三子蔚光，并为蔚光完婚。

正月间，阅陆心源《仪顾堂集》，知吕泾野重刊陈道人本《释名》，其中《释天·彗星》中脱落的十九字仍未补上，遂为自己所藏之《释名》八卷（日刊本）撰写了一篇跋文以纪之④。

同月里，经仔细探究、考订，杨守敬为其在日本所收之《埤雅》二十卷（明刊本）撰写了一篇跋文⑤。

二月初七日（3月19日），英国侵略军悍然向我国西藏的隆吐山进攻，

① 王重民:《日本访书志补》,《杨守敬集》第八册,第414页。

② 见《邻苏老人年谱》,第19页。

③ 丁兆松,生卒年不详,字栋臣,湖北黄冈县人。光绪十五年(1889年)举人。二十一年(1895年)入京会试时,曾参与康有为、梁启超发起、组织的“公车上书”活动。

④ 王重民:《日本访书志补》,《杨守敬集》第八册,第395页。

⑤ 王重民:《日本访书志补》,《杨守敬集》第八册,第396页。

英国的第一次侵藏战争开始。

二月间，慈禧太后挪用海军建设经费修建颐和园。

三月间，杨守敬使日时的驻日大使馆副使、前辈张斯桂[①]在直隶广平府（今河北省邯郸市）知府任上去世。

三四月间，杨守敬因从日本带回来的书籍太多，遂在黄州城筑“邻苏园”以藏书；其地址邻近城北的“东坡赤壁”，故以名。

吴天任在《杨惺吾先生年谱》的光绪十四年（1888 年）亦记载：“筑黄州邻苏园藏书，其城北即东坡赤壁，故以名。”[②]

四月间，经仔细探究、考订，杨守敬为其在日本所收之《臣轨》二卷（日本古钞本）撰写了一篇跋文[③]。

五月初四日（6 月 13 日），渤海湾发生 7.5 级地震，周边地区均有影响。

五月十一日（6 月 20 日），经仔细探究、考订，杨守敬为其在日本所收之《分类补注李太白诗》二十五卷（元刊本）撰写了一篇跋文[④]。

杨守敬又收有明翻刻本《分类补注李太白诗》二十卷，书前有元至元二十八年（1291 年）萧士赟序文，亦为其撰写了一篇跋文[⑤]。

五月中旬，应好友、湖北学政张仁黼之请，杨守敬为其收藏之周秦铜戈三色拓题跋；杨守敬仔细考察此拓，见上面有清代文学家、书法家、金石学家翁方纲嘉庆庚午（1810 年）冬十月廿日的长跋（略），然后题识云“《山左金石志》释作‘廿四年郚隆○○命右军工戈夏丘竖’○钱氏大昭定为秦器。冯氏《金石索》于‘命’上补‘一万’字未确。盖覃溪亲见其器不敢定，而冯氏乃据拓本定之乎。然拓本○明是‘阴’字，古刀布如此文甚

① 张斯桂(1817—1888)，字景颜，号鲁生，浙江慈溪(今宁波市江北区)人。早年取秀才，在家设馆授徒。后学习西学，承揽航运；曾多次为朝廷漕粮护航，屡败海盗，因功被朝廷嘉奖，保举为训导，以知县选用。太平天国起义期间，曾被召入曾国藩、李鸿章等大吏幕，成为重要谋士。太平天国被镇压后，被福建船政大臣沈葆桢聘为幕僚，深得沈葆桢的赏识，参与洋务活动，与丁韪良、李善兰、容闳、王韬、曾纪泽等交往密切。光绪三年(1877年)，以知府即选、赏加三品顶戴身份，被任命为出使日本副使，与日本名流宫岛诚一郎等往来密切。1882 年回国，出任直隶广平府(今河北省邯郸市)知府，卒于任。工诗文。著有《使冬诗录》《使东采风录》等。

② 吴天任：《杨惺吾先生年谱》，台北艺文印书馆 1974 年版，第 52 页。

③ 王重民：《日本访书志补》，《杨守敬集》第八册，第 400 页。

④ 王重民：《日本访书志补》，《杨守敬集》第八册，第 411～412 页。

⑤ 王重民：《日本访书志补》，《杨守敬集》第八册，第 412 页。

多，不知文达当日又何以释为‘隹’字也。宜都杨守敬记”。题完此段话后，守敬仍觉不尽意，遂附录覃溪先生《古铜戈说》及考释铜戈文字二则（文略）于后，并题识云“戊子五月中旬，守敬再记”。

案：此高头大卷，原装原裱，为张仁黼旧藏，上有张仁黼“固始张氏镜菡榭收藏鉴赏印”。首有叶志诜（1779—1863）旧藏古铜戈三色拓本，用石绿、朱砂、花青三种实色传拓；中有翁方纲（1733—1818）为叶志诜所题长跋，知此三色拓本为叶志诜所拓，此题跋文字著录于翁氏门人叶志诜所刻翁方纲《复初斋文集》石印本第十九卷第3页，后著录于《翁方纲题跋手札集录》第461页。其翁氏印章与上海博物馆编《中国书画家印鉴款识》所收印章相同。后有杨守敬为张仁黼所录《翁覃溪先生古铜戈说》，洋洋洒洒100余行，1500余字，为杨守敬所见之最多字数之作品。遂形成今日所见之珍贵的“周秦铜戈三色拓　翁方纲、杨守敬题跋本”（翁方纲46.5 cm×84.5 cm；杨守敬34 cm×106.5 cm）。此题跋本尚配有宝蓝色云锦包套、红木盒。①

五月间，经仔细探究、考订，杨守敬为其在日本所收之《文子》二卷（明万历五年刊本）撰写了一篇跋文②。

同月里，经仔细探究、考订，杨守敬为其在日本所收之《分类补注李太白诗》二十五卷（明许氏刻本）撰写了一篇跋文③。

不久又获《分类补注李太白诗》三十卷（明刻本），亦为其撰写了一篇跋文④。

六月间，我国自主修建的第一条铁路——“（北）京山（海关）铁路”的天津至唐山段建成通车，称为“北洋铁路”。

同月里，学者王先谦所辑之《皇清经解续编》（又名《南菁书院经解》，或名《续清经解》）由江阴南菁书院刊刻完成。

案：《皇清经解续编》是王先谦（1842—1917，字益吾，号葵园，湖南长沙人）继阮元汇刻《皇清经解》后续刻的一套经学丛书。它续收清代学者训释儒家经典的著作111家，209种，1430卷。

---

① 详见中国嘉德国际拍卖有限公司“2016年秋季拍卖会：大观——中国书画珍品之夜·古代”专场拍卖品，编号：1283。

② 王重民：《日本访书志补》，《杨守敬集》第八册，第409页。

③ 王重民：《日本访书志补》，《杨守敬集》第八册，第413页。

④ 王重民：《日本访书志补》，《杨守敬集》第八册，第413页。

七月间，应好友午峰之请，杨守敬曾为其制作有水墨纸本行书四屏立轴（177 cm×47 cm×4）。其屏文及题识云：“江南秋风时，鲈肥而难钓。菰脆而易挽，不过乘短艄。载一瓻酒，加以饮具。由五泻泾入震泽，穿松陵抵杭越耳。日休尝闻道于不琢，敢不求雅物，成雅思乎？于是买钓船一，修二丈，阔三尺。施篷以蔽烟雨，谓之五泻舟。天台杖一，色黯而力遒，谓之华顶杖。有龟头山叠石砚一，高不二寸，其仞数百，谓之太湖砚。有桐庐养和一，怪形养踽，坐若变去。戊子七月，午峰仁兄大人正，弟杨守敬”，钤印“杨守敬印”“惺吾”①。

九月间，赴京参加顺天乡试的广东秀才康有为第一次上书光绪皇帝，极言时危，请求变法维新，提出“变成法”“通下情”“慎左右”三条纲领，未达。

十月初五日（11 月 8 日），慈禧太后立副都统桂祥之女叶赫那拉氏为光绪帝皇后，原任侍郎长叙之女他他拉氏姐妹为瑾嫔、珍嫔。

十月上旬，应好友丁兆松之请，杨守敬为其制作水墨纸本行书立轴一帧。其轴文及题识云“石刻曰：‘芙蓉渚是开元古隶。’或云：‘范石湖家物。’因树之池右。戊子十月上旬，栋臣仁兄大人正。宜都弟杨守敬”②。

十月间，应好友益三之请，杨守敬曾为其制作有水墨纸本楷书四条屏。其屏文及题识云“爰至有汉，运皆燔书，高祖尚武，戏儒简学……讲文虎观，孟坚珥笔于国史，贾逵给札于瑞颂。戊子十月，录《文心雕龙》。益三二兄世大人正。宜都杨守敬”③。

十一月十五日（12 月 17 日），清政府北洋海军正式组建，任命原天津镇总兵丁汝昌为海军提督。

十二月十九日（1889 年 1 月 20 日），河南郑州汛十堡处之黄河决口终于合拢。

十二月间，郭泰祺（1889—1952）出生于湖北广济一个耕读之家。

是年，为母亲王老夫人的七十寿诞，杨守敬为母亲设宴庆寿。

是年，杨守敬因忙不过来，又请方鹤书（炳堃）前来襄校《古诗存》：

---

① 见广东崇正拍卖有限公司“2019 年秋季拍卖会：红楼旧梦·端木蕻良旧藏（三）”专场拍卖品，编号：1052。

② 此轴今藏湖北省博物馆，并收入《湖北省博物馆藏杨守敬书法》。

③ 赵平：《杨守敬书法艺术研究》，湖北人民出版社 2011 年版，第 23 页。

“其书仿乌程严铁桥（可均）《全上古三代秦汉晋六朝隋文》之例，以《古诗纪》为蓝本，各著所出，缺者补之，讹者删之，书成一百二十卷。”①

案：此处所说《古诗存》，即《古诗辑存》，未刊，今湖北省图书馆藏有其抄本（不全），中国科学院图书馆藏有《重订古诗存目录》抄本十册。《全上古三代秦汉晋六朝隋文》应为《全上古三代秦汉三国六朝文》；全书七百四十六卷，自上古迄隋代，分代编为十五集，共收录三千四百九十七位作者之文，并各附作者小传。《古诗纪》，原名《诗纪》，明冯惟讷编；《四库全书总目》卷一八九载：“其书前集十卷，皆（先秦）古逸诗；正集一百三十卷，则汉魏以下、陈隋以前之诗；外集四卷，附录仙鬼之诗；别集十二卷，则前人论诗之语也。”此书虽采摭宏富，却错误颇多，清冯舒有《诗纪匡谬》，以纠其错。

是年，湖北学政张仁黻奏保杨守敬“学问淹雅，士林推重”，“部议加一级”②。

是年，杨守敬的前辈友人孙璧文③在家乡安徽太平去世。

是年，杨守敬曾自制有水墨纸本行书《襄阳习家池》四条屏（146 cm×38 cm×4）。其屏文及题识云：

> 襄阳侯习郁浴池，郁依范蠡养鱼法作大披，长六十步，广四十步，池中起钓台，列植松篁于池侧沔水上，郁所居也。又作石洑，逗引大池水于宅北作小鱼池，长七十步，广二十步，西枕大道，东北二边限以高堤，楸竹夹植，莲芡覆水，是游宴之名处也。山季伦之镇襄阳，多临此池，未尝不大醉而还，恒言此是我高阳也。故时人为之歌曰：山公出何去，往至高阳池；日暮倒载归，酩酊无所知。宜都杨守敬

光绪十五年己丑(1889年)　五十一岁

是年，杨守敬仍在黄冈县教谕任上。

正月初六日（2月5日），江苏镇江的洋人巡捕殴毙华人，激起民众愤怒，一举捣毁洋行及英、美领事衙署。

---

① 见《邻苏老人年谱》，第19页。

② 以上均见《邻苏老人年谱》，第19页。

③ 孙璧文(？—1888)，字玉塘，又字玉堂，安徽太平人。道光间举人。咸丰间，曾避乱宜都，在太平会馆设馆授徒。淡于名利，以经史自娱。著有《新义录》一百卷、《太平县志考》八卷、《考古录》等。

正月二十七日（2 月 26 日），光绪皇帝大婚礼成，册封慈禧太后弟弟、副都统桂祥之女叶赫那拉氏为皇后。

二月初三日（3 月 4 日），慈禧太后归政，光绪皇帝亲政。是日，皇上御太和殿，接受群臣朝贺，并宣诏颁行天下。

三月初三日（4 月 2 日），两广总督张之洞上奏请建造“芦（沟桥）汉（口）铁路”。

六月间，应好友慕飞之请，杨守敬曾为其制作有水墨纸本楷书王思任《雁荡山》四屏立轴（153 cm × 38 cm × 4）。其轴文及题识云“出寨渡溪，展转云壑，左顾右盼，飞泉甚多，经版障岩，如一派流霞，望观音岩峻绝……予亦勉为揶揄，实恐有叶公之事。己丑六月，挥汗书王思任雁荡山记。慕飞大兄方家正之，宜都弟杨守敬”，钤印“杨守敬印”“邻苏老人”①。

案：此屏轴后为婺源程醉陶所藏，上有其鉴藏印“婺源程醉陶珍藏之印”。

七月十二日（8 月 8 日），朝命两广总督张之洞调任湖广总督，而以漕运总督李瀚章为两广总督。

八月初二日（8 月 27 日），“芦汉铁路”获准修建，开始筹备。

八月间，浙江乡试结束，汪康年考取举人。

十月上旬，朝廷授湖广总督裕禄为盛京将军，而督促两广总督张之洞速来湖广履任。

十月二十二日（11 月 14 日），张之洞交卸两广总督篆务，由漕运总督李瀚章接任两广总督。

十月二十七日（11 月 19 日），张之洞一行自广州起程，由虎门海口乘船赴香港。

十一月初八日（11 月 30 日），张之洞一行自香港乘轮赴上海。

十一月十一日（12 月 3 日），张之洞一行自香港抵达上海。

十一月二十日（12 月 12 日），张之洞一行自上海乘轮赴武昌。

十一月二十五日（12 月 17 日），张之洞一行抵达省城武昌。

十一月二十六日（12 月 18 日），张之洞正式接受篆务，就任湖广总督。

---

① 见广东崇正拍卖有限公司“2016 年春季拍卖会：一箫一剑平生意 · 清代民国以来名家法书”专场拍卖品，编号：0695。

十二月初八日（12 月 29 日），上海机器织布局机器安装完毕，正式开车织布。

十二月十四日（1890 年 1 月 14 日），在家养病的前陕西巡抚鹿传霖被朝廷再次任命为陕西巡抚①。

十二月间，德国在上海设立的“德华银行”正式营业，成为日后德国资本在华活动的中心。

同月里，湖广总督张之洞十分重视地方文化建设，得知自光绪十一年（1885 年）原湖北巡抚彭祖贤去世后《湖北通志》便停修了，于是开始物色聘请各地名流重新编纂《湖北通志》。

是年，杨守敬的前辈友人顾文彬②在老家江苏元和去世。

是年，杨守敬“与栋臣起草为《汉地图》，未成”，“又增订《隋志》稿”③。

光绪十六年庚寅(1890 年)　五十二岁

是年，杨守敬仍在黄冈县教谕任上。

正月十三日（2 月 2 日），谭献收到湖广总督张之洞聘其任教湖北经心书院的电报，并催促他速赴武昌。

谭献在其当天的日记中记载：“得散之函，传示鄂帅南皮师电音，以经心书院讲席见属，并促速行。”④

正月中旬，谭献将自己接受湖广总督张之洞邀请，即将至湖北经心书院任教的消息写信告诉好友杨守敬，同时在信中向杨守敬询问有关问题。

案：杨守敬对谭献极为推重，在下函中将其比作“当代坡公”；谭献对杨守敬亦非常钦敬，曾在日记中盛赞其“方今目录之学，闻见之博，南北交旧，无与抗手”⑤。

---

① 《光绪朝上谕档》(十五)，广西师范大学出版社 2008 年版，第 438 页。

② 顾文彬(1811—1889)，字蔚如，号子山、紫珊，晚号晚号艮盦、艮庵、过云楼主。室名“眉绿楼”“过云楼”。江苏元和人。道光二十一年(1841 年)进士，历官刑部主事、郎中、湖北汉阳知府、武昌盐法道等职。同治九年(1870 年)授浙江宁绍道台。晚年以病辞归，筑“怡园”，以著述、收藏自娱。自幼喜爱书画，娴熟诗词，尤以词名；又富藏书，精鉴赏。著有《眉绿楼词》八卷、《过云楼书画记》十卷、《过云楼帖》及《集词楹联》等。

③ 见《邻苏老人年谱》，第 20 页。

④ 谭献著，范旭仑整理：《复堂日记》，河北教育出版社 2001 年版，第 338 页。

⑤ 谭献著，范旭仑整理：《复堂日记》，河北教育出版社 2001 年版，第 194 页。

正月二十七日（2 月 16 日），谭献应邀离家“发舟”[①]，前往武昌就职。

正月间，杨守敬得知好友缪荃孙已应湖广总督张之洞之邀，参与《湖北通志》的编纂，且为编志之事将在近期来武昌，遂给他写去一封书函（即《杨守敬致缪荃孙》）[②]云：

筱珊仁兄同年大人阁下：

《集韵》校本正录副讫，敢烦转至礼卿先生。如果欲付梓，敝处尚有南宋刻校本（日本内府藏大字本），系马君所未见。其板式样已载入《留真谱》，其中与马君所据宋本多异同。他日刻此书，纵不汇入马本，亦当附于其后，以成完璧。稍暇当录出再寄也。即颂著安，不庄。

弟守敬顿首

何日成行，并示知为荷。佛经事，亦恳礼翁吹嘘为感。

二月二十七日（3 月 17 日），清政府驻藏帮办大臣升泰与英国印度总督兰斯顿（Henry Charles Keith Lansdowne）在加尔各答签订《藏印条约》，英国向我国西藏地区伸展侵略势力。

闰二月十一日（3 月 31 日），中、英在北京签订《烟台续增专约》。

闰二月十五日（4 月 4 日），好友缪荃孙为参修《湖北通志》之事，辞去南菁书院教职，专程赴鄂拜谒湖广总督张之洞，并送交已完成的通志稿，于是日“申刻抵汉口”[③]。

缪荃孙在其《艺风老人自订年谱》的光绪十六年曾记载：“二月辞馆，到湖北谒张文襄师，交《湖北通志》稿。”[④]

闰二月十八日（4 月 7 日），杨守敬在收到好友谭献的书函后，当即给好友谭献写了一封回函（可名为《杨守敬致谭献函》）[⑤]寄去：

---

① 谭献著，范旭仑整理：《复堂日记》，河北教育出版社 2001 年版，第 338 页。

② 钱伯城、郭群一整理，顾廷龙校阅：《艺风堂友朋书札》（下册）之第一函，上海人民出版社 2018 年版，第 819 页。

③ 缪荃孙著，张廷银主编：《缪荃孙全集・日记》第一册，凤凰出版社 2014 年版，第 113 页。

④ 缪荃孙：《艺风老人自订年谱》，沈云龙：《中国近代史料丛刊》第 51 辑，台北文海出版社 1982 年版，第 41 页。

⑤ 此书函原件藏国家博物馆，今收入钱基博整理：《复堂师友手札菁华》，人民文学出版社 2015 年版。因此书函不见于《杨守敬集》，故全文移录于此。

仲修先生座右：

月前闻经心讲席得先生俛就，匇任欣慰。此间失学久矣，不有通儒提引，何以偕之大道？不独鄙衷私愿，得以时聆教言也。前年沪上之别，约为西湖之游，后得手示相招，并荷许君益斋悬榻以待，感何可言。适因岁暮，迫欲归黄，故未赴约，此愿未知何日得偿。

顷得手书，询及卷子本《左传》，此不过前年略举一二，其实敬所得惊人秘笈更仆难数。（有古钞《文选》三十卷，是李崇贤未注以前本，绝非从六臣本钞出，先生信之否？）即以经部论之，亦远出山井鼎之上，盖山井鼎所据，不过其足利学旧本。敬则遍得见其国中古籍，虽其内府枫山官库之藏，亦借出传录之（其详见拙撰《访书志》）。故每经有古钞数通，或有至廿余通者，即如此，《左传》亦山井鼎所未闻也。（《七经考文》只六经有古钞本，《左传》无古钞本，所据兴国宋槧耳，敬亦得之。）其中异同之迹，使人心悸，多与陆氏《释文》所称一本合，盖六朝旧笈也。其有《释文》不载，为唐《石经》、宋槧本所夺误者，不可殚述。今第举一二大者，如《昭公廿七年传》：“夫鄢将师矫子之命，以灭三族。三族，国之良也。”今各本不叠“三族”二字，得不谓是《唐石经》以下之脱文乎？又如《庄十九年传》：“鬻拳可谓爱君矣。”注：“楚臣能尽其忠爱，所以兴。”各本“楚”下无“臣”字，尚可通乎？又如《隐九年传》：“衷戎师。”注：“以过二伏兵。”各本“过”作“遇”，山井鼎所见兴国本亦作“遇”，旁注别本作“过”，盖校者据此本耳。而阮氏《校刊记》非之，窃谓此一字千金也。盖祝聃引戎师超过二伏兵，至后伏兵，后伏兵起，戎还走，二伏兵御其前，后伏兵击其中，祝聃返逐其后。故《注》云：“前、后、中三处受敌。”衷戎师之情景如绘。若初即已遇见二伏兵，戎师不斗即还走矣，安得更随祝聃至后伏兵处乎？此得不谓宋槧以下妄改乎？至如何义门所举“死而赐谥”，古刻多然，此类不足称说矣。

承谕当谋精槧，以饷来学，此敬六年来耿耿于心而不释者。尝欲合所得诸钩本及北宋槧本为《七经古注》，精刊传世，又即子、史、集部择其尤者，次第入木，尚可数倍于《古逸丛书》也。唯兹事体大，此间真知笃好，绝不可得，口焦唇干，卒无应者。迩来湘师莅此，未知正事之暇，尚留意此事否？若得成此盛举，亦不负敬海外一行也。又闻许益斋泥古而有力，何不以此怂恿之？来书称益斋重刻《唐文粹》，嘱敬题端，已如命书就，但闻此书苏州书局早已刻成，未知益斋所据何本？抑与《英华》及各专集本互勘乎？敬所藏有宋槧本（缺首五卷）、明嘉靖间徐熥刻本、明晋藩本。宋槧刻虽不精，然误字最少，徐本即从之出（此本已售去）。晋藩本颇有误字，亦有足订宋本处，未知益斋尚欲参校否？敬以为，方今古籍之无校本而急需重刻者甚多，苏局本纵不精，似无庸再刻。此类而推，何不移此费，刻《宋文鉴》《元文类》乎？（又闻苏局已刻《宋文鉴》）然此亦局外人语，想益斋必有说也。

敬在海外，竭力收书，亦知牙签万轴，非措大所能消受，拟著一《访书志》，而后其书可散。奈志大愿奢，必欲每书通校一过，用是稽迟日月；加以人事牵率，久不脱稿，迫不及待。所藏精本颇有为有力者负去，然至奇至要之书，尚多在箧中。再拟屏弃一切，专力此书，或能成之。自谓此书若成，亦经籍中一大关键，不第敬一家之私藏也。唯年来精力耗竭，才逾五十，须发皓然，便如六七十岁人。膝下豚儿，皆不能继志，无足助我，搜讨者以蒲柳之姿为五官之用，其可得乎？前因藏书十余万卷，学斋至不能容，于黄郡城北，卜筑一地，起楼为度阁之所。此地距赤壁数十武，为一城之胜，颜之曰："邻苏园"，即因坡公题临皋亭、承天寺语为联，曰："重门洞开林峦坌入，积水空明藻荇交横。"自谓山水有灵，今昔同情，惟未得当代坡公一证斯语。

闻筱珊编修不日到此，何不携手同游？使吾园亦千古乎？宣纸今《隶篇》一部，价六竿，祈转致雪渔为荷。王益吾司成刻《续经解》，敬未能购得，每部价若干？想书院中必有此书，祈饬钞胥先以目录示我。又闻湘师在粤东刻书不少，亦祈示知为荷。即请著安，不庄。

愿学杨守敬顿首　十八日

闰二月二十六日（4 月 15 日），中、法订立《会勘广东越南第一图立石界约》。

三月初四日（4 月 22 日），谭献、樊增祥、陈豪等好友与缪荃孙在武昌宴集畅谈。

缪荃孙在其当天日记中记载道："松兄延谭仲修、樊云门、凌仲桓、陈幼莲、陈蓝洲豪小酌长谈。"①

① 缪荃孙著，张廷银主编：《缪荃孙全集 · 日记》第一册，凤凰出版社 2014 年版，第 115 页。

三月十六日（5月4日），缪荃孙收到黄冈知县杨寿昌邀请他赴黄州游览的函札，遂立即作赴黄州的准备。

缪荃孙在当天的《艺风老人日记》中记载道："接葆初信。晚，借船，检行李，作黄冈之行。"①

三月十八日（5月6日）中午，缪荃孙乘舟抵达黄州，住进黄冈县署；随即前往拜访好友邓琛和杨守敬。

缪荃孙在当天的《艺风老人日记》中记载道："午刻抵黄州，住黄冈县署……又拜邓献之大令琛、杨惺吾学博守敬。惺吾好收藏金石书籍，又游日本，所得尤多。"②

三月二十一日（5月9日），杨守敬设宴招待缪荃孙、邓琛、杨寿昌等好友。散席分手时，缪荃孙特地叮嘱杨守敬为他转抄几部从日本带回的抄本。

缪荃孙在其当天的日记中曾记载："晚渡江赴惺吾之约，献之、葆初同席。托抄《太平圣惠方》、各经单疏。"③

三月间，经仔细探究、考订，杨守敬为其在日本所收之《摩诃般若波罗蜜多心经》一卷（日写本）撰写了一篇跋文④。

同月里，杨守敬又给好友谭献写了一封书函（可名之《杨守敬致谭献函》）⑤云：

仲修先生座右：

前月奉上一函，谅已收览。昨日手民陶子麟来，携刻《文官词林》式样，葆初甚为嘉许，已嘱将六卷全刻之，大约将来次第可成一丛书，但未能刻巨部耳。陶君手艺为鄂中之冠，诚实可靠，子用、小珊诸公皆赏识之，不待敬之揄扬。渠因近日生意冷淡，闻《省志》发刻在即，唯求台端于诸当道处吹嘘之，即不能以全书尽畀，分任亦可。

---

① 缪荃孙著，张廷银主编：《缪荃孙全集·日记》第一册，凤凰出版社2014年版，第116页。

② 缪荃孙著，张廷银主编：《缪荃孙全集·日记》第一册，凤凰出版社2014年版，第117页。

③ 缪荃孙：《艺风老人日记》，北京大学出版社1986年版，第251页。

④ 王重民：《日本访书志补》，《杨守敬集》第八册，第410页。

⑤ 此书函原件藏国家博物馆，今收入钱基博整理：《复堂师友手札菁华》，人民文学出版社2015年版。因此书函不见于《杨守敬集》，故全文移录于此。

前月小珊信来，备道尊旨，称日本唯医书、佛经有秘笈，其他多盗窃作伪，远不如中土云云。夫以日本医书、佛经为最多，此诚能道其肯綮，至其他概以作伪屏之，则稍过。敬前读尊著《日记》中述钱竹汀先生言，以《群书治要》为伪书。然王怀祖亦当代大儒，其《读书杂志》所取数百条，皆与中土古书相吻合。至严铁桥所辑子部书，多有全篇取之此书者，此岂可凭空杜撰？此书卷子原本尚存其东京枫山官库，敬尝借出，每卷影模数行，已刻成一卷（未印行，容当寄上）。古雅绝伦，断非后人所能伪造。又如皇侃《义疏》，以释文照之多不合，亦有疑之者。不知古人"义疏"与"经注"别行，唐人尚尔，岂有皇氏先有合并之本。敬所见日本古钞《皇疏》多系元明以下之本，盖亦效中土南宋注疏本合并之，故有以疏就经注者，此自日本人学浅之故。今全书具在，平心读之，果伪书乎？至《孝经》《孔氏传》，此自是隋唐所称，伪本流传于彼，亦非彼能臆造。其他若慧琳之《一切经音义》、杨上善之《太素经》等类，绝世瑰宝，指不胜屈。敬固欲为《日本访书志》以告学者，奈独学无侣，久未能成书，用此耿耿耳。秋后拟晋省垣，藉近光颜，谨聆清诲，幸不鄙弃为祷！即请著安，不庄。

愿学杨守敬顿首

四月初二日（5 月 20 日），福建购买机器开炉试铸银元。

四月间，湖广总督张之洞提倡新学，筹资于江汉、经心两书院之外，又在武昌营坊口左老天符庙都司湖畔创办"两湖书院"（今武汉音乐学院、武昌实验小学等单位所在地），不仅聘请其弟子、前广东端溪书院山长梁鼎芬为提调（即山长），还相继聘请华蘅芳、姚晋圻、邹代钧、陈三立、沈曾植、杨守敬等学人前来为学生授课。

同月里，经仔细探究、考订，杨守敬为其在日本所收之《书集传》六卷（元刊本）撰写了一篇长跋①。

五月二十六日（6 月 22 日），为借碑拓之事，杨守敬给好友缪荃孙写了一封书函（即《杨守敬致缪荃孙》）②寄去：

① 王重民:《日本访书志补》,《杨守敬集》第八册,第 386～387 页。

② 钱伯城、郭群一整理,顾廷龙校阅:《艺风堂友朋书札》(下册)之第三函,上海人民出版社 2018 年版,第 820 页。

筱珊仁兄同年大人阁下：

春间拜聆教言，闻所未闻。别后以送县、府考，鹿鹿无暇晷。兹启者，前承允借《好大王碑》释文，匆匆未领。昨由上海寄到此碑拓本，磨泐殊甚，非得释文不可读。且此碑远在东陲，购置不易，因拟双钩一通，付之梓人，使乡僻亦得见此。前谭尊架储本颇为精整，能否借我，尤为至幸。必不至有污损遗失之虑。勿任翘企，即颂著安，不庄。

年小弟守敬顿首　　廿六日

五月间，汉阳古琴台的碑廊修建完成，地方官特请杨守敬前来，将《琴台之铭并序》《伯牙事考》《重修汉阳琴台记》书丹，立于碑廊之中；并书“古琴台”三个大字，刻于大门门楣。

案：《琴台之铭并序》和《伯牙事考》是清嘉庆（1796—1820 年）初年湖广总督毕沅主持重建古琴台时由著名文学家汪中代毕氏所撰，《重修汉阳琴台记》则是光绪十年（1884 年）由时任湖北按察使黄彭年所撰。

其间，杨守敬曾乘机前往江汉书院看望好友张裕钊。此次相见，张裕钊还应邀为杨守敬制作了水墨纸本楷书七言联一副：“潘胸武库杜元凯，指掌舆图郦善长”，其题识云“惺吾仁兄大人属书句奉诒，廉卿弟张裕钊”，钤印“张裕钊”（白）、“廉卿”（朱）。

夏，武昌县大水，农田受灾严重。

五六月间，汪康年会试落第，乃应湖广总督张之洞邀请，赴武昌“课其孙刚孙、道孙兄弟……又充任两湖书院史学斋分教”①。

汪诒年在其《汪穰卿先生年谱》中记载：“……一时名流之在张尚书幕中及官于武昌者，先生皆与纳交，时则有若武进屠敬山寄，无锡华若溪世芳、谢钟英钟英、徐仲虎建寅，丹徒姚石泉锡光，江阴缪筱珊荃孙，归安钱念劬恂，瑞安黄仲弢绍箕，石埭杨仁山文会，义宁陈伯严三立，宜都杨惺吾守敬，新化邹沅帆代钧，绵竹杨叔峤锐，达县吴筱村德潚及其子铁樵，厦门蔡毅若锡勇，番禺梁星海鼎芬，归善江孝通逢辰，〇〇辜鸿铭汤生诸君，皆先生之至好也。”（《汪穰卿先生传记》卷二）②

六月二十三日（8 月 8 日），爆发四川大足县余栋臣领导的反洋教

① 汪诒年纂辑：《近代史料笔记丛刊：汪穰卿先生传记》，中华书局 2007 年版，第 36 页。

② 转引自马卫中、董俊珏：《陈三立年谱》，苏州大学出版社 2010 年版，第 148～149 页。

起义。

七月十六日（8 月 31 日），袁克文（1890—1931）在朝鲜的汉城（今首尔）出生，时其父袁世凯为清廷驻朝鲜的商务代表。

七月二十九日（9 月 13 日），海军衙门批准湖广总督张之洞筹办“湖北制铁局”，后改称“汉阳铁厂”，是我国第一个近代钢铁企业。

八月上旬，湖南澧州（今常德市澧县）哥老会首领廖星阶、马万伏率会众起义，进袭澧州城。后起义军与官兵周旋一年多时间，才被清军镇压。

九月初，杨守敬应请将自己所藏之明刊本《唐文粹》和一封书函（案：惜此书函今已无法见到）寄给好友谭献。

九月初七日（10 月 20 日），谭献在收到杨守敬寄来的《唐文粹》和书函后，曾在其当天的日记中记载道：“杨惺吾函来，以所藏宋本《唐文粹》借校。出而察之，亦明本耳。东国人以为宋刻，惺吾遂张之，不足信也。”①

九月十五日（10 月 28 日），河南道监察御史吴兆泰上奏请停止颐和园工程，清廷命将其交部严加议处。

十月十一日（11 月 22 日），朝命居乡已达九年的原两江总督刘坤一再任两江总督兼南洋通商事务大臣。

十月十七日（11 月 28 日），朝廷重新起用前浙江按察使陈宝箴为湖北按察使。

十月三十日（12 月 11 日），杨守敬的友人军机大臣潘祖荫②在工部尚书任上去世。

十一月间，驻日公使黎庶昌即将任期届满，朝廷遂任命李鸿章之子李经方为驻日大臣，前往东京接任。

---

① 谭献著，范旭仑整理：《复堂日记》，河北教育出版社 2001 年版，第 343 页。

② 潘祖荫（1830—1890），字东镛，号伯寅，又号郑庵，小字凤笙。江苏吴县人。咸丰二年（1852 年）进士。咸丰后期，左宗棠遭劾，罪将不测；他曾上书营救，并密荐其能；后左氏事解并获起用，独领一军，成就一番事业。光绪元年（1875 年）擢大理寺卿，后累官礼部右侍郎、工部右侍郎、户部左侍郎、刑部尚书，官至军机大臣兼兵部尚书，加太子太保衔。死后谥“文勤”。性坦率，重士好贤，治事勤俭，家富藏书。工诗、词，精楷书，喜校雠。著有《海东金石录》二十四卷、《重编说文古籍疏证》六卷、《炳烛编》四卷、《滂喜斋藏书记》二卷、《功顺堂丛书》等。

十二月初三日（1891 年 1 月 12 日），杨守敬的前辈好友黄彭年①在湖北布政使任上病逝。

十二月初十日（1891 年 1 月 19 日），因悲伤过度，杨守敬的好友黄国瑾②在湖北藩署病逝。

十二月初八日（1891 年 1 月 17 日），湖广总督张之洞和巡抚谭继洵联名上奏，保举陈宝箴署理湖北布政使。

十二月间，杨守敬得知老友张裕钊辞聘江汉、经心书院讲席的消息，曾自黄州前来拜访、看望张裕钊；张裕钊则赠给好友一柄团扇作纪念，上面以行书录有自己的旧作诗三首③。

在省垣期间，杨守敬曾前往看望过好友谭献，与其相聚。

谭献曾在此年的日记中记载道："杨惺吾自黄冈来，不相见又三年。"④

同月里，杨守敬曾集中精力，为自己在日本据日藏诸经单疏本影印并带回国的《周易正义》《尚书正义》《礼记正义》《春秋正义》四部中国典籍作了题跋⑤；因这几篇题跋未收入《杨守敬集》中，故此处全文移录如下。

其《周易正义跋》云：

> 案阮氏《校刊记》无《周易》单疏本，所据唯钱遵王校本。然钱氏

① 黄彭年（1823—1891），谱名邦贵，字子寿，号陶楼，晚号更生，贵州贵筑（今贵阳市）人。道光二十七年（1847 年）进士，选翰林院庶吉士，散馆授编修。咸丰初年，随父黄辅辰回籍办团练，后入四川总督骆秉章、陕西巡抚刘蓉幕，参加镇压苗民起义和太平军。曾先后主讲关中书院和保定莲池书院。李鸿章曾聘为续修《畿辅通志》总纂，历十年，成书 300 卷。光绪八年（1882 年）擢升湖北安襄郧荆道，不久迁按察使；后历任陕西按察使、江苏布政使、湖北布政使等职。生平极重文教，学识广博，工诗文，擅花卉。著有《陶楼集》《陶楼诗文集》《陶搂文钞》《东三省边防考略》《金沙江考略》等。

② 黄国瑾（1849—1890），字再同，号公瑕，室名"训真书屋"。黄彭年之子。光绪二年（1876 年）进士，入翰林院，历官国史馆纂修、会典馆总纂，并兼任绘图总纂官。后主讲天津问津书院，造就人才颇众。喜收书，精鉴别，藏精品书籍甚多。父病逝，悲痛呕血，恸哭七天后身亡。工诗文，博览群籍，称誉一时。著有《训真书屋诗存》《训真书屋文存》《离骚草木疏纂》《训真书屋集》等。

③ [日]鱼住和晃：《宫岛咏士——人与艺术》第五章，转引自钟鸣天：《漫谈张裕钊杨守敬和他们之间的友谊》，《中国书法》1992 年第 1 期。

④ 谭献著，范旭仑整理：《复堂日记》，河北教育出版社 2001 年版，第 194 页。

⑤ 韩锐：《杨守敬题跋本诸经单疏四种的特殊价值》，《图书馆杂志》2019 年第 5 期（总第 337 期）。此四种单疏影印本诸经今藏复旦大学图书馆。

与注疏本合校，遂不能识别。盖《易》单疏种子已绝，余于日本则得古钞本数通，此其一也。此本旧有“新宫城藏书”正书印记，相其字体装式，当在数百年以前从古卷子本传录。如“乾卦·用九”下，此本标题“象曰大哉至咸宁”，盖释经毕然后释注，钱校本同。自十行本以每节、每段分属，大改旧第，闵、监、毛因之。不有此本，何以证钱本之是而十行本之非乎？至其中之间有与钱校不同而独是者，则尤足宝贵。乃重录以遗筱珊同年，其有以教我。光绪庚寅嘉平月，宜都杨守敬记。

其《尚书正义跋》云：

北宋椠本《尚书正义》，原本藏日本枫山官库。余曾借出，用西洋法影照之，拟刻，未成。携归以视德化李君木斋，欣然许为重镌。乃以照本付之，顾久未闻鸠工，想已成画饼。余又得近藤正齐（案：“近藤正齐”为“近藤正斋”之误）影钞本，亦求古楼中物。抄手虽未精，然行款不失，盖影摹也。按山井鼎《七经孟子考文》所称《尚书》宋校，亦注疏合刊本（此本肥后熊本重刊，其原宋本，今亦为守敬所得，唯残一册尔）。此单疏本山井鼎亦未之见，无论中土久绝传本也。筱珊同年属为重录，因记其原起如此。光绪庚寅嘉平月，宜都杨守敬记。

其《礼记正义跋》云：

右《礼记·曲礼正义》卷子本残卷，日本狩谷望之所藏，余得之森立之。顾立之《访古志》未载，盖其作《访古志》时尚未见此本也。日本所存单疏，《易》《书》有全部，《左传》有残本，然皆从折叠本传摹。独此为卷轴之旧，相传为唐代之笔。此从狩谷本影摹，字体尚未绝俗，想见原本之高古。其中文字固有抄手夺误之处，而其有足订今本之误者，绝非宋本所可及。特重录一通，以贻筱珊，知不河汉余言。光绪庚寅嘉平月，宜都杨守敬记。

其《春秋正义跋》云：

此《左传》单疏，仅存卷四至卷九，共六卷。狩谷望之求古楼本，卷面有狩谷亲题签并硃书“增井正明寺藏本”。按森立之《访古志》称求古（楼）藏单疏卅六卷全本，系常陆国久慈郡增井村万秀山正明寺所藏，近藤正齐（斋）借钞，此五（案：当为“六”字之误）卷亦题正明寺本。盖求古楼既藏正齐（斋）全本，又收得此残帙也。阮氏《校刊记》载宋庆元间吴兴沈中宾刊注疏本卅六卷，称为第一善本，而岂料北宋单疏本尚存人间。此本分卷悉与沈本合，而足订俗本之处，较沈本尤胜之。惜正齐（斋）本未之见，想正明寺原全本当无恙。寄语筱珊，以告近之使东者留心访之。光绪庚寅嘉平月，宜都杨守敬记。

是年，“峀芝以《隋志》稿来，与余稿多异同，乃参互为第二次稿”①。

是年，杨守敬的前辈好友文学家倪文蔚②在河南阅兵大臣任上去世。

是年，杨守敬的好友、贵州遵义学者郑知同③在老家府宅病逝。

是年，湖广总督张之洞在武昌设立“湖北织布局”，而自 1894 至 1898 年间又陆续设立纺纱、缫丝、制麻三局，通称“湖北纺织四局”。

是年，杨守敬基督教传教士全国大会议决将学校教科书委员会改组成“中华教育会”，指导整个基督教在华教育事业，垄断中国的新式教育阵地。

是年，杨守敬与时在湖广总督府为幕僚的汪康年结识，并应汪氏之请，曾为其制作有水墨纸本行书王思任《东山》四屏轴（147.8 cm × 38.3 cm × 4）。其屏文及题识云：“出东，得箬舟。雾初醒，旭上望虞山一带。坦迤綷直，絮绵中埋数角黑幕，是米家浓墨压山头时也。然不可使颟见，恐遂废其画……又壑中时有哀玉淙淙，草多远志。看洗屐池，一泓不渴，可当万里流也。穰卿大兄雅鉴，世弟守敬”，钤印“杨守敬印”“惟余旧书一百车方舟载入荆江曲”④。

是年，经仔细探究、考订，杨守敬为其在日本所收之《释迦方志》三卷（据清稿，《宋藏》本）作题识一篇；又为《楚辞章句》十七卷附《疑字直音补》一卷（明翻宋本，据《藏园群书经眼录》补）作题识一篇⑤。

---

① 见《邻苏老人年谱》，第 20 页。

② 倪文蔚（1823—1890），字豹臣，亦字豹岑，别号七凤山樵，室名“小桐荫阁”“两强勉斋”。安徽望江人。咸丰二年（1852 年）进士。以主事参曾国藩军幕。曾官荆州知府。后累官至广西巡抚、广东巡抚、河南巡抚。学问淹雅，工诗文，善绘画。著有《禹贡说》《两强勉斋诗文集》等。

③ 郑知同（1831—1890），字伯更，贵州遵义人。郑珍独子。幼即勤奋好学，学问根柢雄厚。因农民起义停试 15 年，遂绝意科举仕进。曾任塾师，后赴蜀入张之洞幕，传其父学于蜀中。因傲然自负，不合流俗，少遇知音，处境艰难。光绪十三年（1887 年），张之洞调任两广总督，设广雅书局，聘为书局总纂，两年后即病逝。工诗文，尤精小学。著有《漱芳斋文稿》《屈庐诗稿》《说文本经答部》《说文正义》《说文述许》《说文商议》《说文伪字》《六书浅说》《楚辞通释解诂》等。

④ 见保利香港拍卖有限公司“保利香港 2015 年春季拍卖会：中国古代书画”专场拍卖品，编号：1040。

⑤ 刘昌润：《日本访书志续补》，《杨守敬集》第八册，第 431 页。

是年，杨守敬的宗亲、好友、时任黄冈知县的四川成都人杨寿昌，因嗜苏书，有重辑苏东坡书法的愿望，并将其愿告知时任黄冈县教谕的杨守敬；杨守敬为达成其愿，将自己收藏的数十种法帖进行反复比较，最后选取二十余种苏帖，附上简要的说明，送给杨寿昌审定。

是年，杨守敬的好友、学者、藏书家许增辑校的《唐文粹》（一百卷）和《唐文粹补遗》（二十六卷）①刊刻完成；此前，杨守敬曾应邀为好友题写“文萃”和“文粹补遗”的书名寄赠（此年闰二月十八日《杨守敬致谭献函》中所谓“来书称益斋重刻《唐文粹》，嘱敬题端，已如命书就”即指此事）。

是年，杨守敬的好友、著名篆刻家徐三庚②在上海病逝。

光绪十七年辛卯(1891年)　五十三岁

是年，杨守敬仍在黄冈县教谕任上。

正月十二日（2月20日），四川会理州（今凉山彝族自治州）会党举行反清起义。

正月二十六日（3月6日），杨守敬曾致函（即《与杨寿昌书》）③好友黄冈知县杨寿昌，催其尽快归还所借之苏帖：

葆翁父台大人阁下：

启者持青金石人陈君子康拟回省在即，未之尊处欲备之否？去年所呈法帖各种，除收到十种外，祈捡付还。缘其中多系全部摘出者，恐久而遗失也。《三希堂》能否交来？属程生先为钩摹，惟严观察之本既贵重（恐有损坏），或即以黄太尊本钩之，惟尊裁。筱珊书价刻下能否垫出并示之。即请升安不庄。

治晚守敬顿首　　二十六日

“鹄亭”二字之纸式亦祈早掷下。

---

① 《唐文粹》(一百卷)、《唐文粹补遗》(二十六卷)，光绪十六年(1890年)杭州许氏榆园校刻本。

② 徐三庚(1826—1890)，字辛谷，又字诜郭，号井罍，又号袖海，别号金罍山民、金罍山人、似鱼室主、馀粮生等，浙江上虞人。出身贫寒，早年外出谋生，打杂于道观，得道观道人传授书法、篆刻，并勤奋刻苦，致力不辍，终成篆刻名师，与吴让之、赵之谦齐名。其善于学习，敢于创新，别辟蹊径，独具风格。有《金罍山民手刻印存》《似鱼室印谱》《金罍山人印谱》等传世。

③ 赵平:《杨守敬书法艺术研究》，湖北人民出版社2011年版，第49～50页。

正月间，杨守敬原驻日使馆上司、好友黎庶昌卸驻日第二任出使大臣任，从日本东京回到上海。

二月间，陈三立携家人自长沙赴武昌其父右铭公的按察使衙署。

三月十七日（4 月 25 日），开平煤矿局矿工为抗议外国技师欺压中国矿工而举行大罢工。

同日，江苏扬州民众发布揭帖，揭露外国传教士欺压中国老百姓的罪恶，聚众五六千人包围教堂，被清政府派兵将民众驱散镇压，史称“（第二次）扬州教案”。

四月初六日（5 月 13 日），安徽芜湖民众因反对英国传教士迷拐幼童，焚毁教堂，并包围领事馆，史称“芜湖教案”。

四月中旬，朝廷任命黎庶昌为四川川东兵备道兼重庆海关监督。

四月中下旬，好友张裕钊启程赴襄阳就任鹿门书院山长。

四月二十九日（6 月 5 日），湖北广济县武穴镇民众反对英国传教士贩卖婴儿，焚毁教堂，杀死一名传教士；在英、德两国的威胁下，湖广总督张之洞处分地方官一名，捕杀民众二人，判七人徒刑，赔款六万五千银两结案，史称“武穴教案”。

五月间，杨守敬曾自制有水墨纸本行书刘勰《文心雕龙·通变》四条屏。其屏文及题识云“楚之骚文，矩式周人；汉之赋颂，影写楚世；魏之策制；顾慕汉风……予见新进丽文，美而无采；及见刘扬言辞，常辄有得。光绪辛卯夏五月，杨守敬书于鄂城”（见《中国书法》杂志）。

七月上旬，杨守敬曾自制有水墨纸本行书七言联“家居禹庙兰亭路，诗在林逋魏野间”，其题识云“辛卯秋七日，杨守敬”（此联今藏湖北省博物馆）。

七月十五日（8 月 19 日），应好友季音之请，杨守敬为其制作水墨纸本楷书龙虎山游记四屏。其屏文及题识云“望东壁，时雨初霁，西风增凉……金溪陆九渊撰。光绪十有七年，岁次辛卯秋七月中浣五日，录象山游龙虎山记于邻苏园。季音仁弟大人鉴正，宜都杨守敬”。

七月二十九日（9 月 2 日），湖北宜昌民众因反对法国传教士拐卖儿童和美国传教士开枪伤人，相聚焚毁英、美、法国教堂；英、美、法等九国驻华公使联合威胁清政府，各国军舰开至湖北汉口、宜昌进行恫吓；湖广总督张之洞以判处民众十二人徒刑，赔款十七万五千七百七十一两银子结案，史称“宜昌教案”。

七月间，康有为正式在广州长兴里设立“万木草堂”，聚徒讲学，著书立说，所著之《新学伪经考》一书刊行。

八月初五日（9 月 7 日），孙先楙（1891—？）出生，乃必钧次子。

八月十二日（9 月 14 日），贵州下江厅（今黔东南苗族侗族自治州从江县）苗民梁志得等率众起义。

九月二十四日（10 月 26 日），杨守敬的受业恩师朱景云①先生在宜都家中去世；杨守敬得知噩耗，十分悲痛，不仅私谥其“文敬”一号，而且以楷书撰写了近千字的《清故岁贡生文敬朱先生墓志铭》，以表达其悼念深情；不仅如此，他还将自己原来的“开科”之名改为“守敬”，以表达其不忘师恩、秉持师教的态度。

九月间，杨守敬的好友、原出使日本大臣何如璋②在广东韩山书院去世。

十月初十日（11 月 11 日），热河朝阳（今辽宁省朝阳市朝阳县）金丹教首领李国珍、杨悦春率教众举行反洋教起义，攻占贝子府（今内蒙古自治区赤峰市敖汉旗贝子府镇），建立“开国府”，李国珍称“扫北武圣人”，杨悦春被推为总大教师；下设丞相及各种官职，发布了安民告示。起义队伍数千人分青、黄、白、红、黑色旗等 5 队，攻占朝阳府；随后，“在理教”首领郭万昌（一作“万淳”）等亦率众数千起义响应。

十月二十七日（11 月 28 日），孙先梅（1891—？）出生，乃必昌长子。

十一月上旬，杨守敬曾有省城武昌之行。

十一月初八日（12 月 8 日），杨守敬曾与好友缪荃孙相聚，并遵托将其所要之日本抄本抄好交给他。

缪荃孙在当天的日记中记载云：“见宋本《周礼单注》《五代史记》《周易单疏》《尚书单疏》各种，皆从杨惺吾处购来。”③

---

① 朱景云（1822—1891），字槐卿，湖北江陵人。岁贡生。曾为荆州知府幕僚。咸丰七年（1857 年）迁居宜都，并在此地设馆教读，弟子颇多。杨守敬跟随朱师学习六年，得朱师指导、督促甚勤；朱师亦对守敬寄予厚望，曾多次陪伴其参加科考。

② 何如璋（1838—1891），字子峨，广东大埔县湖寮双坑村人。咸丰十一年（1861 年）举人，曾官五品衔知县。同治七年（1868 年）进士。散馆授翰林院编修。迁侍讲学士。关心和讲求时务。光绪三年（1877 年）出使日本，是中国第一任驻日公使。回国后历官翰林院侍读学士、詹事府少詹事、福建船政大臣等职。中法战争失败，被贬戍张家口效力。期满后主讲韩山书院。工诗文。著有《管子释疑》三十六卷、《使东述略》、《使东杂咏》、《使日函牍》、《塞上秋怀》、《袖海楼诗钞》等。

③ 缪荃孙：《艺风老人日记》，北京大学出版社 1986 年版，第 412 页。

十一月初十日（12 月 10 日），杨守敬为武昌营防口房屋出售和劝业场附近房屋购买之事致函（即《与杨寿昌书》）[①]好友黄冈知县杨寿昌：

葆初父台宗兄大人阁下：

来示谨悉。营防口之屋，敝处以重价得之。缘近日人争买此地，以为铁路堆栈之用也。去年即有人以千串相买，我未允之；今估得五百六十串，未免大吃亏，然至今未闻由何人议价，颇闻间壁酒馆，较敝处之屋既矮且小（不及我屋一半），亦估价五百串。岂传闻之误与？且俟打听清楚再议，暂且不领钱文。至于劝业场对过之房价，估计一千二三百串，是并砖瓦在内耶？抑只屋架耶？若只屋架，则敝处不愿受之，亦俟明日到该处一看，再奉商如何？此复即颂，勋安不庄。

宗弟守敬顿首　　初十日

十一月间，李国珍、杨悦春、郭万昌等率领的起义军被清军镇压。

同月里，杨守敬出使日本时的顶头上司、好友黎庶昌自贵州遵义抵达四川重庆（今重庆市），就任川东道道员兼重庆海关监督。

是年，《补严铁桥古文存》编成。

是年，杨守敬的好友邓琛[②]在黄冈河东书院病逝。

光绪十八年壬辰(1892 年)　五十四岁

是年，杨守敬仍在黄冈县教谕任上。

二月十五日（3 月 13 日），反清革命志士杨衢云、谢缵泰等在香港设立“辅仁文社”，以“尽心爱国”“开通民智”为宗旨。

春日里，经仔细探究、考订，杨守敬为其在日本所收之《古文尚书》十三卷（影日本旧抄本）撰写了一篇长跋[③]。

春日里，经仔细探究、考订，杨守敬为其在日本所收之《毛诗郑笺》二十卷（日本古写本）撰写了一篇长跋[④]。

---

① 赵平:《杨守敬书法艺术研究》,湖北人民出版社 2011 年版,第 50 页。

② 邓琛(1820—1891),字毓南,号献臣、献之,一号韵珊,湖北黄冈人。少时失怙,由母亲抚养成立。十八岁时,母复见背,致力于学。道光二十三年(1843 年)中举。曾考取景山官学教习。同治初年,改官山西,历任蒲县、阳城县知县。所至有政声。后官至四品衔刑部山东司郎中。光绪六年(1880 年),辞官归里,主讲黄冈河东书院。工诗善书。著有《获训堂诗钞》《黄州金石志》等,曾参与《黄州府志》的修纂。

③ 王重民:《日本访书志补》,《杨守敬集》第八册,第 384～385 页。

④ 王重民:《日本访书志补》,《杨守敬集》第八册,第 387～388 页。

四月中下旬，好友汪康年在京参加会试，取中第27名贡士，因突发足疾，不能参加殿试，遂出京仍回湖北武昌任所。

四月间，日本的“横滨正金银行”在上海设立分行。

同月里，杨守敬曾自制有水墨纸本行书七言联立轴（148.5 cm×36.3 cm×2）：“蜂房各自开户牖，蚁穴或梦封侯王”，其题识云“壬辰四月，杨守敬”，钤印“杨守敬印”“星吾五十以后”①。

五月中旬至六月上旬，襄阳府谷城县民众为抗议天主教传教士非法传教，聚众围攻教堂，并提出“灭洋改教”的口号，引发中外争端，史称“襄阳教案”。

五月间，杨守敬曾自制有水墨纸本行书七言对联一副：“六曲阑干偎碧树，千重虚翠透红霞”，其题识云“光绪壬辰五月，杨守敬”②。

闰六月中旬至七月上旬，沙俄出兵帕米尔地区，强占萨雷阔勒岭以西的中国领土二万多平方公里。

闰六月下旬，杨守敬遵好友缪荃孙之托，将其所要之书抄好后给他寄去。

时任山东济南泺源书院山长的缪荃孙在收到杨氏寄来的抄本后，于当日（光绪十八年七月一日）的《日记》中记载云：“湖北寄宋刻《五代史记》《周易》《尚书》单疏来。”③

案：缪荃孙在其《艺风藏书记》中亦记载云：“‘《周易正义》，宜都杨惺吾同年守敬遗予’；‘《尚书正义》，影写东洋单疏本，亦杨惺吾同年所得者’；‘《礼记正义》，影写东洋卷子本’；‘《左传正义》，影写东洋单疏本，存卷四（鲁隐公六年起）至卷九（庄公三十一年止）’。”（缪荃孙：《艺风藏书记》，上海古籍出版社2007年版，第4、7、10、11页）今复旦大学图书馆所藏之《礼记正义》上还有杨守敬的一行题记：“特重录一通，以贻筱珊。”

另，辛亥革命后，缪荃孙家道中落，不得不将其部分藏书陆续出售给嘉业堂主人刘承幹，故缪氏原来从杨守敬处所购买的日本抄本，后来大多为刘氏所有。这在《艺风老人日记》和《嘉业堂朝校本目录》（周子美：《嘉业堂朝校本目录》，华东师范大学出版社2000年版）中都有记载。新中国成立

① 见関西美术竞卖株式会社“2014年春季拍卖会：交而往之——三教九流与东瀛”专场拍卖品，编号：0453。

② 此联今藏湖北省博物馆，并收入《湖北省博物馆藏杨守敬书法》。

③ 缪荃孙：《艺风老人日记》，北京大学出版社1986年版，第471页。

后，刘承幹的藏书又分批出售给了复旦大学图书馆。

七月初四日（8 月 25 口），中、俄订立接连陆路电线的约款。

七月间，经仔细探究、考订，杨守敬为其在日本所收之《周易》六卷（日本古钞本）撰写了一篇跋文①。

八月二十八日（10 月 18 日），江西萍乡芦溪（今萍乡市泸溪县）哥老会举行起义，因事泄失败。

同日，杨守敬的好友邓承修②在老家惠阳去世。

九月间，杨守敬曾自制有水墨纸本隶书五言对联一副（139 cm × 38 cm × 2）："诗书敦风好，拙讷谢浮名"，其题识云"壬辰九月宜都杨守敬"，钤印"杨守敬印"（白）、"惺吾"（白）③。

同月里，杨守敬又曾自制有水墨纸本隶书五言联屏轴一副（150 cm × 39 cm × 2）："观书鄙章句，顿足托幽〇"，其题识云"光绪壬辰秋九月，宜都杨守敬"，钤印"杨守敬印""星吾五十以后作"④。

十月初二日（11 月 20 日），湖广总督张之洞在武昌设立的"湖北织布局"建成开织。

十一月间，清道光时名将、四川东乡人罗思举之孙鹏孙，不远千里，携其祖之《国史本传》前来，请求杨守敬为其书写，准备"刻置祠堂"；杨守敬遵其请，随即读其本传，发现有些重要的事件都未写进去，遂写了《书罗思举列传·跋》附其后⑤。

同月里，受好友汪康年之托，杨守敬刊刻的《悉昙字记》等书完成；不

---

① 王重民:《日本访书志补》,《杨守敬集》第八册，第 383 页。

② 邓承修(1841—1892),字伯纳、德安，号梅生、铁香。广东归善淡水人。咸丰十一年(1861 年)举人。同治二年(1863 年),援例捐郎中签分刑部。八年(1869 年),补刑部四川司郎中。十二年(1873 年),授浙江道监察御史。光绪二年(1876 年),转任河南道监察御史。任职期间，刚直不阿，敢于进谏，痛陈利弊，抨击贪官污吏，有"铁面御史"之称。十一年(1885 年),镇南关大捷后，出任中越勘界大臣，勘定中越边界。回朝后，曾任总理各国事务衙门大臣，官至鸿胪寺正卿。晚年辞归，主讲丰湖书院(在惠州西湖景区内);十五年(1889 年),创办崇雅书院(今惠州市崇雅中学前身),培养英才甚众。工诗，又善书法，行、楷书兼工。著有《语冰阁奏议》等，另与杨守敬合作编绘有《历代舆地沿革险要图》草稿。

③ 见上海新华拍卖有限公司"2010 秋季大型艺术品拍卖会:中国古代及近现代名家书法"专场拍卖品，编号:0269。

④ 见青岛中艺拍卖有限公司"2014 秋季书画精品拍卖会:翰墨源流——古近代名家作品"专场拍卖品，编号:0201。

⑤ 见《杨守敬集》第八册，第 1146 页。

久，杨守敬受好友罗振玉之托再次刊刻《悉昙字记》，就是用的当年为汪康年代刻的书板①。

杨守敬在宣统三年（1911年）六月二十五日写给罗振玉的信中说："《悉昙字记》《帝范》《黄帝明堂经》三种本是二十年前汪穰卿嘱我刻者。"②

汪诒年曾说："此外尚有覆刊宋本《黄帝内经明堂》《悉昙字记》《帝范》三种，亦在湖北所刊，字极精美，惜版已不存。"③

民国五年（1916年）九月，罗振玉《日本古写本〈悉昙字记〉跋》中亦云："予往在京师，亡友杨惺吾舍人（守敬）曾为予在鄂中刻此书。辛亥国难，杨避地上海，尚迻书言板固无恙，而未尝见寄。及舍人物化，遂无从索取，然印本尚存行笈，盖即据通行本重刊者。"④

十二月间，由湖广总督张之洞四处筹资建造的湖北汉阳炼铁厂的机器厂、铸铁厂、打铁厂及大冶运矿铁路五十余华里先后竣工完成。

是年末，杨守敬的日本弟子日下部鸣鹤为原师尊所藏之《姚恭公墓志》（又名《隋左屯卫大将军姚辩墓志铭》）碑刻撰写了一篇跋文⑤。

是年，杨守敬"又校《隋志》，为第三次稿。初刻《邻苏园帖》"⑥。

案：《邻苏园帖》（先选刻四卷，后又增补二卷）由杨守敬初选，黄冈知县杨寿昌撰集，又请江夏名家刘维善镌刻，于是年刊刻行世；每帖之后，则有杨寿昌和杨守敬的题跋。随即，杨寿昌不仅请石匠将其刻成石碑，当石碑刻成后还请石匠拓片若干套，每卷一册，全套共六册。这些石碑几经曲折，今保存完好，成为黄州赤壁的一道重要景观。

光绪十九年癸巳(1893年)　五十五岁

是年，杨守敬仍在黄冈县教谕任上。

正月初一日（2月17日），中外商人在上海合办《新闻报》，英国商人

① 郗志群考释:《杨守敬致罗振玉的一封信》,《文献》1998年第4期。

② 郗志群考释:《杨守敬致罗振玉的一封信》,《文献》1998年第4期。

③ 汪诒年纂辑:《近代史料笔记丛刊:汪穰卿先生传记》(中华书局2007年版,第224页。

④ 罗继祖撰述,萧文立编校:《雪堂类编》乙《图籍序跋》,辽宁教育出版社2012年版,第359页;又见《悉昙字记》,上虞罗氏《悉昙三书》印本。

⑤ 见《杨守敬集》第十一册,第551页。

⑥ 见《邻苏老人年谱》,第20页。

丹福士为总董，聘请原《沪报》主笔蔡尔康为主笔。

二月十二日（3 月 29 日），应好友焕廷之请，杨守敬曾为其制作水墨纸本行书节录《水经注》四屏（241 cm × 58 cm × 4）。其屏文及题识云“（文略）……侧节郦道元《水经注》。癸巳花朝焕廷大兄大人正。弟杨守敬”，钤印“杨守敬印”“惺吾”①。

二月间，经仔细探究、考订，杨守敬为其在日本所收之《礼记》二十卷（影日本古钞本）撰写了一篇长跋②。

三月间，经仔细探究、考订，杨守敬为其在日本所收之《大唐新语》十三卷（《稗海》本）撰写了一篇跋文③。

四月中旬，杨守敬与梁鼎芬书函往来较密，二人曾多次谈及戴震、赵一清两人各自所校《水经注》，并涉及全祖望所校《水经注》与谭复堂日记等问题。

案：清末民初，对于《水经注》校本，向来有所谓赵、戴相袭的公案。但到底是戴震剽窃赵一清的成果，还是赵一清剽窃戴震的成果，学者们争论不休，莫衷一是。杨守敬是研究《水经注》的专家，自然也参与了这场论争。在写给梁鼎芬的书函中，杨守敬就明确地表达了自己的观点：“……至疑赵氏袭戴者，不过以赵名恶于戴，又其书后出，故云尔。今检凡赵所订正，除意改之外，皆能证所出之书，袭人都能如是耶？”④

四月十二日（5 月 27 日），杨守敬致函好友梁鼎芬，请其为自己购买一套王先谦新刊行的《合校水经注》：“……敬好读郦书，昨读合校本，喜其便于翻阅，此书想不难得，而鄂垣书店无之。能为购得一部，尤为至感。”⑤

四月间，经仔细探究、考订，杨守敬为其在日本所收之《脉经》十卷（宋嘉定何氏本）撰写了一篇跋文⑥。

五月十八日（7 月 1 日），湖北麻城宋埠的民众因抗议新教瑞典行道会传教士随便捆殴当地民众，将教士梅宝善和乐传道殴毙，引起两国交涉。

---

① 见中国嘉德国际拍卖有限公司“嘉德四季第二十二期拍卖会：中国书画（八）”专场拍卖品，编号：1430。

② 王重民：《日本访书志补》，《杨守敬集》第八册，第 389～390 页。

③ 王重民：《日本访书志补》，《杨守敬集》第八册，第 408～409 页。

④ 转引自《杨守敬集》第五册，第 421～422 页。

⑤ 转引自《杨守敬集》第五册，第 422 页。

⑥ 见《杨守敬集》第八册，第 232 页。

清政府以处死民众二人，徒刑七人，赔款四万二千银两结案，史称“麻城宋埠教案”。

八月间，陈三立、汪康年、汪洛年、杨锐、屠寄等一行往游黄州；随后一行又往访杨守敬，并参观其广文书楼藏书及藏品。

参观时，陈三立于杨氏藏书中发现了他从日本带回的宋椠《山谷内外集》，爱不释手，遂从杨守敬处借得，携之回武昌臬署，后将其刊刻行世。

案：宣统二年（1910 年），江宁人傅苕生曾出资将此秘本重刻行世①。

陈三立《游武昌西山经黄州杂诗五首》之五的“遂造扬云居，凭启郑虔椟”诗句后曾自注云：“黄冈教谕杨性吾学博别宅，饶林亭之胜，兼藏海外秘笈、金石古器甚富。”②

陈三立曾在《山谷诗集注题辞》中云：“光绪十九年，方侍余父官湖北提刑。其秋，携友游黄州诸山，遂过杨惺吾广文书楼，遍览所藏金石秘籍，中有日本所得宋椠《黄山谷内外集》，为任渊、史容注。据称，不独中国未经见，于日本亦孤行本也。念余与山谷同里闬，余父又嗜山谷诗，尝憾无精刻，颇欲广其流传，显于世。当是时，广文意亦良厚，以为然。乃从假至江夏，解资授刊人。广文复曰：吾其任督校。越七载而工讫……”③

九月初一日（10 月 10 日），孙先橘（1893—？）出生，乃必昌次子。

九月初十日（10 月 19 日），上海机器织布局因失火被焚毁。

十月二十八日（12 月 5 日），中、英签订《藏印续约》，开亚东（今西藏日喀则市亚东县）为商埠。

十月十四日（11 月 21 日），杨守敬在收到好友汪康年写来的书函以及寄来请其代卖的书籍后，当即给他写了一封回函（即《杨守敬致汪康年》）④寄去：

穰卿仁兄阁下：

日前得手书并收到书箱等件。黄州之地，除府县外，无人购书，现在府考高太尊不得闲购书，而葆初又无闲钱，到处问讯，只有人要廿史一部，而未见书，又不肯先付银，祈将已印成之十九史寄来为妙。至

① 傅春官：《重刻〈山谷集〉序》，《山谷诗集注》，中国书店 1993 年影印本。

② 见《散原精舍诗文集补编·诗录第四》。

③ 见《散原精舍文集·集外文》。

④ 上海图书馆编：《汪康年师友书札（3）》之第二函，上海书店出版社 2017 年版，第 2168～2169 页。

《振绮堂丛书》，从前子用与敝处兑换者尚未销出，容当缴还。此致，即请道安不庄。

弟守敬顿首　　十四日

十一月十二日（12 月 19 日），直隶总督李鸿章在天津开办医学堂。

十一月十九日（12 月 26 日），毛泽东（1893—1976）诞生于湖南省湘潭县韶山冲一个富裕农民家庭。

十一月间，为朋友在黄州代卖书籍等事宜，杨守敬又给好友汪康年写去一封书函（即《杨守敬致汪康年》）[①]云：

穰卿大兄大人阁下：

前日递上一函，谅已收览。昨日又为售得廿四史股票一纸，唯皆欲见书而后兑银，信到时能速将十九史二部寄来，则易集事，或再能售数部亦未可知。前寄来《振绮堂丛书》多是散叶，此地安能售之。另单仍缴上，其单已留下，如有要者再奉闻。《咸淳临安志》敝处留一部，其价容寄上，不敢承赐也。社耆（案：汪康年之弟洛年之字）已抵鄂否？念念。正月能来此为妙。二月院考后，敬拟回荆州，恐两相左也。此致，即请道安不庄。

弟杨守敬顿首

再，《满洲源流考》《西域图志》二种股票，而箱中寄来之书有《源流考》二十部，却无《西域图志》，想是检出时有误。兹仅留《源流考》一部，祈再寄《西域志》一部来，即无人要，敬亦自留之。

惺吾再顿首

十二月二十二日（1894 年 1 月 28 日），朝廷批准湖广总督张之洞奏设“湖北自强学堂”。

是年，守敬的前辈、友人潘存[②]在文昌老家去世；闻知消息，守敬甚是悲痛，并应亡友之子潘光达之请，代撰有《潘孺初先生哀启》一文。

是年，杨守敬嫁三女，女婿黄志孚乃好友黄家驹之子。

---

① 上海图书馆编：《汪康年师友书札(3)》之第三函，上海书店出版社 2017 年版，第 2169 页。

② 潘存(1817—1993)，字仲模，别字存之，号孺初。海南文昌铺前镇人。咸丰元年(1851 年)举人。后屡试不第，援例授职，任户部员外郎、福建司主事。在京 30 年，与李慈铭、陈乔森齐名，并称三才子。晚年辞官归里，热心地方教育，曾在广东惠州丰湖书院、海南文昌蔚文书院、琼山苏泉书院任教，又创办溪北书院，培养弟子甚众。工诗文，善书法。著有《克己集》《论学十则》《赏花有感》等，与杨守敬合编有《楷法溯源》，后人编有《潘孺初先生遗集》。

是年，杨守敬购置“黄冈庹家湖田”，“续刻《邻苏园帖》”①。

是年，杨守敬写成《水经注赵戴合校勘本》稿本②，后一直未正式刊行，直到1997年《杨守敬集》出版，才被整理收入其第五册（见第417～440页）。

光绪二十年甲午(1894年)　五十六岁

是年，杨守敬仍在黄冈县教谕任上。

正月初三日（2月8日），朝鲜全罗道古阜郡爆发东学党起义，起义军提出“逐灭夷倭”“尽灭权贵”的口号。

正月十四日（2月19日），杨守敬的好友著名文学家、书法家张裕钊③在长子后沆西安的寓所去世。

正月十五日（2月20日），为代卖书籍和刻书的相关事宜，杨守敬给好友汪康年写了一封书函（即《杨守敬致汪康年》）④寄去：

穰卿大兄大人阁下：

客腊先后呈二函，谅已收览。而十九史未得寄下，想岁暮事烦，且无便人故耶？兹启者：前言购买廿四史股票二分，一系刘芳洲少尉同寅，一系本府刑席赵仲韬兄。顷因芳洲兄因公晋省，特诚拜谒，使敬为先容。如十九史尚有存余，即银书两交，尤为至便。所有赵君书一分亦祈交芳洲兄一并携来，其价自当随时付上。又《悉昙字记》《黄帝内经明堂》二种已经刻成样本呈览，余《帝范》一种不日亦可竣工。此等仿宋，向来连板片、写工每百字二百四十文，前已详告。《古京遗文》一种尚在子麟处，如子麟无闲工刻此，即付来一并刻之亦可。此间所有刻费或即以赵君书价填抵，或各归各款，均维尊裁。

---

① 见《邻苏老人年谱》，第20页。

② 此稿本原藏于重庆市图书馆，首页盖有“重庆市图书馆善本收藏印”与“李子魁珍藏”两枚印章。

③ 张裕钊(1823—1894)，字方侯，亦字廉卿，一作濂卿；初号圃孙，又号濂亭。湖北武昌县人。道光二十六年(1846年)举人，曾官内阁中书。后入曾国藩幕。又先后主持江宁凤池、保定莲池、武昌江汉和经心、襄阳鹿门等书院，桃李满天下。工古文，为桐城湘乡派代表作家之一，与黎庶昌、吴汝纶、薛福成并称“曾门四弟子”。又善诗，通小学，尤精书法，在海内外享有盛誉。著有《濂亭文集》八卷、《濂亭遗文》五卷、《濂亭遗诗》二卷、《张濂卿先生论学手札》等，今人编辑有《张裕钊诗文集》。

④ 上海图书馆编：《汪康年师友书札(3)》之第四函，上海书店出版社2017年版，第2170页。

令弟已抵鄂否？何日来黄？念念。春初感冒风寒，未出门十余日，近始豁然，并附以闻。即颂撰安，并贺新喜。

弟守敬顿首　　正月十五日

正月间，汪康年所辑刊之《振绮堂丛书》即将面世，特请好友陈三立为其作序（即《振绮堂丛书·序》）。

案：汪康年所纂辑之《振绮堂丛书》，共分为初、二两集：其中第二集计划所收之书先刻成，故于 1894 年在湖北刊行。而初集计划应收之书此时尚未刻成，只得延后；其后汪氏注意力转向时事，毅然赴沪、赴京办报，故直至 1910 年才在北京用活字排印刊行初集。杨氏书函中提到的《悉昙字记》《黄帝内经明堂》《帝范》三书，按计划是收在初集中。汪康年之弟汪诒年曾指出："惟先刊者名二集，后刊者为初集，类于先后倒置。"①

二月十一日（3 月 17 日），清驻美公使杨儒与美国国务卿葛礼山（Walter Quintin Gresham，1832—1895）签订《中美华工条约》。

三月间，好友汪康年自武昌北上，入京补行殿试。

四月下旬，光绪甲午科殿试结束，汪康年取为第三甲第六十一名进士。

四月二十七日（5 月 31 日），朝鲜国王以屡兵败于东学党，与袁世凯商议，请求中国出兵助剿。

四月二十九日（6 月 2 日），日本内阁决定出兵朝鲜。

四月三十日（6 月 3 日），朝鲜致函袁世凯，请电恳北洋大臣遣军速来，代为戡乱。

四月间，应好友海珊之请，杨守敬曾为其作有水墨纸本隶书六言对联"读书不求甚解，鼓瑟聊以自娱"，其题识云"海珊大兄之属，光绪甲午四月，杨守敬"②。

同月里，杨守敬的好友何远庆③在汉川县南河乡老家病逝。

五月初一日（6 月 4 日），直隶总督李鸿章派太原镇总兵聂士成率兵九百由大沽前往牙山，援助朝鲜。

---

① 汪诒年纂辑：《近代史料笔记丛刊：汪穰卿先生传记》，中华书局 2007 年版，第 223 页。

② 见《书法报》官方微信公众号；又见毛本栋：《杨守敬东瀛收书》，《老年教育（书画艺术）》2017 年第 12 期。

③ 何远庆（1831—1894），字冕之，湖北汉川南河乡人。咸丰十一年（1861 年）拔贡，以朝考二等签发四川，历任松潘、平武、德阳、万县、成都、蓬溪等县知县三十余年。为官清廉，所至有政绩。晚年辞官归乡，不久病逝乡里。编纂有《松潘志》等。

五月初五日（6 月 8 日），太原镇总兵聂士成率兵抵达朝鲜牙山（今韩国西海岸城镇，属忠清南道，临牙山湾）。

五月初六日（6 月 9 日），直隶提督叶志超率兵七百由山海关赴朝鲜牙山。

五月初七日（6 月 10 日），日本驻朝鲜公使大鸟圭介率数百日军进入朝鲜汉城。

五月初九日（6 月 12 日），日军八百余名先头部队在朝鲜仁川（现为韩国西北部的一个广域市，是一座面向黄海的港湾都市）登陆，次日开赴汉城。

五月十三日（6 月 16 日），日军约四千人在大岛义昌的率领下，抵达朝鲜仁川。

五月十七日（6 月 20 日），直隶总督李鸿章要求俄国驻华公使喀希尼出面调停朝鲜之事，中、日撤兵。

五月十九日（6 月 22 日），日本外相陆奥宗光回复中国驻日公使汪凤藻，谓中、日所见不同，日本不会撤走朝鲜之兵（第一次绝交书）。

五月二十四日（6 月 27 日），第二批日军到达朝鲜仁川，朝鲜日军已逾八千。

六月十二日（7 月 14 日），日本驻中国公使小村寿太郎照会清政府总理衙门，拒绝撤兵，两国如果发生不测之变，日本不负责任（第二次绝交书）。

六月十三日（7 月 15 日），诏令翁同龢、李鸿藻与军机大臣、总署大臣会筹朝事。

同日，直隶总督李鸿章电令叶志超自朝鲜牙山移军平壤。

六月十四日（7 月 16 日），以日、朝情事已将决裂，光绪皇帝严旨直隶总督李鸿章速筹进兵事宜，不得畏葸、延宕。

同日，直隶总督李鸿章派河南镇总兵卫汝贵部六千（案：时奉朝命驻扎天津），太原镇总兵马玉崑部两千（案：时奉朝命协助宋庆防卫旅顺口），由海道分进平壤、义州，广东高州镇总兵左宝贵部四千（案：时奉朝命驻扎奉天）由陆路进军平壤。

六月二十一日（7 月 23 日），日军包围朝鲜王宫，劫持国王，组织傀儡政府，并攻掠中国驻朝总理公署。直隶总督李鸿章雇英国商船“高陞”“爱仁”“飞鲸”运兵两千六百余名赴朝鲜牙山，援助叶志超军。

六月二十三日（7 月 25 日），中、日战起，日本军舰击沉中国运兵船

“高陞”号于丰岛；又伤“济远”“广乙”舰，俘“操江”舰。

六月二十七日（7 月 29 日），太原镇总兵聂士成与日军在成欢驿（在朝鲜忠清南道牙山附近）交战，败走公州（今韩国忠清南道公州市）。

七月初一日（8 月 1 日），清政府被迫对日宣战，中日甲午战争爆发，朝廷授原西安将军荣禄为步军统领，会办军务，特设巡防局督理五城团防以卫皇室。

七月二十五日（8 月 25 日），朝命直隶提督叶志超总统驻扎平壤诸军。聂士成部亦退抵平壤。

八月初七日（9 月 6 日），日、中两国军队在朝鲜平壤接战。

八月十五日（9 月 14 日），日军进攻平壤，高州镇总兵左宝贵和补用知府盛星怀战死。

八月十七日（9 月 16 日），日军占领平壤。直隶提督叶志超、河南镇总兵卫汝贵败走，清军死伤两千余人。

八月十八日（9 月 17 日），中、日发生“黄海海战”，日本舰队司令伊东祐亨大败北洋水师提督丁汝昌于大东沟（今辽宁省东港市）海面。“致远”“经远”“超勇”“扬威”被击沉，“广甲”被击毁，余舰退走旅顺。管带邓世昌等战死。

九月初一日（9 月 29 日），慈禧太后起用奕䜣主持总理衙门；奕䜣曾亲自出面请求英国联合美国和俄国，共同调停中、日战争。

九月初二日（9 月 30 日），直隶提督叶志超等部清兵奉命全部退出朝鲜。

九月初十日（10 月 8 日），朝命湖广总督张之洞速进京议事，而以湖北巡抚谭继洵署理湖广总督。

九月二十二日（10 月 20 日），日本侵略军占领朝鲜义州（今新义州特别行政区）。

九月二十五日（10 月 23 日），日本侵略军渡过鸭绿江。

九月二十六日（10 月 24 日），日本侵略军第一军侵入中国边境；第二军则在辽东半岛花园口登陆，进犯旅顺、大连。

九月二十七日（10 月 25 日），日本侵略军大败驰援九连城的四川提督宋庆所部，占领九连城和安东。

九月间，杨守敬为在武昌购买房子之事曾来省城小住，并与时在武昌自强学堂任教的书画经纪人华世芳结识，乃请其张罗自己鬻书、卖字之事。

杨守敬寓居省城期间，时常与好友梁鼎芬相聚往还；二人曾相约往游黄鹤楼，梁鼎芬曾赋诗纪其事：“座间有客能知古，海外收书数年苦。双井诗函共宝黄，草堂笺本虚尊杜。一书隐见亦关时，此楼兴废难为主。”①

十月初四日（11 月 1 日），俄国沙皇亚历山大三世病逝，由皇太子继位；清政府应邀任命湖北布政使王之春为出使俄国大臣，赴俄参加老沙皇的悼念活动和新皇的登基庆典活动。

十月初五日（11 月 2 日），朝命两江总督刘坤一进京议事，而以张之洞署理两江总督。

十月十五日（11 月 12 日），朝廷授署理湖北布政使陈宝箴为直隶布政使。

十月二十一日（11 月 18 日），杨守敬曾因卖碑版及书匾等事宜致函（即《致华世芳》）②好友华世芳，其函云：

华二老爷（自强学堂）：

弟即晨返黄。前欠《孟法师碑》二本，兹呈上，祈查收。所嘱书匾额，容在黄书寄。倚装此上。即颂若溪仁兄日安。

弟杨守敬顿首　廿一日

十月二十七日（11 月 24 日），孙中山在檀香山组织成立“兴中会”。

十一月十五日（12 月 11 日），杨守敬得知友人陈三立的长子陈师曾将于几天后成婚，书院同事都凑份子恭贺，此事由好友汪康年经手，遂立即致函（即《杨守敬致汪康年》）③好友汪康年，请其将自己的名字添上，并先垫上礼金，随后呈交：

穰卿大兄阁下：

顷闻陈伯严之公子于本月廿一日完婚，书院中各同事具有公分送礼，皆系执事经手，祈插入弟名一分，其金若干，即当呈缴。顺颂刻安不庄。

弟守敬顿首　十五日

十一月二十一日（12 月 17 日），陈三立的长子陈师曾与范当世的女儿范孝嫦在其祖父陈宝箴署理湖北布政使衙署举行婚礼，喜结良缘。汪康年、邹代钧、杨守敬等众多好友前来恭贺并赴婚宴。

孙建著、陈国安辑纂之《范伯子年谱简编》记载：“光绪二十年甲午，四十一岁。”“十月，以嫁女省亲为名偕姚夫人离津，送长女孝嫦去江夏湖北按察使署适陈衡恪（师曾）。”“十一月，孝嫦与师曾成婚。时孝嫦、师

① 吴天任：《杨惺吾先生年谱》，台北艺文印书馆 1974 年版，第 72 页。

② 贺宏亮：《新见三十五通杨守敬信札考释》，《中国书法》第 3 期，第 29 页。

③ 上海图书馆编：《汪康年师友书札(3)》，上海书店出版社 2017 年版，第 2171 页。

曾皆十九岁。”[①]

蒋天枢在《陈寅恪先生编年事辑》中亦云：“光绪二十年甲午，先生五岁。本年冬，先生长兄衡恪（师曾）年十九岁，与范当世女孝嫦结婚于湖北按察使署内。”“是冬，范当世偕妻姚倚云由天津送女至湖北。时右铭公将北行入觐，行前十余日，范始抵湖北使署。”[②]

十一月二十三日（12 月 19 日），杨守敬好友著名学者、文学家李慈铭[③]在京城去世。

十一月二十四日（12 月 20 日），总署通知美国驻华公使田贝，清政府决定派户部侍郎张荫桓、署理湖南巡抚邵友濂为代表赴日本议和，并聘请前美国国务卿福世德（John W. Foster）为顾问。

十一月间，杨守敬在省城武昌“买芝麻岭铺屋”之事办妥[④]。

其间，杨守敬为书联之事，曾致函（即《致华世芳》）[⑤]好友华世芳，其函云：

> 得示谨悉。连日为房子事，竟无须臾暇。票三串钱一元俱收到。前嘱书各件，尚未毕工，罪甚罪甚。拟在明后两日，合今日两联并缴上，当无再误也。此复。若溪仁兄刻安。
>
> 弟守敬顿首

同月里，亡友何远庆之子、廪生何宗瀚邀请其父生前好友沔阳黄福为其父撰写了墓志铭，又前来请世伯为其父的墓碑书丹；杨守敬慨然应允，为其书《何君墓志铭》。

十二月初二日（12 月 28 日），朝命两江总督刘坤一为钦差大臣，山海

---

① 范当世著，马亚中、陈国安校点：《范伯子诗文集》附录二，上海古籍出版社 2015 年版。

② 蒋天枢：《陈寅恪先生编年事辑》卷上，上海古籍出版社 1997 年版。

③ 李慈铭（1829—1894），初名模，字式侯；后改名慈铭，字悉伯，亦作爱伯，号莼客，又号孟学斋、花隐生、霞川花隐，晚号越缦老人，室名“越缦堂”“湖林馆”“白华绛跗阁”等。浙江会稽人。入赀为户部郎中。至京师，以诗文名噪朝野。光绪六年（1880 年）始中进士，官至山西道监察御史，不避权贵，直声动朝野。生平学识渊博，通经史百家，尤长于史学、小学。工诗词、古文和骈文，兼善书画，山水花卉，落笔古拙可爱。著有《越缦堂日记》《越缦堂读书记》《白华绛跗阁诗集》《古花香雪斋诗集》《湖塘林馆骈体文钞》《越缦堂文集》《越缦堂词录》《霞川花隐词》《越缦堂诗续集》《越缦堂笔记》等。

④ 见《邻苏老人年谱》，第 20 页。

⑤ 贺宏亮：《新见三十五通杨守敬信札考释》，《中国书法》第 3 期，第 29 页。

关内外防剿各军皆归其节制。

十二月初三日（12 月 29 日），陈宝箴交接完篆务，自武昌启程北上入京觐见；陈三立及其家人仍暂时留在武昌。

十二月十五日（1895 年 1 月 10 日），日本侵略军攻陷盖平（今辽宁省盖州市）。

十二月中旬，好友汪康年在收到杨守敬的书函后，曾前往拜访、看望过杨守敬；在离沪回黄州之前，杨守敬又给汪康年寄去一封书函（即《杨守敬致汪康年》）①云：

穰卿仁兄世大人阁下：

昨辱枉顾，事冗尚未能走答，幸原亮。史票二纸并十一史两分缴还（本二分，而君信来只一分，误也）。顷者有新贵毛君应廷适见此书，意欲照原票三十二元购一部，未知可否？如可，祈即将全书付来，另加水脚二元，如要五十二元则作罢论。拙藏书目一时未能检，《广韵》及《礼部韵略》，前已言明，非百金不可，祈转致前途。拙刻各种，尊处既欲得之，且以书相易，自无不可。唯《振绮堂丛书》前曾与子用令叔相交易，刻下尚未售完，不欲再得也。前者《满洲源流考》股票已为代售一部，可扣除三元（原股票呈缴），存记可也。弟亦拟十五日回黄，明年正月再来也。此复，即问刻安。穰卿仁兄大人阁下。

守敬顿首

再，今春黄冈县典史刘芳洲为黄州刑席赵仲韬代买廿四史一部，其银系刘君亲交尊处，当时只得十九史（闻系黄纸，我未知其详），余五史未交。兹赵君信来，言欲他往。此书据贵纪言已成，现亦有书，可即交下，以便转致，至恳至恳。

十二月二十五日（1895 年 1 月 20 日），日本侵略军在荣成湾登陆，占领荣成（今山东省威海市荣成市）。

十二月间，汉阳归元寺奉敕赐在藏经阁前立碑，湖南巡抚吴大澂应主持之请，为归元寺藏经阁撰写了一篇碑记；而邀请黄州府黄冈县教谕杨守敬为《归元寺藏经阁记》篆额，并请汉阳人、武昌府兴国州训导吴传荣书丹②。

是年，杨守敬“始以《隋志》写净本付梓人”刊刻③。

---

① 上海图书馆编：《汪康年师友书札（3）》，上海书店出版社 2017 年版，第 2172 页。

② 赵平：《杨守敬书法艺术研究》，湖北人民出版社 2011 年版，第 28 页。

③ 见《邻苏老人年谱》，第 20 页。

光绪二十一年乙未(1895年)　五十七岁

是年，杨守敬仍在黄冈县教谕任上。

正月初一日（1月26日），议和代表张荫桓、邵友濂自上海东渡。

正月初二日（1月27日），日本御前会议决定和议大纲。

正月初五日（1月30日），日本侵略军占领威海卫（在山东半岛东北端的威海市）南帮炮台。

正月初七日（2月1日），张荫桓、邵友濂与伊藤博文、陆奥宗光会于广岛，商讨议和事宜，以无全权被拒；日本还公开指名要直隶总督李鸿章为全权代表。

正月十一日（2月5日），北洋舰队的“定远”舰在威海卫被日本军舰击沉。

正月十二日（2月6日），日本侵略军攻陷山东文登（今威海市文登区），北洋舰队的“来远”“威远”等舰被日舰炸沉。

正月十三日（2月7日），北洋舰队在威海卫被日本侵略军海陆包围，陷入绝境。

正月中旬，杨守敬应邀有武昌之行，与梁鼎芬、陈三立、缪荃孙、余肇康、志钧、叶瀚、邹代钧等友朋相聚。

缪荃孙在《乙未日记》“光绪二十一年正月十四日丙戌”条记载：“陈伯年、梁鼎芬约小饮，杨心吾、志仲鲁、余尧衢、李修卿、叶浩吾（瀚）、李仲壶、徐稚荪（家幹）、陈、邹沅藩（代钧）、吴小村乔梓同席。”（见《艺风老人日记》第二册）

正月十五日（2月9日），日本侵略军攻入山东宁海州（今烟台市牟平区），北洋舰队的“靖远”舰被日军击中搁浅，为免资敌，实施自沉。北洋海军右翼总兵、记名提督刘步蟾自尽殉国。

正月十七日（2月11日），清政府召前谈判代表张荫桓、邵友濂回国。

正月十八日（2月12日），海军提督丁汝昌、总兵张文宣自尽殉国；五日后，威海卫海军及刘公岛守军投降，北洋舰队全军覆没。

正月十九日（2月13日），朝廷以直隶总督、北洋大臣李鸿章为头等全权大臣赴日商定和约，而以帮办北洋事务大臣王文韶署理直隶总督兼北洋大臣。

正月二十日（2月14日），道员牛炳昶代表威海卫海军残部与日本舰队司令伊东祐亨议定投降条款十一条。

正月二十一日（2 月 15 日），日本侵略军攻陷刘公岛（在山东省威海市环翠区威海湾中）。

正月二十二日（2 月 16 日），日本军舰驰入威海卫。

同日，出使俄国大臣王之春一行抵达俄国首都圣彼得堡。

正月二十四日（2 月 18 日），王之春前往拜见沙皇尼古拉二世并向其递交了国书。

正月三十日（2 月 24 日），直隶总督李鸿章与奕劻、孙毓汶、翁同龢等朝中大臣商议合约条款，争执不下。海城（今辽宁省鞍山市海城市）日本侵略军乃进攻大平山（今营口市东南 10 公里处之二龙山），大败宋庆所部。

二月初八日（3 月 4 日），王之春和驻俄公使许景澄一起前往位于彼得罗巴甫洛夫斯克岛的皇家陵寝，向亚历山大三世陵吊唁。

二月初十日（3 月 6 日），日本侵略军攻陷营口（今辽宁省营口市）。

二月十三日（3 月 9 日），日本侵略军攻陷田庄台（今辽宁省盘锦市大洼区）。

二月十八日（3 月 14 日），赴日头等全权大臣李鸿章率其子经方和罗丰禄、伍廷芳、马建忠、徐寿朋、于式枚以及美国顾问福世德一行，离天津赴日本马关议和。

二月二十二日（3 月 18 日），日本侵略军攻陷山东长山岛（在今烟台市长岛县境内）。

二月二十四日（3 月 20 日），李鸿章一行在日本马关与伊藤博文开始议和、谈判。

二月二十九日（3 月 25 日），日本侵略军攻占澎湖（今台湾省澎湖县）。

二月间，杨守敬因购书、书联等事宜致函（即《致华世芳》）[①]好友华世芳，其函云：

若溪仁兄阁下：

邵二泉册子，前途索价甚昂，已还之矣。赵味辛轴似可减少，然恐非四竿不能得也。送上拙刻书数部，另单祈查收。（有筠青馆一部，是原书所未载者，依类呈览。）汀老嘱书，联纸未佳，故别书一联奉赠。日内拟过江勾留十余日再面谈也。此上，即颂著安，不庄。

① 贺宏亮：《新见三十五通杨守敬书札考释》，《中国书法》2016 年第 3 期，第 29 页。

弟守敬顿首

再，所呈书价单，皆原售之价，尊处代友购取，如欲稍为末减，未为不可，唯“楷法”，现托梁节庵已售出五十余部，皆是四串，如有参差，恐有不便，祈酌之。

守敬再拜

三月初五日（3 月 30 日），中、日双方达成停战条约。

三月二十日（4 月 14 日），清政府电谕全权大臣李鸿章，如条件无可商议，即可订约。

三月二十一日（4 月 15 日），头等全权大臣李鸿章与伊藤博文第五次会谈，接受日本所提全部条件。

三月二十三日（4 月 17 日），中日《马关条约》签字。按条约规定：中国承认朝鲜独立，割让辽东、澎湖、台湾，赔款二万万两，日本商人可在中国口岸从事工艺制造。中日甲午战争宣告结束。

三月二十四日（4 月 18 日），杨守敬为书联、友朋相聚之事致函（即《致华世芳》）①好友华世芳，其函云：

若溪二兄阁下：

嘱书各件，均讫。唯可于百忙中作此，五乖毕至，不足当一粲也。小册纸既过生，仅得十幅，然不足存也。返棹在何日，当图一聚谈也。此上。即请著安，不庄。

弟守敬顿首　　廿四日

三月二十六日（4 月 20 日），署理两江总督张之洞致电总署，阻止和议，主张向英、俄求援。

是日，头等全权大臣李鸿章自日本马关抵达天津。

三月二十九日（4 月 23 日），法、德、俄三国驻日公使照会日本外务省，要求日本放弃辽东半岛。《马关条约》签订的消息传出，举国震惊，臣民纷纷上书请求罢除合约。

四月初七日（5 月 1 日），广东举人康有为、梁启超联合在京参加会试的十八省举人集会，号召拒约自强。

四月初八日（5 月 2 日），清政府批准中日《马关条约》。

同日，康有为等十八省举人上书清政府，拒签合约，请都察院代奏，此即历史上著名的“公车上书”。

四月初十日（5 月 4 日），张之洞、边宝泉、谭继洵、李秉衡等疆吏致

① 贺宏亮:《新见三十五通杨守敬书札考释》,《中国书法》2016 年第 3 期,第 29 页。

电总署，请展期换约。

同日，日本政府向俄、德、法三国政府声明，愿意放弃辽东半岛。

四月十二日（5 月 6 日），钦差大臣刘坤一致电总署，请缓期换约。

四月十三日（5 月 7 日），日本向中国总署声明，愿意放弃辽东半岛。

四月二十四日（5 月 18 日），清政府派李经方前往台湾与日本派出大臣商办交割事宜。

四月二十七日（5 月 21 日），台湾绅民拒不接受中日《马关条约》。

四月间，杨守敬在收到好友华世芳所寄书函及润金后，将其所要的集帖寄去，并附上一函（即《致华世芳》）①，其函云：

> 得示并润金六元收到，谢谢。集帖二册呈上，工价每册一元。拙书墓志容检赠。即复。若溪先生刻安。
>
> 弟守敬顿首

五月初六日（5 月 29 日），日本陆军近卫师团开始在台湾澳底（在今台湾台北县东北）登陆，遭到台湾军民的猛烈抵抗。

五月初十日（6 月 2 日），李经方与日本台湾总督桦山资纪会于基隆口外，签订台湾交接文据。

五月十一日（6 月 3 日），日本侵略军攻占台湾基隆。

五月十六日（6 月 8 日），日本侵略军攻陷台湾台北。

五月三十日（6 月 22 日），日本侵略军攻陷台湾新竹。

五月间，杨守敬收到好友汪康年的来信，谓湖南学政江标正在刊刻《灵鹣阁丛书》，希望好友能将自己的藏书开列一目录单给其参考。

闰五月初五日（6 月 27 日），日本侵略军自台湾新竹南侵，为义军徐骧等所阻。

闰五月十四日（7 月 6 日），中、俄签订《四厘借款合同》。

同日，出使俄国大臣王之春一行自法国巴黎回到上海。

闰五月十九日（7 月 11 日），徐骧率义军反攻台湾新竹。

闰五月间，为湖南学政江标所要藏书目录之事，杨守敬曾致函②（即《杨守敬致汪康年》）③汪康年云：

---

① 贺宏亮：《新见三十五通杨守敬书札考释》，《中国书法》2016 年第 3 期，第 29 页。

② 上海图书馆编：《汪康年师友书札（3）》之第九函，上海书店出版社 2017 年版，第 2173 页。

③ 上海图书馆编：《汪康年师友书札（3）》之第九函，上海书店出版社 2017 年版，第 2173 页。

江公若必欲知敝藏大略，俟稍缓开单呈览，大约医书、佛书最备（有宋椠佛经全藏，约六千余本）。此复，即颂晨安。

守敬上

穰卿仁兄世大人：

得示谨悉，携来钞本无多，兹检得《泰定养生主论》一部，定价五两。若《玉篇》《广韵》等元本，此处尚有数部，未知欲一见否（其书约与昨送同，而板片不同）？附呈《留真谱》一册，此中亦有日本内府所藏，未为敬所得者，然所有亦不止此，大约此不过四之一耳。祈转呈江公一阅，仍掷还，缘此处只此一本。

守敬再顿首

六月初八日（7月29日），杨守敬在收到好友华世芳所寄信函及购书之款后，寄去其所要之书，并附上一函（即《致华世芳》）①回答其所问，其函云：

帖价贰串收到。付上集帖一册，书谱二册，祈查收。西清札记是陶君所刻，然恐未有印本。俟问，再复。此请若溪二兄刻安。

弟守敬顿首　　初八日

六月十一日（8月1日），福建古田斋教首领刘祥兴反对英、美传教士勾结清朝官吏与民众为敌，率众愤怒焚毁教堂，史称“古田教案”。

六月二十五日（8月15日），日本侵略军攻陷台湾苗栗。

六月间，在收到好友汪康年写来的书函后，杨守敬当即写了回函（即《杨守敬致汪康年》）②给他寄去：

穰卿大兄阁下：

前得手书敬悉，因送府县考忙碌，遂迟作答，想〇原也。《历代沿革图》，以无书手未成。《隋书地理志考证》，已付抄胥写样，大约〇〇必上梓。

前年彭君仲韬转托刘君芳洲（黄冈县典史）在尊处买廿四史股票，当由刘君在省与阁下面交洋银，如约已取书十余种（尊处必有账，闻是十九种，然未确），其余未取。兹前途以股票嘱守敬为取全书，务祈〇〇发付。缘此股票系鸥客（案：汪康年之弟洛年之号）寄存守敬处，因怂恿买之，故今日向守敬索书也。

① 贺宏亮：《新见三十五通杨守敬信札考释》，《中国书法》第3期，第29页。

② 上海图书馆编：《汪康年师友书札(3)》之第十函，上海书店出版社2017年版，第2173～2174页。

江学使欲购之书有回信否？海氛甚恶，藏数十万卷，不知何处度阁无忧，此中关系，非守敬一人私好也。考试毕，必入省面罄一切。顺颂○安不庄。

弟守敬顿首

杨守敬收到洋银四十元，《唐均》一册，《义山诗》二册。

七月初四日（8 月 23 日），日本侵略军攻陷台湾大甲溪。

七月初七日（8 月 26 日），日本侵略军攻陷台湾府（台中）。

七月初九日（8 月 28 日），日本侵略军攻陷台湾彰化。

七月上中旬，杨守敬有武昌之行，并与缪荃孙、谭献、汪康年、陈三立、叶瀚、邹代钧、吴德潚、张通典等友朋相聚。

缪荃孙在其《乙未日记》“光绪二十一年七月”条中记载：“六日甲辰。邹沅帆、张伯纯、汪穰卿、吴季清招饮自强学堂，谭仲修、陈（其骙）、易石甫、叶浩吾、李一琴、陈伯年、杨惺甫同席。”“七日乙巳。陈百年招饮自强学堂，仍昨日旧友，仲修因病不能至。”“廿二日庚申。集自强学堂，杨惺吾、陈伯年、叶浩如、吴季清、张伯纯、邹沅帆同饮，壶碟会也。”（见《艺风老人日记》第二册）

七月二十二日（9 月 10 日），杨守敬为购书、为人书联及赴省等事宜致函（即《致华世芳》）①好友华世芳，其函云：

得示谨悉。并领到两次给书价四十七串正，《寰宇贞石图》二部籍呈。《孟法师碑》此间适无，此书须于黄州寄来。嘱书斋额，自书如命。拟于二十四日过江，于敝亲处勾留十余日。再晋省垣，返黄则尚未有定期也。此复。若溪二兄晚安。

弟守敬顿首　　廿二日

七月二十四日（9 月 12 日），朝廷擢升直隶布政使陈宝箴为湖南巡抚。

七月下旬，杨守敬自省城武昌回到黄冈县教谕任所。

其间，杨守敬“因长女于去年自宜都省亲，逾年欲归，遂送之上省趁轮船。及至省，船未到，忽闻母病，亟又携女返黄，及至，则母柩停堂中矣”②。

七月间，杨守敬与弟子熊会贞合作，历时八年，四易其稿，终将“《隋

① 贺宏亮：《新见三十五通杨守敬信札考释》，《中国书法》第 3 期，第 29 页。

② 见《邻苏老人年谱》，第 20 页。

志》刻成”①；于是，师徒正式开始携手纂述《水经注疏》。

案：《隋书地理志考证》，共九卷，分装六册，书后附有杨氏写于光绪二十一年（1895 年）七月的跋文一篇，跋文中列举了《隋书地理志》的六大弊端，称为“宜都杨氏邻苏园刻本”。

光绪十三年（1887 年），弟子会贞因家中“亲老”，决意辞归枝江；守敬遂将两人共同起草的《隋书地理志考证》初稿另抄一份交给弟子，嘱其“自检各地志编入”；后经熊氏多年增补、修订，又经守敬认真核查、审校，终于在本年刊刻完成。据施和金先生在《隋书地理志考证·整理说明》中说：此书“最初出版于清光绪二十二年，即所谓‘宜都杨氏邻苏园刻本’”，与杨守敬本人在《邻苏老人年谱》中所说时间相差一年，不知孰是？抑或是杨守敬晚年记忆之误？

八月二十一日（10 月 9 日），日本侵略军攻陷台湾嘉义，开始在南部登陆。

八月二十七日（10 月 15 日），日本侵略军攻陷台湾打狗（即今高雄）。

八月二十八日（10 月 16 日），日本侵略军攻陷台湾凤山。

八月中，杨守敬“以母柩厝堂左后，即赴宜都本籍卜地，久不得当”②。

秋，应好友筱轩之请，杨守敬曾为其作有水墨纸本行书七言诗扇面（17 cm × 48 cm）。其诗及题识云“风怜瘦影浮香动，月会深情借艳思。欲寄幽思无好信，不胜清怨却飞来。一枝春寄小江南，独自近风独自寒。波月细香清绝处，玉人和泪倚阑干。乙未秋日，书奉筱轩仁兄大人正，弟杨守敬”③。

九月初四日（10 月 21 日），日本侵略军攻陷台南府、安平，至此，日本侵略军已占领全台。

九月初九日（10 月 26 日），孙中山领导的“广州起义”失败。

九月间，康有为、陈炽、沈曾植、袁世凯、张孝谦、文廷式、杨锐、徐

---

① 见《邻苏老人年谱》，第 20 页。

② 见《邻苏老人年谱》，第 20 页。

③ 见安徽恒丰拍卖有限公司“安徽恒丰 2013 年安徽第六届书画拍卖会：扇面、小品册页”专场拍卖品，编号：18。

世昌、丁立钧、王鹏运等在北京发起成立“强学会”，梁启超任书记。

十一月初，杨守敬自宜都返回黄州，“途经沙市时，宜昌饶君慎之开税铺于此，又故家邓姓率余旧友，多有求余书者，余以扶柩葬母需费，乃留一月”①。

十一月十八日（1896年1月2日），朝命钦差大臣刘坤一仍回两江总督本任，署理两江总督张之洞仍回湖广总督本任。

十一月二十八日（1896年1月12日），康有为等人在上海创办《强学报》。

十一月间，杨守敬曾自制有水墨纸本对联一副（148 cm×36 cm×2）：“米老真呼石作丈，逋仙权以鹤为儿”，其题识云“光绪乙未仲冬，杨守敬”，钤印“杨守敬印”“呈吾翰墨”。

十二月初，杨守敬在宜昌为友朋写字月余，“得五百千”②，遂告别友朋，仍回到黄州学署。

十二月初四日（1896年1月18日），回到黄州学署后，杨守敬见到好友、时任广东按察使王秉恩③的两封来信，遂当即回函（即《致王秉恩》）④云：

雪岑观察大人阁下：

顷守敬他出归来，先后得两手书，敬悉。唐人之集，本朝著录家所得宋本，无过四十种，江氏从何处得如此之多，守敬初即疑是明徐献忠所刻唐人百种本。（守敬藏有书棚本李咸用《批沙集》，其字体与此迥不侔，行款似亦异。《留真谱》中已刻之。）当是书贾撤去徐献忠序文以充宋本，而建霞所见未博，不能辨也。（守敬有徐书全部，容日取来对校，

---

① 见《邻苏老人年谱》，第20页。

② 见《邻苏老人年谱》，第20页。

③ 王秉恩（1845—1928），字雪澂，亦作雪岑、雪澄、雪城、雪丞、雪尘，又字息存，号茶龛，别署息尘庵主，晚号华阳真逸；室名“元尚居”“明耻堂”“野知厂”“强学簃”“养云馆”。四川华阳人。同治十二年（1873年）举人。颇为张之洞赏识，曾入成都尊经书院。后入张之洞幕府多年，协助张氏创办广雅书局并被推举为提调，刻有《广雅丛书》，数量多，价值高，甚实用。张氏督湖广，亦随往，主持汉口商务局。后曾官广东提法使、广东按察使。入民国，寓居上海，与叶昌炽、缪荃孙等往来密切。工诗文，善书法，通目录，精校勘，富收藏。著有《养云馆诗存》《息尘庵诗稿》《强学宧杂著》《读书随笔》《公牍稿》《王雪澂日记》等，又与罗文彬合撰有《平黔纪略》（二十卷），另校勘有《石景汇函》《方言》等数十种。

④ 贺宏亮：《新见三十五通杨守敬信札考释》，《中国书法》2016年第3期，第26页。

方知不谬。）此书及《士礼居续跋》（今晚当细阅之）明日缴还。医心方可影抄，然价不廉，大约每百字须廿余文，似不合算也。石印古碑原本七元，今加装裱又费七元，故合为十两。此书敝处已无多，如无人购之，祈掷还。刻下抄书者只一人，书虽不多，然不能过速。如必欲求速，仍带回黄州，如何如何。大抵敝处古医术为世不经见者，不下数百种，如欲抄，须早图之。（容日以目录奉上。）缘柯慎庵颇欲尽买敝处医籍也。匆匆草复，不恭。祈原亮。即颂道安。不庄。

守敬顿首　　初四日

案：信中的“江氏”“建霞”系指江标（1860—1899），字建霞，号师郧，一号苫誃、萱圃、师许，又自署誃笘；藏书楼名“灵鹣阁”“四经四史四子四集斋”。江苏元和人。光绪十五年（1889年）进士。曾官翰林院编修。光绪二十年（1894年）加入强学会，不久出任湖南学政，提倡新学。次年（1895年），江氏灵鹣阁曾影刻宋本唐人五十家小集。故守敬在信中批评江标“所见未博”，为书贾所欺。二十四年（1898年），创办《湘学报》，组织南学会。变法失败，被革职，永不叙用。工诗文，好藏书，喜刊书。曾刊刻有《灵鹣阁丛书》6集57种。著有《宋元行格表》《黄荛圃年谱》《沅湘通艺录》等。

十二月初六日（1896年1月20日），朝廷谕令封禁北京“强学会”。

是年，杨守敬的好友、藏书家、爱国官吏周懋琦[1]在湖北荆宜施兵备道任上去世。

是年，杨守敬好友之子、驻日公使馆同僚张后沆[2]在西安同知任上去世。

---

① 周懋琦（1836—1896），一名鸿宝，字子玉、韵华，号韩侯，安徽绩溪人。因父经商迁居通州（今南通市）。拔贡。早年入徐宗干幕，走上仕途。同治元年（1862年）赴台帮办军务，十一年（1872年）出任台湾知府兼任台湾兵备道。光绪二年（1876年）调任福建福宁府知府，五年（1879年）再任台湾知府。后官至赏一品封典二品衔、湖北荆宜施兵备道兼荆州宜昌关办理通商事务监督。与杨守敬关系密切，曾从杨氏处收购不少藏书。善舆地，富收藏。著有《全台图说》等，又与刘瀚合撰有《荆南萃古编》。

② 张后沆（1854—1895），字导岷，号静庐，湖北武昌县人。张裕钊长子，黎庶昌女婿。监生。曾任驻日公使黎庶昌随员。归国后，以功签分陕西候补，官至陕西西安知州，卒于任。

光绪二十二年丙申(1896年)　五十八岁

是年，杨守敬仍在黄冈县教谕任上。

正月初一日（2月13日），“华俄道胜银行”在上海开设，它是沙俄在中国开设的第一家银行。在1904年“日俄战争”前的八年中，相继又在牛庄、天津、汉口、北京、哈尔滨、吉林、海城、沈阳、铁岭、旅顺、营口、张家口、库伦和乌里雅苏台等地开设了14家分行。

正月十七日（2月29日），张之洞交卸两江总督篆务，即日起程赴鄂。

正月二十八日（3月11日），张之洞自江宁返抵武昌湖广总督本任。

正月间，杨守敬收到好友饶慎之来信，“谓前福建提督张月楼（开松）求余写其父母墓碑并撰文，以四百金为润”①。

二月里，杨守敬见张氏所许润金甚丰厚，而家中正需钱用，遂安排好学署事情，便“赴宜昌，寓慎之家，并为其（案：此指张开松）父母书墓志”②。

二月初十日（3月23日），清政府在北京与汇丰银行、德华银行订立《英德借款详细章程》。

二月二十六日（4月8日），盛宣怀在上海徐家汇镇北创办“南洋公学”。

二月间，经仔细考订、辨识，杨守敬为自己所收藏之《李秀碑》（全称《唐云麾将军李秀碑》）撰写了一篇长跋③，上有明代董其昌、陆梦龙题识。

同月里，经仔细考订、辨识，杨守敬为自己所收藏之《法华寺碑》（全称《秦望山法华寺碑》）撰写了一篇跋文④。

三月十八日（4月30日），直隶总督李鸿章奉命出使俄国，参加尼古拉二世的加冕典礼，抵达圣彼得堡。

三月间，友人陈白皆前来拜访，出其尊人新周的《行述》及《碑铭》见示，并嘱为其书石；事过之后思之，颇有感触，杨守敬乃作《荆门陈新周

① 见《邻苏老人年谱》，第20页。

② 见《邻苏老人年谱》，第20～21页。

③ 见《杨守敬集》第十一册，第558页。

④ 见《杨守敬集》第十一册，第560页。

〈行述〉及〈碑铭〉跋》[①]纪其事。

四月初九日（5月21日），沙俄又以干涉归还辽东半岛有功，强索划定汉口俄国租界。

四月二十二日（6月3日），中、俄在莫斯科签订《御敌互相援助条约》，即《中俄密约》；以中俄对日军事同盟为幌子，沙俄攫取了修筑东清铁路的特权，逐步控制了中国东北三省。

四月二十四日（6月5日），刑部侍郎李端棻疏请设立“京师大学堂”，及广设学校、立报馆等。

五月初五日（6月15日），江苏徐州爆发大刀会首领智效忠领导的反洋教起义，史称“徐州教案”。

六月十一日（7月21日），中、日签订《通商行船条约》。

六月间，应前福建提督张开松之请，杨守敬为其亡父洪润作《清故诰封振威将军、伊伯德恩巴图鲁、记名提督张公墓志铭并序》[②]，又应邀为其亡母周氏作《清故太夫人张提督母周氏墓志铭并序》[③]。

同月里，杨守敬应邀为前福建提督张开松的亡父母写好墓志及墓碑后，仍自宜昌来到宜都，为其亡母寻求卜葬之地；“数月，终不得当”，遂决定仍“入三管笔祖茔”[④]。

七月初一日（8月9日），黄遵宪、梁启超、汪康年等人在上海创刊《时务报》。

八月初二日（9月8日），清政府出使俄国大臣许景澄与华俄道胜银行签订《中俄合办东省铁路公司合同章程》。

八月间，应好友方地山之请，杨守敬曾为其制作有隶书七言对联一副：“周鼎汤盘见蝌蚪，深山大泽生龙蛇”，其题识云“地山仁兄方家正。光绪丁酉八月，弟杨守敬”[⑤]。

九月初五日（10月11日），孙中山被诱禁于英国伦敦中国使馆；十多天后，在英国朋友康德黎（J. Cantlie，原香港西医医院教务长）等人的援救下，获释脱险。

---

① 见《杨守敬集》第八册，第1146页。

② 见《杨守敬集》第八册，第1148～1149页。

③ 见《杨守敬集》第八册，第1149～1150页。

④ 见《邻苏老人年谱》，第21页。

⑤ 赵平：《杨守敬书法艺术研究》，湖北人民出版社2011年版，第30页。

九月十四日（10 月 20 日），清政府设立“芦汉铁路总公司”，以盛宣怀为督办。

九月十五日（10 月 21 日），中、俄订立《北京新约》。

九月十八日（10 月 24 日），朝命直隶总督兼北洋大臣李鸿章在总理各国事务衙门行走。

九月十九日（10 月 25 日），中、法订立《滇越界约》。

九月中旬，杨守敬自宜都老家回到黄州安排母亲灵柩的安葬事宜；“计程恐不及期，乃致书梁星海（鼎芬）[①]恳求张文襄以小轮拖柩赴宜都，文襄允之”[②]。

十月初一日（11 月 5 日），湖广总督张之洞特派小轮船拖守敬亡母灵柩抵达宜都。

十月初六日（11 月 10 日），杨守敬将亡母灵柩安葬于宜都三管笔祖茔。

十二月十五日（1897 年 1 月 17 日），美国商人在上海开办的“鸿源纱厂”正式开工。

十二月下旬，杨守敬在宜都老家处理完亡母灵柩的安葬事宜，因长子道承自回宜都后，“病已深”，不宜再旅途颠簸，只得“留妻李氏照拂”，自己则“率次子返黄”度岁[③]。

是年，杨守敬曾自制有水墨纸本行书五言联屏轴（109 cm × 29 cm × 2），其联及题识云“青精异紫轪，赤玉隐瑶溪。邻苏老人”，钤印“杨守敬印”“光绪丙申邻苏老人五十八岁作”[④]。

---

① 梁鼎芬（1859—1919），字星海，一字心海，又字伯烈，号节庵，又号夕庵，别号不回山民、藏山、夕厂、冬厂、病翁、葵霜、鹿翁、清士、痛夫等；室名“有耻堂”“葵霜阁”“栖凤楼”“抗愤堂”等。世称“节庵先生”。光绪六年（1880 年）进士，授翰林院编修，历官知州、知府、道员、按察使、布政使等。甲午战争时期，因弹劾李鸿章误国，被朝廷降五级调用，名震朝野。后受张之洞聘，先后主讲广雅书院和钟山书院。辛亥革命后，以遗老自居，被废帝溥仪召为毓庆宫行走，曾参与张勋复辟。卒后谥“文忠”。工诗词，善书法。有《节庵先生遗诗》及续编、《节庵先生遗稿》及剩稿、《欸红楼词》（一卷）等行世。

② 见《邻苏老人年谱》，第 21 页。

③ 见《邻苏老人年谱》，第 21 页。

④ 见浙江保利国际拍卖有限公司“2008 春季艺术品拍卖会：中国书画（二）”专场拍卖品，编号：1055。

光绪二十三年丁酉(1897 年)　五十九岁

是年，杨守敬仍在黄冈县教谕任上。

正月二十一日（2 月 22 日），康有为、梁启超、何廷光、何穗田、康广仁等人在澳门创办《知新报》。

正月二十九日（3 月 1 日），湖广总督张之洞在武昌奏设湖北武备学堂。

正月间，夏粹芳在上海创办商务印书馆，先设印刷所。

二月初，杨守敬因安葬母亲“资斧罄尽，家用维艰”，遂安排好学署以及家中事情，便“赴上海为卖字计，寓洋行街陈源盛栈”；“以其主人陈雁初（光第）旧友也”①。

至上海后，“雁初乃遍告其同乡及南洋、新加坡诸侨商，亦颇有所获”②。

二月初三日（3 月 5 日），日本在江苏苏州设立日租界。

二月十三日（3 月 15 日），法国驻华公使强迫清政府同意不将海南岛及对面广东海岸割让给他国。

二月二十日（3 月 22 日），英国商人在上海杨树浦路创办的“老公茂纱厂”开车织布。

二月三十日（4 月 1 日），杨守敬的长子必钧③在宜都老家病逝④。

二月间，因巡抚谭继洵奉旨入京陛见，朝命湖广总督张之洞兼署湖北巡抚篆务。

同月里，应好友敭伯之请，杨守敬为其作水墨纸本行楷七言联立轴（175.2 cm × 47 cm × 2）：“镌勒娥碑汉度尚，琢雕皇宝秦李斯”，其题识云“敭伯仁兄书家正，集廷喆刻经颂字。光绪丁酉二月宜都弟杨守敬”，钤印“杨守敬印”“星吾翰墨”⑤。

二月三十日至三月初四日（4 月 1—5 日），上海公共租界爆发独轮车夫

---

① 见《邻苏老人年谱》,第 21 页。

② 见《邻苏老人年谱》,第 21 页。

③ 杨必钧(1859—1897),字道承,号子鸿,在家照料家务,曾随父至武昌协助刊刻书籍。配邹氏,生有先枼、先楙二子。

④ 见《邻苏老人年谱》,第 21 页。

⑤ 见北京永乐国际拍卖有限公司“2007 秋季拍卖会:中国近代书画”专场拍卖品,编号:0048。

反抗捐税的斗争，遭到英、美帝国主义海、陆军的镇压。

三月初七日（4 月 8 日），康有为与唐景崧、岑春煊、蔡希邠在广西桂林发起组织“圣学会”，出版《广仁报》。

三月二十一日（4 月 22 日），江标、唐才常等人在湖南创办《湘学新报》，后改为《湘学报》。

三月间，应好友豹臣之请，杨守敬曾为其制作有水墨纸本行书七言联立轴（135 cm×29 cm×2）：“红雨半簾飞蛱蝶，绿云千叶盖鸳鸯”，其题识云“豹臣仁兄方家正。光绪丁酉三月，惺吾杨守敬”，钤印“杨守敬印”“邻苏老人”。

四月二十六日（5 月 27 日），中、比在武昌议定《芦汉铁路借款合同》。

四月二十六日（5 月 27 日），盛宣怀创建中国通商银行上海总行，它是中国自办的第一家商办银行；至年底，又在北京、天津、汉口、广州、汕头、烟台、镇江等地设立分行。

同日，谭继洵返抵武昌，张之洞交卸兼署湖北巡抚篆务。

同日，因天气较热，杨守敬打算先回黄州，秋后再来；于是，他给好友汪康年写了一封书函（即《杨守敬致汪康年》）[①]，算是向他辞行：

穰卿大兄阁下：

久不晤，歉甚。前者陶西园来沪与守敬相见只两次，厥后访之，则已回会稽。念从前西园曾赠我墨本数件，无以报之，谨以《隋书地理志考证》一部，伏祈为转寄会稽为荷，千万勿忘。又《墨子间诂》祈买一部，即付来手，如有书随即付价。

守敬在此担搁三月，笔墨事亦颇有所获，因天热不能不暂回黄州，秋后仍拟来此，常川可见面也。鸥客（案：汪康年之弟洛年之号）在宜昌，我意不以为然，何不招之来此，久久自然推广有益也。此上，即请近好不庄。

世弟守敬顿首　　廿六日

五月初六日（6 月 5 日），经仔细探究、考订，杨守敬为《晋王献之书〈洛神赋〉十三行》撰写了一篇跋文[②]。

六月初一日（6 月 30 日），杨守敬自上海回到黄州，除教授学生外，

① 上海图书馆编：《汪康年师友书札(3)》，上海书店出版社 2017 年版，第 2168 页。

② 见《杨守敬集》第八册，第 1102 页。

“又理旧业，检点藏书，拟刻《日本访书志》及《留真谱》”①。

六月间，梁启超、汪康年、麦孟华等在上海成立“不缠足会”。

七月初五日（8月2日），孙中山离开加拿大赴日本横滨。

七月十九日（8月16日），中东铁路②正式开工。

八月初五日（9月1日），朝命以户部尚书翁同龢为协办大学士。

八月十七日（9月13日），杨守敬致函（即《致梁鼎芬》）③好友梁鼎芬，对其去年在杨氏母葬期间给予的帮助表示感谢。其函云：

节庵〇〇阁下：

守敬辱承关注，使先母灵柩安抵里门，莫大之赐，铭感不忘。今春二月，始将葬后事宜料理清楚，拟赴省垣泣诣督辕叩谢。惊闻令弟衍若之丧，深为扼腕。念仁兄黑头〇〇，不能坐食，今又失一臂。不〇为鹡鸰痛也。本拟住留省垣，俟衍若柩至，一为临奠。又因小婿黄〇先赴上海期近，以过二月即不能入西学馆也，乃与之同趁舟而下。讵方抵沪上，而大儿已病故。宜都里籍道远，亦不克回。即于上海卖字数月，至六月朔始返黄州，而家中大小疾病，相仍已成痼疾。今不得已，使小婿携三人赴省就医，籍问起居万福。至贱体虽未大病，而衰颓之至。又念平生手稿，多未卒稿，急欲董理一番。而隋书地志，前刻忽遽，谬误实多，又校出更多近万字，挖补挤填，亦非易易。老而好学，炳烛之明。今病乃思学，庸有济乎？仁兄闻之，当为发一噱也。家中食指既多，而旧所典田又为横逆夺去，今尚在黄冈县讼。葆初大令深为不平，奈其狡诈倔强，〇亦不啻〇〇锡也。即颂著安。并贺节喜。

制弟守敬顿首　　八月十七日

再，厨子余生，曾在湘潭陈禹处处，又在唐兰生太守处当过，今赋闲在家。闻尊处厨房需人，可否试用之。如不需人，祈转荐他处。

守敬再拜

---

① 见《邻苏老人年谱》，第21页。

② 中东铁路：“中国东方铁路”的简称，亦称作“东清铁路”“东省铁路”。日俄战争结束后称“中东铁路”，即“中国东省部铁路”之意，指的是沙俄在清朝末期修筑的从俄国赤塔经中国满洲里、哈尔滨、绥芬河到达俄国符拉迪沃斯托克（海参崴）的西伯利亚铁路在中国境内的一段。

③ 贺宏亮：《新见三十五通杨守敬信札考释》，《中国书法》2016年第3期，第27页。

八月下旬，汪康年之弟汪洛年[1]曾有黄州之游，并在黄州小住，与前辈好友杨守敬相聚。

在黄州与前辈好友杨守敬相聚期间，汪洛年曾刻有“杨守敬印”印章一枚赠好友，印章边款为“汪洛年刻，充惺吾先生文房”[2]。

九月十三日（10月8日），杨守敬致函（即《杨守敬致汪康年》）[3]好友汪康年，对其弟往游黄州因事多未能好好招待表示歉意，并向他报告了书籍刊刻的进展情况：

穰卿大兄世大人阁下：

前月下旬令弟来敝处，适值学宪临黄，弟日不暇给，以是多有简慢。《咸淳临安志》既承赐赠，即亦不辞，无以为报。因令弟好敝处所藏之《红楼梦图咏》《画史汇传》及汉碑等件，聊以将意。本日夜送黄冈场，而令弟坚欲起程，竟不得送行为歉。至所属卖之廿四史票，须十九史寄来方可与人议之。《明堂经》《帝范》《悉昙字记》均刻成，封面亦书就，唯有题跋未刻，拟俟刻成将板片送上交陶子麟，已与令弟详言之矣。忙极作此，不庄。祈原亮，即请道安。

世愚弟守敬顿首　　十三日

九月间，资产阶级维新派在长沙设立时务学堂。

十月初一日（10月26日），严复和王修植、夏曾佑等人在天津创办《国闻报》。

十月初七日（11月1日），山东曹州巨野县德国传教士唆使教徒欺压民众，激起民众公愤，酿成“巨野教案”。

十月二十日（11月14日），德国借口巨野教案，出兵强占胶州湾（位于中国黄海中部、胶东半岛南岸、山东省青岛市境内的半封闭海湾）。

十一月二十二日（12月15日），沙俄舰队侵入辽东旅顺湾，强占旅顺、大连。

---

① 汪洛年(1870—1925),字社耆,号鸥客,浙江钱塘人。工书画,尤善山水,与沈塘齐名;又擅篆刻。久居淮上。后曾应湖广总督张之洞之聘,任两湖师范学校国画教员,大江南北,皆震其名。曾为袁寒云作《寒庐茗话图》长卷。辛亥革命后寓居上海,卒于沪。著有《墨林抱秀录》《汪鸥客画册》等。

② 见西泠印社拍卖有限公司“2012年春季拍卖会——文房清玩·近现代名家篆刻”专场拍卖品。

③ 上海图书馆编:《汪康年师友书札(3)》之第五函,上海书店出版社2017年版,第2170～2171页。

十二月十三日（1898 年 1 月 5 日），康有为等人在北京成立“粤学会”。

十二月二十日（1898 年 1 月 12 日），杨守敬原出使日本的上司、好友黎庶昌①在遵义沙滩旧宅去世。

十二月间，湖广总督张之洞奏请设立“粤汉铁路总公司”。

是年，杨守敬的同乡、同年王定安②在安徽凤颍六泗兵备道任上去世。

光绪二十四年戊戌(1898 年)　六十岁

是年，杨守敬仍在黄冈县教谕任上。

正月二十一日（2 月 11 日），英国强迫清政府声明不将长江流域各省割让或租借给其他国家。

二月初九日（3 月 1 日），清政府再次向英、德集团续借“英德洋款”。

二月十三日（3 月 5 日），周恩来（1898—1976）出生于江苏淮安城内驸马巷一个大户人家。

二月十四日（3 月 6 日），清政府与德国签订《胶澳租界条约》。

三月初六日（3 月 27 日），清政府与沙俄签订《旅大租地条约》。

三月二十日（4 月 10 日），法国强租广州湾，逼迫清政府宣布两广、云南不让与他国。

三月二十二日（4 月 12 日），康有为在北京粤东会馆成立“保国会”，梁启超、林旭、宋伯鲁、杨锐、刘光第、徐仁录、陈虬、傅增湘等 186 人列名。

---

① 黎庶昌(1837—1897)，字莼斋。贵州遵义人。廪贡生。早年从郑珍学习，后入曾国藩幕，与张裕钊、吴汝纶、薛福成合称“曾门四弟子”。曾署吴江、青浦知县。光绪二年(1876 年)随郭嵩焘出使英、法、德、西班牙等国，任参赞。七年(1881 年)起，曾两任出使日本大臣。十七年(1891 年)，出任川东兵备道兼重庆海关监督。工诗文，尤工古文辞，擅书法。著有《拙尊园丛稿》六卷、《西洋杂志》六卷、《曾文正公年谱》十二卷等，又编有《古文辞类纂》二十八卷，还辑刻有《古逸丛书》二百卷。

② 王定安(1833—1898)，字鼎丞，湖北东湖县(今宜昌市夷陵区)人。十三岁中秀才。咸丰十一年(1861 年)拔贡，同治元年(1862 年)举人。入曾国藩幕府二十余年。后历官江苏昆山知县、候补湖北荆门道员、直隶候补道员、山西冀宁道、安徽凤颍六泗兵备道等职。通经史，工诗文。著有《空舲文钞》《空舲诗稿》《空舲随笔》《湘军记》《曾文正公事略》《曾文正公大事记》《曾忠襄公年谱》《曾子家语》等数十种，另编选有《续古文辞类纂》。

同日，杨守敬的日本友人著名汉诗人书法家冈本黄石[①]在东京去世。

三月二十四日（4月14日），清政府与华美合众公司签订《粤汉铁路借款合同》。

三月二十七日（4月17日），杨守敬为黄冈学者万希槐[②]所著之《十三经集证》（十八册）有价值而不能刊行感到惋惜，特写了一篇题跋[③]述其事，以表达心中之不平。

闰三月初二日（4月22日），日本强迫清政府声明不将福建割让给他国。

同日，严复的译著《天演论》出版发行。

闰三月十七日（5月7日），沙俄与清政府订立《续订旅大租地条约》。

四月二十一日（6月9日），清政府与英国签订《展拓香港界址专条》。

四月二十三日（6月11日），光绪皇帝下“明定国是”诏书，宣布开始变法自强，先举办京师大学堂，又命督抚保举人才。“百日维新”（又称“戊戌变法”或“戊戌维新”）开始。

四月二十七日（6月15日），朝廷任命荣禄为直隶总督兼北洋大臣。

四月二十八日（6月16日），光绪皇帝召见康有为，命其在总理衙门章京上行走。

五月十三日（7月1日），中、英在北京签订《订租威海卫专条》。

同日，四川大足县的余栋臣再次发动反洋教起义。

五月十五日（7月3日），诏立“京师大学堂”，“官书局”及“译书局”皆并入大学堂，派孙家鼐为管理大臣。

五月二十四日（7月12日），清政府颁布《振兴工艺给奖章程》，它是近代中国第一个奖励科学发明的条例。

五月二十八日（7月16日），上海民众再次发动反对法国侵略者强占四

---

① 冈本黄石(1811—1898)，日本近江(滋贺县)彦根藩人。出身藩士家庭，后为彦根藩藩老，幕末、明治时期的武士、汉诗家、书法家。晚年至东京，创办“汉诗社”“曲坊吟社”，致力于中国文化的传播，与中国驻日公使馆官员黄遵宪相互酬唱，交往甚深。著有《黄石斋诗集》等。

② 万希槐，生卒年不详，字蔚亭，黄冈(今武汉市新洲区)县人。廪膳生。曾官湖北南漳县训导。通经、史、百家。著有《十三经集证》《困学纪闻集证》等。

③ 《晦明轩稿》，《杨守敬集》第五册，第1186页。

明公所的斗争。

五月间，应好友用宾之请，杨守敬曾为其制作有水墨纸本行书书法四屏（185 cm×46 cm×4）。其屏文及题识云“五○山绵亘……百花。光绪戊戌五月，拜录广清○传。用宾仁兄方家正，弟杨守敬，时年六十”，钤印“杨守敬印”（白）、“星吾翰墨”（朱）①。

六月初七日（7月25日），清政府命将张之洞的《劝学篇》颁发各省督抚、学政，俾得“广为刊布流传”。

六月十一日（7月29日），清政府命各省兴办中小学堂。

六月十五日（8月2日），清政府设立“矿务铁路总局”。

六月间，杨守敬专门为自己平时所用之端砚篆书铭文②，以作纪念：

其砚侧（右）篆书“邻苏园老藏端州内西洞天青砚第九”。

其砚底（正中）篆铭文“其制古，不为新心；其形朴，不为文心；唯朱唯墨，自有吾真也”。

其题识云“光绪戊戌六月，星吾铭”。

案：此砚为广东高要县所产之上好端砚，长 24.2 cm，宽 17.6 cm，厚 3.7 cm，重 3 845 克，深棕色，今藏宜都市杨守敬纪念馆。

七月初五日（8月21日），清政府设立“农工商总局”。

七月十九日（9月4日），光绪皇帝革去阻挠上书的礼部尚书怀塔布等六堂官职。

七月二十日（9月5日），诏令谭嗣同、刘光第、杨锐、林旭等以四品卿衔为军机章京，参与新政。

七月二十九日（9月14日），光绪皇帝赐康有为、杨锐密诏，谕以政变危机，望他们速筹良策。

八月初二日（9月17日），光绪皇帝密命康有为迅速出京，赴上海督办官报局。

八月初三日（9月18日），谭嗣同密访工部右侍郎袁世凯，企图借袁氏之力（案：此指小站所练新军）以胁迫慈禧太后。

八月初五日（9月20日），工部右侍郎袁世凯将帝党的计划向直隶总督荣禄告密。

---

① 见上海驰翰拍卖有限公司“2015 春季艺术品拍卖会(二)：古代书画”专场拍卖品，编号：0800。

② 赵平：《杨守敬书法艺术研究》，湖北人民出版社 2011 年版，第 58 页。

八月初六日（9月21日），慈禧太后发动政变，复出临朝训政，光绪皇帝被幽禁于中南海南海中的仙岛皇宫——瀛台。

八月十三日（9月28日），谭嗣同、刘光第、杨深秀、杨锐、林旭、康广仁被杀，史称“戊戌六君子”。

八月十九日（10月4日），杨守敬的前辈、友人黄云鹄①在蕲州老家去世。

八月二十五日（10月10日），清政府与英国中英公司订立《关内外铁路借款合同》。

八月间，汉口发生大火灾，延烧5 173户，死三百余人；朝命复设湖北巡抚一职。

同月里，杨守敬的三子蔚光以秀才的身份进入黄州府学学习。

此时，自长子安葬后，“媳邹氏及两孙先渠、先楙仍留宜都，无人教养，乃同龚氏返宜都，拟携之赴黄州。适横溪有房屋一区，颇宽广，亦有随田一硕余，价颇廉，友人皆劝余买之以为归根计”②。

九月初一日（10月15日），“怡和洋行”代表英国银行公司与盛宣怀订立《沪杭甬铁路借款草约》。

九月十八日（11月1日），上海纶华纱厂工人举行反对降低工人工资罢工。

九月间，湖广总督张之洞选派两湖学生赴日游学。

十月初一日（11月14日），梁启超在日本横滨创办《清议报》（旬刊），鼓吹保皇立宪。

十月二十二日（12月5日），清政府悬赏购捕康有为、梁启超、王照。

十月间，湖北长乐县（今五峰县）发生民众击杀传教士、教民，焚掠教堂事件，张之洞严饬宜昌地方文武速予平定，阻止其蔓延、扩展。

十二月，湖广总督张之洞奏请在汉口设置夏口厅治，改“汉口同知”为“夏口厅抚民同知”。

---

① 黄云鹄(1819—1898)，字芸谷，又字翔云、缃芸，湖北蕲春县青石镇大樟树村人。黄侃之父。咸丰二年(1852年)进士。历官刑部主事、兵部郎中、四川雅州知府、四川盐茶道、四川按察使等职。晚年辞官归乡，被张之洞聘为两湖、江汉、经心三个书院院长。博学多才，通经学，工诗文，擅书画，亦善弹琴。著有《归田诗钞》《实其文斋文钞》《实其文斋诗钞》《学易浅说》《群经引论大旨》《清画家诗史》《益州书画录续篇》《粥谱》《兵部公牍》等。

② 见《邻苏老人年谱》，第21页。

十二月间，杨守敬购买宜都横溪的房屋和耕田的事情终于谈妥；然此时他手头“无钱以偿之，乃致书于黄州，着二儿携赀至宜交兑”①。

年底，杨守敬和家人就留在宜都老家度岁。

光绪二十五年己亥(1899 年)　六十一岁

年初，杨守敬与家人仍在宜都老家过年。

正月十九日（2 月 28 日），意大利向清政府租借浙江三门湾，为清政府所拒。

正月间，湖广总督张之洞改两湖、经心、江汉书院课程，分经学、史学、天文、舆地、兵法、算学六门，并枪操三书院，一体按月考校；并分科聘请宿儒、饱学之士到院任教。

同月里，杨守敬刚请人将新购买的横溪房屋清理、修葺完毕，就“得张文襄电，招余充两湖书院（舆地）教习”②。

二月初三日（3 月 14 日），清政府任命毓贤为山东巡抚。

二月十二日（3 月 23 日），为好友汪康年前不久托朋友来杨守敬处借观各种书帖之事，守敬给好友汪康年写了一封书函（即《杨守敬致汪康年》）③寄去：

穰卿仁兄阁下：

连日为修造事仍不得出门，有疏问讯，慊甚。前日承为贵友取各种书帖，未知有合意者否？如留，祈将价掷下，缘有要需也。此上，即请刻安不庄。

弟守敬顿首　　十二日

二月中旬，杨守敬携家人自宜都回到黄州任所。

二月间，山东义和团（亦称“义和拳”）朱红灯率团众举行起义。

同月里，杨守敬应湖广总督张之洞之聘，赴省城武昌就任两湖书院教习，“任地理一门事”④。

同月里，杨守敬曾自制有水墨纸本行书七言对联：“空山野卉闲行处，

---

① 见《邻苏老人年谱》，第 21 页。

② 见《邻苏老人年谱》，第 21 页。

③ 上海图书馆编：《汪康年师友书札（3）》之第六函，上海书店出版社 2017 年版，第 2171 页。

④ 见《邻苏老人年谱》，第 21 页。

细雨黄花独对时”，其题识云“光绪己亥二月，杨守敬”（见《杨守敬作品精选集》）。

三月二十八日（5月7日），中、俄订立《勘分旅大租界专条》及《辽东半岛租地专条》。

四月初九日（5月18日），英国、德国与清政府签订《津镇铁路草合同》。

四月间，应仁斋姻亲之请，杨守敬曾为其制作有水墨纸本楷书《文心雕龙·神思》四屏（130 cm×38 cm×4）。其屏文及题识云“登山则情满于山，观海则意溢于海……祢衡当食而草奏，虽有短篇，亦思之速也。节录《文心雕龙·神思》。光绪己亥夏四月，仁斋姻世兄正之。宜都杨守敬”，钤印“杨守敬印”“星吾六十以后作”①。

五月间，杨守敬在对《隋书经籍志》作了认真研究、考订后，完成了《隋书经籍志补正》一书，并写了《〈隋书经籍志补正〉稿本记》一文纪其事②。

六月十三日（7月20日），康有为在加拿大成立“保救大清皇帝会”，简称“保皇会”。

八月初二日（9月6日），美国国务卿海约翰提出对华“门户开放”政策。

八月十三日（9月17日），山东平原义和团首领朱红灯率团众抢劫教民。

八月间，王懿荣首先发现河南安阳殷墟甲骨文，从而将中国的信史提前了1700多年。

九月十四日（10月18日），工部右侍郎袁世凯率军击散山东平原义和团朱红灯部众。

十月十四日（11月16日），清政府与法国订立《广州湾租界条约》。

十月间，杨守敬曾自制有水墨纸本行书七言对联立轴（122 cm×29 cm×2）：“未见书当从客借，无名花亦动人怜”，其题识云“光绪己亥十月，杨守敬”，钤印“宜都杨守敬印”“惺吾”“御墨远秀”③。

---

① 见上海大众拍卖有限公司“2005秋季艺术品拍卖会：明清书画宝鉴”专场拍卖品，编号：0176。

② 《晦明轩稿》，《杨守敬集》第五册，第1180页。

③ 见广东崇正拍卖有限公司“2017年春季拍卖会：润德堂藏名家书画Ⅱ”专场拍卖品，编号：0492。

案：此立轴后由牛干丞收藏，并由其题签“杨守敬七言联上，下。牛氏五百石精舍藏，干丞署籤”，其鉴藏印为“五百石精舍藏”“十六小砚斋”“时于此间得少佳趣”“十芳草堂”。

同月里，杨守敬曾自制有水墨纸本行书七言对联一副：“花径惜令童子扫，蓬门独为可人开”，其题识云“光绪己亥十月，杨守敬”①。

十一月初四日（12月6日），朝命撤换毓贤的山东巡抚职务，而以袁世凯署理山东巡抚，并率军大肆镇压义和团。

十一月十九日（12月21日），山东义和团首领朱红灯被清军抓捕。

十一月二十一日（12月23日），山东义和团首领心诚和尚（又号“本明和尚”）被清军抓捕，并同朱红灯一起解送济南。

十一月二十二日（12月24日），毓贤在离开山东济南前，将义和团首领朱红灯、心诚和尚、于清水等人杀害。

同日，两江总督刘坤一奉命进京陛见，而以江苏巡抚鹿传霖署理两江总督。

十二月二十四日（1900年1月24日），慈禧太后懿旨，立端王载漪之子为大阿哥（即太子），准备废掉光绪皇帝。

十二月二十七日（1900年1月27日），英、美、法、德、意驻华公使一致要求清政府速下剿灭义和团的上谕。

十二月间，杨守敬曾自制有水墨纸本行书七言对联一副（125.5 cm×27.8 cm×2）：“肝肺槎枒生竹石，蓬莱清浅半桑田”，其题识云“光绪己亥嘉平月，杨守敬”②。

是年，杨守敬与同在两湖书院任史学教习的姚晋圻③结识，并成为好友。

---

① 此联今藏湖北省博物馆，并收入《湖北省博物馆藏杨守敬书法》。

② 此联今藏湖北省博物馆，并收入《湖北省博物馆藏杨守敬书法》。

③ 姚晋圻(1857—1916)，字彦长，号东安，自署东安生，湖北蕲水人。光绪十五年(1889年)举人，十八年(1891年)进士，选庶吉士。散馆授翰林院编修，改刑部主事。曾参加康梁领导的维新变法。失败后回归故里，专事著述。1898年应张之洞之聘，任武昌两湖书院史学教习，兼任黄州经古书院院长。1903年任两湖书院院长。1906年后，历任湖北省教育会会长、法学会会长、谘议局议员、《湖北通志》纂修、礼学馆顾问官。1912—1913年任湖北教育司司长。工诗文，尤长经学。著有《公羊春秋笺注》《三家书义发微》《春秋备疏》《经论》《礼经杂记》《汉志矿地记》《九宫随释》《小学教育法》《东安日程》等。

是年，杨守敬的前辈友人许振祎①在奉新老家去世。

是年，杨守敬将《日本访书志》一书正式刊刻行世。该书著录珍秘古籍二百三十五种，对每种书皆详记其版式、行款、字数与各家序跋，考辨其源流和撰者姓名、爵里，评论其优劣，并提出了鉴别古卷子的方法，是一部质量极高的目录版本学著作。正因如此，其面世后深受学界学者推重。

光绪二十六年庚子(1900年)　六十二岁

是年，杨守敬仍在两湖书院任地理教习，并与同在两湖书院任经史、文学教习的同乡黄福②结识，成为好友。

案：两湖书院由湖广总督张之洞于光绪十六年（1890年）四月在武昌创办。由湖北、湖南学政选调两省学子各一百名入学肄业，并另设商籍学额四十名。书院除设有经学、史学、理学、文学、算学、经济学六门课程外，尚开设有天文、地理、化学、博物等新学科。光绪二十八年（1902年），张之洞将书院改为两湖大学堂。民国成立后，改设学校。

年初，杨守敬致函弟子熊会贞，“嘱其来省襄校及起草为各地理书。自是以后，崮芝每年来省赞助”③。

此时，三子蔚光仍在黄州府学学习，且“食饩”④。

案：明清时经科举考试取得廪生资格的生员可享受官府发给的廪膳补贴，称为“食饩”。所谓廪生，就是秀才经过岁考和科考两试成绩优秀者。

正月二十日（2月19日），朝命直隶、山东督抚出示晓谕，严行禁止义

① 许振祎(1827—1899)，字仙屏，江西奉新人。拔贡生。咸丰(1851—1861年)中，以内阁中书入曾国藩幕府多年。同治二年(1863年)进士。历官翰林院编修、国史馆协修、陕甘学政、河南彰卫怀道、河南按察使、江宁布政使、东河河道总督、广东巡抚等职。光绪二十四年(1898年)奉调入京。不久，乞假归养。次年卒于乡。工书。著有《许仙屏侍郎督河奏稿》等。

② 黄福(1850—1936)，亦名复，字雨生，号翼生，湖北沔阳人。光绪十一年(1885年)举人。后历任湖北枝江、均州、蕲水、德安、江夏、黄州等府县学官，两湖书院、存古学堂经史文学主教，湖北高等师范学校、国学馆经史文学教授兼国学馆课试总校阅。平生致力教育，潜心著述，成果颇丰。通经史，工诗文。著有《诸经补正》《读史正义》《理学正宗》《觉世微言》《古本大学注》《洪范集解》《系辞说卦辑义》《老子解》《易经大义》《孝经详注》《冬官补亡编》《一经大义》《孟子要义》《诸子粹言》及诗文集等。

③ 见《邻苏老人年谱》，第21页。

④ 见《邻苏老人年谱》，第21页。

和拳会；若仍执迷不悟，即行从严惩办。

二月十四日（3 月 14 日），朝廷擢升袁世凯为山东巡抚，调毓贤为山西巡抚，邓华熙为贵州巡抚。

二月间，杨守敬曾自制有水墨纸本隶书七言对联："经年但醉宜城酒，千里惟担华岳图"，其题识云"光绪庚子二月，杨守敬"（见《书法报》官方微信公众号）。

同月里，杨守敬又曾自制有水墨红底纸本行书七言对联一副："爱敬古梅如宿士，护持新笋似婴儿"，其题识云"光绪庚子二月，杨守敬"（见艺都国际商城）。

同月里，应亲属之请，杨守敬曾为其制作有水墨纸本隶书七言对联："高秋华岳三峰出，晓日潼关四扇开"，其题识云"〇斋四哥之属。光绪庚子二月，杨守敬"（此联今藏湖北省博物馆）。

三月初七日（4 月 6 日），英、美、德、法四国照会清政府总理衙门，请于两月"剿灭"义和团，否则将出兵"代剿"。

三月十三日（4 月 12 日），朝廷以山东部分义和团主力转入直隶境内，会威胁到朝廷安全，命直隶总督裕禄认真查禁。

三月间，应好友谈文之请，杨守敬为其书水墨纸本隶书七言联立轴（135 cm×31 cm×2）："何人更识嵇中散，他日终烦顾虎头"，其题识云"凤威老兄审音善画，为集东坡语书以赠之。光绪庚子三月，惺吾杨守敬"，钤印"杨守敬印""星吾六十以后作""千卷唐钞万卷宋椠人家"①。

同月里，因张之洞的关照，以杨守敬年岁较大，本学年遂未安排其给学生讲课；杨守敬乃抓紧时间，应同乡好友藏书家、时任两淮盐运使的柯逢时之请，开始为其刊刻宋本《大观本草》等书。

案：这里所说的《大观本草》，又称《经史证类大观本草》，宋唐慎微撰，三十一卷，目录一卷。1900 年开雕，1902 年刊刻完成。今收入《武昌医学馆丛书》，并附有柯逢时《大观本草札记》二卷。

四月二十四日（5 月 22 日），义和团在直隶涞水县大败清军，杀死副将杨福同，取得"涞水大捷"。

四月二十九日（5 月 27 日），英、俄驻华公使通知清政府总理各国事务

① 见香港淳浩拍卖有限公司"2007 年秋季艺术品拍卖会：中国近现代书画"专场拍卖品，编号：0177。

衙门，拟派兵来京。义和团毁琉璃河、长辛店铁路；次日，又毁丰台铁路。

五月初四日（5月31日），英、美、法、俄、日、意水兵三百余人进入京城使馆区。湖广总督张之洞致电总理衙门及军机大臣荣禄，请速剿拳匪，保护铁路。

五月十二日（6月8日），两江总督刘坤一亦电请剿灭义和团。

五月十三日（6月9日），义和团蜂聚北京附近，捣毁“京津铁路”。

五月十四日（6月10日），英、德、俄、法、美、日、意、奥等八国组成二千多人的联军，由英国海军中将西摩尔率领，从天津向北京进发，抵达杨村（位于天津市武清区境东南部，京、津、塘高速公路与京山铁路之间，夹河成镇）。

五月十五日（6月11日），日本驻华使馆书记杉山彬在北京永定门外为董福祥的甘军部下所杀。各国联军与义和团在直隶廊坊（今河北省廊坊市）接战。

五月十六日（6月12日），义和团开始在北京焚烧外国教堂；总署大臣启秀传太后懿旨，慰问各国驻华使馆。

五月十九日（6月15日），朝命京城步兵统领衙门、神机营、虎神营、武卫中军会同弹压“拳匪”；又命两广总督李鸿章迅速来京，而两广总督由广东巡抚德寿兼署。

同时，朝廷任命兵部侍郎李端遇、国子监祭酒王懿荣为京师团练大臣，办理京师团练事宜，督率兵勇，抗击联军，以保京师安定。

五月二十日（6月16日），清廷召集王大臣、六部九卿会议，商阻洋兵进京事宜。两江总督刘坤一、湖广总督张之洞均电军机大臣荣禄，请速剿匪。

五月二十一日（6月17日），八国联军开始攻打天津大沽口炮台，义和团进攻天津紫竹林租界。慈禧太后召见王大臣等议事。有人伪造了各国驻华公使要求太后归政的照会，太后见之大怒，声言要与联军决战。

五月二十四日（6月20日），德国驻华公使克林德在京城被杀。董福祥率甘军与义和团开始围攻北京东交民巷使馆。

五月二十五日（6月21日），太后下旨，与各国宣战。两江总督刘坤一、湖广总督张之洞、巡阅长江水师大臣李秉衡等疆吏仍致电总署，请力剿邪匪。

是日，董福祥的甘军攻占德、法、意、美四国驻华使馆，其他的中国军队亦向外国使馆发起攻击。

五月二十六日（6月22日），甘军乘乱劫掠相府与王府。

五月二十九日（6月25日），慈禧太后颁下懿旨，停攻外国驻华使馆并派兵保护。

五月三十日（6月26日），两江总督刘坤一、湖广总督张之洞等疆吏派代表与各国驻华领事会订《东南保护约款》。

五月间，杨守敬曾自制有水墨纸本行书七言联立轴（132 cm×32.5 cm×2）："惊鹊绕枝栖不稳，〇鸿呼伴还犹闻"，其题识云"光绪庚子五月，杨守敬"，钤印"宜都杨守敬印""惺吾"[①]。

案：此轴本杨守敬书，后由杨荆山持赠杨志江收藏，并请王文农用淡墨画花鸟并记其事于对联之上。可谓书画合璧也。

同月里，杨守敬又曾自制有水墨纸本行书七言对联一副："十千酒醒吴江鲙，第二泉烹顾渚茶"，其题识云"光绪庚子五月，杨守敬"[②]。

同月里，杨守敬又曾自制有水墨纸本行书七言对联一副："爱身不堕如怀璧，戒酒新严似筑堤"，其题识云"光绪庚子五月，杨守敬"[③]。

同月里，杨守敬为刻书之事，在收到同乡好友柯逢时的来函后，曾给他回过一封书函（即《寄慎庵之三》）[④]云：

慎庵廉访大人阁下：

前得来示，久稽裁答，以刻书伊始，选工不易，加以校对《本草》，日无宁晷。来札刻《七经》，幡天际地，老不可言。固也不知刻《本草》尤为烦扰，一则湖北工人所刻仿宋书字体多整齐者，此《大观本草》则以圆润为主，故虽有能者，亦不得不另授笔法，故每一页刻成，必修改，或竟弃之，而易工重刻，月余来始有端绪。二则此书为唐慎微所撰，而及身未尝雕板，至大观政和始两刻。继为《本草》，大费校订。而刻字好手又不易得，计陶子林（子麟事多，且尔来疲倦），不过刻得十余纸，其余皆李子其鸠合黄叔、李组及汉阳帮人刻之。由今计之，今

---

① 见广州市艺术品(公物)拍卖有限公司"2009年冬季拍卖会:中国书画"专场拍卖品,编号:0748。

② 此联今藏湖北省博物馆,并收入《湖北省博物馆藏杨守敬书法》。

③ 赵平:《杨守敬书法艺术研究》,湖北人民出版社2011年版,第24页。

④ 刘信芳整理:《杨守敬函稿》,《东南文化》1992年第Z1期。因此书函不见于《杨守敬集》,故全文移录于此。

年恐未能刻成《本草》。经书亦不过一二种，明年未必通能刻成。阁下固以求精不求速为要，而守敬则竞竞以速为贵者。一则守敬老，恐不及竣事；二则校对人与刻工人不同，只可计年月，不可论书字多少。若为时太久，则所费多。所幸守敬今年虽仍充两湖分教，而湘帅以守敬年稍大，不欲我劳，故今年未曾上堂，而得一意为阁下校书。所以不辞劳瘁者，而守敬在日本收书，本拟归家刻之，乃久呼将伯，无助之者。今得阁下发愿为之，守敬之素愿偿矣。

此书成自宋刻上木，而同人皆谓是焚琴煮鹤（刘幼丹粮储亦云然），乃以元本入木，然元本只存半部，余半部仍不能不影写，而写费亦略得买书之半。计此书三十一卷，一大箧，论值当值三数百金，敢请阁下裁之。此后半即以宋本上木，抑影写上木（影写有高手，能与宋刻无二），而仍存此宋本在天地间乎？祈速示知。至于刻费，与陶子林、李子其细商，非每字二文半不可（连版写在内），而校对工钱不与焉。现在请有校书者四人，一熊固之（名会贞，并校《七经》及翻检各书，每年二百金，伙食在外），二黄逖先（兼翻阅各医书，并誊写札记，每年一百金，伙食在外），其余二人则死对各本异同者（每年五十金，连伙食不及百金），守敬则总其成。计此医书宋、元之外，有明刻本二通，朝鲜古刻本二通（皆一一校对，有札记），《七经》则合数十通校之（《论语》最多古本，故从《论语》刻起），非此四人之力能办。所幸守敬十余年间，自校、请人校，皆各批于书眉，此时唯合订于一本耳。惟其中去取则大费踌躇。然自陆德明以来，校订此事者项背相望，守敬虽非经学名家，然亦尝涉猎于此，尚不至变乱黑白。若惧后人之口实，则无论守敬。自汉唐石经（汉石经"竟与之"，脱"与"字，唐石经有通人不观之说），及宋刻九经三传，已不能无脱误。以近事论之，若阮文达之《十三经校勘记》，当时即来翁覃溪非议。近日谭仲修《日记》且疵江西注疏本为某篇注文为孙氏所乱，恐正文亦多非贾氏原本，即宋本亦未可据（注中所引《毛诗疏》实为陆玑书，前疑非陆者误）。此时重刻，自非遍校所引各书互证不可，不得以他书改本书为嫌也。

阁下试以此书校本寄来，且缓刻，俟守敬通校一过，再定从达何如？丁秉衡虽好学，恐尚未能办此。《圣惠方》已写得十余册，而来札欲寄豫章，谓此间有能校此书者。但卷某篇茫无津涯，亦有漏者。然辑古地理书，几书不可没也，幸勿忘之。颇闻汉口皮头店不得利，已减去五六千之本。据陶子林言，大抵我辈读书人不可做买卖，一动手便亏本，弟尝之屡矣。本不想言无干事，然恐于阁下大局有关，故不避嫌而言之，恐当早有处之也。

六月初三日（6月29日），清政府命我驻外国公使向所在国政府解释清政府的宣战乃是出于被迫。

六月初五日（7月1日），奉天义和团烧毁城内法、英教堂和东清铁路公司。

六月初七日（7月3日），辽阳群众焚毁俄国人在茨儿山所开办的煤矿。

六月初九日（7月5日），杨守敬接到同乡好友藏书家、时任两淮盐运使柯逢时关于求借《齐民要术》准备予以刊布以及为三儿捐官等事宜的书函，遂当即给他写了一封回函（即《寄慎庵之一》）①云：

慎庵都转仁兄大人阁下：

前月得手谕，雒诵再四，妮古之怀如昨：真所谓风雨如晦，鸡鸣不已者，钦佩何似。守敬自日本携古书归，满拟择尤墨诸板，以饷学者，而口焦唇干，卒无应者。仅杨葆初刻两种（《脉经》《樊川集》），而缄秘不印行，令人愤懑。何意来书阊阖于此，乃知真知笃好，固自不同也。方拟专人携所有秘籍下扬，而风鹤频惊，又使人前却，何斯道之多艰乎！陶子林为阁下物色经理书籍人，非他，即守敬之外孙（亦即子林之姨妹夫），此子废学，由守敬而颖悟默识，颇多才艺（装璜、毡拓、钩摹皆能之）。守敬近日邀枝江熊固之为绘《水经注图》，其伸缩縢真，皆赖士麟，此图若成，汪梅村之书可摧烧之矣，盖其谬误不堪指摘也。实不能舍之去（以所绘一纸呈览），而子麟以为得阁下赏识，他日当有口饭吃也，守敬亦以为然。已约子麟同行，而子麟事烦掣手，且有戒心，又不能即行。前承允许三儿赴扬差使，感荷无既，亦以时局暂止。鄙人复有一女婿黄志孚，广东东莞人（年26岁，黄家驹之长子，家驹更名萼，三十未进士，由刑部主事改官洋县知县，现已告罢而未回籍，与阁下乡榜同年，想相识也），其天分本可传吾学，以其父欲以学西洋文字语言，故于中土书未能博览。然其文笔亦自条达，留守敬处数年，金石文字颇得通晓，能篆书，又学张廉卿楷书，几乱真（若以之校《关中金石记》，当能之），未识尊处需用西洋文字语言者否？即无可用，以之为

① 刘信芳整理:《杨守敬函稿》,《东南文化》1992年第Z1期。因此书函不见于《杨守敬集》,故全文移录于此。

书记，亦似能胜任（但未习官场四六款式）。意欲为三儿捐官者，转以嘱之小婿，因其父罢官，宦囊萧索，不能食故也。如以为可，守敬将使其与许士麟先谒台端，看其质地如何，而后决谋官之计。

来谕又云（为）我刻书，高谊可感。然守敬撰述虽多，脱稿者少（大抵一二年间皆可成），似不如就阁下所欲刻者先之。来谕求《齐民要术》，意若守敬有难割之隐，岂知守敬但得有重刻古书之人，方将顷筐倒箧以赠之，况阁下素交乎。又言向常熟瞿氏借医籍，此勿庸也，读铁琴铜剑楼医类，远不及守敬之多且奇，而阁下未之知耶？故以所藏医书目录及拟刻目录呈览，俟阁下检定，即嘱小婿外孙赍到。守敬刻下极力整理旧稿，以《水经注疏》为第一义（八十卷，图八卷）；次则《历代经籍考》四十卷，略仿《经义考》例，唯不录其序跋，至唐而止；《古诗存》二百卷，以《古诗纪》为底本，而各注所出书，又注其误，补其缺，以配严铁桥之《上古三代秦汉六朝文》，惟卷帙浩繁，自念此生必无力书付之梓。就三书唯《古诗存》易于复校，得一二耐劳之士，数月便可成书。阁下如以撰为不徒，即以奉赠何如？

又有商者，隋唐以前古书十亡八九，章宗源辑本既散佚，守敬尝欲重辑之。兹事体大，苦无襄助之人。若以阁下之力，能得数人分撰（唯《十三经注疏》《文选注》颇难，其他类书，一抄胥之力也），使守敬之总其事，则阮文达之《经籍纂诂》、李申耆之《地志韵编》未足骇也（此事在他人非开局办之不成，守敬目（为）不甚难，唯刻资不易耳）。守敬不恪，于刻书校书似有一日之长（《古逸丛书》成之一人之手，期以一年之力，此亦从未所有者），唯道途悬远，往复函商，殊不易易，诚如阁下所云。守敬不自量，能为我于扬州谋一书院，则将褰裳从之，缘既可了夙愿，而书院必有高才同好者助我，尤费省而功速。但时势如此，正未知如何收拾，乃复为此呆语，非阁下夙契，何可孟浪言之。拉杂琐削，有渎观听，唯亮察不庄。

小弟守敬顿首　　六月九日

六月初十日（7 月 6 日），沙皇尼古拉二世乘机自任总司令，下动员令，先后调集近十八万军队，分六路入侵中国东北。

六月十二日（7 月 8 日），清政府任命原两广总督李鸿章为直隶总督兼北洋大臣，准备向八国联军乞和。

六月十三日（7 月 9 日），武卫前军总统、直隶提督聂士成在天津战死。

六月十八日（7 月 14 日），八国联军占领直隶天津，大肆劫掠。

同日，闽浙总督许应骙与俄、英、美等六国驻福州领事签订《福建互保协定》。

六月二十、二十一日（7 月 16—17 日），沙俄侵略军在黑龙江先后制造了“海兰泡惨案”与“江东六十四屯血案”。

其间，自盛京（今沈阳市）北至开原（今铁岭市开原市），南至海城（今鞍山市海城市），俄国人所修建之铁路、桥梁均为当地群众拆毁。

七月初三日（7 月 28 日），杨守敬的好友太常寺卿袁昶①与吏部左侍郎许景澄②因反对围攻外国驻华使馆和对外宣战，得罪慈禧太后，同时被杀害；随后，徐用仪、立山、联元等人又相继罹难。

七月初五日（7 月 30 日），八国联军成立天津临时政府，即“天津都统衙门”。

七月初九、初十日（8 月 4—5 日），沙俄侵略军先后占领哈尔滨、瑷珲、营口；八国联军占领北仓（今天津市北辰区北仓镇）。

七月十一日（8 月 5 日），八国联军攻陷杨村（天津市武清区杨村镇），已革职留任的前直隶总督裕禄自杀殉国。

七月十三日（8 月 7 日），清廷授直隶总督李鸿章为全权大臣，即日电商各国停战。德皇宣布以瓦德西为联军统帅。

七月十八日（8 月 12 日），八国联军占领通州（今北京市通州区）。

七月十九日（8 月 13 日），俄国侵略军攻占北京东便门。董福祥率军与义和团一起连日猛攻各国驻华使馆。

---

① 袁昶(1846—1900)，初名振蟾，字重黎，一字黎秋，又作爽秋，浙江桐庐人。曾从刘熙载学。光绪二年(1876 年)进士，历官户部主事、总理各国事务衙门章京，累官至太常寺卿。性耿直，好言事。义和团兴起，主张镇压，反对对外宣战，与许景澄同时被杀。工诗善文，他与沈曾植同为晚清浙派诗人代表，颇受陈衍、沈曾植、金天翮等推重，著有《于湖文录》、《于湖小集》、《安般簃集》、《安般簃诗》(十卷)、《渐西村人初集》(十卷)、《袁氏艺文金石录》(二卷)等。死后有《袁忠节公遗诗》行世。

② 许景澄(1845—1900)，原名癸身，字竹筠、竹篔，浙江嘉兴人。同治五年(1866 年)进士，由翰林院编修、侍讲学士累官至总理各国事务衙门大臣，兼工部左侍郎、京师大学堂总教习、管学大臣；曾任出使日、法、德、意、荷、奥、比、俄等国大臣。主张镇压义和团，反对对外宣战，与袁昶同时被杀。他与袁昶皆为李慈铭弟子，重视对经世之学的研究，擅诗，犹工骈体文。著有《许文肃公遗稿》《奏疏录存》《许文肃公补集》《许竹筠诗稿》《许竹筠出使函稿》等。

七月二十日（8 月 14 日），八国联军攻入北京城内，大肆掳掠。

七月二十一日（8 月 15 日），慈禧太后挟持光绪皇帝仓皇离京西逃。

七月二十二日（8 月 16 日），清政府议和全权大臣李鸿章致电各国停战议和。

七月二十六日（8 月 20 日），光绪皇帝于西逃途中发布《罪己诏》。

七月二十九日（8 月 23 日），朝命护理陕西巡抚端方在西安预备驻跸之所，准备迎驾。

七月三十日（8 月 24 日），朝旨准议和全权大臣李鸿章便宜行事，迅速处理善后事宜。李鸿章则电请派奕劻、荣禄、刘坤一、张之洞亦为全权大臣。

七月间，应湖广总督张之洞之邀，罗振玉自家乡来到武昌，出任湖北农务局总理兼农校监督。杨守敬与罗振玉的相识，应在此后至罗氏次年七月离鄂期间。

八月初五日（8 月 29 日），沙俄侵略军占领黑龙江齐齐哈尔。

八月初七日（8 月 31 日），朝廷加派两江总督刘坤一、湖广总督张之洞会同全权大臣李鸿章商办和议。

八月十六日（9 月 9 日），朝廷授权奕劻、李鸿章、荣禄均为议和全权大臣；刘坤一、张之洞会办议和事宜，均准便宜行事。

八月十七日（9 月 10 日），两宫抵达山西太原。

八月二十九日（9 月 22 日），沙俄侵略军占领吉林（今吉林省）。

八月间，杨守敬曾自制有水墨纸本行书七言联立轴（135 cm × 33 cm × 2）：“叶落转枝翻鹊影，星飞横水带萤光”，其题识云“光绪庚子八月，杨守敬”，钤印“宜都杨守敬印”（白）、“惺吾”（白）①。

闰八月初二日（9 月 25 日），朝命惩处纵容包庇拳匪的诸王大臣。庄亲王载勋、怡亲王溥静及贝勒载濂、载滢皆革去爵职，端亲王载漪撤去一切差事，交宗人府严加议处。辅国公载澜、左都御史英年均交宗人府严加议处。协办大学士、吏部尚书刚毅及刑部尚书赵舒翘则交部议处。

闰八月初五日（9 月 28 日），沙俄派军队占领辽阳（今辽阳市）。

闰八月初八日（10 月 1 日），两宫离开山西太原前往陕西西安。

是日，议和全权大臣李鸿章接任直隶总督；沙俄派军队占领沈阳（今沈阳市）。

---

① 见山东天承拍卖有限公司“2011 秋季艺术品拍卖会：中国书法”专场拍卖品，编号：0671。

闰八月二十四日（10 月 17 日），议和全权大臣奕劻、李鸿章照会各国使臣，和议开始。

九月初四日（10 月 26 日），两宫抵达陕西西安。

九月初五日（10 月 27 日），各国驻华公使一致通牒，要求惩处载漪、载勋、载澜、溥静、毓贤、李秉衡、董福祥、刚毅、赵舒翘等十一人。

九月初九日（10 月 31 日），沙俄派军队占领锦州（今锦州市）。

九月十七日（11 月 8 日），沙俄强迫盛京将军增祺的代表签订《奉天交地暂且章程》。

九月中旬，署理陕西巡抚端方因接驾有功，朝命调任河南布政使。

九月二十日（11 月 11 日），好友沈塘①好收藏钟鼎、彝器、刀币、砖瓦、砚磁、书画之属，杨守敬应邀为其收藏的古爵撰写了一篇《沈雪庐所藏古爵》的跋文②。

九月二十二日（11 月 13 日），朝旨革去载漪爵职，与载勋同交宗人府圈禁；溥静、载滢一并交宗人府圈禁；载濂已革爵职，命其思过；载澜、英年则降调，赵舒翘革职留任，毓贤充边。

是日，八国联军攻陷直隶保定后，开始进攻直隶张家口。

九月二十九日（11 月 20 日），议和全权大臣奕劻、李鸿章致电军机大臣荣禄，各国驻华公使坚持惩办甘肃提督董福祥。

九月间，守敬曾自制有水墨纸本行书七言对联立轴（149 cm × 38 cm × 2）："雨花落座成金粟，露竹迎风舞钓丝"，其题识云"光绪庚子九月，杨守敬"，钤印"宜者杨守敬印""星吾"③。

同月里，守敬又自制有水墨纸本行书立轴四屏（135 cm × 32.5 cm × 4）。其屏文及题识云"又飞鸟所不能栖……故相承谓之插灶也。　光绪庚子九月，惺吾杨守敬"，钤印"惺吾""宜都杨守敬印"④。

---

① 沈塘（亦作唐，1865—1921），字莲舫，别字雪庐，江苏吴江雪巷人。幼即好画，1883 年弃举业，专事绘画、篆刻。1889 年拜陆恢为师习画。后入张之洞幕府，为吴大澂、张之洞所器重。1896 年纳赀为湖北巡检。1901 年捐候补知县。后曾指教两湖总师范学堂。1914 年曾游历日本，回国后移居苏州，求画者不绝于门。

② 见《杨守敬集》第八册，第 1115 页。

③ 见北京华辰拍卖有限公司"2017 秋季拍卖会：'读画楼'藏中国书画"专场拍卖品，编号：0375。

④ 见广州市艺术品（公物）拍卖有限公司"2010 年冬季拍卖会：中国书画"专场拍卖品，编号：0846。

案：此屏轴后收入澳门艺术博物馆所编之《百年心画——晚清民国名人书迹》一书，第156～157页。

同月里，守敬又制作有水墨纸本行书节录《文心雕龙》四屏轴（130 cm×32 cm×4）。其屏文及题识云“（文略）……光绪庚子九月，惺吾杨守敬”，钤印“杨守敬印”“邻苏老人”①。

同月里，守敬又曾自制有水墨纸本隶书五言对联立轴（255 cm×59 cm×2）：“河汾唐将相，宛洛汉公侯”，其题识云“光绪庚子九月，惺吾杨守敬”，钤印“杨守敬印”“星吾六十以后作”②。

十月十二日（12月3日），朝命甘肃提督董福祥革职留任，即日带领所部回甘。

十月十九日（12月10日），八国联军在京城设立“管理北京委员会”。

十月二十一日（12月12日），好友谭献应邀“为惺吾酌定《隋书地理志考证·序》”，并盛赞“惺吾年来所撰，脱稿自叙，骈体闳博”③。

十一月初三日（12月24日），各国驻华公使联合通牒，提出和约大纲十二条。

十一月初六日（12月27日），清政府照允十二条大纲。

十二月初十日（1901年1月29日），朝廷正式下诏变法，而变法诏书即出自樊樊山之手。

十二月二十五日（1901年2月13日），朝廷第三次下旨加重惩处祸首：载漪、载澜均发配新疆永远监禁，载勋赐自尽，毓贤正法，刚毅追夺原官，董福祥革职，英年、赵舒翘革职定斩监候，徐桐、李秉衡革职并撤销恤典；启秀、徐承煜先行革职，查明后从严惩办。开复徐用仪、立山、许景澄、联元、袁昶原官。

是年，在弟子熊会贞的襄助下，杨守敬“刻《汉书地理志补校》……成”④。

案：《汉书地理志补校》（今收入《杨守敬集》第一册，第181～224

① 见青岛中艺拍卖有限公司“2016五周年艺术品拍卖会：艺苑藏珍——文物商店旧藏”专场拍卖品，编号：0346。

② 见北京匡时国际拍卖有限公司“2017秋季拍卖会：强其骨——金石家书画”专场拍卖品，编号：0840。

③ 谭献著，范旭仑整理：《复堂日记》，河北教育出版社2001年版，第380页。

④ 见《邻苏老人年谱》，第21页。

页），全书一册，分上、下卷，书前有杨守敬于光绪二十五年（1899 年）四月所写之《汉书地理志补校·序》一篇。

是年，杨守敬还应好友藏书家、时任两淮盐运使的柯逢时之请，为其刊刻宋本《大观本草》。

是年，应好友仪臣之请，杨守敬曾为其制作有水墨纸本行书四屏（145.5 cm×39 cm×4）。其屏文及题识云“〇潼乡河曲汾阴……为四渎发源注海者。光绪庚子，仪臣仁兄大人正，弟杨守敬”，钤印“杨守敬印”“星吾六十以后作”①。

同年里，杨守敬又自制有水墨纸本行书对联：“幸无奇字藏书箧，别有幽禽劝酒杯”，其题识云“光绪庚子嘉平月，杨守敬”，钤印“杨守敬印”“星吾六十一以后作”。

是年，杨守敬的友人吴德潚②在平昌白衣庵老家被不法之徒杀害。

光绪二十七年辛丑(1901 年)　六十三岁

是年，杨守敬仍在两湖书院任地理教习。

正月初三日（2 月 21 日），朝廷再次下旨，加重惩处肇祸诸臣：载勋自尽，英年、赵舒翘自尽，毓贤正法；载漪、载澜斩监候，加恩发往新疆；照会各国交回启秀、徐承煜，即行正法；刚毅斩立决，徐桐、李秉衡斩监候，惟其已故，业经革职，撤销恤典，应免再议。

正月二十三日（3 月 13 日），山西巡抚锡良开缺，而以甘肃布政使岑春煊补调；因迎銮护驾有功，朝命河南布政使端方不必赴豫，仍留西安护理陕西巡抚。

二月间，杨守敬为求书、刻书等事宜致函（即《致沈曾植》）③好友沈曾植云：

子培仁兄执事：

客岁所嘱抄之件，因一时未得写手，故迟迟。今已一律书成，又嘱

---

① 见广州市艺术品（公物）拍卖有限公司“2004 年春季拍卖会：中国书画（望云斋藏中国书画、犁春居‘苏庚春’藏中国书画）”专场拍卖品，编号：0380。

② 吴德潚（1848—1900），字季清，四川平昌白衣庵人。少聪慧，博览群书；性豪爽，工书法。后出川游历，与康有为、梁启超、汪康年、黄遵宪等交厚，发起创办《时务报》，宣传变法图强。因其豪爽正直，为当地不法之徒所忌恨，乘义和团兴起之机，将其一家数十口杀害。乱平后，朝廷恤赠道衔，赏云骑尉世职。

③ 贺宏亮：《新见三十五通杨守敬信札考释》，《中国书法》2016 年第 3 期，第 26 页。

检金文拓本，兹以三百廿纸奉呈。前求墨翰，竟未寄下。若不肯作擘窠书，即为书册页或卷子皆所愿也。若竟成虚愿，则抱恨终古矣。慎庵刻《大观本草》，已动工，兹以样子呈，虽不如东洋刻手，然以相去不远。《留真谱》或可系叶。《访书志》亦成八册，大约四五月间可印，届时再以闻。匆匆草此，即颂著安。不庄。

弟守敬顿首

三月初五日（4月23日），德、法军队占领娘子关（位于山西平定县东北）。

三月间，朝廷擢升护理陕西巡抚端方为湖北巡抚。

案：端方喜收藏，府中收藏有大量原石碑刻和碑刻拓片以及铜重器；而其又性格豪爽好客，时常在府邸宴客，鉴赏金石，且身边原就聚集有李葆恂、褚德彝等金石之友。其至湖北巡抚任后，自然闻知在两湖书院任教的杨守敬之名；聚客鉴赏金石时，自然亦少不了邀请杨守敬出席。故杨守敬与端方的结识与此后十余年的金石交往应自此时开始。

四月初八日（5月25日），议和全权大臣奕劻、李鸿章联名上奏，请照和议总纲的要求，将“总理各国事务衙门”改为外务部，冠于六部之首，管部大臣以近支王公充之，设尚书二人，侍郎二人；尚书中须有一人兼军机大臣，侍郎中必须有一人通西文、西语。

四月十二日（5月29日），给各国的赔款议定，以金价计算，共四万五千万两，四十年偿清，年息四厘。

四月二十三日（6月9日），朝廷授醇亲王载沣为头等专使大臣，赴德国谢罪。

六月初九日（7月24日），清政府正式改“总理各国事务衙门”为外务部，派奕劻总理部务。

六月二十日（8月4日），杨守敬“得黄州信，妻李氏患痢疾”[①]，遂匆匆自武昌赶回黄州为妻子治病。

七月十六日（8月29日），诏命自次年始，乡试、会试等皆不准用八股文程式，而改试策论；而自次年始，罢停武科考试。

七月二十一日（9月3日），杨守敬的结发妻子李氏[②]以“医治无效”在黄州病逝。

---

① 见《邻苏老人年谱》，第21页。

② 李氏（1838—1901），杨守敬发妻，岁贡生李宗元之第三女。

七月二十五日（9月7日），议和全权大臣奕劻、李鸿章与英、法、美、德、意、奥、比、西、荷、日、俄十一国代表签订和约（即《辛丑条约》），共十二款。

八月初二日（9月14日），朝命将各省所有书院改设成大学堂，各府及直隶州书院改设成中学堂，并多设蒙养学堂。

八月初五日（9月17日），八国联军根据《辛丑条约》规定，开始退出京城。

八月二十四日（10月6日）上午，两宫自西安起驾回銮。

八月间，杨守敬派三子蔚光回宜都卜其母亲的墓地，"买得龙窝宝塔旁地"①。

九月二十七日（11月7日），和议全权大臣李鸿章卒于任上，年七十九岁，追赠太傅，晋封一等侯爵，谥"文忠"，入祀贤良祠。朝命王文韶署理全权大臣，袁世凯署理直隶总督兼北洋大臣，又以张人骏为山东巡抚。

九月间，在弟子熊会贞的襄助下，杨守敬"刻……《晦明轩稿》成"②。

案：《晦明轩稿》③，全书一册，分上、下两卷，共收文46篇，后附他本异文4篇，书前有杨守敬于光绪二十七年（1901年）九月所写序言。《邻苏老人年谱》中将此书的刊行系于1900年，应是杨守敬晚年回忆时的记忆之误。

又，《晦明轩稿》中的文章大多写于1901年以前，但亦有不少篇目写于1901年以后，最晚的写于1910年。为何1901年刊行的书会收入1901年以后写的文章呢？这是由"辛丑初刻成书，未及装订或未及全部装订，后又陆续将补刊篇目增入，宣统庚戌年后才最后装订成册"所致。

十月初二日（11月12日），两宫抵达河南开封，暂作停留、休整。是日，两宫"申正抵开封省城驻跸。阖省文武，均于城外迎驾。行宫陈设极壮丽，入内瞻仰一周，俨然有内廷气象矣"④。

十月二十日（11月30日），奉懿旨，撤去溥儁"大阿哥"名号，立即

① 见《邻苏老人年谱》，第21页。

② 见《邻苏老人年谱》，第21页。

③ 今收入《杨守敬集》第五册，第1103～1199页。

④ 吴永口述，刘治襄记，鄢琨标点：《庚子西狩丛谈》卷五，岳麓书社1985年版，第118页。

出宫。

十月二十八日（12 月 8 日），朝廷以议和与共保东南疆土有功，下旨赏赐奕劻双俸，荣禄、王文韶、张之洞、刘坤一、袁世凯等双眼花翎，官衔有差。

同月里，杨守敬曾自制有水墨纸本隶书七言对联一副（133 cm × 32 cm × 2）："老去上书还北阙，忽思乘传问西琛"，其题识云"光绪辛丑十月，杨守敬"，钤印"宜都杨守敬印"（白）、"惺吾"（白）①。

十一月初四日（12 月 14 日），两宫圣驾自河南开封行宫启銮。

十一月二十四日（1902 年 1 月 3 日），两宫圣驾抵达直隶保定府驻跸。

十一月二十八日（1902 年 1 月 7 日），两宫圣驾自直隶保定启銮还京。

十二月二十一日（1902 年 1 月 30 日），英、日同盟成立。

十二月二十三日（1902 年 2 月 1 日），朝命满汉可以通婚，并劝汉人妇女除缠足积习。

十二月间，杨守敬授课之余，曾自制水墨纸本行书七言对联一副（136.2 cm × 30.7 cm × 2）："立业惟思刘仲举，得仙信有王方平"，其题识云"光绪辛丑嘉平月，邻苏老人"，钤印"宜都杨守敬印""惺吾"②。

同月里，杨守敬又自制有水墨纸本行书七言对联一副（131.8 cm × 32.5 cm × 2）："闲看秋水无心事，曾为梅花醉几场"，其题识云"光绪辛丑嘉平月，杨守敬"，钤印"宜都杨守敬印""惺吾"③。

同月里，杨守敬又自制有水墨纸本行书七言对联一副："书似西台差少肉，诗如东野不言寒"，其题识云"光绪辛丑嘉平月，杨守敬"（见《中国书法》杂志）。

同月里，杨守敬又自制有水墨纸本行书七言对联一副（136.1 cm × 32.8 cm × 2）："敢倚文才凌屈宋，参来史意比裴颜"，其题识云"光绪辛丑嘉平月，邻苏老人"，钤印"杨守敬印"（白）、"星吾六十以后书"（白）④。

同月里，杨守敬又自制有水墨纸本行书七言联一副："海上岂有三神

① 见上海新华拍卖有限公司"2013 年春季拍卖会：中国书画"专场拍卖品，编号：0047。

② 此联今藏湖北省博物馆，并收入《湖北省博物馆藏杨守敬书法》。

③ 此联今藏湖北省博物馆，并收入《湖北省博物馆藏杨守敬书法》。

④ 此联今藏湖北省博物馆，并收入《湖北省博物馆藏杨守敬书法》。

山，书中自启七宝藏”，其题识云“光绪辛丑嘉平月，杨守敬”①。

是年，杨守敬的好友、著名词人、学者谭献②在家乡杭州去世。

是年，杨守敬“刻《日本访书志》及《留真谱》成”③。

案：《日本访书志》，十六卷，邻苏园刊刻，书前有杨守敬四月所撰之《日本访书志·序》和光绪八年（1882年）二月所撰之《日本访书志·缘起》。今收入《杨守敬集》第八册（见第1～372页），刘昌润先生整理。

《留真谱初编》木刻本，计十二册，是中国最早编印的古籍书影图谱，共收书影483种，按经、小学、史、子、医、集、佛藏、杂部、群书治要等类次编排。梁启超曾写有《留真谱·跋》一文，后收入《饮冰室合集》中。

是年，杨守敬因《隋书地理志考证》初刻本刊刻不精，讹误较多，遂予以重新订正、出版，仍分九卷，装六册，每卷之后附有补遗若干条；书前则有杨氏写于光绪二十四年（1898年）春天的一篇序言，交代之所以要将此书重新订正、出版的原因④。

是年，经仔细探究、考订，杨守敬为其所藏之《张二水书〈前赤壁赋〉》撰写了一篇跋文⑤。

光绪二十八年壬寅(1902年)　六十四岁

是年，杨守敬仍在两湖书院任地理教习。

正月初一日（2月8日），梁启超在日本横滨创办《新民丛报》。

正月间，两江、湖广会设“江楚编译局”于江宁。

三月初一日（4月8日），中、俄订立《交收东三省条约》。

三月十六日（4月23日），景廷宾在直隶巨鹿（今邢台市巨鹿县）起

① 此联今藏湖北省博物馆，并收入《湖北省博物馆藏杨守敬书法》。

② 谭献(1932—1901)，原名廷献，一作定献，字仲修，一字献纶，又字仲仪，号复堂，晚号半庵；室名“化书堂”“麋月楼”。浙江仁和人。同治六年(1867年)举人，选秀水县教谕；后纳赀为县令，历官安徽歙县、全椒、合肥、宿松、含山等县知县。晚年辞官归隐，锐意著述。其间，曾应湖广总督张之洞之聘，主讲湖北经心书院，年余辞归。工诗文、擅骈体，尤工词。著有《复堂类稿》(亦作《复堂类集》，二十一卷)、《复堂词》(三卷)、《复堂词录》(十卷)、《复堂文集》、《复堂文续集》、《复堂诗续》、《复堂日记》、《复堂日记补录》等。另选辑有清人词为《箧中词》(六卷)、《箧中词续集》(四卷)等。

③ 见《邻苏老人年谱》，第21页。

④ 见《杨守敬集》第二册，第81～552页。

⑤ 见《杨守敬集》第八册，第1134页。

义，其部下多为义和团成员，提出“扫清灭洋”的口号。

三月二十日（4 月 27 日），蔡元培、蒋智由、黄炎培等在上海发起成立“中国教育会”，推蔡元培为事务长（即会长）。

三月间，杨守敬让蔚光雇民船将其母的灵柩由长江运回宜都，先停放在横溪所购新屋中；当蔚光安排好安葬前的准备工作后，乃电告父亲；杨守敬接到三儿电报后，遂自武昌乘船回宜都安葬亡妻。安葬完亡妻后，守敬即返回武昌执教[①]。

同月里，杨守敬的日本弟子日下部鸣鹤曾介绍自己的弟子山本竟山[②]前来武昌拜访、请教，受到杨守敬的热情接待。

《山本竟山年谱》中记载说：“1902 年（壬寅），40 岁，三月，在日下部鸣鹤的介绍下，山本竟山第一次到中国游学，并到武昌拜访杨守敬，受到杨守敬的热情接待。此后，他一直受教于杨氏，直到其去世。他回国时还带回许多碑法帖。”[③]

临别之际，杨守敬还为山本竟山书写了学习书法的范本，其内容为“天生我材周，兄琳谓之神明”[④]。

四月初四日（5 月 11 日），上海耶松船厂工人举行罢工，要求增加工资。

四月间，湖广改“两湖书院”为“两湖大学堂”，“自强学堂”为“文普通中学堂”，“经心书院”为“勤成学堂”；又改“武备学堂”“防营将弁学堂”为“武高等学堂”，又设“武普通中学堂”；又创建“湖北师范学堂”及高等小学堂五所；又将“农务学堂”移至武胜门外，于“工艺学堂”增设工厂，增设“方言学堂”“仕学院”等；另设立“学务处”管理全省学务。

同月里，应好友翼卿之请，杨守敬曾为其制作有水墨纸本隶书八言联镜

---

① 见《邻苏老人年谱》，第 22 页。

② 山本竟山（1863—1934），名由定、繇定，幼名卯三朗，通称卯兵卫，号竟山、聋凤等。日本岐阜县人。幼时从神谷简斋习书法，后师从日下部鸣鹤，被称为“鸣鹤门下四天王书法家”。明治三十五年（1902 年）至中国拜访杨守敬。曾前后至中国游学 7 次，与吴昌硕、顾麟士、杨守敬、刘鹗等名士交往甚密。后以泰东书院、日本美术学会、东方书道院、関西书道会等团体的顾问和审查员身份活跃于日本书坛，成为日本近代书法史上的重要人物。著有《昭和元年敕语》《临兰亭二种》《竟山学古》等。

③ 大桥成行编：《山本竟山先生五十四忌追悼纪念展图录・作品集》，泰山书道院 1983 年版，第 67 页。

④ 関西大学博物馆编：《山本竟山〇书〇学问》，游文舍 2018 年版，第 28 页。

心（235 cm×46 cm×2）：“先民有作诒我高矩，圣人思制为雅琴”，其题识云“翼卿仁兄书家正，光绪壬寅四月，惺吾弟杨守敬”，钤印“杨守敬印”①。

杨守敬又曾为其制作有水墨纸本行书立轴（118 cm×40 cm）。其文及题识云“雁荡山岩峦奇怪，莫能殚述；东西列十八谷寺，大约此山数百里谷邃峰叠行不能遍。翼卿仁兄大人正。弟杨守敬”，钤印“杨守敬印”（白）、“星吾五十岁以后书”（朱）②。

同月里，杨守敬曾自制有水墨纸本行书节录水经注四条屏③（148.1 cm × 38.7 cm ×4）。其文及题识云“山阴西四十里有二溪：东溪广一丈九尺，冬暖夏冷；西溪广三丈，夏暖冬冷。二溪北出，行三十里，至徐村，合成一溪，广五丈余，而温凉不杂，盖《山海经》所谓苕水也。北经罗浮山而下，注于太湖，故言出其阴，入于具区也。湖中有大雷、小雷三山，亦谓之三山湖，又谓之洞庭湖。杨泉《五湖赋》曰：头首无锡，足蹄松江，负（乌）程于背上，怀太吴以当胸，岭崔巍，穹隆纡曲。大雷、小雷湍波相逐。光绪壬寅四月，惺吾杨守敬”，钤印“宜都杨守敬印”（白）、“惺吾”（白）。

其间，两江总督张之洞“奏保，守敬为勤成学堂总教长”，并“议筑学堂于花园山”；于是，为方便往还，杨守敬“买横街铺屋暂居”④。

同月里，上海商人成立“上海商业会议公所”，后改称“上海总商会”。

五月初二日（6 月 7 日），山西巡抚岑春煊在太原开办“山西大学堂”。

五月初四日（6 月 9 日），朝廷实授袁世凯为直隶总督兼北洋大臣。

五月间，湖北省城警察正式创立；湖广考选优秀学子五十人赴日留学（其中师范学生三十人，警察弁目二十人）。

六月二十二日（7 月 26 日），奉上谕，“湖广总督张之洞著兼充督办商务大臣”。

六月间，湖北巡抚端方对杨守敬的学识非常推崇，曾邀请杨守敬至抚署观赏其收藏的“秦石权”拓本；杨守敬则为其多张“秦权全形拓本”作过题

---

① 见北京翰海拍卖有限公司“瀚海四季（第 88 期）拍卖会：中国书画——古代”专场拍卖品，编号：0925。

② 见浙江艺投在线微拍第十六期“名家书画真迹专场”拍卖品。

③ 此四条屏今藏湖北省博物馆，并收入《湖北省博物馆藏杨守敬书法》。

④ 见《邻苏老人年谱》，第 22 页。

跋，并明确提出了秦权铭文为李斯书写的观点；端方还时常邀请杨守敬入抚署参与其主持的观赏品鉴、题跋唱和活动①。

陈衍在《杨守敬传》中曾说："湖北巡抚端方，喜搜求金石，非经杨守敬、义州李葆恂审定，则不敢信。"②

七月十三日（8 月 16 日），各国会议议定中国关税税率。

八月十二日（9 月 13 日），日本设立"湖南汽船会社"，行驶于汉口至长沙、常德间。

八月二十八日（9 月 29 日），英国商人成立"英美烟公司"，相继在中国的上海、汉口、沈阳、哈尔滨等地设立烟厂。

九月初五日（10 月 6 日），两江总督刘坤一卒于任上，年七十四岁，追封一等男爵，晋赠太傅，谥"忠诚"；清廷以张之洞署理两江总督，端方署理湖广总督。

九月间，湖北学政蒋式芬奏保，以杨守敬"学术淹博，后进师资，研精考古，至老不衰，为湖北师儒宿学之冠"，部议"加四品衔"③。

其间，杨守敬"买菊湾破屋，略修饰而移居焉"④。

十月初九日（11 月 8 日），张之洞抵达江宁，再次署理两江总督兼南洋通商大臣。

十月十七日（11 月 16 日），"上海南洋公学"学生发动学潮，二百余人退学；"中国教育会"在泥城桥福源里成立"爱国学社"，蔡元培为总理，章炳麟、黄炎培等为教员，专门接收从日本归来的留学生和上海、南京等地退学学生。

十月二十五日（11 月 24 日），湖南留日学生杨笃生、黄兴、樊锥等在日本东京创办《游学译编》（月刊），鼓吹反清的民族主义思想。

十一月初九日（12 月 8 日），朝廷任命云贵总督魏光焘为两江总督，署理两江总督张之洞仍回湖广总督本任。

十一月十八日（12 月 17 日），"京师大学堂"正式开学。

十一月间，杨守敬"刻《大观本草》成"；"《丛书举要》二十卷，写成待刊"。据守敬的研究，《丛书举要》的刊刻"起于宋代，逮国朝海盐

---

① 周敏珏：《端方与杨守敬金石交游考述》，《中国书法》2019 年第 17 期，第 25 页。

② 陈衍：《杨守敬传》，《陈石遗集》（上），福建人民出版社 2001 年版，第 558 页。

③ 见《邻苏老人年谱》，第 22 页。

④ 见《邻苏老人年谱》，第 22 页。

顾氏始为《汇刻书目》，仁和朱氏续之，宛平傅氏再续之，至常熟朱氏《目睹书目》而大备。然惟顾氏之书稍有别择，以下则多滥收，且有本非丛书而有子目者，亦列入之，殊为猥杂。余乃分为内、外二篇，以醇正典雅者为内篇，驳杂而鸿博者为外篇，其饾饤浅陋者删焉”①。

案：此处所说之《汇刻书目》，清顾修编，不分卷，十册，初刊于嘉庆四年（1799年）；收录宋、元以来丛书二百六十一种，是我国第一部丛书目录；光绪二年（1876年），傅云龙在原书基础上续编，分成十二卷，收丛书五百种；光绪十五年（1889年），朱学勤再续，成二十卷，收丛书五百六十七种。杨氏《邻苏老人年谱》中的“国朝海盐顾氏始为《汇刻书目》，仁和朱氏续之，宛平傅氏再续之”句，有三处讹误：其一，顾氏，指顾修，据《石门县志·文苑列传》载，顾修为浙江石门县（今已并入桐乡县）人，非“海盐”人。其二，傅氏，指傅云龙，据《续汇刻书目》傅氏“自序”后署“德清傅云龙”，知傅氏为浙江德清人，非“宛平”人。其三，傅氏续编《书目》的时间实际上比朱氏续编《书目》的时间要早一些。

另：《目睹书目》，又名《行素堂目睹书录》，清朱记荣编；该书依《汇刻书目》之例，按“天干”顺序编为十册，共收丛书三百七十二种；且朱氏为吴县人，而非“常熟”人。

光绪二十九年癸卯(1903年)　六十五岁

是年，杨守敬仍为勤成学堂的总教长。

正月初一日（1月29日），湖北留日学生刘成禺、李书城等在日本东京创办《湖北学生界》（月刊，后改名《汉声》），宣传民主革命思想。

开年后，杨守敬为小儿必昌捐官之事开始做准备，利用平日的闲暇之时，为别人写字，收取润金；不仅如此，还专门请友人邹王宾②为自己张罗此事。

正月十四日（2月11日），杨守敬因收到日本友人山本竞山寄来的关于购买碑帖、书籍等事宜的书函，特回函（即《致山本竞山》）③说明相关事情：

皇甫碑丞然本，拟价一百五十元。小本争座位，拟价一百四十元。

① 见《邻苏老人年谱》，第22页。

② 邹王宾，生卒年不详，字凤威，号云松仙馆主人，湖北夏口（今属武汉市）人。清末民初书画经纪人，亦善书。曾辑有《松禅老人遗墨》等。

③ 関西大学博物馆编：《山本竞山〇书〇学问》，游文舍2018年版，第58页。

此帖实宋拓，守敬三十年前曾以一本售于贵国人，价二百余元，实不及此本，可校对之。余清斋帖，此本前日问尊意，减为一百六十元。从前以一部售于足下者百元，实不及此部，此帖为明代集帖之冠，足下精鉴，想不以守敬为謷言也。

阳历二月十一日　　守敬顿首

正月间，邻苏老人曾自制有水墨纸本行书七言对联一副（144 cm×37.1 cm×2）："当户老松如对立，隔花啼鸟似相招"，其题识云"光绪癸卯正月，邻苏老人"，钤印"宜都杨守敬印""邻苏老人六十五岁作"（此联今藏湖北省博物馆）。

二月二十二日（3 月 20 日），张之洞交卸两江总督篆务，仍回湖广总督本任。

二月间，杨守敬为邹王宾来函言未收到所要书法字联之事给他回函（即《致邹王宾》）[①]，其函云：

凤威大兄足下：

嘱书之件，前日已由太古洋行寄上，何以至今未收到。兹再信知，如尚未收到，祈速示信来，以便追查。此复。即颂近佳。不庄。

守敬顿首

三月初一日（3 月 29 日），张之洞抵达武昌湖广总督府。

三月十一日（4 月 8 日），沙俄交还营口到期，却拒不履约撤兵。

同日，中国女留学生胡彬夏等在日本东京成立"共爱会"，是中国提倡"男女平权"的第一个爱国妇女团体。

三月二十一日（4 月 18 日），沙俄驻华公使普拉嵩向清政府外务部提出七项新的要求。

三月二十七日（4 月 24 日），湖广总督张之洞奉旨北上觐见。

四月初一日（4 月 27 日），上海市民在张园召开拒俄大会，通电反对沙俄新约。

四月初三日（4 月 29 日），日本东京的中国留学生决议成立"拒俄义勇队"。

四月初六日（5 月 2 日），"拒俄义勇队"改名为"学生军"，主持人

① 贺宏亮：《新见三十五通杨守敬信札考释》，《中国书法》2016 年第 3 期，第 28 页。

为蓝天蔚、黄兴等。

四月十五日（5 月 11 日），留日学生黄兴、陈天华、叶澜、秦毓鎏、蔡锷等人在日本东京成立“军国民教育会”。

四月二十日（5 月 16 日），张之洞一行抵达京师，寓居下斜街“畿辅先哲祠”，幕府从人皆借居长椿寺。

四月中旬至五月下旬，朝廷会试、殿试结束，陈曾寿联捷成进士。

四月间，应好友彝卿之请，杨守敬曾为其制作有水墨纸本行书书法四屏（182 cm × 464 cm × 4）。其屏文及题识云“其山川明净，风泽清旷，气爽节和，土沃民逸。嘉遁之士，继响窟岩。龙潜凤乘之贤，往者忘归矣。秦皇、汉武及太史公咸升其岩，望九江而眺钟、彭焉。庐山之北有石门水，出岭端，有双石高竦，其状若门，水导双石之中，悬流飞瀑，近三百许步，下散漫十许步，上望之连天，若曳飞练于霄中矣。下有盘石，可坐数十人。冠军将军刘敬宣，每登陟焉。其水历涧，径龙泉精舍南。太元中，沙门释慧远所建也。光绪癸卯四月，彝卿老兄方家正，惺吾弟杨守敬”，钤印“杨守敬印”（白）、“惺吾六十五岁作”（白）①。

五月十八日（6 月 13 日），杨守敬为有人想购古玩之事致函（即《致邹王宾》）②邹王宾，其函云：

凤威大兄足下：

祈将前日所见之铜镜三枚携来，有人欲购之。如不得闲，即付小价带来，以便前途一阅。此颂刻佳。不庄。

守敬顿首　　十八日

五月间，杨守敬收到友人邹王宾寄赠的折扇，遂致函（即《致邹王宾》）③表示谢意：

承赐折扇，大有翁书意。不意足下书竟能至此，可畏也。价单已分致友朋矣。

守敬再拜

案：信函中所谓“翁书意”，是指邹王宾的书法有翁同龢（1830—1904）书法的味道，因邹氏书学翁。

① 见上海嘉泰拍卖有限公司“2011 春季艺术品拍卖会（一）：中国书画”专场拍卖品，编号：1725。

② 贺宏亮：《新见三十五通杨守敬信札考释》，《中国书法》2016 年第 3 期，第 28 页。

③ 贺宏亮：《新见三十五通杨守敬信札考释》，《中国书法》2016 年第 3 期，第 28 页。

同月里，杨守敬曾自制有水墨纸本隶书七言联：“秋水才添四五尺，落日又见渔樵人”，其题识云“光绪癸卯五月，宜都杨守敬”，钤印“宜都杨守敬印”“邻苏老人六十五岁作”。

闰五月十五日（7 月 9 日），谕旨下：“派裕德、张英麟、徐会澧、张之洞、张仁辅、戴鸿慈、熙瑛、李昭炜”为“经济特科阅卷大臣”。

闰五月十六日（7 月 10 日），朝廷在保和殿举行经济特科的考试。

本来，在此之前，“总督张文襄、巡抚端午桥（方）合词保守敬名居第一，云：‘老成硕望，博览群书，致力舆地学数十年，于列朝沿革险要洽熟精详，著书满家，卓然可传于世’”①，然而杨守敬自觉年老体衰而放弃，未赴京参与经济特科的考试。

闰五月二十日（7 月 14 日），“东清铁路”全线通车，正式开始营业。

六月间，张之洞奉朝命会同张百熙、荣庆将现办大学堂章程一切事宜再行商订，并议订约束游学生、鼓励毕业生章程。

七月十六日（9 月 7 日），清政府设立商部，以载振为尚书，伍廷芳、陈璧为左右侍郎。

八月十八日（10 月 8 日），《中美续议通商行船条约》在上海签字。

八月间，应好友文翀之请，杨守敬为其制作水墨纸本隶书七言联一副（134.2 cm × 31 cm × 2）：“大行絜去家平土，县度归来拜导师”，其题识云“文翀仁兄方家正，光绪癸卯八月，弟杨守敬”，钤印“宜都杨守敬印”“邻苏老人六十五岁作”（此联今藏湖北省博物馆）。

九月十六日（11 月 4 日），黄兴、陈天华、宋教仁等人在长沙成立“华兴会”。

十月二十二日（12 月 10 日），英印政府派荣赫鹏和麦克唐纳（General MacDonald）率领三千侵略军进犯中国的西藏地区。

十月二十七日（12 月 15 日），蔡元培等人在上海组织“对俄同志会”，发行《俄事警闻》报纸，后改名为《警钟日报》，揭露俄国军队在东北的暴行。

十一月二十四日（1904 年 1 月 11 日），湖北巡抚端方因对杨守敬为其考释的《汉建初买地玉券》十分倾服，故又致函（即《端方致杨守敬》）②

① 见《邻苏老人年谱》，第 22 页。

② 此书函今藏中国近代史遗址博物馆，转引自周敏珏：《端方与杨守敬金石交游考述》，《中国书法》2019 年第 17 期。

杨守敬，请他为自己新近收藏的一方发现于山西、形状如晷仪且刻有篆体铭文的石刻椎拓作考释题跋：

邻苏老人左右：

光绪二十三年春，山西托克托城北蒙人得一方石，其质晶莹如玉，其状如晷仪，其文第一至六十九，其篆体雷塘中殿《群臣上酬》之间，群臣上酬，自愧弁陋，徒钦其宝，莫名其器，非博识多闻之君子莫能辨此，特拓此拓本奉鉴。望为建初玉卷（券）跋，考释精确，拜服拜服……

邻苏老人（方）顿首　　廿四日

十二月二十三日（1904 年 2 月 8 日），由于沙俄妄图独占中国东北的计划与日、英、美等帝国主义国家的侵华利益，尤其是与日本称霸远东的野心尖锐对立，日本在英、美等国的支持下，对驻扎在中国旅顺口的俄国海军舰队发动了突然袭击。

同日，日本侵略军开始进攻驻扎旅顺的俄国舰队，击毁俄舰三艘。

十二月二十五日（1904 年 2 月 10 日），日、俄宣战。于是，两个帝国主义国家之间的战争，在中国的领土上爆发了，直到第二年的八月，战争才结束，史称“日俄战争”。

十二月二十七日（1904 年 2 月 12 日），清政府外务部宣布：日、俄开战，中国严守“中立”。

年底，杨守敬与在张之洞总督府为幕僚的后辈同乡陈曾寿结识，并成为忘年之交；陈曾寿年轻好学，时常向杨守敬请教相关问题。其间，杨守敬曾致函（即《答陈仁先》）陈曾寿，回复他提出的赤壁之地究在何处的问题①。

十二月间，杨守敬曾自制有水墨纸本行书横额横披（32 cm × 120 cm）：“梅径香寒蝶未知”，其题识云“光绪癸卯嘉平月，杨守敬”，钤印“宜都杨守敬印”“邻苏老人六十五岁作”②。

是年，杨守敬“刻《壬癸金石跋》成”③。

案：《壬癸金石跋》是作者自 1903 年开始刻印，直至 1910 年才最终刻

---

① 《晦明轩稿》，《杨守敬集》第五册，第 1170 页。

② 见香港淳浩拍卖有限公司“2013 夏季艺术品拍卖会：中国近现代书画”专场拍卖品，编号：0057。

③ 见《邻苏老人年谱》，第 22 页。

印完成的一部考订、题跋金石的集子，共收跋文三十八篇，但其中所收壬、癸年（1902—1903）之文只有三十一篇，而丁、戊年（1907—1908）的有六篇，己、庚年（1909—1910）的有一篇。因所收壬癸年跋文为主体，又为先刻，后面之文是逐步补入的，故书名仍然未变。书前有杨守敬1907年正月所写之《壬癸金石跋·序》。此书因系边刻印边补充、边刻印边出售，故今存世版本的篇目数量各不相同，而以湖北图书馆、北京大学图书馆所藏为足本。今该书经陈建堂、施安昌先生校点、整理，被收入《杨守敬集》第八册（见第981～1053页）。

是年，杨守敬之三子必昌“捐江苏知县”①。

是年，日本友人山本竞山第二次游历中国，曾特地前来武昌拜访杨守敬，参观杨氏收藏的秘籍、碑帖、彝器等；杨守敬还应邀陪同山本竞山前往黄州自己的居所，参观仍存放此地的相关藏品；临别之时，山本竞山还购买了部分藏品。

《山本竞山年谱》中记载云：“1903年（癸卯），41岁，第二次到中国游学除拜访吴昌硕、顾鹤逸、徐子静、金冷香等名家外，还到湖州善琏镇见学制笔的过程和探访杭州西湖的名迹。此次前往中国，他再次到武昌拜访杨守敬，阅览杨氏所藏金石；还在黄州的邻苏园，鉴赏巡抚端方所藏的三代彝器及隋唐的金石及宋元明的真迹。同时，他受日下部鸣鹤之托，从杨守敬处入手了余清斋贴（此帖后来转到了比田井天来手中，成为书学院的院本）。”②

是年，应好友角田先生之邀，杨守敬曾为其制作节录《庄子》绢本立轴（141 cm×45.5 cm）。其轴文及题识云“古之真人……忘其言也。角田先生属书，宜都杨守敬”，钤印“宜都杨守敬印”“邻苏老人六十五岁作”③。

同年，杨守敬又自制有水墨纸本隶书立轴。其轴文云“紫溪中道夹水有紫色磐石，石长百余丈，望之如朝霞；又名此水为赤濑，盖以倒景在故也。十余里中，积石磊砢，相挟而上。涧下水木相映，泉石争晖，名曰‘楼林’”，钤印“杨守敬印”“星吾六十五岁作”。

---

① 见《邻苏老人年谱》，第22页。

② 参见大桥成行编：《山本竞山先生五十四忌追悼纪念展图录·作品集》，泰山书道院1983年版，第67页。

③ 见北京匡时国际拍卖有限公司“2017春季拍卖会：古代书画”专场拍卖品，编号：1357。

同年，杨守敬又自制有水墨纸本行书七言诗立轴（138 cm × 47 cm）。其诗及题识云“五桥别墅在东都……水榭梯桥架阁。惺吾杨守敬”，钤印“杨守敬印”（白）、“星吾六十五岁作”（白）①。

同年，应好友之邀，杨守敬为其制作有水墨纸本节录《宜都记》行书镜心（38 cm × 143 cm）。其文及题识云“其叠崿秀峰，奇构异形，难以辞叙。林木萧森，离离蔚蔚，乃在霞气之表。仰瞩俯映，弥习弥佳。光绪癸卯，怪堂先生正。杨守敬”，钤印“宜都杨守敬印”“邻苏老人六十五岁作”。

光绪三十年甲辰(1904 年)　六十六岁

是年，杨守敬仍为勤成学堂的总教长。

正月十四日（2 月 29 日），四川总督锡良奏设“川汉铁路公司”。

正月间，应好友虹岑之请，杨守敬曾为其制作有洒金笺本行书八言联屏轴（196 cm × 40 cm × 2）：“邃岸凌空疏木交合，杂花生树群莺乱飞”，其题识云“虹岑三兄方家正，光绪甲辰正月，宜都杨守敬”，钤印“杨守敬印”“星吾六十五岁作”②。

二月十四日（3 月 30 日），张之洞一行从京城抵达武昌督抚任所视事。

三月间，张之洞一行赴江宁与两江总督会商江南制造局移建新厂事宜。

同月里，应日本好友含泽堺藏之请，杨守敬为其作水墨纸本行书胡笳歌立轴（138.4 cm × 75.5 cm）：“君不闻胡笳声……胡笳谁喜闻”，其题识云“含泽仁兄嘱书岑嘉州送颜平原使赴河陇胡笳歌。光绪甲辰三月，宜都杨守敬，时年六十右六”，钤印“杨守敬印”“惺吾”③。

案：此立轴上有含泽堺藏所题签条云：“十堂有道索书嘉州胡笳诗，情意恳切，可感可佩，但我书不足看，更不足传，即将杨宜都书此幅应之，聊以塞责云。大正壬戌（1922 年）六月，含泽堺藏”，钤印“含泽”。

同月里，杨守敬曾自制有水墨纸本行书节录郦道元《水经注·宜都记》

---

① 见横滨国际拍卖“2020 迎春拍卖会：中国近现代及古代书画”专场拍卖品，编号：5774。

② 见青岛中艺拍卖有限公司“2011 秋季艺术品拍卖会：古近代中国书画”专场拍卖品，编号：0402。

③ 见北京永乐国际拍卖有限公司“2012 春季拍卖会：中国古代书画”专场拍卖品，编号：0040。

八条屏（146 cm × 41 cm × 8）。其屏文及题识云“……（屏文共计 315 字，略）。光绪甲辰三月，杨守敬书于鄂城菊湾”[1]。

四月初，杨守敬因三子必昌捐江苏知县后的相关事宜，曾前往上海一趟。

四月初八日（5 月 22 日），杨守敬为购书及希望与人合作重印《寰宇贞石图》之事给友人邹王宾写信（即《致邹王宾》）[2]，其信云：

凤威大兄足下：

守敬于前日到沪，寓洋行街潮州会馆对门太古源联发行内。客岁所嘱书各件，前已寄上，想均收到。从前尊处欲购家刻各种书，兹并携来，价目单一纸奉上，可照单来取也。此外别有所嘱，也祈速示。缘守敬在沪不久即返鄂。如足下得闲来鄂一晤，尤妙。缘守敬欲重印《寰宇贞石图》，得足下指引工人，或与足下同办此事，亦所愿也。匆匆草此，即颂近佳。不庄。再，旧印元公、姬氏两墓志，每纸二角。

守敬顿首　　四月八日

四月中旬，杨守敬在上海处理完有关事宜，便又匆匆赶回武昌。

四月二十二日（6 月 5 日），张之洞一行自江南返抵武昌；因端方已调任署理两江总督，朝命湖广总督张之洞兼署湖北巡抚。

四月间，应友人之请，杨守敬曾为其制作有水墨纸本隶书七言联：“镌勒娥碑汉度尚，琢雕皇宝秦李斯”，其题识云“〇鸿观察同年大人书家正。光绪甲辰四月，弟杨守敬”（此联今藏湖北省博物馆）。

五月十八日（7 月 1 日），湖南长沙正式对外开埠。

五月二十日（7 月 3 日），刘静庵、曹亚伯、张难先等人在武昌成立“科学补习所”（后改名“日知会”）。

五月二十三日（7 月 6 日），英国侵略军攻陷西藏江孜（今日喀则市江孜县）。

五月间，杨守敬曾自制有水墨纸本行书七言联立轴（130 cm × 33 cm × 2）：“旧学商量加邃密，交情把玩转清新”，其题识云“光绪甲辰五月，杨守敬”，钤印“宜都杨守敬印”“守敬六十六以后作”[3]。

---

① 宜都市杨守敬纪念馆馆长赵平曾撰有《论杨守敬书〈宜都记〉的艺术特色》一文。

② 贺宏亮：《新见三十五通杨守敬信札考释》，《中国书法》2016 年第 3 期，第 28 页。

③ 见北京匡时国际拍卖有限公司“2011 春季艺术品拍卖会：海外回流近现代书画”专场拍卖品，编号：0414。

同月里，杨守敬又自制有水墨纸本隶书五言句立轴（110.5 cm × 32 cm）：“老氏○刚强”，其题识云“光绪甲辰五月，杨守敬”，钤印“杨守敬印”（白）、“邻苏老人”（朱）[①]。

同月里，杨守敬与总督府署的陈曾寿时相往还，切磋、讨论有关问题。其间，守敬曾致函（即《答陈仁先》）陈曾寿，回复其所提汉高遣将击破英布之地问题[②]。

六月二十二日（8月3日），英国侵略军占领西藏拉萨。达赖十三世在俄国间谍德尔智的裹挟下，出走库伦（今蒙古都城乌兰巴托），意欲投奔沙俄，被清政府驻库伦大臣阻止。

七月二十八日（9月7日），英国侵略军头目荣赫鹏在布达拉宫强迫西藏三大寺的代表签订《拉萨条约》（又称《英藏条约》）。

八月间，杨守敬为友人邹王宾所托为人书字以及购买所刻书之事给他去函（即《致邹王宾》）[③]，其函云：

凤威大兄足下：

前由邮局寄到嘱书各件，兹因小儿蔚光（字秋圃）返苏之便带上（小儿以知县候补江苏，现充藩署筹款处文案），想可照原单查收也。所领购金石丛书（四十余册）全部，原价贰拾元，可即将书价付小儿处。彼必能寄到尊处也。别有地图各书（《水经注图》，每部四元）。如贵友好之，亦可购取也。并附以闻。即颂道安。不庄。

杨守敬顿首

九月十六日（10月24日），黄兴、马福益等策划于湖南长沙起义，事泄失败，黄兴流亡日本。

九月间，杨守敬曾自制有水墨纸本行书七言联：“桃花细逐杨花落，山色初明水色新”，其题识云“光绪甲辰九月，杨守敬”。

十月十三日（11月19日），爱国志士万福华在上海英租界四马路一枝春番菜馆枪击原广西巡抚王之春未遂而被捕，受牵连入狱者有黄兴、章士钊等十余人。

---

① 见株式会社东京中央拍卖“2014年11月艺术品拍卖会：中国近现代书画”专场拍卖品，编号：0172。

② 《晦明轩稿》，《杨守敬集》第五册，第1169页。

③ 此书函见于贺宏亮：《新见三十五通杨守敬信札考释》，《中国书法》2016年第3期，第28页。因此书函不见于《苍虬阁诗集》，故全文照录。

十月十四日（11 月 20 日），陶成章、龚宝铨、蔡元培等人在上海发起成立“光复会”。

十月间，杨守敬对自己数十年来所收藏之古钱币进行整理，并请人仿《泉汇》之例，粘贴了二十部，每部则装订为十二册，又为其写了一篇序言①；因无力刊刻面世，只得暂时束之高阁。

十一月初八日（12 月 14 日），杨守敬为亲戚之子朱锡嘏补入方言学堂之事，致函（即《致陈曾寿》）②时任学部主事的陈曾寿相托：

仁先世大兄足下启者：

余亲朱璇甫（潭霖）去岁以误药暴病卒。其子锡嘏情殷向学，企承先志，美才也。昨星胎庶常来言，已恳足下补入方言学堂，甚欣甚慰。笃念故交，栽培后学，两得之。锡嘏现住敝处。补录有期，祈示一信为荷。即颂道安。不庄。

守敬顿首　　初八日

十一月初九日（12 月 15 日），沙俄军舰“阿斯科”号水兵持利斧在上海南京路劈死行人周生有。

十一月二十七日（1905 年 1 月 2 日），日本侵略军攻占旅顺，日、俄“旅顺战役”结束，双方签订投降协议，俄军将领司都塞尔向日军投降。

十一月间，杨守敬曾自制有水墨纸本行书《庐山记》中堂。其文及题识云：“《庐山记》曰：白水在黄龙南，即瀑布也。水出山腹，挂流三四百丈，飞湍林表，望若悬素。注外悉成巨井，其深不测。其水下入江渊。光绪甲辰仲冬，宜都杨守敬。”（见《书法报》官方微信公众号）

十二月初九日（1905 年 1 月 14 日），列宁在《前进报》上发表《旅顺口的陷落》一文，揭露日俄侵略中国东北的暴行。

十二月十九日（1905 年 1 月 24 日），奉上谕：“云南、湖北巡抚两缺即行裁撤，湖广总督、云贵总督均著兼管巡抚事。”

是年，经杨守敬和弟子熊会贞数十年的呕心沥血、沉潜疏证，洋洋一百五十万字的《水经注疏》初稿终于完成。据杨守敬在其《邻苏老人年谱》中记载：“郦氏《水经注》沉霾千载，至明代朱谋㙔乃为之笺，然独辟蚕丛，始导先路。国朝全谢山（祖望）为七校，遗书未刊。同时赵诚夫（一

---

① 即《古泉薮·序》，见《杨守敬集》第十二册，第 15 页。

② 此书函见于贺宏亮：《新见三十五通杨守敬信札考释》，《中国书法》2016 年第 3 期，第 25 页。因此书函不见于《苍虬阁诗集》，故全文照录。

清）有注释，亦未及镌板。至乾隆间，戴东原（震）入四库馆，始云以《永乐大典》本校刊，辨明经、注混淆，删正四、五千字，海内学者翕然从之。至嘉庆间，赵氏刻本出，而所校乃与戴氏十同八九，赵氏未见《大典》本，安得与戴氏悉同？而其所据订正者，一一皆出原书，其非蹈袭他人可知。全氏之书又最后出，多与赵同，两人生前互相推挹，其从同不足怪；而亦间有与戴氏特出之见合者，未必非校刻者之所为，或遽嗤为伪作，亦过也。余研寻有年，乃知戴之袭赵证据确凿，百喙不能为之解。至郦氏之阃奥，诸家多有未窥，间有郦氏不误，诸家改订反误者。国初刘继庄（献廷）拟为《水经注疏》而未成。道光间，沈文起（钦韩）亦有此作，未付刊。余乃与崮芝发愤为之，疏厘为八十卷，凡郦氏所引之典，皆标所出，批于书眉行间，凡八部皆满。”①

案：此处所说的朱谋㙔（1564—1624），字郁仪，明宁献王朱权七世孙，曾被封为镇国中尉；嗜书好学，勤于笔耕，著述颇丰；所著《水经注笺》四十卷，刊于万历四十三年（1615年）；杨氏撰《水经注疏》即以朱本为校注之主要参考书。全祖望（1705—1755），字绍衣，号谢山，浙江鄞县（今宁波市鄞州区）人；乾隆元年（1736年）进士，因不附权贵，辞官归里，以讲学著述为生；系浙东学派的代表人物，著述甚丰；其所七校之《水经注》四十卷，已于光绪十四年（1888年）由薛福成主持刊刻行世；杨氏谓其“为七校，遗书未刊”，有误。赵一清（1711—1764），字诚夫，号东潜，浙江仁和人；贡生，师从全祖望，博极群书，尤长舆地；所著《水经注释》四十卷，广征博引，订伪辨误，至为精博，为后世所称誉。戴震（1724—1777），字东原，又字慎修，号杲溪，安徽休宁人；乾隆二十七年（1762年）举人，三十八年（1773年）被召为《四库全书》纂修官；四十年（1775年），以其学术成就突出，特命参加殿试，赐同进士出身；其校刊《水经注》四十卷，即所谓“武英殿聚珍本”，或称“官本”。刘献廷（1648—1695），字君贤，一字继庄，别号广阳子，祖籍江苏吴县，因父官太医，所居顺天府大兴（今属北京市）；平生喜佛学和舆地之学，尤重视西北水利；曾被荐举入京修《明史》；其拟疏《水经注》，亦是为“舆西北水利者使有所考证”（见《广阳杂记》卷四），惜未成。沈钦韩（1775—1831），字

① 见《邻苏老人年谱》，第23页。

文起，号小宛，江苏吴县人；嘉庆十二年（1807年）举人，曾官安徽宁国县训导；平生淹通诸学，于诗古文骈体之外，尤长训诂考证；所著《水经注疏证》四十卷，未刊，原稿本今藏南京图书馆。

另：赵一清《水经注释》的最早刊本，由其子载元刻于乾隆五十一年（1786年）；五十九年（1794年）又有重刊本；光绪六年（1880年）有宁波张寿荣刻本和会稽章寿康刻本；杨氏《邻苏老人年谱》中谓“至嘉庆间，赵氏刻本出”，有可能是指乾隆间之刻本。

杨氏谓其与熊氏所撰《水经注疏》“厘为八十卷”，可能是指其初稿；因1957年北京科学出版社影印本《水经注疏》只有四十卷。今湖北省图书馆藏有杨守敬、熊会贞亲笔眉批的七部《水经注》：其中王先谦《合校水经注》五部（同一版本）、黄晟刊本《水经注》一部、赵一清《水经注释》一部；不知此七部是否包括在杨氏所说的“八部”之中。

是年，杨守敬的房师、友人于荫霖①在河南南阳去世。

是年，杨守敬“刻《前汉地图》成”②。

光绪三十一年乙巳(1905年)　六十七岁

是年，杨守敬仍在武昌任勤成学堂的总教长。

正月二十一日（2月24日），陕西巡抚夏旹因病被朝廷解职，而擢升湖南布政使曹鸿勋为陕西巡抚。

正月间，沙俄侵占中国新疆巴尔鲁支山地区，并继续进兵喀什噶尔。

同月里，杨守敬成《集帖目录》一书，并作有《集帖目录·序》一篇纪其事③。

二月初六日（3月11日），日本军队已将俄国军队驱逐出奉天城。

二月二十三日（3月28日），杨守敬的友人著名外交家、诗人黄遵

---

① 于荫霖(1838—1904)，字次棠，又字樾亭，吉林伯都纳厅(今松原市扶余市)人。咸丰九年(1859年)进士，选庶吉士。历官翰林院编修、湖北荆宜施道、广东按察使、云南布政使、台湾布政使、安徽布政使、湖北巡抚、河南巡抚、广西巡抚等职。晚年退居南阳。著有《悚斋遗书奏议》(又名《于中丞遗书》)、《悚斋于氏家传》等。

② 见《邻苏老人年谱》，第23页。

③ 《晦明轩稿》，《杨守敬集》第五册，第1184页。

宪[①]在家乡去世。

二月二十七日（4 月 1 日），“芦汉铁路”正式建成通车。

三月间，陈曾寿自浙江嘉兴返回武昌，稍事休息；其间，曾邀请前辈好友杨守敬相聚，适杨氏有事不在武昌。

四月初七日（5 月 10 日），上海民众发起抵制美货运动，反对美国迫害华工，全国各地纷纷响应。

四月上旬，陈曾寿回到京城后，遂致函前辈好友杨守敬，专门向他请教相关问题。

四月二十四日（5 月 27 日），俄、日两国在朝鲜半岛和日本本州之间的对马海峡爆发“对马海战”[②]。

四月二十六日（5 月 29 日），杨守敬就楹联、书籍及小儿聘馆之事致函（即《致邹王宾》）[③]友人邹王宾，其函云：

凤威大兄足下：

顷小儿已来沪上，不日到金陵候差，令郎之楹联二副已带来，兹寄上，祈查收。《寰宇贞石图》已留一部，在联发号内，贵友如欲之，可以银交之，即可得也。至于足下馆事，已商小儿，小儿甚欣慰，但彼意足下有家眷随行，恐非十金所能敷用。此亦过虑之言，总俟得差后再议可也。即问刻佳。不庄。

守敬顿首　　廿六日

四月二十八日（5 月 31 日），杨守敬为友人邹王宾来信托书字以及信中

---

① 黄遵宪(1948—1905)，字公度，别号人境庐主人，广东嘉应州人。光绪二年(1876年)举人。三年(1877 年)任为驻日公使馆参赞。八年(1882 年)调任美国旧金山总领事。十五年(1889 年)任为驻英公使馆二等参赞。十七年(1891 年)任为驻新加坡总领事。二十年(1894 年)底回国，任江宁洋务局总办。次年加入“强学会”，曾参与创办《时务报》。二十三年(1897 年)，授湖南长宝盐法道；不久，署理湖南按察使，协助湖南巡抚陈宝箴推行新政，延聘梁启超主持时务学堂。次年，被任命为驻日大臣，因病未赴任。戊戌政变时遭弹劾，被免官。不久回乡隐居，逝于乡。工诗文，被称作“诗界革命的旗帜”。著有《人境庐诗草》《日本杂事诗》《日本国志》等。

② 对马海战是“日俄战争”中两国在朝鲜半岛和日本本州之间的对马海峡所进行的一场海战，由日本海军大将东乡平八郎指挥的联合舰队，对阵俄国海军中将罗泽德斯特凡斯基指挥的俄国第二太平洋舰队。此次战役以日方大获全胜而告终。

③ 贺宏亮：《新见三十五通杨守敬信札考释》，《中国书法》2016 年第 3 期，第 28 页。

多有不满之事复函（即《致邹王宾》）[①]邹王宾，其函云：

凤威大兄足下：

连日各处嘱书之件甚多，又拟数日后返鄂，而足下之件适至，本拟璧还，念远道寄来，乃以旧存所书易之。惟与来札不符。然如孙衣令、吴康甫之作，只可覆酱瓿，实不足以相抵也。来札又以前跋松禅老人书未署凤威书家为嫌，此大谬也。本是推重松禅之书，忽又推足下书，是为叠床架屋，必贻笑方家。故不为也。又如来书前辈、后学之称，亦非分际所宜。足下久佐官幕，岂并此不知也耶。又如足下书法有进步，前函已及之，此事自有公论也。亦不待鄙人之标榜也。价单前已另书之，此时至忙，不及作也。此复。即颂刻佳。不庄。

守敬顿首　　四月廿八日

令郎二联，小儿来沪必检出奉上。《寰宇贞石图》已留一部在联发号，足下如以二十元来，彼即付之。跋松禅册原纸墨浸，故易之。然仍慑而不能佳也。可勿庸补印，以藏吾拙。

守敬再拜

四月三十日（6月2日），杨守敬接到友人邹王宾来信谈及两人之间的纠纷事宜后，乃当即给他回函（即《致邹王宾》）[②]，其函云：

凤威大兄足下：

昨日又接得足下发来信……（中间有缺页）四十年前守敬于京师已得全分，而蓄汉碑者，见宋人题名，皆弃之不收，以收入字藏中者比比皆是。又若前次○○○之五幅，此直是小儿戏价，今加倍还○○○○○○○○○○故不付，足下以为尚可装潢张之壁间乎？此次所寄○○书，亦未能免俗。恽冰之画，足下以为真迹乎？若明知其假以欺老人，亦为不恕。故一并仍付还。至于旧印章，则其未见。又来札云，以一元付底下人磨墨（由邮局寄），已无有。转问之寄信人，彼言信封面并未写明有洋银事，亦无从追问。总之，足下寒士，与我同病，断不有体贴之情。因鄙人刻下实无间时应酬足下，故不觉言之过直，祈原（谅）之。小儿已经过沪，即搭轮向金陵。前言馆事，仍祈足下自酌。先以信告

① 此书函见于贺宏亮：《新见三十五通杨守敬信札考释》，《中国书法》2016年第3期，第29页。因此书函不见于《苍虬阁诗集》，故全文照录。

② 此书函见于贺宏亮：《新见三十五通杨守敬信札考释》，《中国书法》2016年第3期，第29页。因此书函不见于《苍虬阁诗集》，故全文照录。

我。即颂近佳。不庄。

守敬顿首　　四月晦日

案：信中提到的“恽冰”，生卒年不详，字清於，号浩如，别号兰陵女史，亦署南兰女子。江苏武进人。清乾隆、嘉庆、道光年间的一位深得家传的女画家。擅画花鸟，又善小诗。其存世代表作品有《蒲塘秋艳图》等。

五月初一日（6月3日），广州士商集议，抵制美约。

五月初七日（6月9日），杨守敬的好友陈乔森①在雷州书院去世；海康县拔贡梁成久（1858—1933）远赴湖北向杨守敬报丧，并代其家人乞撰墓志；守敬接到讣告，甚是悲痛，不仅为挚友撰写了“五百年名世挺生，君故不死；八千里知交零落，我独何堪”的挽联，还撰写了《清故四品衔户部主事陈君墓志铭》一文，以表达其深切的哀悼之情。

案：《清故四品衔户部主事陈君墓志铭》一文后被收入《晦明轩稿》中②。

五月十六日（6月18日），天津、南京、汕头、潮州、杭州、福建以及新加坡等地绅商集议，抵制美约。

五月二十日（6月22日），杨守敬收到后辈好友陈曾寿写来的信后，立即给他复函（即《致陈曾寿》）③云：

仁先大兄足下：

昨承邀未能赴，谢谢。所疑三条，唯首一条颇浅，然亦由《通典纪要》未分别言之。第二条实由变迁，此与郁水、汝水间。今人知汝水下流，非古之汝水下流。而不知郁水（白水）之上流，非古之上流。足下能疑及此，可谓善读《水经注》矣。至于江夏、武昌二郡之废置，其说颇长，兹谨疏其大略如此。足下由此而精进之，他日不难为地学名家。惜余《水经注图》及《水经注疏要删》均未出书，不能于足下有启发焉(《水经注图》已刻成，现已印样本，俟数日可装订成。《水经注疏要删》

---

① 陈乔森(1832—1905)，原名桂林，字木公，又字一山，号逸山、颐山，别署东皋老农。广东遂溪人，后定居雷州。咸丰十年(1860年)拔贡，次年中举人。有“雷州才子”之誉。曾任户部主事，官至中宪大夫。后见官场贪贿盛行，又不愿同流合污，乃辞官从教，执掌雷州书院三十余年，桃李满天下。工诗文，擅书画，著有《亭榕垞诗钞》《海客诗文杂存》等。

② 见《杨守敬集》第五册，第1191～1193页。

③ 此书函见于贺宏亮：《新见三十五通杨守敬信札考释》，《中国书法》2016年第3期，第25页。因此书函不见于《苍虬阁诗集》，故全文照录。

亦刻成一半，大约七八月间可出书，兹先付《水经注图》六叶，可按图核之）。并附以闻。伏暑远行，固非少年所计，然何不俟秋凉耶？唯珍摄不一。

守敬顿首　　　廿日挥汗

五月三十日（7月2日），袁世凯、张之洞、周馥等大臣联衔奏请于十二年后实行立宪政体。

五月间，杨守敬曾自制有水墨纸本行书王维五言诗《竹里馆》立轴："独坐幽篁里，弹琴复长啸。深林人不知，明月来相照"，其题识云"光绪乙巳五月，守敬"①。

六月十四日（7月16日），清政府派载泽、戴鸿慈、徐世昌、端方出洋考察宪政。

六月十八日（7月20日），上海商董大会决议不定美货，商学会并开实行抵制美约大会。

七月初一日（8月1日），李子魁（1905—1983）出生于湖北枝江一个农民家庭。

七月十四日（8月14日），朝廷又增派绍英出洋考察宪政。

七月二十日（8月20日），孙中山与黄兴、宋教仁等在日本东京成立"中国同盟会"。

七月二十一日（8月21日），清政府发布谕旨，以禁用美货"有碍邦交"，命各省督抚"从严查究，以弭隐患"。

同月里，清政府赎回"粤汉铁路"，改由鄂、湘、粤三省筹款分段修建。

八月初四日（9月2日），诏命自次年之"丙午科"始，停科举。

八月二十六日（9月24日），革命党人吴樾在北京正阳门车站轰炸出洋考察的"五大臣"，失败，吴樾当场殒命。

八月间，杨守敬曾自制有水墨纸本行书七言对联一副（134.4 cm×31.1 cm×2）："恐输灵运先成佛，长笑刘郎漫忆家"，其题识云"光绪乙巳八月，杨守敬"，钤印"宜都杨守敬印"（白）、"星吾六十七岁作"（白）②。

---

① 赵平：《杨守敬书法艺术研究》，湖北人民出版社2011年版，第24页。

② 此联今藏湖北省博物馆，并收入《湖北省博物馆藏杨守敬书法》。

同月里，杨守敬历十余年终使《古诗辑存》一书完成，并写有《古诗辑存·序》一文交代其辑录此书之过程①。

同月里，杨守敬因自己的《古诗辑存》完成却因卷帙浩繁不能付刊，甚感严可均历二十多年完成的《全上古三代秦汉三国六朝文》（七百四十七卷）在七十年后才得以刊行面世的艰辛，特作题记一篇以纪之②。

同时，杨守敬作有《补严氏〈古文存〉序》一文，指出严可均所辑之《全上古三代秦汉三国六朝文》存在遗漏之不足③。

九月二十八日（10 月 26 日），清政府改派载泽、戴鸿慈、端方、尚其亨、李盛铎出洋考察宪政。

九月间，张之洞奉旨督办“粤汉铁路”，并在武昌设立“粤汉铁路总局”。

同月里，杨守敬辑录唐颜师古集注《汉书》的工作基本完成，并为其写了一篇《汉书古注辑存·序》④。

同月里，受仲绎侍郎之托，杨守敬为其整理、校订赵秉文的《滏水集》完成，并为其写了一篇题记纪其整理校订情况⑤。

十月初二日（10 月 29 日），经过认真探究、考订，杨守敬为《唐成都府大慈寺〈净土经〉》写了一篇跋文⑥。

十月初六日（11 月 2 日），日本政府文部省公布《取缔清韩留学生规则》。

十月上旬，经杨守敬和熊会贞的多方努力，“刻《水经注疏要删》成”；杨守敬“以《水经注疏》卷帙浩博，整写不易，而吾年已迈，恐不能上木；崮芝寒士，亦未能任此巨款，乃为《要删》八册，使海内学者知吾有此书，他日有好事者，得吾书而刊之，不至有‘赵戴之争’，此刊《要删》之微意也”⑦。

---

① 《晦明轩稿》,《杨守敬集》第五册，第 1188 页。

② 《晦明轩稿》,《杨守敬集》第五册，第 1189 页。

③ 《晦明轩稿》,《杨守敬集》第五册，第 1190 页。

④ 《晦明轩稿》,《杨守敬集》第五册，第 1177 页。

⑤ 《晦明轩稿》,《杨守敬集》第五册，第 1194～1195 页。

⑥ 《杨守敬集》第八册，第 1037 页。

⑦ 见《邻苏老人年谱》，第 23 页。

十月十三日（11月9日），杨守敬给后辈好友陈曾寿寄赠其新书《水经注疏要删》一部，并随书寄去一封函札（即《致陈曾寿》）[①]云：

> 《水经注要删》一部奉赠，此书不启俗眼惊。计非我仁先无能知其程度也。《山谷集》二部取来（每部六两），如前途必欲四部，当为再取之。缘贵记一手亦不能携四部也。此致。即颂晨安。不庄。
>
> 守敬顿首　　十三日

十月十七日（11月13日），张之洞出席“芦汉铁路”通车典礼；随又奏请将“芦汉铁路”改名为“京汉铁路”，旨下准行。

十月三十日（11月26日），同盟会机关报《民报》在东京创刊，孙中山在《发刊辞》中首次揭示了“三民主义”。

十月间，为方便筹款自办“川汉铁路”，在武昌设立“川汉铁路总局”。

十一月初八日（12月4日），中国留日学生八千余人，为抗议日本政府取缔中、韩留学生实行罢课，二百余人愤而回国。

十一月二十三日（12月19日），戴鸿慈、端方带领数十名随员自上海乘坐美国太平洋邮船公司的巨型邮轮“西伯利亚”号启程出洋考察。

十一月二十六日（12月22日），《中日会议东三省事宜条约》签订，日本强迫清政府将沙俄侵占的中国东北南部的全部权益转让给日本。

十二月十三日（1906年1月7日），杨守敬为三儿必昌在江苏候补服役之事致函（即《致朱之榛》）[②]道员朱之榛，其函云：

> ……蔚光本是分宁，因去年奉陆申甫方伯委办制钱局差使到苏，及卸差使，即需次于苏。今既在帡幪之下，伏恳钧裁栽培之，似较为直接。勿任盼切。即颂勋安。不庄。
>
> 杨守敬谨禀　　嘉平月十三

是年，杨守敬和弟子熊会贞合作，又“刻《水经注图》成”[③]。关于本书的编撰、刻印，杨守敬在《邻苏老人年谱》中有详细交代：“为《水经注

---

① 此函札见于贺宏亮：《新见三十五通杨守敬信札考释》，《中国书法》2016年第3期，第25页。因此函札不见于《苍虬阁诗集》中，故全文照录。

② 贺宏亮：《新见三十五通杨守敬信札考释》，《中国书法》2016年第3期，第28页。

③ 今收入《杨守敬集》第五册，第1～416页。

图》者，国初有黄子鸿（仪）①，其书不传。咸丰间，汪梅村（士铎）②始为之图，胡文忠为刊行，故其学未博，且未见戴氏本（以《悔翁笔记·涣水》条知之），多有凭臆移置左右易位者，未足为郦氏之功臣。而全、赵、戴又但凭今图以律郦书，恃其所学，略观大意，遂下雌黄。故余为此图，皆循郦氏步趋，必一一证合，以书考图，以图覆书，无不吻合，而流移变动，如指诸掌，乃知郦书细针密缕若蛛网，丝毫不乱。上虞罗叔蕴（振玉）③得吾书，叹赏之，谓吾地理之学与王怀祖（念孙）④、段若膺⑤（玉裁）之小学，李壬叔（善兰）⑥之算学，为本朝三绝学。推挹过当，但不知后世以为何如也？”⑦

案：杨守敬和熊会贞绘制的《水经注图》，以图册形式线装成册，全图共八册（同时又装订有四册的本子）。它无论是从地图内容的准确性，还是

① 黄仪，生卒年不详，字子鸿，亦字六鸿、吉羽，江苏常熟人。平生博通群络，尤长舆地之学。曾以《水经注》为根据，为《汉书·地理志》所载各河绘图，每河一图，成《水经注图》一书。

② 汪士铎（1802—1889），字晋侯，又字振庵，号梅村，晚号晦翁，江苏江宁人。道光二十年（1840年）举人。咸丰九年（1859年）入湖北巡抚胡林翼幕，代胡编辑《读史兵略》《大清中外一统舆地全图》等书。同治元年（1862年），胡林翼助其刊行《水经注图》二卷。

③ 罗振玉（1866—1940），字叔蕴、叔言，号雪堂，晚号贞松老人、松翁，浙江上虞人。清末秀才。早年曾教私塾，并潜心研究农业。后奉召入京，任学部参事兼京师大学堂农科监督。辛亥革命后逃往日本。九一八事变爆发，参与成立伪满洲国活动。中晚年致力甲骨、铜器、简牍等考古资料的搜集和整理，成绩卓著。著有《殷墟书契》《三代吉金文存》《流沙坠简考释》等书。

④ 王念孙（1744—1832），字怀祖，号石臞，江苏高邮人。早年师从戴震。乾隆四十年（1775年）进士，官至直隶永定河道。平生精于训诂考证，系乾嘉时期“皖派”考据大师之一。著有《广雅疏证》《读书杂志》《丁亥诗钞》《河源纪略》等。

⑤ 段玉裁（1735—1815），字若膺，号懋堂，晚号砚北居士，江苏金坛人。龚自珍外公。乾隆二十四年（1759年）举人，曾官贵州、四川等地知县。后辞官潜心著述与藏书。学问广博，尤精研经学、音韵学、文字训诂学。著有《说文解字注》《六书音韵表》《古文尚书撰异》《经韵楼集》等十余种。

⑥ 李善兰（1811—1882），原名心兰，字竟芳，号秋纫，别号壬叔，浙江海宁人。曾入徐有壬、曾国藩等大吏幕府。以大力荐举入仕，官至总理衙门章京，加官三品衔。幼有异禀，尤好算学，亦善翻译，学通古今。著有《则古昔斋算学》十三种二十四卷，又有《代数学》《代微积拾级》及翻译著作多种。

⑦ 见《邻苏老人年谱》，第23页。

从地理历史内容的翔实性而言，在当时的同类著作中，都是首屈一指的。故《水经注图》刊行后，名士学者见之，叹赏不置。著名学者罗振玉在得到《水经注图》图书后，就对其大加赞赏，称誉杨守敬的地理学与王念孙、段玉裁的小学和李善兰的算学为清代“三绝学”，“同为千古绝业”①；当今学者更是称誉其为“晚清地学界泰斗”“历史地理学大师”②。

赵一清著《水经注释》时，曾参阅黄仪所著之《水经注图》一书，惜黄著今不传。汪士铎在其《悔翁笔记》卷五中，曾引录《水经注》中《阴沟水》《淮水》《睢水》注文数条；以殿本《水经注》核校，知其所引《淮水》注文中有两处已被戴氏指出为伪误，仍相沿未改，错引如故；杨氏当据此言汪氏“未见戴氏本”。现将此两处引文列举如下：其一，戴本《水经注》卷三十“淮水又东迳夏丘县南”，戴按“此九字原本及近刻并伪作‘经’”。汪氏仍作“经”引用。其二，卷同上“涣水又东迳谷阳县左，会八丈故渎”，戴按“‘左’近刻伪‘右’”。汪氏引文“左”仍为“右”。

是年，因提学使黄绍箕提请学务处议绅商议，以杨守敬之三子蔚光“充江苏海运差使劳绩得保补缺”，“以直隶州用”③。

案：“学务处”即“学务公所”。光绪三十一年（1905），清政府裁撤各省学政，改设“提学使”，统辖学务。提学使司署除分设总务、专门、普通、实业、图书、会计六科外，另设“学务公所”，聘本省学者任议长、议绅，讨论学务，但仍隶属提学使管理。

是年，杨守敬的日本弟子著名汉学家、书法家岩谷修④去世。

---

① 转引自支伟成：《清代朴学大师列传》（下册），岳麓书社 1998 年版，第 474～475 页。

② 杨正泰：《晚清地学界泰斗——简论杨守敬的治学成就》，见《历史地理研究》（第 2 辑），上海复旦大学出版社 1990 年版，第 375～389 页；施和金：《试论杨守敬历史地理学的成就与地位》，《华中师范大学学报》（人文社会科学版）1984 年第 1 期，第 58～65 页。

③ 见《邻苏老人年谱》，第 23 页。

④ 岩谷修（1834—1905），字一六，又字诚卿，号古梅，日本滋贺县人。20 岁开始研习汉学。曾先后出任明治政府议政史官、编史馆一等编修官史官监事、内阁大书记官，累官至元老院议员、贵族院议员。杨守敬赴日为使馆随员，入门为弟子，学习中国文化和书法。工诗文，善医，精书画，尤以书法著名，与中林梧竹、日下部东作并称为“明治三笔”。著有《一六遗稿》等。

是年，杨守敬乡试中举的（副）主考官谭钟麟①在湖南老家去世。

是年，杨守敬又请黄冈周笃材对 1888 年就已编辑完成的《古诗存目录》（一百二十卷）进行进一步的补充、完善、订正，最后“《古诗存》成书二百卷”（见杨守敬《全上古三代秦汉三国六朝文·跋》），并于是年八月写了《古诗辑存·序》一文，冠于该书之首。因卷帙浩繁，后一直未能正式刊行。

案：1997 年 6 月，经毋庚才先生整理的《古诗存目录》抄本被收入《杨守敬集》第六册（第 1037～1497 页）。

是年，杨守敬的好友著名数学家华世芳②在北京寓所病逝。

光绪三十二年丙午(1906 年)　六十八岁

是年，杨守敬仍在武昌任勤成学堂的总教长。

正月十四日（2 月 7 日），醇亲王载沣的长子溥仪（1906—1967）出生于京城府邸。

正月二十九日（2 月 22 日），江西南昌县知县江召棠被法国传教士王安之行凶刺死。

二月初三日（2 月 25 日），江西南昌民众捣毁外国教堂，击毙法国传教士王安之等六人、英国传教士三人，酿成“南昌教案”。

三月二十一日（4 月 14 日），上海华新纱厂工人为反对将工厂售予日本资本家，举行罢工。

三月二十三日（4 月 16 日），连接北京与汉口的全长 1214.49 公里的“芦汉铁路”，全线接通正式通车，定名为“京汉铁路”。

---

① 谭钟麟(1822—1905)，字文卿，湖南茶陵人。民国国民政府主席谭延闿之父。咸丰六年(1856 年)进士，历官江南道监察御史、杭州知府、杭嘉湖道、河南按察使、陕西布政使、陕西巡抚、浙江巡抚、陕甘总督、尚书衔吏部左侍郎兼署户部左侍郎、署理户部尚书、闽浙总督、署理福州将军、两广总督等职。光绪二十五年(1899 年)告老还乡，三十一年(1905 年)逝于乡，谥“文勤”。思想保守，为晚清因循守旧的顽固派之一。工书法。有《谭文勤公奏稿》行世。

② 华世芳(1854—1905)，字若溪，号蒦斋，江苏金匮(今无锡市)人。华蘅芳之弟。拔贡。少即喜爱数学。25 岁时曾为其兄和傅兰雅合译之《代数难题解》作校核。光绪二十年(1894 年)入武昌自强学堂任教。二十二年(1896 年)主讲常州龙城书院和江阴南菁书院。三十一年(1905 年)任上海南洋公学总教习，旋任北京商部高等实业学堂教员。因积劳成疾，卒于学舍。著有《近代畴人著述记》《答数界限》《连分数学》《勾股三角》等。

三月间，应友朋之邀，杨守敬曾至上海小住。

同月里，杨守敬曾自书水墨纸本行书扇面（15 cm×50 cm）。其书法及题识云“桃李美娇娆，梨萼澹丰容……复难为功。光绪丙午三月，杨守敬”，钤印“惺吾”①。

同月（4月）里，杨守敬的同乡友人周树模被朝廷授予江苏提学使。

四月初四日（4月27日），《中英续订藏印条约》在北京签订。

闰四月十六日（6月7日），日本设立“南满洲铁道株式会社”。

五月二十四日（7月15日），中国留日学生在东京锦辉馆举行欢迎章炳麟大会，日本友人宫崎寅藏发表支持中国人民正义斗争的演说。

五月间，杨守敬告别甘翰臣等友朋，自上海返回武昌；适“选授安徽霍山县知县，张文襄劝余暂赴任，皖藩沈子培（曾植）②亦作书劝驾，自以年老，不耐簿书，并辞之”③。

六月间，杨守敬曾自制有水墨纸本隶书八言对联（370 cm×53 cm×2）：“日有所思经史如诏，久于其道金石为开”，其题识云“光绪丙午六月，宜都杨守敬”，钤印“杨守敬印”“光绪丙午邻苏老人六十八岁作”④。

七月十三日（9月1日），慈禧太后下诏准备“仿行宪政”，清政府预备立宪正式开始。

七月十七日（9月5日），朝命于式枚总理广西铁路，以梁鼎芬为湖北按察使。

七月间，应好友若林之请，杨守敬曾为其制作有水墨纸本行书五言诗立轴（131 cm×38 cm）。其轴文及题识云“客来启柴门，桐荫日未午。吃

---

① 见北京宣石国际拍卖有限公司“2018雅粹拍卖会：文人旧藏”专场拍卖品，编号：0045。

② 沈曾植（1850—1922），一作增植，字子培，号乙庵，又号巽斋，晚号寐叟，别署乙公、巽斋老人、东轩居士、逊斋居士等。浙江嘉兴人。同治十二年（1873年）举人。光绪六年（1880年）进士，历官刑部主事、员外郎、郎中，兼充总理衙门章京。中法战争后，支持康有为上书言事；甲午战争爆发，赞成康梁变法，参与强学会。以安徽提学使署理布政使，随又护理巡抚，触怒权贵，以病乞归，隐居上海。张勋复辟，被任为学部尚书。复辟失败，仍侨居上海。学识渊博，精研西北史地，精佛典，富藏书，亦工诗文；书法尤享盛名，各体均善，尤擅草书。著有《海日楼文集》《海日楼诗集》《乙庵诗存》《海日楼诗补编》等。

③ 见《邻苏老人年谱》，第24页。

④ 见北京保利国际拍卖有限公司“2011年春季拍卖会：北美华人藏中国书画”专场拍卖品，编号：5864。

墨写秋兰，蒙蒙窗外雨。光绪丙午七月，若林先生方家正，宜都杨守敬”，钤印“杨守敬印”（白）、“光绪丙午邻苏老人六十八岁作”（白）①。

八月初三日（9 月 20 日），为湖广总督张之洞的七十寿诞，皇上和皇太后均有赏赐，其门下弟子亦撰有《抱冰堂弟子记》一册刊行。

八月十五日（10 月 2 日），杨守敬为购买已刻书籍和小儿差役之事致函（即《致梁鼎芬》）②时任湖北按察使的好友梁鼎芬，其函云：

节庵廉访大人钧座：

昨既得手谕，欲再购拙撰各书，另单呈览，书价恳即照单掷下。缘小儿在江苏被债累累，时有信来，欲济燃眉。至于书价，只算纸工颜料，本无一毫板利，想熟知之。《要删》初印，系以元太fo，故色黑，近以东洋纸印之，故色白。然其价相若也。若嫌前次纸黑，可以换之。汉地志图，仅存十六部，照尊单缺二部，想不妨也。新刻《匡喆刻经颂》贰部，亦佳玩也，故赋呈。即颂勋安。不庄。

守敬顿首　　十五日

再，守敬前日专诚拜谒，有多少衷曲不能自决，故欲求教指示，而缘悭未得进见，今略陈颠末，故恳拨冗一听之。缘小儿不克绍我箕裘，而志在作官。渠意以为，吾家食指浩繁（通计不下百人），一旦无我，则立见失败，欲及我之生，别谋生计。此子素喜应酬，亲友之怂恿者多，守敬以为是或一道，捐款则皆挪借而来，及候补江苏。江苏三年，亦颇为上游所器使。前年海运委员，及去年宝苏制钱局署藩，陆申甫粮运所委也。今年查办〇〇工艺局及泰兴命案事署员，朱竹石所委也。奈时运不济，在他人视为优差者，小儿一接手，则无不赔累，即如宝苏制钱，只三月已亏折二千余金，不得已，禀明将局折销。濮〇泉方伯尝对余称，小儿〇部，今虽得有房捐局总文案，而每月四十金不敷其家用（盖其家眷在苏也）。自捐官及候补所亏欠者，几及万金，催追至急，无可搪挡。自去岁守敬将房屋卖与公家者，已有三处，价三千余串，只可敷衍其利钱。因是，守敬焦灼之极。昨得霍山一缺，本无出山之意，而

① 见上海宝龙拍卖有限公司“2015 秋季艺术品拍卖会：绘事”专场拍卖品，编号：0111。

② 贺宏亮：《新见三十五通杨守敬书札考释》，《中国书法》2016 年第 3 期，第 27～28 页。

小儿来信言其债限，别无清理之途。闻此缺颇清简，自然之利也有四五千金，一二年间，似可偿其夙负。然守敬须发如此，何堪见人，此所为半月以来踌躇不决也。〇〇守敬献策曰，守敬与端午师亦有一日之雅，今督江南，何患无地已处小儿。然守敬实难不避誉儿之嫌。因思守敬素蒙阁下雅〇，或因爱屋及乌之义，为小儿吹嘘生〇之，则感荷糜既矣。即颂勋安。不庄。

守敬再拜

案：信中提到的“陆申甫粮运”，系指陆钟琦（1848—1911），字申甫，顺天宛平（今属北京市）人。光绪十五年（1889 年）进士。二十九年（1903 年）出任江苏督粮道。宣统三年（1911 年），由江苏布政使擢升山西巡抚。就任仅一月，辛亥革命爆发，与其子翰林院编修陆光熙同时被新军所杀。所说“朱竹石”即朱之榛（1840—1909），详见后文。

八月间，朝廷任命刚回国不久的出洋考察宪政大臣端方为两江总督兼南洋大臣。

同月里，杨守敬曾自制有水墨纸本隶书五言对联立轴（234 cm×56.8 cm×2）：“河汾唐将相，宛洛汉公侯”，其题识云“光绪丙午八月，邻苏老人杨守敬”，钤印“杨守敬印”“光绪丙午邻苏老人六十八岁作”①。

同月里，杨守敬得知同乡老友周树模②被任为江苏提学使，经过一番思量，遂给他写了一封书函（即《寄周树模》）③，并挑选了已刊刻的几种书籍一并寄去：

---

① 见北京永乐国际拍卖有限公司“2007 秋季拍卖会：中国近代书画”专场拍卖品，编号：0035。

② 周树模（1860—1925），字少朴，号沈斋，一号孝甄，晚年自号泊园老人。湖北天门人。光绪十五年（1889 年）进士，授翰林院编修。历任广东、山西乡试副主考及会试同考官。曾先后主两湖书院、经心书院、江汉书院、蒙泉书院讲席。三十一年（1905 年）偕五大臣出洋考察政治。次年，任江苏提学使。三十三年（1907 年）任奉天左参赞。次年，擢升黑龙江巡抚。辛亥革命后，避居沪上，与清遗老们相唱和。民国三年（1914 年），出任北京政府平政院院长。晚年居京城，与樊增祥、左绍佐相唱和，称“楚中三老”。工诗文，尤工诗。亦善书法。著有《沈观诗文集》《谏垣奏稿》《抚江奏稿》等。

③ 刘信芳整理：《杨守敬函稿》，《东南文化》1991 年第 5 期。因此书函不见于《杨守敬集》，故全文移录于此。

少朴提学大人阁下：

拜别以来，倏逾五载，欣悉阁下提学江苏，又闻奉使各国考求政治，卓著勋猷，为吾楚光宠。此后帝心简在为国柱石，固意中事也。守敬少不如人，倏忽已老，情同颜驷。惟所撰书近已次第付梓，已刻成有《水经注图》及《要删》二种，今以呈览。其《水经注疏》尚待董理也。小儿蔚光，不克绍我箕裘，以知县候补江苏，现充房捐局文案。倘因刊梓之谊，爱屋及乌之义，时在训诲，实为至感。今冬明春，拟到苏一游，晋谒台端，藉聆教言。先此布闻。即颂勋安不庄。

乡愚弟守敬顿首

九月二十三日（11 月 9 日），清政府改“督办政务处”为“会议政务处”。

九月间，应仙坡博士之请，杨守敬曾为其制作有水墨纸本行书崔颢《黄鹤楼》立轴（132 cm × 67 cm）。其诗及题识云“昔人已乘黄鹤去……烟波江上使人愁。仙坡博士嘱书崔颢黄鹤楼诗，光绪丙午玖月，宜都杨守敬”，钤印“杨守敬印”（白）、“光绪丙午邻苏老人六十八岁作”（白）①。

十月初四日（11 月 19 日），杨守敬收到好友梁鼎芬的函札后，当即给他回了一封书函（即《致梁鼎芬》）②，云：

节庵廉访大人阁下：

昨得示嘱检《水经注图》等书，另单呈见，近已决策不出。唯小儿在江苏拮据万分，无可摒挡，所有此次书价及前次《古逸丛书》零本，又前年画轴价，如蒙一并掷下，虽未足济其涸辙，亦可救其燃眉。想爱我者当格外体恤也。荣行何日，并示知。即颂升安。不庄。

守敬顿首　　十月四日

十月十九日（12 月 4 日），同盟会发动萍、浏、醴起义，萍乡矿工数千人参加。

十月二十四日（12 月 9 日），康有为在美国纽约《中国维新报》上发表公告，通知各地“保皇会”于 1907 年元旦改称“国民宪政会”，作为推动

① 见北京泰和嘉诚拍卖有限公司“2011 年秋季艺术品拍卖会：近现代书画”专场拍卖品，编号：0055。

② 贺宏亮：《新见三十五通杨守敬信札考释》，《中国书法》2016 年第 3 期，第 28 页。

宪政的团体。

十月中下旬，杨守敬收到三子蔚光转来其上司、时为江苏道员的朱之榛的问候书函和所赠书籍。杨守敬因小儿为官之事，早就想致函朱氏等人，又碍于情面和担心人背后议论，故一直未致函。今见朱氏主动致函和赠书来，便当即回函（即《寄朱之榛》）[①]致谢，也将自己已刊之书寄赠：

竹石廉访先生大人阁下：

光绪甲申，守敬由日本还，过苏州，谒潘伯寅尚书、李梅生廉访，即闻先生大名。尔时急于归棹，未得晋接，深以为歉。二十年来，逖听先生，综核名实，蜚声茂苑，钦佩无似。

前年小儿蔚光学仕江宁，本拟通尺素于左右，嫌于冒昧，迹近干求，故而中止。及前日小儿寄来手谕，并赐《新安先集》等书，推挹过甚，不啻龙门之奖，为之欣慰不置。守敬弱冠，酷嗜金石文字，读椒堂先生《集古款识》叙文，宏博伟丽，叹未曾有；后又得建卿先生古钱拓本，深以不得两先生著述为恨。今者四十年前之夙愿以偿，快何如耶！

来札以德化高先生、归安杨先生为询。杨先生之书翰，高先生之诗词，守敬皆所夙慕，而未得谋面。高先生之《陶堂集》早已锓之，而杨先生之著述则未寓目，想必有刊本，可物色否？小儿拙钝，未克绍箕裘，乃蒙先生推爱屋及乌之义，屡荷栽培，铭感不忘。拟亲自到苏鸣谢，先此布闻。外《禹贡本义》一册、《隋书地理志》六册呈览。即颂勋安不庄。

守敬顿首

十月间，杨守敬曾自制有水墨纸本隶书五言对联："静坐常思过，闲谈莫道非"，其题识云"光绪丙午十月，杨守敬"（见《书法报》官方微信公众号）。

十一月初一日（12 月 16 日），江浙绅商在上海组织预备立宪公会，举郑孝胥为会长，张謇、汤寿潜为副会长。

十二月二十三日（1907 年 2 月 5 日），杨守敬的前辈好友著名学者、文

① 刘信芳整理:《杨守敬函稿》,《东南文化》1991 年第 5 期。因此书函不见于《杨守敬集》,故全文移录于此。

学家、经学家、书法家俞樾[①]在老家去世。

十二月二十七日（1907 年 2 月 9 日），中日订立《扩展汉口租界专约》。

是年，中国第一所官办法律专门学校——“京师法律学堂”正式开学。

是年，在弟子熊会贞的协助下，杨守敬“刻《禹贡本义》及重订《历代沿革险要图》《春秋地图》成”[②]。

案：杨氏的《禹贡本义》[③]，是他论述《禹贡》山水地理的一部专集，也是其探讨《禹贡》某些问题的一部札记，除《禹贡本义·序》之外，共收文 13 篇，其中的《碣石》《泾属渭汭》《衡山》三篇，则收入他的《晦明轩稿》中。

重订刊行的《历代沿革险要图》，包括历代疆域形势图、四裔图等共 72 幅，是在邓、饶二图的基础上，又经杨氏和弟子熊会贞校补、陆续刊印的。全图共八册，采用古今对照，朱墨套印，极为实用，是中国历史上第一套朝代完整的历史地图，后简称《历代舆地图》。

是年，杨守敬曾自制有水墨纸本行书七言联立轴（128 cm × 29.5 cm × 2）：“书堂坐对初三月，佛国传来第一香”，其题识云“邻苏老人”，钤印“杨守敬印”（白）、“光绪丙午邻苏老人六十八岁作”（白）[④]。

案：此立轴由日本前卫派书法家上田桑鸠收藏。盖内题有“布谷庵桑鸠鉴藏”，盒上题有“布谷庵，桑鸠鉴藏”，钤印“容熙之印”（白）、“桑鸠”（朱）。上田桑鸠（1899—1968），本名上田顺，又名容熙，别号锦谷等，日本兵库县人。师从井原云涯、比田井天来。与金子鸥亭、桑原翠邦等设立有书道艺术社。

---

① 俞樾(1821—1907 年)，字荫甫，号曲园居士。浙江德清人。道光三十年(1850 年)进士，选庶吉士。曾官翰林院编修、河南学政。咸丰七年(1857 年)遭弹劾罢职。侨居苏州，曾主讲苏州紫阳、上海求志、德清青溪、归安龙湖等书院；而主杭州诂经精舍长达二十余年，桃李满天下，章太炎、吴昌硕等皆出其门。治学以经学为主，旁及诸子学、史学、训诂学，乃至戏曲、诗词、小说、书法等，可谓博大精深，被海内外尊之为朴学大师。所著凡五百余卷，称《春在堂全书》。除《群经平议》五十卷、《诸子平议》五十卷、《茶香室经说》十六卷、《古书疑义举例》七卷外，其《第一楼丛书》三十卷、《曲园俞楼杂纂》共百卷。

② 见《邻苏老人年谱》，第 24 页。

③ 见《杨守敬集》第一册，第 43～89 页。

④ 见株式会社东京中央拍卖“2018 春季拍卖会：中国古代书画”专场拍卖品，编号：0519。

同年里，杨守敬又自制有水墨纸本行书五言联立轴（108 cm×30 cm×2）："草木得常理，林园无俗情"，其题识云"邻苏老人"，钤印"杨守敬印""光绪丙午邻苏老人六十八岁作"①。

同年里，应好友仪臣之请，杨守敬曾为其制作有水墨纸本行书水经注文镜心（62 cm×248 cm）。其文及题识云"灵祠岳立贝阙云浮……四渎发源注海者。仪臣仁兄大人正，光绪丙午，弟杨守敬"，钤印"杨守敬印""光绪丙午邻苏老人六十八岁作"②。

同年里，杨守敬又自制有水墨纸本行书五言联立轴（106 cm×29.5 cm×2）："池光如出水，石势欲离山"，其题识云"邻苏老人"，钤印"杨守敬印""光绪丙午邻苏老人六十八岁作"③。

同年里，杨守敬又自制有水墨纸本行书五言对联一副（104 cm×27.8 cm×2）："定力超香象，玄言问老龙"，其题识云"杨守敬"，钤印"杨守敬印"（白）、"光绪丙午邻苏老人六十八岁作"（白）（此联今藏湖北省博物馆）。

同年里，杨守敬又自制有水墨纸本行书五言对联一副（109 cm×29 cm×2）："幽兰间修竹，流水抱春山"，其题识云"邻苏老人"，钤印"杨守敬印""光绪丙午邻苏老人六十八岁作"④。

同年里，杨守敬又自制有水墨纸本行书五言对联一副："花开思媚日，树动欲辞云"，其题识云"邻苏老人"（此联今藏湖北省博物馆）。

同年里，应友人之请，杨守敬曾为其制作有水墨纸本行书四联屏："其叠崿秀峰奇构异形……亦当惊知己于千古矣"，其题识云"〇一仁兄方家正。杨守敬"⑤。

同年里，杨守敬认真研究、考订《洛阳伽蓝记》，并为其写了一篇题

---

① 见北京世纪盛唐国际拍卖有限公司"2014 春季文物艺术品拍卖会：倾心——中国书法"专场拍卖品，编号：0304。

② 见上海崇源艺术品拍卖有限公司"2004 秋季大型艺术品拍卖会：中国书画精品第二场——金石碑版名家书法"专场拍卖品，编号：0710。

③ 见北京华辰拍卖有限公司"2007 年秋季拍卖会：好书数行——古今名人墨迹"专场拍卖品，编号：1086。

④ 见北京保利国际拍卖有限公司"北京保利 2019 秋季拍卖会：艺林藻鉴——中国古代书画日场"专场拍卖品，编号：3727。

⑤ 赵平：《杨守敬书法艺术研究》，湖北长江出版集团/湖北人民出版社 2011 年版，第 34 页。

记——《洛阳伽蓝记》，后收入《晦明轩稿》中①。

光绪三十三年丁未(1907 年)　六十九岁

年初，杨守敬仍在武昌任勤成学堂的总教长。

正月初一日（2 月 13 日），康有为、梁启超改“保皇会”为“国民宪政会”。

正月初五日（2 月 17 日），日本政府应清政府驻日公使杨枢的要求，下令早稻田大学和中央大学开除与同盟会有关系的中国留学生 39 人。

正月初七日（2 月 19 日），经过仔细考订、探究，杨守敬为《北凉且渠安周造寺功德碑》写了一篇跋文②。

正月十九日（3 月 3 日），清廷调云贵总督岑春煊为四川总督，而以署理四川总督锡良为云贵总督。

正月间，杨守敬将壬寅、癸卯年间（1902—1903 年）所写之金石题跋汇集成册，名《壬癸金石跋》，并为其写了一篇序言③。

二月三十日（4 月 12 日），朝旨“川汉铁路”改由商办。

春间，应中西先生之请，杨守敬曾为其制有水墨纸本隶书七言联立轴（145 cm×35.8 cm×2）：“仙人观河若衣带，童子名月为玉盘”，其题识云“中西先生属。光绪丁未春杨守敬”，钤印“杨守敬印”“光绪丙午邻苏老人六十八岁作”④。

三月初八日（4 月 20 日），清政府改“盛京将军”为东三省总督，并设奉天、吉林、黑龙江三省巡抚。

三月上旬，杨守敬在收到老上司、好友两江总督兼南洋大臣端方敦促其速至江宁的邀请函后，遂赶往江宁督署小住，为端方出洋考察所新收藏的金石碑版作题跋。

案：杨守敬在《邻苏老人年谱》中的“丙午，六十八岁”条记载：“三月，两江总督端午桥招余至金陵署中，题跋所藏金石碑版。”“丙午”乃 1906 年。端方于 1905 年初调任湖南巡抚，同年十一月奉朝廷之命与戴鸿慈

---

① 今见《杨守敬集》第五册，第 1173～1174 页。

② 见《杨守敬集》第八册，第 1047～1048 页。

③ 见《杨守敬集》第八册，第 991 页。

④ 见関西美术竞卖株式会社“2015 年秋季中国艺术品拍卖会：民国书法”专场拍卖品，编号：0076。

率考察团出洋考察宪政，直至1906年6月结束考察回国，8月才被任命为两江总督兼南洋大臣。因此，杨守敬“丙午三月”是不可能应招赴金陵督署去为端方题跋金石的。此处应是杨守敬晚年年岁大了，回忆时误将后一年的事记成了前一年的事。

三月初九日（4月21日），杨守敬在两江总督府，经仔细考订，为端方所收藏的《汉刘熊碑》撰写了一篇跋文①。

三月十二日（4月24日），经仔细探究、考订，杨守敬为《晋索靖月仪章》撰写了一篇跋文②。

三月十四日（4月26日），杨守敬仔细把玩《汉刘熊碑》，觉几天前所写之《汉刘熊碑·跋》尚不尽意，故在原跋文之后再写了一段跋文③。

在江宁期间，应两江总督兼南洋大臣端方之请，杨守敬曾为其所收藏之秦石权拓本（187 cm×51.5 cm）题跋。跋文字太小，难以辨认，故略。

案：此秦权为清光绪二十七年（1901年）端方自吴下购得，权重清库平五十三斤，约合秦之百二十斤，在秦权中为体量最巨。其上刻有秦始皇、秦二世诏书，书体“上承古籀、下开汉隶”，铭文可考补史缺。此拓有清光绪二十八年（1902年）端方自题并录庚子年（1900年）权量旧作，又相继邀杨守敬、李葆恂、金蓉镜、邓邦述、程道存、诸可权、王仁俊、易顺鼎、程颂万等九家赋诗或题跋，遂形成今日所见之珍贵的“端方、杨守敬等诗家题跋秦权石拓本”④。

三月二十四日（5月6日），郑德坤（1907—2001）出生于福建厦门鼓浪屿一个书香之家。

三月间，经仔细探究、考订，杨守敬为《周石鼓文》撰写了一篇跋文⑤。

同月里，经仔细探究、考订，杨守敬为《秦琅琊台刻石》撰写了一篇跋文⑥。

同月里，经仔细探究、考订，杨守敬为《汉中岳太室、少室、开母三

① 见《杨守敬集》第八册，第1075页。

② 见《杨守敬集》第八册，第1098页。

③ 见《杨守敬集》第八册，第1075页。

④ 详见西泠印社拍卖有限公司“2018年秋季拍卖会：古籍善本·金石碑帖”专场拍卖品，编号：2779。

⑤ 见《杨守敬集》第八册，第1069～1070页。

⑥ 见《杨守敬集》第八册，第1073页。

阙》撰写了一篇跋文[①]。

同月里，经仔细探究、考订，杨守敬为《汉杨叔恭残碑》撰写了一篇跋文[②]。

同月里，经仔细探究、考订，杨守敬为《汉敦煌长史武班碑》撰写了一篇跋文[③]。

同月里，经仔细探究、考订，杨守敬为《宋爨龙颜碑》撰写了一篇跋文[④]。

同月里，经仔细探究、考订，杨守敬为《唐九成宫醴泉铭》撰写了一篇跋文[⑤]。

同月里，经仔细探究、考订，杨守敬为《唐汝南公主墓志》撰写了一篇跋文[⑥]。

同月里，经仔细探究、考订，杨守敬为《唐皇甫诞碑》撰写了一篇跋文[⑦]。

同月里，经仔细探究、考订，杨守敬为《唐怀仁集王书圣教序》撰写了一篇跋文[⑧]。

同月里，经仔细探究、考订，杨守敬为自己所藏之《唐麓山寺碑》撰写了一篇跋文[⑨]。

前跋写完后，杨守敬再仔细把玩《唐麓山寺碑》，觉前所写之《唐麓山寺碑·跋》尚有不足，遂又为其写了一篇跋文[⑩]。

此跋写完不久，再仔细把玩《唐麓山寺碑》，仍觉不太尽意，杨守敬遂又为其写了一篇跋文[⑪]。

同月里，经仔细探究、考订，杨守敬为《元杨铁崖梦游海棠城记》撰写

---

① 见《杨守敬集》第八册，第 1073 页。

② 见《杨守敬集》第八册，第 1074 页。

③ 见《杨守敬集》第八册，第 1074 页。

④ 见《杨守敬集》第八册，第 1076 页。

⑤ 见《杨守敬集》第八册，第 1084 页。

⑥ 见《杨守敬集》第八册，第 1087 页。

⑦ 见《杨守敬集》第八册，第 1087～1088 页。

⑧ 见《杨守敬集》第八册，第 1089～1090 页。

⑨ 见《杨守敬集》第八册，第 1090 页。

⑩ 见《杨守敬集》第八册，第 1091 页。

⑪ 见《杨守敬集》第八册，第 1091 页。

了一篇跋文[1]。

同月里，经仔细探究、考订，杨守敬为《晋索靖出师颂》撰写了一篇跋文[2]。

同月里，经仔细探究、考订，杨守敬为《智永千字文》撰写了一篇跋文[3]。

同月里，经仔细探究、考订，杨守敬为《唐贤首法师与新罗义想法师书》撰写了一篇跋文[4]。

同月里，经仔细探究、考订，杨守敬为《苏东坡西楼帖》撰写了一篇跋文[5]。

同月里，经仔细探究、考订，杨守敬为《米海岳大行皇太后挽词》（附董香光临本）撰写了一篇跋文[6]。

同月里，经仔细探究、考订，杨守敬为其所藏明刊本《啸堂集古录》撰写了一篇跋文[7]。

同月里，经仔细探究、考订，杨守敬为其所藏之《唐人残经册》撰写了一篇跋文[8]。

同月里，经仔细探究、考订，杨守敬为其所藏之《前蜀王锴书〈妙法莲华经〉》撰写了一篇跋文[9]。

同月里，经仔细探究、考订，杨守敬为其所藏之《董北苑山水卷》撰写了一篇跋文[10]。

同月里，经仔细探究、考订，杨守敬为其所藏之《黄山谷"梵志"诗》撰写了一篇跋文[11]。

同月里，经仔细探究、考订，杨守敬为其所藏之《张樗寮书〈法严

① 见《杨守敬集》第八册，第 1098 页。
② 见《杨守敬集》第八册，第 1098～1099 页。
③ 见《杨守敬集》第八册，第 1102～1103 页。
④ 见《杨守敬集》第八册，第 1107 页。
⑤ 见《杨守敬集》第八册，第 1109 页。
⑥ 见《杨守敬集》第八册，第 1111 页。
⑦ 见《杨守敬集》第八册，第 1125 页。
⑧ 见《杨守敬集》第八册，第 1128 页。
⑨ 见《杨守敬集》第八册，第 1129 页。
⑩ 见《杨守敬集》第八册，第 1131 页。
⑪ 见《杨守敬集》第八册，第 1131 页。

经〉》撰写了一篇跋文①。

同月里，经仔细探究、考订，杨守敬为其所藏之《赵松雪临〈黄庭经〉》撰写了一篇跋文②。

同月里，经仔细探究、考订，杨守敬为其所藏之《赵松雪书〈范文正义田记〉》撰写了一篇跋文③。

同月里，经仔细探究、考订，杨守敬为其所藏之《元五大僧真迹》撰写了一篇跋文④。

同月里，经仔细探究、考订，杨守敬为其所藏之《元倪云林静寄轩诗》撰写了一篇跋文⑤。

同月里，经仔细探究、考订，杨守敬为其所藏之《元吴仲圭草书〈心经〉》撰写了一篇跋文⑥。

同月里，经仔细探究、考订，杨守敬为其所藏之《解大绅草书》撰写了一篇跋文⑦。

同月里，经仔细探究、考订，杨守敬为其所藏之《雅宜山人借券》撰写了一篇跋文⑧。

同月里，经仔细探究、考订，杨守敬为其所藏之《王文成诗翰》撰写了一篇跋文⑨。

同月里，经仔细探究、考订，杨守敬为其所藏之《吴文节手札》撰写了一篇跋文⑩。

同月里，好友甘翰臣获陈氏玉烟堂刻《灵飞经》，携以示守敬；杨守敬见此宋拓，爱不释手，嘱其不可轻易与人，随后应邀为其撰写了一篇跋文⑪。

---

① 见《杨守敬集》第八册，第 1131 页。
② 见《杨守敬集》第八册，第 1131～1132 页。
③ 见《杨守敬集》第八册，第 1132 页。
④ 见《杨守敬集》第八册，第 1132 页。
⑤ 见《杨守敬集》第八册，第 1133 页。
⑥ 见《杨守敬集》第八册，第 1134 页。
⑦ 见《杨守敬集》第八册，第 1136 页。
⑧ 见《杨守敬集》第八册，第 1137 页。
⑨ 见《杨守敬集》第八册，第 1141 页。
⑩ 见《杨守敬集》第八册，第 1141 页。
⑪ 见《杨守敬集》第八册，第 1107～1108 页。

四月十一日（5 月 22 日），革命党人陈涌波等举行潮州“黄冈起义”，旋失败。

四月二十二日（6 月 2 日），革命党人邓子瑜等发动“惠州七女湖起义”，旋失败。

四月间，杨守敬在两江总督端方的督署小住一段时间，为他新收藏的金石碑版题跋结束后，便自江宁启程赴上海，寓居老友甘作蕃①府中，应请鬻书及碑帖。杨守敬在《邻苏老人年谱》中说：“时翰臣为怡和洋行总办，酷爱余书法，故邀余主其家，殷勤备至；并为推荐同乡，不惮齿颊，不两月已得千余元。翰臣又买余汉‘甘露铜鍪’及隋‘元公’‘姬氏’‘董美人’‘尉富娘’四墓志，复得千余元。”②

案：这里所说的“甘露铜鍪”，又称“萯阳宫铜鍪”，铸于西汉宣帝甘露二年（公元前 52 年），清末出土于关中；此器敛口、反唇，为官中炊器；杨氏《壬癸金石跋》中对其有跋语。“元公”即《隋元公墓志》，又称《太仆卿元公墓志铭》，隋大业十一年（615 年）刻，出土于西安；今原石已残缺，杨氏《丁戊金石跋》中对其有题跋。“姬氏”即《姬氏墓志》，又称《太仆卿元公夫人姬氏墓志铭》，隋大业十一年刻，出土于西安；杨氏《丁戊金石跋》中对其有题跋。“董美人”即《董美人墓志》，又称《美人董氏墓志铭》，杨秀撰文，隋开皇十七年（597 年）刻，清末出土于西安；杨氏《丁戊金石跋》中对其有题跋。“尉富娘”即《尉富娘墓志》，隋大业十一年刻；同治十年（1871 年）出土于西安，今原石下落不明；杨氏《丁戊金石跋》中对其有题跋，并赞赏有加。

在上海小住期间，杨守敬与后辈篆刻家徐星州③结识，成为好友。徐星州还刻了“星吾所藏金石文字”（白）和“星吾审定书画印”（白）两枚

① 甘作蕃(1859—1941)，字屏宗，亦字兆蕃，号翰臣，晚号非园主人，广东香山人。旅沪富商。曾为上海怡和洋行总办、公和祥码头买办。于古玩、金石、书画收藏极富。其府第“愚园”“非园”皆上海名宅。为人豪爽，喜结交文人名流，与康有为、陈三立、吴昌硕、朱祖谋、章一山、罗瘿公、陈曾寿、杨守敬、程砚秋等交往密切。

② 见《邻苏老人年谱》，第 23～24 页。

③ 徐星州(1853—1925)，原名新周，字星州，别署星舟、星周、星洲，以字行；斋名“陶制庐”“耦花屋”“耦花庵”。江苏吴县人。自幼好古，尤嗜金石篆刻；后倾倒于吴昌硕之篆刻，遂拜其为师，得其嫡传，成为海派篆刻名家，有“南徐北陈(师曾)”之誉。读书广博，与当时的书画名家蒲华、潘飞声、杨守敬、黄宾虹、丁仁等交往甚密。生前辑有《耦花庵印存》行世。

印章赠送给杨守敬①。

案：经查《西泠印社拍卖有限公司二〇一二年春季拍卖会图录》可知，“星吾所藏金石文字”（白）印的边款为“光绪丁未四月，星州为星吾老先生汉九字印仿之”；“星吾审定书画印”（白）印的边款为“仿汉官印，古吴星州”②。

同月里，杨守敬曾自制有水墨纸本行书七言联：“宅河离世鼓方叔，流水知音钟子期”，其题识云“光绪丁未四月，杨守敬”，钤印“杨守敬”。

五月初九日（6 月 19 日），朝命解奕劻军机大臣差，命醇亲王载沣在军机大臣上学习行走，而以吏部尚书、协办大学士鹿传霖为军机大臣。

五月十一日（6 月 21 日），武英殿大学士王文韶因病乞休，谕下，著张之洞以湖广总督为协办大学士。

五月二十六日（7 月 6 日），革命党人徐锡麟枪杀安徽巡抚恩铭，在安庆起义；徐被捕牺牲，起义失败。

五月间，张之洞将“勤成学堂”改名为“存古学堂”。

案：光绪三十三年（1907 年）五月，湖广总督张之洞将“勤成学堂”改建成“存古学堂”，并手订章程。学堂有学额二百四十名，开设经学、史学、词章为主课，博览子部、算学、舆地、外国史、政治、法律、理财、农工商实业、博物、理化诸学为通习课，人人须习体操。允许学生自由兼习，学业七年。

同月里，应好友甘翰臣之请，杨守敬曾为其制作有水墨纸本隶书七言联：“度辽精骑余三耿，临朔长城建二蒙”，其题识云“翰臣仁兄方家正，光绪丁未五月，杨守敬”（见《杨守敬作品精选集》）。

同月里，应好友诗舫之请，杨守敬曾为其制作有水墨纸本行书七言联立轴（138 cm × 34 cm × 2）：“洞门静掩梨花月，古寺深藏松叶云”，其题识云“诗舫仁兄方家正，光绪丁未五月，杨守敬”，钤印“杨守敬印”③。

同月里，杨守敬又自制有水墨纸本隶书七言对联一副（132 cm × 33 cm × 2）：“石门风磬不离水，长乐雨钟深出华”，其题识云“光绪丁未五月，杨守敬”，钤印“杨守敬”（白）、“星吾七十以后书”（白）④。

---

① 张俊峰：《杨守敬与印人的交往及其用印特点》，《书法》2020 年第 6 期。

② 张俊峰：《杨守敬与印人的交往及其用印特点》，《书法》2020 年第 6 期。

③ 见香港淳浩拍卖有限公司“2013 秋季艺术品拍卖会：中国书画”专场拍卖品，编号：0288。

④ 见西泠印社拍卖有限公司“2013 年春季拍卖会：中国书画 · 古代作品”专场拍卖品，编号：3006。

案：此联后为苏州袁安圃（1904—1963）所藏。联上有袁氏的题签：其一："石门风磬不离水，癸未中秋装。杨守敬草隶精品"，钤印"安圃"；其二："长乐雨钟深出华，杨守敬草隶精品。安圃藏"，钤印"安圃"，其鉴藏印"枫窗鉴藏书画"（朱）。

同月里，杨守敬又自制有水墨纸本行书七言对联（132 cm × 33 cm × 2）："胜隐本来无境界，早弃鱼须伴我闲"，其题识云"光绪丁未五月，杨守敬"，钤印"杨守敬""星吾七十以后书"①。

同月里，经过仔细探究、考订，杨守敬为《秦泰山二十九字刻石》撰写了一篇跋文②。

同月里，杨守敬仔细把玩《唐皇甫诞碑》，觉两月前所写《唐皇甫诞碑·跋》尚不尽意，遂又为其写了一跋③。

六月初四日（7 月 13 日），女革命家秋瑾响应徐锡麟之谋，在浙江绍兴起义；事泄被捕，两天后在绍兴被杀害。

六月上旬，杨守敬告别诸友好，自上海回到武昌。

六月十四日（7 月 23 日），奉上谕"张之洞著授为大学士，仍留湖广总督之任"（见《张文襄公年谱》《张之洞诗文集·附录》）。

六月十八日（7 月 27 日），奉上谕"张之洞充体仁阁大学士"（见《张文襄公年谱》）。

六月中旬，受学部委派赴河南、山东、江西、安徽进行学务视察的好友罗振玉，途经武昌，曾专程前往看望、拜访了前辈好友杨守敬，并与其畅谈；杨守敬甚是高兴，当即应允将自己所刊刻的书籍拿出一些赠送给好友。

六月二十一日（7 月 30 日），日、俄两国在圣彼得堡签订分赃的第一次《日俄协定》和《日俄密约》，它成为日、俄两个帝国主义国家在中国东北平分势力的开始。

七月初二日（8 月 10 日），朝廷电召体仁阁大学士、湖广总督张之洞入京陛见。

七月初四日（8 月 12 日），原两广总督岑春煊假期已满，尚未启程赴任，诏命开缺，而以广东巡抚张人骏升任两广总督。

---

① 见北京保利国际拍卖有限公司"北京保利 2019 秋季拍卖会：艺林藻鉴——中国古代书画日场"专场拍卖品，编号：3726。

② 见《杨守敬集》第八册，第 1071～1072 页。

③ 见《杨守敬集》第八册，第 1088 页。

七月初八日（8月16日），结束学务视察回到京城后，罗振玉曾给前辈好友杨守敬写来一封书函（即《罗振玉致杨守敬》）[①]，一方面对前辈好友的慷慨赠书表示感谢，让人前来领取，另一方面将会面时应允为其题写的书题让人送来：

惺吾先生大人有道：

昨畅聆大教，并拜尊著之赐，感谢无既。又承允赐《贞元释教录》及石印《董美人墓志》《悉昙字记》等书，百朋之锡，尤为感泐。兹遣力走领，祈捡赐为荷。石印《毛公鼎》拓本一纸，又拙书书题坿呈，求哂存。肃此敬申，虔叩道安。

后学罗（制）振玉再拜上　　初八日

七月十三日（8月21日），慈禧太后下诏准备“仿行宪政”，清政府预备立宪正式开始；随后改“考察政治馆”为“宪政编查馆”，直属军机处，下设编制局、统计局、庶务处、译书处、图书处、官报局。

七月二十四日（9月1日），钦廉防起义爆发，历时半月后失败。

七月二十七日（9月4日），朝廷以袁世凯为外务部尚书兼会办大臣，并授张之洞、袁世凯为军机大臣。

七月间，“存古学堂”正式开学，仍以杨守敬和“顺德马君季立（贞榆）[②]为总教”[③]。

八月初五日（9月12日），军机大臣、体仁阁大学士张之洞奉旨抵达京城，暂时寓居“畿辅先哲祠”。

八月十三日（9月20日），清政府决定在中央设立资政院。

八月十五日（9月22日），朝命张之洞以大学士兼管学部事务。

八月间，因“文襄入阁，诸教员大开保举，守敬不闻问。文襄不知守敬三十年前已考得内阁中书，但请开去霍山县知县缺，以内阁中书用”[④]。

案：此处说“守敬三十年前已考得内阁中书”，如果按时间推算，应该在光绪初年；然查其《邻苏老人年谱》，光绪初年未见其有考取“内阁中书”

---

① 上海书画出版社编:《罗振玉手札》,上海书画出版社2007年版,第1页。

② 马贞榆,生卒年不详,字觉渠,号季立,广东顺德人。早年肄业于学海堂,为陈澧入室弟子。张之洞督两广,聘其为广雅书院理学分校;张氏移督湖广,又聘其为两湖书院教习。通经学,亦能诗。著有《尚书课程》《左传义》《经学课程》《周易要旨》《历代地理志韵篇今释校勘记》等。

③ 见《邻苏老人年谱》,第24页。

④ 见《邻苏老人年谱》,第24页。

的事情，其《家谱》中亦未见载有此事；但《家谱》却载有其在同治十三年（1874 年）考取“国史馆誊录”一职之事，杨氏此处不知是否指的是此职。

同月里，留学日本的黄侃因母病将回乡侍母，离日之前，曾前往拜访章太炎先生，谈及拜师之事。章氏对其云：若想在国内从师，那只有杨守敬和孙诒让两人；若想在国外从师，那只有本人还可以。

黄焯在其《黄季刚先生年谱》中记载：“秋，章君闻先生将归国省亲，谓之曰：‘务学莫如务求师，回顾国内，能为君师者少，君乡人杨惺吾（守敬）治舆地非不精，察君意似不欲务此。瑞安孙仲容（诒让）先生尚在，君归可往见之。’先生未及答。章君徐曰：‘君如不即归，必欲得师，如仆亦可。’先生瞿然起，即日执贽往，叩头称弟子。自是日相追随，所学益进。”①

秋，杨守敬曾自制有泥金纸本楷书七言联对联片（174 cm × 26.5 cm × 2）：“香凝百合庆衍麟，锦叠双文欢联燕”，其题识云“丁未秋月，星吾书”，钤印“宜都杨守敬印”（白）、“两湖书院总监”（朱）②。

其间，守敬曾应好友之请，为其书水墨纸本行书七言诗扇面镜片（17 cm × 49 cm）。其诗及题识云：“风怜瘦影浮香动，月会深情借艳思……波月细香清绝处，玉人和泪倚阑干。乙未秋日书，○筱轩仁兄大人正，弟杨守敬”，钤印“杨守敬”③。

九月十三日（10 月 19 日），清政府下旨各省筹设谘议局，并预备设立各府、州、县议事会。

九月间，收到旧友著名学者、时任湖南谘议局筹办处会办王先谦的书函，谓其愿意筹资刊刻《水经注疏》；杨守敬闻此消息，非常感激，只是《水经注疏》尚未写成净本，短期内无法付梓，便给王先谦写了一封回函（即《寄王先谦之一》）④，并将自己已刊行的一些著作一起寄赠：

益吾祭酒仁兄同年大人阁下：

不相见近三十年，前日忽得来书，欣喜无量。守敬自海东归来，株

① 转引自司马朝军、王文晖：《黄侃年谱》，湖北人民出版社 2005 年版，第 36 页。

② 见上海驰翰拍卖有限公司“第六届书画文玩专场拍卖会：书画文玩”专场拍卖品，编号：1553。

③ 见安徽九乐拍卖有限责任公司“安徽九乐 2019 秋季中国书画艺术品拍卖会：小品、楹联专题”专场拍卖品，编号：0414。

④ 刘信芳整理：《杨守敬函稿》，《东南文化》1991 年第 5 期。因此书函不见于《杨守敬集》，故全文移录于此。

守黄冈教官十余年。自惟富贵功名，此生无分，颇思以一知半解表见于世。而志大才疏，力小任重，倏忽发丝齿落，而所撰之书半未脱稿。加以时势变迁，旧学荒芜，风雨如晦，纵鸡鸣不已，正如大示衰壹平无冠无人问候，而独行踽踽，亦足伤矣。

昨岁于友人处得见尊著《汉书补注》，体大思精，班椽功臣，真堪移赠。回忆前于都中告我此举，深叹此事落落难合，不意有志竟成，使我心悸。又闻有《淮南子》校本，求见可否？并赐我一部。杜撰稿本，卷帙最巨者《古诗存》二百卷，盖因严铁桥有古文辑本，欲以古诗配之，其稿已成，尚待复校耳，然已为究办矣。抽撰《水经注疏》八十卷，虽亦有稿本，但系各录于书眉及行间，几八、九部，计汇抄而条理之，甚不易易。而能为我助者，只熊固之一人，脱稿尚在明后年。然一息尚存，此志不懈；又恐岁不我与，已刻成《要删》及图，今以呈览，可以知其志矣。

承示为我刻《水经注疏》，高义薄云，感何可言。惟此书既未写净本，碍难刻期蒇事。且守敬素不能文，亦拟脱稿就正有道，而后付梓。但未知命竟何如耳。若能得大序以张之，使海内知守敬有此书，纵此身不能墨诸板，或不致终霾耳。此时但为存古而言，则《古诗存》成书较易，倘籍大力上木，亦好古者所乐闻也。唯守敬所撰之书，除已刻外，尚不下十余种，而皆未脱稿，精力已衰，襄助无人。而南皮宫保本派守敬为存古学长，但其宗旨仍新旧参合，且楚北士人，早无师承。新既不○，亦无旧之可言。更有商者，守敬自日本归来，所携颇多中土佚节，即拟将唐以前古书不存者，无论经史子集，尽为抄辑。而兹事体大，非寒素所能，然耿耿于怀。念吾书所藏散失后，他日即有欲为之者，而苦于无从藉手，亦终古之恨也。颇闻湘中多好学之士，若能招集妮古者十余人，分书排纂，每成一书，皆署其人之名，当有兴趣者。数年后必有可观。经部、集部，前人所得粗备，然不能无遗漏；子、史两部，始造端乎？此书若成，亦国粹之巨典也。

闻常熟中丞颇有存古之志，以格于部议，不果。但小筹款项，开一私局，使守敬为识途之马，而吾书之未成皆可藉以速成，尤没世之感也。若以为不缪，他日再当详为条例奉闻。守敬自入秋以来，常患腹泻，故久稽裁答，今始稍愈，力疾书此不宜。借唯谅之，即颂著安。

计开：

《汉书地理志图》二册。《图说》未刊，有《历史舆图》稿本，今已付梓人者；《春秋列国图》、《三国舆地图》及《三国郡县表》，其余尚未写净本。

《水经注图》二部。

《水经注疏要删》二部。

《禹贡本义》二部。

以上四种，各以一种呈庞中丞。

《日本访书志》一部。

《隋书地理志》一部，此书从（前）寄赠一部，多讹误，此再校本，仍不免有误也。

《晦明轩稿》一册，此中有已抽出三篇刻入《禹贡本义》。

《留真谱》一部。

同月里，经过仔细考订、探究，杨守敬为《隋美人董氏墓志》写了一篇跋文①。

同月里，经过仔细考订、探究，杨守敬为《隋太仆卿元公夫人姬氏墓志》写了一篇跋文②。

同月里，经过仔细考订、探究，杨守敬为《隋武卫大将军吴公李氏女墓志》写了一篇跋文③。

十月二十七日（12 月 2 日），爆发“镇南关起义”，历时七日后失败。

十月间，杨守敬曾自制有水墨纸本行书七言对联立轴（130 cm × 32 cm × 2）：“竹外画沙迷鹤迹，花间引水泛鸥群”，其题识云“光绪丁未十月，杨守敬”，钤印“杨守敬印”“星吾七十岁作”④。

同月里，为藏书出售问题，杨守敬曾致书（即《杨守敬致缪荃孙》）⑤好友缪荃孙云：

再，敝处书籍，去冬香帅欲购之，嘱抄目录。因敝处书凌杂之甚，嘱人检理，竟不得端绪，故至今已抄得两分，其中重复缺漏，皆不可用。此非守敬亲自废数月之功，不能清楚。今香帅虽入都，其作罢论

① 见《杨守敬集》第八册，第 1038～1039 页。

② 见《杨守敬集》第八册，第 1043～1044 页。

③ 见《杨守敬集》第八册，第 1045 页。

④ 见北京华辰拍卖有限公司“2009 秋季拍卖会：中国书画”专场拍卖品，编号：0819。

⑤ 钱伯城、郭群一整理，顾廷龙校阅：《艺风堂友朋书札》（下册）之第二函，上海人民出版社 2018 年版，第 819～820 页。

否，尚无明谕。昨日午帅信来，亦言及欲购我书，但目录未成，万难议价。唯有宋椠全藏六千余册，是特别度阁，从前节庵曾转达午帅意，捐廉千金，购以入图书馆。守敬以此书原值三千金，减折太多，未允。今春守敬至金陵节署，午帅又言欲购置焦山，而未议价。守敬固不望得原值，私意欲得二千金，未知午帅应诺否？再此书照原目缺六百余卷，其中亦间有抄补，然所据亦是宋本，非从明本出也。合并声明。

守敬再拜

十一月间，应好友季曾之请，守敬为其制作水墨纸本行书七言联立轴（182 cm×43 cm×2）："云霭绕山迷涧谷，月光照水影楼台"，其题识云"季曾仁兄方家正。光绪丁未仲冬，杨守敬"，钤印"杨守敬印""星吾七十岁作"①。

冬，杨守敬曾自制有水墨纸本楷书五言诗立轴（70 cm×35cm）："醉月频中圣，迷花不事君。高山安可仰，徒此揖清芬。细草微风岸，危樯独夜舟"，其题识云"丁未冬日，杨守敬，时年六十有九"，钤印"杨守敬印""邻苏老人"（见孔夫子旧书网）。

十二月初十日（1908年1月13日），中、英、德签订《津浦铁路借款合同》。

十二月（1908年1月）间，杨守敬的好友黄绍箕②在湖北提学使任上病逝。

同月里，经过仔细探究、考订，杨守敬为《汉孟广宗碑》写了一篇跋文③。

---

① 见重庆尚文斋拍卖有限公司"十周年庆暨2016年春季艺术品拍卖会：中国书画"专场拍卖品，编号：0328。

② 黄绍箕（1854—1908），一名绍基，字仲弢，一作仲韬，又字穆琴，号漫庵，别号鲜庵。浙江瑞安人。黄体芳之子，南皮入室弟子。光绪五年（1879年）举人，六年（1880年）进士，授翰林院编修；历任四川乡试副考官、武英殿纂修、会典馆提调、湖北乡试正考官、翰林院侍讲、侍讲学士、湖北提学使等。与康有为交往密切，助其上书，极言时危，遭到顽固守旧派的非议；《马关条约》签订后，曾与文廷式等人上书抗议。是上海强学会发起人之一。戊戌政变发生，四处奔走，使康有为等人脱难。政变后，擢升左春坊左庶子，派充京师大学堂总办。三十三年（1907年），曾率各省提学使赴日考察教育。少承家学，工诗善文。有《鲜庵遗集》《广艺舟双楫评论》《乡土志例目》《汉书艺文志辑略》《中国教育史》等著行世。

③ 见《杨守敬集》第八册，第1050页。

是年，礼部侍郎陈宝琛咨举礼部顾问官，湖北有二人，即柯逢时和杨守敬[1]。

案：陈宝琛于宣统元年二月十四日（1909 年 3 月 5 日）才因军机大臣张之洞的举荐，被朝廷重新起用，命其赴京“预备召见”；此时他尚在老家赋闲，不可能有“咨举礼部顾问官”的机会和权力，应该是杨氏晚年在时间上的记忆之误；或是被其他大臣举荐，而杨守敬误记为陈宝琛。

是年，在弟子熊会贞的襄助下，杨守敬“刻《三国郡县表补正》及《三国地图》成”[2]。

案：杨守敬曾在吴增仅所著《三国郡县表》（四册八卷）一书上面所写有“眉批”二百九十六条，计二万余字，作为吴著的“补正”；是年他将《补正》与《三国郡县表》合刻，故称为《三国郡县表补正》[3]。

是年，杨守敬曾自制有水墨纸本行书五言对联：“高台明月满，古寺晚烟藏”，其题识云“光绪丁未，杨守敬”（见《书法报》官方微信公众号）。

是年，经过仔细的探究、考证，杨守敬将自己收藏之《匡喆刻经颂》（线装六册十二卷）采用双钩法付刊，前有杨守敬写于 1905 年十二月的《匡喆刻经颂·序》。

案：《杨守敬集》将该书（冀亚平、贾双喜先生整理）收入其第十册（见第 409～698 页）。

是年，杨守敬的日本朋友佛学学者岛田蕃根[4]在东京去世。

光绪三十四年戊申（1908 年）　七十岁

年初，杨守敬与马贞榆仍为存古学堂的“总教”。

正月初一日（2 月 2 日），朝廷授醇亲王载沣为军机大臣。

二月初三日（3 月 5 日），上海公共租界有轨电车通车。

---

① 见《邻苏老人年谱》，第 24 页。

② 见《邻苏老人年谱》，第 24 页。

③ 今收入《杨守敬集》第一册，第 225～579 页。

④ 岛田蕃根（1827—1907），出身日本周防儒士家庭，后入天台宗习修验道，广学百科，尤博通佛教一般知识，是日本著名的佛学学者。明治维新时还俗，在地方致力于教育；旋赴东京，任职于内务省社寺局、修史局。曾编校刊印《大日本校订缩刻大藏经》。

二月二十四日（3 月 26 日），邮传部右侍郎盛宣怀合并汉阳铁厂、大冶铁矿、萍乡煤矿组建成“汉冶萍煤铁厂矿有限公司”（简称“汉冶萍公司”），正式在农工商部注册；改“官督商办”为完全商办。

二月二十五日（3 月 27 日），革命党人黄兴发动“钦廉上思起义”，转战四十余日后，起义失败。

二月间，朝廷擢升张之洞的幕僚高凌蔚①为湖北提学使。

三月初八日（4 月 8 日），杨守敬原两湖书院的好友、同僚、著名地图学家邹代钧②在武昌寓所病逝。

三月二十九日（4 月 29 日），革命党人黄明堂、王和顺等人在云南发动“河口起义”，历时一月后失败。

三月间，应好友甘翰臣之请，杨守敬曾至上海小住，并为其制作有水墨纸本隶书七言对联立轴（132 cm×32.7 cm×2）：“危磴云中盘积翠，悬派天半落空青”，其题识云“翰臣仁兄方家正。光绪戊申三月，杨守敬”，钤印“杨守敬”“星吾七十以后书”③。

四月间，存古学堂开始设置监督，杨守敬遂以年迈为由，自己辞去教职，在家专心研究、著述。 大学士、军机大臣张之洞得知消息，立即致电高提学云：“杨君系湖北人望，不可令其赋闲，当仍旧奉薪。”于是，存古

① 高凌蔚(1868—1940)，字泽畬，晚年别号苍桧，直隶天津人。早年入张之洞幕，颇受重用。光绪三十四年(1908 年)任湖北提学使。入民国，曾任直隶民政司长、代理国务总理、国务总理、税务督办等职。1926 年至天津，开始与日本人往来。七七事变后，曾出任天津治安维持会委员长、天津市市长、河北省省长等职。

② 邹代钧(1854—1908)，字沅帆，又字甄伯，湖南新化人。诸生。家学渊源，少即精研史地，通测绘之学。光绪十一年(1885 年)经曾国荃举荐，随刘瑞芬出使英俄。其间，广购西方地理图册书籍，潜心研究，创制了中国专门用于测绘地图的标尺。归国后授会典馆纂修。不久，应张之洞之请，调任湖北全省地图测绘事宜。二十二年(1896 年)，在武昌创设中国第一个地理学会——舆地学会。两湖书院创办后，被张之洞聘为地理教习。二十九年(1903 年)任《钦定书经图说》纂修校对官。书成后授补用直隶州知州。后曾补学部员外郎、参事厅行走等职，均以病辞。后又荐为京师大学堂地理总教习。著有《西征纪程》《中俄界记》《蒙古地记》《英国大地志》《湖北地记》《中国海岸记》《中外舆地全图》《湖北全省分图》等。

③ 见北京华辰拍卖有限公司“2004 春季拍卖会：中国书画(一)”专场拍卖品，编号：772。

学堂每月“以译书名目，仍送薪水，其实并无书可译也”[①]。

同月里，杨守敬曾自制有水墨纸本行书六言诗立轴：“山路只通樵客，江村半是渔家；秋水矶边落雁，夕阳影里飞鸦”，其题识云“光绪戊申四月，宜都杨守敬”[②]。

同月里，应友人之请，杨守敬为其制作有水墨纸本隶书七言对联：“海鸟浮波殊自乐，山花满地不知名”，其题识云“小楼大人方家正。光绪戊申四月，弟杨守敬”[③]。

五月二十日（6 月 18 日），考察宪政大臣于式枚上奏，言宪法自在中国，无需求之外洋，定于一则无非分之想，散于众则有竞进之心。

五月间，杨守敬仍旅居上海，并与后辈好友篆刻家徐星州等往来；徐星州应邀为杨守敬篆刻了“杨守敬印”（白）、“星吾七十以后书”（白）和“三叶遘武七秩离兵”（朱）三枚图章[④]。

案：经查《西泠印社拍卖有限公司二〇一二年春季拍卖会图录》可知，“杨守敬印”（白）印的边款为“戊申午月，星州作”，“星吾七十以后书”（白）印的边款为“光绪戊申午月，吴门星州仿汉”，“三叶遘武七秩离兵”（朱）印的边款为“星吾老先生属刻并请教之，古吴徐星州记”[⑤]。

六月初八日（7 月 6 日），“贻谷案”结案。因查办“贻谷案”有功，又经鹿传霖、张之洞、端方等朝野重臣的极力荐举，而慈禧太后对樊增祥还有印象，故樊增祥得以重新起用，并复江宁布政使。

六月初十日（7 月 8 日），资政院奏拟院章，颁布谘议局及议员选举章程。

六月二十八日（7 月 26 日），革命党人杨王鹏等人在武昌成立“军队同盟会”，后改组为“群治学社”。

六月间，学部奏准在京师设立女子师范学堂。

同月里，杨守敬曾自制有水墨纸本行书书法四条屏（166 cm × 45 cm ×

① 见《邻苏老人年谱》，第 24 页。

② 赵平：《杨守敬书法艺术研究》，湖北人民出版社 2011 年版，第 35 页。

③ 赵平：《杨守敬书法艺术研究》，湖北人民出版社 2011 年版，第 52 页。

④ 张俊峰：《杨守敬与印人的交往及其用印特点》，《书法》2020 年第 6 期。

⑤ 张俊峰：《杨守敬与印人的交往及其用印特点》，《书法》2020 年第 6 期。

4）。其屏文及题识云：“几家茅屋水边村，花落春潮夕到门。溪上数峰青似染，居人说是武陵源。江上千峰紫翠浮，松门苔径映清流。茅堂雨绝湘帘瞑，卧听空山一夜秋。危峰削玉出云端，仙馆霜清古木寒。记得匡庐秋雨后，彭郎湖口倚蓬看。泄云鸿洞遮峰腹，古木槎牙缭山足。举头百丈泻寒泉，知有高峰插云绿。万八千丈天台山，仙人抱琴时往还。丝声落涧秋潺潺，曲终蜚云舞元鹤，霞光楼观难跻攀。光绪戊申六月，杨守敬”，钤印“杨守敬印”（白）、“星吾七十以后书”（白）①。

同月里，杨守敬曾自制作水墨纸本行书七言联一副：“楼台紫府神君馆，松石平泉太尉家”，其题识云“光绪戊申六月，杨守敬”②。

七月间，学部奏定各学堂学生毕业发给执照章程。

八月初一日（8 月 27 日），清政府颁布《钦定宪法大纲》。

九月二十五日（10 月 19 日），日本警视厅查封同盟会机关报《民报》。

同日，孙先齐（1908—？）出生，二子必承之长子。

九月间，应诗庵之请，杨守敬为其制作水墨纸本行书七言联：“风送竹声过枕簟，月移花影上阑干”，其题识云“诗庵仁兄方家正，光绪戊申九月，宜都杨守敬”，钤印“杨守敬”。

十月二十一日（11 月 14 日），光绪皇帝③崩于瀛台涵元殿，时年三十八岁，遗诏以摄政王载沣之子溥仪入承大统，为嗣皇帝，并承继穆宗为嗣，兼承大行皇帝之祧。以摄政王载沣为监国。

---

① 此四条屏今藏湖北省博物馆，并收入《湖北省博物馆藏杨守敬书法》。

② 赵平：《杨守敬书法艺术研究》，湖北人民出版社 2011 年版，第 27 页。

③ 光绪皇帝（1871—1908），即爱新觉罗·载湉，咸丰之弟醇亲王奕谡之子，满族。同治皇帝崩，无子，由他入继大统，改元“光绪”。即位时年仅四岁，由慈禧太后“垂帘听政”。1887 年（光绪十三年）亲政后，朝政仍决于太后。中日甲午战争中主战，《马关条约》签订后，不愿做“亡国之君”，受日益兴起的变法思想的影响，思有所作为。1898 年（光绪二十四年）接受维新派主张，下诏变法，提拔任用维新派人士，贬斥顽固大臣，不断发布新政命令，引起慈禧太后和守旧势力的恐惧和不满。戊戌政变后，被幽禁于中南海瀛台。1900 年（光绪二十六年）义和团运动中，当八国联军迫近北京时，被慈禧太后挟持逃往西安。1908 年 11 月 14 日，先慈禧太后一日死。庙号“德宗”。

十月二十二日（11 月 15 日），孝钦皇后——慈禧太后[①]亦薨，年七十三岁。

十月二十五日（11 月 18 日），嗣皇帝登极礼成，诏令改元，以次年为宣统元年。

十月二十六日（11 月 19 日），革命党人熊成基在安庆发动武装起义。

十一月初七日（11 月 30 日），美、日两国互换照会，确认对华侵略“机会均等”。

十一月初九日（12 月 2 日），溥仪在紫禁城太和殿正式登基即位。

十一月二十六日（12 月 19 日），奉上谕“张之洞著赏加太子太保衔”。

十二月十一日（1909 年 1 月 2 日），清政府鉴于袁世凯的权势日盛，难以驾驭，乃以“患足疾，步履维艰，难胜职任”为由，罢黜其回籍养疴。

十二月十五日（1909 年 1 月 6 日），“沪宁铁路”建成通车。

是年，在弟子熊会贞的襄助下，杨守敬“辑《汉书二十四家遗注》成”；并对为何要辑此书有详细说明：“颜师古注《汉书》，世称班掾功臣，余以唐、宋故籍所引《汉书》旧注，师古多所删削，且多盗袭，即如其叔游秦《汉书决疑》十二卷，世所称大颜者，《索隐》多引之，而师古每掩为己有，且‘叙例’并削其书名不载，故特采辑以为治《汉书》者考实焉。”[②]

案：颜师古即颜籀（581—645），字师古，以字行，雍州万年（今陕西西安）人。由隋入唐，累官至弘文馆学士，卒后封“琅琊县子”。曾参与纂

---

① 慈禧太后(1835—1908)，即西太后，叶赫那拉氏，满洲正黄旗人，满族。咸丰皇帝宠妃，同治皇帝生母。咸丰帝死后，其子载淳六岁即位，被尊为太后。不久，伙同恭亲王奕䜣发动“祺祥政变”，垂帘听政。1861—1873 年，她勾结外国侵略者，利用曾国藩、左宗棠、李鸿章等汉族地主武装湘淮军，残酷镇压太平天国、捻军、回民、苗民、彝族等各地各族民众的武装起义。同治帝死后，立五岁的载湉为帝，仍由她垂帘听政。为适应反动统治的需要，她一面支持奕䜣、曾国藩、李鸿章等标榜的“自强”“求富”的洋务运动，开办军事工业和民用性企业，训练海陆军；一面又重用一些顽固守旧大臣，用清议牵制洋务派。对外则妥协投降，导致各种对外战争皆以失败告终，与帝国主义列强签订了一系列丧权辱国的条约，使中国陷入半殖民地的痛苦深渊。她对内既仇视民众的爱国正义斗争，又反对改良派的维新变法运动，还残酷镇压资产阶级的民主革命运动。自 1861 年开始垂帘听政至 1908 年去世，她统治中国近半个世纪，成为黑暗腐朽势力的代表、近代中国半殖民地化的象征。

② 见《邻苏老人年谱》，第 24 页。

修《隋史》。少承家学，博览群书，学问通博，是唐初著名经学家、训诂学家、历史学家。著有《汉书注》《急就章注》《匡谬正俗》等。其叔父颜游秦，颜之推之子，由隋入唐，累官至廉州刺史、郓州刺史，卒于任，封“临沂县男”。所著之《汉书决疑》十二卷，为后世学者所称。《索隐》即指唐代著名史学家司马贞所撰之《史记索隐》（三十卷）。

《汉书二十四家遗注》即湖北省图书馆所藏之《汉书二十三家注钞》稿本，由褚佩瑜、侯英贤、史屹玥等先生整理，1997 年收入《杨守敬集》第六册（第 481～1035 页）。

是年，杨守敬的原上司、时在家丁忧的友人张仁黻①在河南固始老家病逝。

是年，杨守敬曾自制有水墨纸本楷书五言联立轴（114.5 cm × 32.1 cm ×2）：“文章千古事，风雨十年人”，其题识云“杨守敬”，钤印“杨守敬”（白）、“星吾七十以后书”（白）②。

同年里，杨守敬曾应朋友之邀制作有水墨纸本行书横幅镜心（31 cm × 118.5 cm）“袖中东海　杨守敬”，钤印“杨守敬印”“星吾七十以后书”③。

同年里，杨守敬又曾制作有水墨纸本行书五言对联一副：“裁诗花作骨，揽镜玉为神”，其题识云“邻苏老人”，钤印“杨守敬印”（白）、“星吾七十以后书”（白）（此联今藏日本苍茫山馆）。

宣统元年己酉(1909 年)　七十一岁

是年，杨守敬仍在家自行研究、著述，并继续领取存古学堂薪水。

正月十一日（2 月 1 日），“万国禁烟会议”在上海召开。

正月十九日（2 月 9 日），朝廷正式启用“督办粤汉铁路大臣兼督办鄂境川汉铁路之关防”。

---

① 张仁黻(1848—1908)，原名世恩，字劭予，河南固始人。光绪二年(1876 年)进士。历官翰林院编修、湖北学政、翰林院侍讲学士、鸿胪寺卿、顺天府尹、兵部侍郎、学部侍郎、法部侍郎等职，官至大理院正卿，又以吏部侍郎充经筵讲官。三十四年(1908 年)丁母忧归乡，未几，卒于乡。

② 见横滨国际拍卖“香港 2018 春季拍卖会：东瀛撷珍百年旧藏、中国书画及现当代艺术”专场拍卖品，编号：0185。

③ 见北京翰海拍卖有限公司“2013 春季拍卖会：中国书画(二)”专场拍卖品，编号：0300。

正月间，杨守敬曾自制有水墨纸本隶书七言对联：“合坐趣尊颜敛素，行春骑马雒舒黄”，其题识云“宣统纪元正月，杨守敬”（见《书法报》官方微信公众号）。

同月里，杨守敬又曾自制有水墨纸本行书七言对联（162 cm×34 cm×2）：“读书千遍篆自见，深杯百罚吾不辞”，其题识云“宣统元年一月，宜都杨守敬”，钤印“杨守敬印”“惺吾”。

同月里，杨守敬又自制有水墨纸本行书七言对联（136.5 cm×32 cm×2）：“山家自有红莲稻，舟子还多白小鱼”，其题识云“宣统纪元正月，杨守敬”，钤印“杨守敬”（白）、“星吾七十以后作”（白）。

二月初一日（2月20日），谕下：“派大学士张之洞为总裁官”，以恭修《德宗景皇帝实录》。

二月初八日（2月27日），光绪皇帝的陵寝——崇陵，在西陵破土动工。

二月十四日（3月5日），经军机大臣张之洞的举荐，朝廷下旨，命前礼部侍郎朱祖谋、前内阁学士陈宝琛入京觐见。

同月里，杨守敬曾自制有水墨纸本行书七言联：“月照高阁簾无影，石激悬流雪满湾”，其题识云“宣统元年二月，杨守敬”，钤印“惺吾”“宜都杨守敬印”。

闰二月初四日（3月25日），朝命陈宝琛出任礼部总理礼学馆事宜兼综纂订之职。从此，在家赋闲25年后，陈宝琛终于重获起用。

闰二月二十二日（4月12日），经仔细探究、考订，杨守敬为其所藏之《北齐人书〈左氏传〉》（附《善慧录》）撰写了一篇长跋①。

闰二月间，革命党人孙武、焦达峰等自东京回国后，在汉口租界设立“共进会”总机关，从事长江流域会党的联络活动。

同月里，经仔细探究、考订，杨守敬为其所藏之《大方便佛报恩经》撰写了一篇跋文②。

同月里，“端午桥以所得金石增多”，特来函邀请杨守敬“再赴金陵”，为其作题跋③。

① 见《杨守敬集》第八册，第1125～1126页。

② 见《杨守敬集》第八册，第1129～1130页。

③ 见《邻苏老人年谱》，第24页。

三月初，杨守敬应端方之邀自武昌动身，先赴上海，稍事停留①。

三月初五日（4 月 24 日），经仔细探究、考订，杨守敬为其所藏之《彭二林〈极乐庄严图〉》撰写了一篇跋文②。

同日，好友甘翰臣将其所得之陈白沙诗卷见示，并请题；经仔细探究、考订，杨守敬为其《陈白沙书》撰写了一篇跋文③。

三月上旬，杨守敬在上海稍作停留，随即前往江宁督署，“又为（端方作题）跋数十百通”④。

在两江总督端方督署期间，杨守敬与奉天义州李葆恂朝夕相处，感情甚笃；李葆恂⑤曾劝守敬“自为年谱”，而守敬以“谦让未遑”⑥。

在两江总督端方的督署，杨守敬与时任江苏候补道、两江师范学堂监督的湖南书画家李瑞清结识。

李瑞清在《邻苏老人手书题跋》中曾说：“陶斋尚书督两江，先生尝游江南，为尚书坐客，时余识先生于江南。”⑦

在江宁两江总督督署，应端方之请，杨守敬曾为其所藏明拓本《北海相景君碑》（44 cm×27.2 cm）题跋。

案：此碑全称《汉益州太守北海相景君铭》，汉汉安二年（143 年）立于山东济宁，隶书，碑文 17 行，行 23 字，碑文记景君殁后门下属吏慕其德而为之树碑之事。此碑结体瘦劲，锋颖下垂，与《天发神谶碑》相似，在汉隶中独树一帜。康有为在《广艺舟双楫》中曾评其云：“古气磅礴，书法劲健古雅，瘦硬挺美，为天下名碑。”而此碑拓毡蜡浓厚，墨光如漆，明晰处

---

① 见《邻苏老人年谱》，第 24 页。

② 见《杨守敬集》第八册，第 1138 页。

③ 见《杨守敬集》第八册，第 1139 页。

④ 见《邻苏老人年谱》，第 24 页。

⑤ 李葆恂（1859—1915），原名恂，字宝卿，号文石；又更号叔默、戒庵、猛庵，别号红螺山人；辛亥后改名理，字寒石，号凫翁，别署孤笑老人。直隶义州（今辽宁省义县）人。少聪慧，好学多识；成年后，累试不举，遂游幕南北。先后入许振祎、张之洞、端方等大吏幕，颇为倚重，因功累官至江苏候补道。辛亥革命后，避居天津，著述自娱。通天文舆地，精收藏鉴赏，工诗文，擅书画。著述甚富，有《无益有益斋读画诗》《红螺山馆诗抄》《猛庵文略》《然犀录》《三邕翠墨题跋》《归学庵笔记》《工余谈艺》《梵天庐丛录》《偶园所见书画录》《义州李氏丛刻六种》等。

⑥ 见《邻苏老人年谱》，第 7 页。

⑦ 李瑞清:《邻苏老人手书题跋》，转引自曾迎三:《清道人年谱》(二)，《内江师范学院学报》2013 年第 11 期。

精神跃然，三行“身”字只损首笔，“歍（歇）”字下存三点，八行“残伪易心”之“残”字右上角略损，惜模糊之字剪裱时被割去，碑额与阴亦佚，甚是可惜。此拓本原为阳湖庄缙度所藏，后归端方，扉页有张祖翼（1849—1917）题碑额：“汉故益州太守北海相景君铭，陶斋尚书命补临碑额，光绪丁未冬至，桐城张祖翼学。”后端方相继邀杨守敬、张祖翼、李葆恂、金蓉镜、褚德彝、王瓘、尧裴、吴广霈为之题跋，张之洞、俞廉三、刘心源为之题观款，庄缙度、费念慈为之题签，遂形成今天所见之珍贵的“张祖翼、杨守敬等十一家题端方旧藏《北海相景君碑》”拓本①。

三月十六日（5月5日），杨守敬在两江总督府见到了《华山碑》的华阴本，故在其上题写道：

> 光绪甲申，守敬曾于苏州李眉生廉访斋中观此碑。今来金陵，匋斋尚书复出以属题。回首已二十有六年，守敬忽忽七十二矣。宣统元年三月十六日，杨守敬。②

三月十七日（5月6日），杨守敬在两江总督府为端方鉴赏《唐云麾将军李思训碑》，并为其撰写有一篇跋文③。

三月十九日（5月8日），杨守敬在两江总督府又见到了《华山碑》的四明本，遂在其上题写道：

> 是碑海内三本，皆聚于金陵节署，不啻五星之聚奎，守敬因得纵观前明及国朝诸名人题识，已无剩义，唯建碑始末，诸家未之详，今为释之……“工郎”二字不可解；“君迁”二字又似字，此虽无关要义，然以“公修”为名，则“郭春察书”不足怪也。若以“公修”为姓名，则上文“颍川邯郸”叠书又非所属，不可通矣。书此献疑以质博雅。宣统元年三月十九日，宜都杨守敬题，时年七十又二。④

三月二十三日（5月12日），经仔细探究、考订，杨守敬为其在日本所收之《隶均（韵）》十卷（宋拓本，据《藏园群书经眼录》卷二补）撰写了一篇跋文⑤。

---

① 详见西泠印社拍卖有限公司“2019年春季拍卖会：善本古籍·金石碑帖”专场拍卖品，编号：4778。

② 《汉西岳华山庙碑华阴本》，文物出版社2006年版，第102页。

③ 见《杨守敬集》第八册，第1093～1094页。

④ 转引自周敏珏：《端方与杨守敬金石交游考述》，《中国书法》2019年第17期。

⑤ 刘昌润：《日本访书志续补》，《杨守敬集》第八册，第424～425页。

三月二十六日（5 月 15 日），杨守敬再三把玩《唐皇甫诞碑》，觉前些年所写几篇跋文仍不尽意，遂又为其写了一篇跋文①。

三月二十八日（5 月 17 日），杨守敬致函（即《杨守敬致缪荃孙》②）好友缪荃孙，对好友昨日的盛情款待以及今日介绍朋友前去其家观赏藏品表示谢意：

筱珊老兄阁下：

昨日厚扰，谢谢。兹小笠君同其友人白石、友永两君均诣尊处，博览书画，以为眼福。甘君翰臣，闻守敬言贵藏《司马元兴》及《泰山廿九字》为希有，特请检示为盼。即颂刻安，不庄。

年小弟守敬顿首　　廿八日

同日，小笠等友人至缪荃孙家观赏藏品后回来，热烈议论其藏品；适汲修斋主在座，说缪先生还有不少珍品存放在自己店中；大家一听，兴致颇高，遂又一起去汲修斋观赏。由此，杨守敬突然产生了一个想法：此前曾将那些自己所见过的古刻已不存世的碑刻双钩存之，好友缪荃孙家中有些藏品是自己此前尚未见到过的，好友又不肯轻易将自己的藏品出售或转让；只有将好友的那些珍宝藏品借出双钩存之，再和自己所存的那些珍品一起刊刻行世，一定能嘉惠更多的学人。于是，杨守敬立即提笔给好友写了一封书函（即《杨守敬致缪荃孙》③），报告自己的想法：

筱珊老兄同年阁下：

小笠等由尊处回，适汲修斋在座，言尊处珍品多存其店，已同到汲修斋去看矣。甘翰臣欣慕《司马元兴》，而尊处必不忍割爱，无从强劝。而守敬犹有请者，敝处于古刻之不存者，凡有见皆双钩刻之，可否假我一二日，摩以传世，则嘉惠学者尤广，如何如何，唯裁察。即颂刻安，不庄。

守敬顿首　　廿八日

三月间，光绪皇帝的梓宫移至西陵梁格庄行宫，等待入土奉安。

同月里，杨守敬仔细把玩《秦泰山二十九字刻石》，觉两年前所写之《秦泰山二十九字刻石·跋》尚不尽意，遂又写了《又一跋》，仍觉不尽

① 见《杨守敬集》第八册，第 1088 页。

② 钱伯城、郭群一整理，顾廷龙校阅：《艺风堂友朋书札》（下册）之第五函，上海人民出版社 2018 年版，第 821 页。

③ 钱伯城、郭群一整理，顾廷龙校阅：《艺风堂友朋书札》（下册）之第六函，上海人民出版社 2018 年版，第 821 页。

意，再作《又一跋》[①]。

同月里，杨守敬仔细把玩《汉中岳太室、少室、开母三阙》，觉两年前所写之《汉中岳太室、少室、开母三阙·跋》尚不尽意，遂又为其写了一篇跋文[②]。

同月里，经仔细探究、考订，杨守敬为《汉曹全碑》撰写了一篇跋文[③]。

同月里，经仔细探究、考订，杨守敬为《晋任城太守孙夫人碑》撰写了一篇跋文[④]。

同月里，经仔细探究、考订，杨守敬为《隋龙藏寺碑》撰写了一篇跋文[⑤]。

同月里，杨守敬仔细把玩《唐九成宫醴泉铭》，觉两年前所写之《唐九成宫醴泉铭·跋》尚不尽意，遂再写了一篇跋文[⑥]。

同月里，杨守敬再三把玩《唐九成宫醴泉铭》，觉前面所写两跋仍不尽意，遂又写了一篇跋文[⑦]。

同月里，经仔细探究、考订，杨守敬为《唐裴镜民碑》撰写了一篇跋文[⑧]。

同月里，经仔细把玩《唐怀仁集王书圣教序》，杨守敬觉两年前所写之《唐怀仁集王书圣教序·跋》尚不尽意，遂又为其写了一篇跋文[⑨]。

同月里，经反复把玩《唐麓山寺碑》，杨守敬又觉前两年所写的几篇跋文仍不能尽意，遂又为其写了一篇跋文[⑩]。

同月里，经仔细探究、考订，杨守敬为《唐浯溪题名残刻》撰写了一篇跋文[⑪]。

① 见《杨守敬集》第八册，第1072～1073页。

② 即《又一跋》，《杨守敬集》第八册，第1073页。

③ 见《杨守敬集》第八册，第1074页。

④ 见《杨守敬集》第八册，第1076页。

⑤ 见《杨守敬集》第八册，第1082页。

⑥ 即《再跋》，《杨守敬集》第八册，第1084页。

⑦ 即《又一跋》，《杨守敬集》第八册，第1084～1085页。

⑧ 见《杨守敬集》第八册，第1089页。

⑨ 即《又一跋》，《杨守敬集》第八册，第1090页。

⑩ 即《又一跋》，《杨守敬集》第八册，第1091～1092页。

⑪ 见《杨守敬集》第八册，第1095页。

同月里，经仔细探究、考订，杨守敬为《唐郎官石柱记》撰写了一篇跋文[①]。

同月里，经仔细探究、考订，杨守敬为《元湖州妙严寺记》撰写了一篇跋文[②]。

同月里，经仔细探究，杨守敬为《元大觉普慈帝师胆巴碑》撰写了一篇跋文[③]。

同月里，经仔细探究、考订，杨守敬为《晋王右军兰亭序》撰写了一篇跋文[④]。

同月里，经仔细探究、考订，杨守敬为《绛帖第九、第十》撰写了一篇跋文[⑤]。

同月里，经仔细探究、考订，杨守敬为《凤墅帖》撰写了一篇跋文[⑥]。

同月里，经仔细探究、考订，杨守敬为《戏鱼堂帖》撰写了一篇跋文[⑦]。

同月里，经仔细探究、考订，杨守敬为《英光堂帖》撰写了一篇跋文[⑧]。

同月里，经仔细探究、考订，杨守敬为《黄庭内景经》撰写了一篇跋文[⑨]。

同月里，经仔细探究、考订，杨守敬为《苏东坡书方元英诗》撰写了一篇跋文[⑩]。

同月里，经仔细探究、考订，杨守敬为其所藏之《顾恺之〈洛神赋〉图》撰写了一篇跋文[⑪]。

同月里，经仔细探究、考订，杨守敬为其所藏之《吴道子画罗汉》撰写

---

① 见《杨守敬集》第八册，第 1097 页。
② 见《杨守敬集》第八册，第 1097 页。
③ 见《杨守敬集》第八册，第 1097 页。
④ 见《杨守敬集》第八册，第 1101 页。
⑤ 见《杨守敬集》第八册，第 1104 页。
⑥ 见《杨守敬集》第八册，第 1105 页。
⑦ 见《杨守敬集》第八册，第 1105 页。
⑧ 见《杨守敬集》第八册，第 1105 页。
⑨ 见《杨守敬集》第八册，第 108 页。
⑩ 见《杨守敬集》第八册，第 1110 页。
⑪ 见《杨守敬集》第八册，第 1130 页。

了一篇跋文[①]。

同月里，经仔细探究、考订，杨守敬为其所藏之《梅花道人吴仲圭墨竹》撰写了一篇跋文[②]。

同月里，经仔细探究、考订，杨守敬为其所藏之《陈香泉临〈书谱〉》撰写了一篇跋文[③]。

四月初四日（5月22日），为碑拓作跋和刊印碑拓等事宜，在收到好友缪荃孙的书函后，杨守敬当即给他写了一封回信（即《杨守敬致缪荃孙》[④]）云：

筱珊先生同年阁下：

嘱为《元兴墓志》作跋，客中无书，仅记其大略如此，先以稿呈政，而后附于石本。来札谓石印不如珂罗板，诚然。但珂罗本价昂，不能多印。此番盖欲广为流传，以一千部为额，使天下寒畯亦得观古人妙迹。大抵以隋唐以前字画之精而存石已毁为识志。《广武将军》自当入选。惟敝藏碑阴侧在武昌，昨已作书索之。闻尊藏有《高植》原拓，此亦当检入。《阜昌地图》传本尚多，似不必也。《襄阳张琦志》石在广西唐氏，尊处想当有之。《砖塔铭》原石初拓恐无正本。《尉富娘》书法最精，石藏李山民，秘不示人。《张贵男》虽有石印，而非整本，似亦可采也。《董美人》市上印本皆伪品，甘翰臣处有翁覃溪藏本。《崔頠》《元公》《姬氏》，甘君藏均初拓本，皆可据也。《司马昞》一志，守敬惟见端匋斋一通，然有破损，不能入。《崔敬邕》所见皆剪裁本。《泰山二十九字》自当从尊藏本。其他秘本，守敬未悉，请开示为荷。宋元以下似可不必也。匆匆草此，无论次，多漏脱，惟裁示。

守敬顿首　　初四日

四月二十五日（6月12日），杨守敬偶然在书肆获得陈白沙诗卷一册，经仔细探究、考订一番后，遂又为其撰写了一篇长跋[⑤]。

四月二十六日（6月13日），杨守敬偶然得到有关《唐麓山寺碑》的新

① 见《杨守敬集》第八册，第1130～1131页。

② 见《杨守敬集》第八册，第1135页。

③ 见《杨守敬集》第八册，第1135～1136页。

④ 钱伯城、郭群一整理，顾廷龙校阅：《艺风堂友朋书札》（下册）之第九函，上海人民出版社2018年版，第823页。

⑤ 见《杨守敬集》第八册，第1139～1140页。

材料，故又为其写了一篇跋文[①]。

四月下旬，杨守敬在江宁督署为端方题跋完其所藏金石，遂重返上海，仍寓居老友甘作蕃府宅，并应好友们之邀，又在沪上“卖字”；且“其时守敬之字声誉大起，求书者踵接于门，目不暇给，继之以夜”[②]。

四月二十八日（6 月 15 日），杨守敬曾致函（即《杨守敬致缪荃孙》[③]）好友缪荃孙，将自己在上海联系石印有关事宜向好友作了通报：

筱珊仁兄同年大人阁下：

前日与天宝斋石印局约，每一石五元零，以连四印之，每石千张，则五百张纸足用。故以二十石计之，不过百余元。两合之，则各五十余元。不知彼以剪裁帖本为之，故最高连史可用。若印整张，则印连史必多破烂，必需要宣纸方可保少破。然连史每刀不过一元之谱，若宣纸则每刀二元，则已加倍。而影照之工则又加倍。盖彼之照镜不过一尺，吾等墓志须四镜合之。若《广武将军》则须十余块镜合之，《司马元兴》亦须七八块镜合之。（此志仍要送去，方可合石。但今日不必付来，且俟各志成后再送去。）计算每石千枚，须纸价约十元，又工价虽此时彼未说要加若干，然必要加之方可。盖彼以为我等印石甚多，或用至数百石不等，故此时尚未说及加价。然彼自初照至今日，始合成印一石，其余之石虽皆照成，皆未合上石，其再须时日不待言。而已照之原碑仍要送去，方可合之而上石，其要加倍无疑，而所费纸价又不止加倍。通计每石千张，共二十张，近三百元矣。今碑已照成，不能中止，而费钱太多，亦不合算。鄙意每石只印五百张，则可减去纸钱一半。惟石印之例，每石五百，与每石千张其价相同，亦有不合算。但每石千张，人各分五百，亦难销售尽。故以五百张一石，可见百元之纸价，如以为可，即请示，以便即日定夺买纸。即颂刻安，不庄。

弟守敬顿首　　廿八日

写给好友缪荃孙的信刚寄出不久，就收到了好友写来的信，提出与其合作刊印的建议；杨守敬又立即回函（即《杨守敬致缪荃孙》）[④]，表示

---

① 即《又一跋》，《杨守敬集》第八册，第 1092 页。

② 见《邻苏老人年谱》，第 24 页。

③ 钱伯城、郭群一整理，顾廷龙校阅：《艺风堂友朋书札》（下册）之十一函，上海人民出版社 2018 年版，第 824 页。

④ 钱伯城、郭群一整理，顾廷龙校阅：《艺风堂友朋书札》（下册）之第十函，上海人民出版社 2018 年版，第 812～824 页。

赞成：

来札以二十通为额，守敬与尊处分任费，甚善甚善。缘石印每石千张，与五百张之工价等。大约每一石千张，工价五元零，纸价四元余，合之每石约十元。以二十通计之，则二百元。守敬与尊处各得五百张，分任百元足矣。以每张一角出卖，每分二十张可得二元。以五百分计之，可得千元。若欲求速售，再减半价，亦有五百元。此须再商议定夺。

守敬再拜

四月间，经仔细探究、考订，杨守敬为《唐兖公颂》撰写了一篇跋文①。

同月里，经仔细探究、考订，杨守敬为《唐李少温“听松”二字》撰写了一篇跋文②。

同月里，杨守敬仔细把玩《唐人残经册》，尚觉不尽意，遂又为其撰写了一篇跋文③。

前跋写完后，杨守敬再仔细把玩《唐人残经册》，仍觉不太尽意，故又撰写了一篇跋文④。

同月里，经仔细探究、考订，杨守敬为其所藏之《张二水画十八罗汉》撰写了一篇跋文⑤。

同月里，经仔细探究、考订，杨守敬为其所藏之《仇九洲〈璇玑图〉》撰写了一篇跋文⑥。

同月里，经仔细探究、考订，杨守敬为其所藏之《沈铨画马》撰写了一篇跋文⑦。

五月初，为与好友杨守敬合作刊行碑刻之事，缪荃孙自金陵专程来沪小住，与杨守敬具体商量、落实、处理相关事宜。

五月初三日（6 月 20 日），为与好友合作刊印碑拓之事，杨守敬曾致函（即《杨守敬致缪荃孙》⑧）缪荃孙云：

---

① 见《杨守敬集》第八册，第 1096 页。

② 见《杨守敬集》第八册，第 1096 页。

③ 即《又一跋》，《杨守敬集》第八册，第 1128 页。

④ 即《又一跋》，《杨守敬集》第八册，第 1128～1129 页。

⑤ 见《杨守敬集》第八册，第 1133 页。

⑥ 见《杨守敬集》第八册，第 1136 页。

⑦ 见《杨守敬集》第八册，第 1144 页。

⑧ 钱伯城、郭群一整理，顾廷龙校阅：《艺风堂友朋书札》（下册）之第十七函，上海人民出版社 2018 年版，第 827 页。

筱珊老兄同年阁下：

连日到天宝斋催印，总未动工，大约必俟端节后实有全样也。甘翰臣已认合股，以六百份定印。《高植墓志》恳祈借来为盼。计定印《司马元兴》（已照）、《姬氏墓志》（已照）、《尉富娘志》（已照）、《董美人志》（已照）、《崔頠志》（已照）、《萧玚志》（已照）、《于纂志》（已照）、《元飏志》（已照）、《元飏妻王氏志》（已照）、《穆庆志》（已照）、《王僧志》（已照）、《张贵男志》（已照）、《齐郡王妃常氏志》（已照，已印样）、《秦廿九字》（未照）、《高植志》（未照）、《广武将军》（已照）、《元公墓志》（已照）。右公十七种。而《司马元兴》须二石，《广武将军》并阴测，须六石。通共已二十三石，大约二百元左右。如有秘本加入，惟尊裁。即请刻安。

守敬顿首　　初三日

五月初七日（6 月 24 日），为与好友合作刊印碑拓之事，杨守敬曾致函（即《杨守敬致缪荃孙》[①]）缪荃孙云：

筱珊老兄同年阁下：

昨辱枉顾，快甚。缴上《刁遵志》（并阴）、《贾散骑志》、《贺屯植志》、《高湛志》、《司马昇志》共五种六纸。本拟汇入石印，因已达二十余石，故暂缓。又《高植志》不能印，然欲钩数字以入《续楷法溯源》，明日再缴。尊处剪裱本旧拓祈检数种，但必字明而幅小者方合。昨日着小孙到天宝斋石印局催之，据云今日来敝处商酌，俟其来后再详告一切。刻下亦不必以帖付来人。此致，即颂晨安，不庄。

守敬顿首　　五月七日

五月上旬，杨守敬在居上海“卖字”期间，与后辈篆刻家、西泠印社发起人之一的吴隐[②]往来较多，并曾应邀为吴隐即将出版的《遁庵古泉存》（八册，吴藏堪题签）题扉页。

① 钱伯城、郭群一整理，顾廷龙校阅：《艺风堂友朋书札》（下册）之第十二函，上海人民出版社 2018 年版，第 825 页。

② 吴隐（1867—1922），原名金培，字石泉、石潜，号潜泉，又号遁庵；室名“纂籀簃”“松林堂”。浙江绍兴人。早年家贫，至杭州一家碑版店学刻碑，后成为一名浙派篆刻名手。曾将《古今楹联汇刻》中明清名贤 296 人的 367 副楹联刻于石碑。1904 年与丁仁、王褆、叶铭发起创立了“西泠印社”。后在沪经营书画篆刻作品，整理印谱印论。除工篆刻外，又工画，擅书，尤精篆、隶，善制印泥。曾汇辑刊刻《遁庵印存》丛书二十五种、《印汇》一百五十二册等。

沈慧兴先生在其《吴隐印学活动年表》中的“宣统元年”条记载：“拓印《遁庵古泉存》八册，吴藏堪题签，杨守敬题扉页。”[1]

又应邀为西泠印社所藏之《杨啸村印集》题字，陈振濂先生在其所编著之《中国印谱史图典》中就记有此事[2]。

其间，杨守敬又与篆刻家濮森[3]结识，成为好友；濮森曾刻有“星吾”印章一枚赠送杨守敬，其边款为“又栩篆”[4]。

五月十一日（6 月 28 日），朝命调两江总督端方为直隶总督，而以杨守敬的同乡、江宁布政使樊增祥署理两江总督。

同日，好友山阴吴隐不仅将其秦汉印谱选、国朝诸名家印及西泠八家印谱赠给杨守敬，还将其《西泠印社图》出示请题；杨守敬感其厚意，遂作《西泠印社图·跋》相赠[5]：

> 山阴吴君石潜精篆刻，藏印甚多，尝以其秦汉印选、国朝诸名家印及《西泠八家印谱》赠我，知其与杭州丁君辅之结印社有年。又出其《西泠印社图》属题，亦吾旧友陈君蓝洲笔也。余刻日归鄂，不及为之详述，倚装书此以志之。
>
> 宣统元年五月十一日　　杨守敬题

五月二十八日（7 月 15 日），为选书、售书、刻书之事，杨守敬给好友缪荃孙致函（即《杨守敬致缪荃孙》[6]）云：

> 连日颈痛、牙痛，不得出门，亦不得书跋，苦甚。所嘱《胜览》两种，咸用一集，无不可卖。唯《水经注疏》中亦颇有采录，拟重对一过（大约今年可毕工），而后卖之何如（记从前曾拟一价，未识贵友记之否？守敬亦不记，俟归问陶子林而后作覆，恐前后有参差也）？此上筱

---

① 沈慧兴：《吴隐印学活动年表》，转引自张俊峰：《杨守敬与印人的交往及其用印特点》，《书法》2020 年第 6 期。

② 转引自张俊峰：《杨守敬与印人的交往及其用印特点》，《书法》2020 年第 6 期。

③ 濮森（1827—?），字又栩，号梅龛主人，浙江钱塘人。工刻印，专宗浙派，秀逸有致，不轻为人作。

④ 见西泠印社拍卖有限公司“2012 年春季拍卖会：文房清玩·近现代名家篆刻”专场拍卖品。

⑤ 见《杨守敬集》第八册，第 1145 页。

⑥ 钱伯城、郭群一整理，顾廷龙校阅：《艺风堂友朋书札》（下册）之第四函，上海人民出版社 2018 年版，第 820～821 页。

翁仁兄同年大人，即颂刻安。

弟守敬顿首　　廿八日

五月间，应后辈好友吴隐之请，杨守敬还曾为其《古今楹联汇刻》题跋。

沈慧兴先生在其《吴隐印学活动年表》中的“宣统元年”条记载：“五月，杨守敬为《古今楹联汇刻》写跋。”①

同月里，为了对前辈好友杨守敬表示感谢，吴隐曾篆刻了一枚“杨守敬印”（白）的图章（图章的边款为“石潜作”）赠送给杨守敬②。

五、六月间，湖北暴雨不断，洪水泛滥，灾区广达三十余县，灾民近三百万人。

同月里，杨守敬把玩石鼓文，觉两年前所写之《周石鼓文·跋》尚不尽意，遂为其再作一跋③。

六月初二日（7 月 18 日），为与好友合作刊行碑刻之事，杨守敬曾致函（即《杨守敬致缪荃孙》④）好友缪荃孙，云：

连日阴雨，未能出门。今日拟到石印家影照《广武将军》，碑阴已取来，祈将尊藏碑阳付小孙携回，以便汇入。此碑虽略大，然原石不存，固当饷世，以好古者之希望也。此上筱珊老兄同年。

弟守敬顿首　　六月二日

六月初五日（7 月 21 日），为与好友合作刊行碑刻之事，杨守敬曾致函（即《杨守敬致缪荃孙》⑤）缪荃孙，云：

筱珊老兄同年大人阁下：

《广武将军》已照讫缴上。其他墓志尚须时日，始能竣事。盖天晴日中不能照，天阴亦不能照也。《高植墓志》敢肯借来。又尊藏《二十九字》亦祈检出。若不得闲，稍缓数日付来亦可。即颂刻安，不庄。

守敬顿首　　六月五日

---

① 沈慧兴：《吴隐印学活动年谱》，转引自张俊峰：《杨守敬与印人的交往及其用印特点》，《书法》2020 年第 6 期。

② 张俊峰：《杨守敬与印人的交往及其用印特点》，《书法》2020 年第 6 期。

③ 即《又一跋》，《杨守敬集》第八册，第 1071 页。

④ 钱伯城、郭群一整理，顾廷龙校阅：《艺风堂友朋书札》（下册）之第十三函，上海人民出版社 2018 年版，第 825 页。

⑤ 钱伯城、郭群一整理，顾廷龙校阅：《艺风堂友朋书札》（下册）之第十四函，上海人民出版社 2018 年版，第 825～826 页。

六月初九日（7 月 25 日），为与好友合作刊行碑刻之事，杨守敬曾致函（即《杨守敬致缪荃孙》[①]）缪荃孙，云：

前记《于纂志》尚在天宝家未取回，而阁下云已还邺架，殊茫然。今晨著小孙到天宝家取各种碑，则《于纂》在也。方拟呈上，而尊纪来，并《广武将军》《司马元兴》缴还（惟《廿九字》尚未照讫）。《道安禅师》甚欲石印，此时力不足，亦暂还，容后议。此复筱珊同年大人。

守敬顿首　　初九日

《方舆省览》已带来，明日呈。

六月二十一日（8 月 6 日），上海勤昌丝厂女工因反对延长工时举行同盟罢工。

同日，为与好友合作刊行碑拓、查证人物、借还碑拓之事，杨守敬曾致函（《即杨守敬致缪荃孙》[②]）缪荃孙，云：

筱珊仁兄同年阁下：

《广武将军碑》记张介侯，《养素斋集》中言是张虸之孙，尊处当有介侯集，祈检之。或是张石洲《㿝斋集》中说。客中无书，老年善忘，可哂也。又误书大名之"孙"为"荪"。此由座旁适有《国粹学报》作"荪"，遂信手书之，罪过罪过。捍郑考是王产，必有详说。如果确当改题，亦祈致书捍郑，以其稿告我。天宝斋石印局甚迟滞，连日往催，今拟再促之。俟竣事，而后请付《二十九字》及《高植墓志》。此致，即颂晨安，不庄。

弟守敬顿首　　廿一日

六月二十二日（8 月 7 日），经催促，天宝斋石印局送来了碑刻全样，杨守敬立即写了一封书函（即《杨守敬致缪荃孙》[③]）差人给好友送去：

筱翁老兄同年大人阁下：

顷天宝斋将石印二十四石全数交来，三股分派，并宣纸及印工每股

---

① 钱伯城、郭群一整理，顾廷龙校阅：《艺风堂友朋书札》（下册）之第十八函，上海人民出版社 2018 年版，第 827 页。

② 钱伯城、郭群一整理，顾廷龙校阅：《艺风堂友朋书札》（下册）之第十六函，上海人民出版社 2018 年版，第 826 页。

③ 钱伯城、郭群一整理，顾廷龙校阅：《艺风堂友朋书札》（下册）之第十五函，上海人民出版社 2018 年版，第 826 页。

七十二元，祈即付之（其细账可查）。此番所印，据同人云，《广武将军碑》并阴，卖价可二元，《廿九字》卖价可四角，其余并每种各二角。若果然，则二百分可达千元，恐未能也，容细商定价。肠病仍未全愈，并以闻。即颂暑安，不庄。

弟守敬顿首　　六月廿二

六月间，天气炎热，守敬“拟归”，“翰臣乃以其父母行状付守敬为墓志。此行所得亦二千余元”①。

在上海期间，杨守敬又重新辑印了《寰宇贞石图》，收入碑拓三百五十余种。

案：《杨守敬集》将此书（由徐无闻先生整理）收入第九册（见第1～554页）。

七月上旬，杨守敬曾自制有水墨纸本行书《题画诗》立轴：“渺渺云间树，云光兴楼色。染映如朝露……祇许人间到石桥”，其题识云“杂录《题画诗》七首，宣统己酉七月上旬，杨守敬”（见《杨守敬作品精选集》）。

七月二十日（9月4日），中、日订立《间岛协约》。

七月间，杨守敬在上海办理完相关事情，告别友朋，仍回到武昌家中。

同月里，经仔细考订、辨识，杨守敬为自己所收藏之《王宏范碑》（全称《唐华阳观王宏范碑》）撰写了一篇跋文②。

同月里，经仔细考订、辨识，杨守敬为自己所收藏之《高丽真鉴禅师碑》撰写了一篇跋文③。

八月初八日（9月21日），旅美华工冯如在旅美华侨的资助下，驾驶着自制的飞机飞上天空，成为中国第一个飞行家。

八月十二日（9月25日），由中国工程师詹天佑自行勘测、自行设计建设的“京张铁路”建成。

八月十四日（9月27日），张之洞病情加重，乃口授大意，属弟子陈曾寿草拟遗折。

八月二十一日（10月4日），杨守敬的好友体仁阁大学士、军机大臣张

① 见《邻苏老人年谱》，第24页。

② 见《杨守敬集》第十一册，第554页。

③ 见《杨守敬集》第十一册，第565页。

之洞[①]在京城府邸去世，年七十三。赠太保，谥“文襄”。

八月间，杨守敬曾自制有水墨纸本明诗行书四屏（138 cm×33 cm×4）。其诗与题识云：“孤琴如有期，兴入烟萝顶。花溪遇残雨，青嶂多白云。林散帙落空，翠开簾见岚。岭石径翳苔，花天窗逼云。影亭透水木，清晖长在君。唯应采真者，相期投鹤群。录明陈荃题画诗二首，时宣统元年八月，杨守敬”，钤印“宜都杨守敬印”“惺吾”。

同月里，杨守敬又自制有水墨纸本行书五言联镜心（134 cm×32.5 cm×4）：“渔樵不到处，鸥鸟自成群”，其题识云“集许浑张责句。宣统元年八月，杨守敬”，钤印“宜都杨守敬印”[②]。

九月初一日（10 月 14 日），各省谘议局（除新疆外）宣告成立。

九月十三日（10 月 26 日），朝鲜爱国志士安重根在哈尔滨将前日本内阁总理大臣、公爵、朝鲜第一任统监、“太子太师”伊藤博文击毙。

九月三十日（11 月 12 日），杨守敬为刻书及推荐同乡之事致函（即《致沈曾植》[③]）安徽布政使沈曾植，其函云：

子培方伯大人阁下：

前嘱检书付石印，既思敝处所存古书非今时所急，而石印每次须千分，成本过重，似不妨仍以木刻为便，如何如何？祈示知，以便开单呈览。敝处近又刻成《西晋地理图》，其《东晋南宋南齐图》不日亦可成。兹因同县袁鸿钧巡司赴皖之便，先以西晋一图呈政。袁君在皖听鼓有年，困苦之至，守敬细查此人，诚实勿妄言，询之乡人，亦无闲言，可

① 张之洞(1837—1909)，字孝达，号香涛，亦号芗涛、香岩、壶公、无竞居士，晚号抱冰、抱冰老人，因创办广雅书院、广雅书局，被人称为“张广雅”。直隶南皮(今属河北)人。咸丰二年(1852 年)，应顺天乡试，中第一名举人(即“解元”)。同治二年(1863 年)会试，中第三名进士(即“探花”)，授翰林院编修。历任翰林院侍读、侍讲、内阁学士，湖北、四川学政，山西巡抚，两广、湖广、两江总督，累官至体仁阁大学士、军机大臣兼管学部。参政四十余年，极力筹办洋务。又重视教育，提倡朴学，大力兴办书院和各种实业学堂，对清末的文化教育影响甚大。光绪二十四年(1898 年)，撰著《劝学篇》，主张“旧学为体，新学为用”，反对维新思想。入军机兼管学部后，又支持同光体诗人，与进步的诗歌创作思潮相对立。工诗，现存诗五百余首，诗风宽博厚重。著有《张文襄公全集》229 卷。

② 见北京永乐拍卖有限公司“2006 秋季艺术品拍卖会：中国近现代书画”专场拍卖品，编号：0393。

③ 贺宏亮：《新见三十五通杨守敬信札考释》，《中国书法》2016 年第 3 期，第 26 页。

否以寻常例差试之。伏维尊裁。即颂钧安。不庄。

守敬顿首　　九月晦日

九月间，应后辈好友上海商界名流王晓籁[①]之请，杨守敬曾为其制作有水墨纸本行书七言对联一副（147 cm×40 cm×2）：“山光扑面经新雨，江水回头为晚潮”，其题识云“晓籁仁兄方家正，宣统元年九月，杨守敬”，钤印“杨守敬”“皇吾七十以后书”[②]。

同月里，杨守敬曾自制有水墨纸本行书明陈荃题画诗四屏轴：“散帙落空翠，开簾见岚岭……相期报鹤群”，其题识云“录明陈荃题画诗二首，时宣统元年九月，杨守敬”，钤印“宜都杨守敬印”（白）、“惺吾”（白）。

同月里，好友甘翰臣将其去世的父亲和母亲合葬一处，特地请杨守敬为之作墓志；守敬感其孝敬，欣然为之作《清故甘府君夫人袁氏合祔墓志铭并序》相赠[③]。

十月初一日（11 月 13 日），陈去病、高旭、柳亚子等 17 人在苏州虎丘的张国维祠举行雅集，成立“南社”。

十月二十九日（12 月 11 日），朝命立张之洞祠于京城。

十月间，杨守敬曾自制有水墨纸本行书七言对联：“百花开处松千尺，众鸟喧时鹤一声”，其题识云“宣统元年十月，杨守敬”（见《杨守敬作品精选集》）。

同月里，好友罗振玉将其所著之《殷商贞卜文字考》寄来，嘱为其题跋，杨守敬乃欣然为其撰写了一篇长跋寄赠[④]。

十一月初，江苏谘议局议长张謇召集十六省谘议局代表在上海开会，决

① 王晓籁(1886—1967)，原名孝赉，字晓籁，以字行；号晓来，别号的天，浙江嵊州人。诸生。1907 年加入光复会。同年至上海从事商务活动，后创办闸北商团、开办闸北商场和闸北工程局；独资及合伙开设大来、天来等缫丝厂，筹组天来兴业公司等。历任上海商会理事长、全国商会理事会理事长、全国商会联合会理事长、上海临时参议会议长、中央赈济委员会常委、国民参政会参政员、上海市政委员会主任及国大代表等职。新中国成立后，历任中国人民银行总行代表、上海市人大代表、上海市政协委员等职。

② 见上海崇源艺术品拍卖有限公司“2011 年金秋大型艺术品拍卖会：海上旧梦(七)”专场拍卖品，编号：0425。

③ 见《杨守敬集》第八册，第 1147 页。

④ 见《杨守敬集》第八册，第 1111～1113 页。

定成立“国会请愿同志会”。

十一月上旬，湖北谘议局议员及数十名绅商发起组织了“湖北铁路协会”，举刘心源为会长，刘人祥、万昭度为副会长，反对借债修路，要求集股筹资，铁路自办，并派代表赴京请愿。

十一月二十五日（1910 年 1 月 6 日），美国国务卿诺克斯（Knox）照会中、日、英、法、俄、德各国，提出东北诸铁路中立案。

十一月间，应好友之请，杨守敬曾为其制作有水墨纸本行书七言对联立轴（176 cm × 45 cm × 2）：“镌勒娥碑汉度尚，琢雕皇宝秦李斯”，其题识云“棣生大兄方家正。宣统元年仲冬，邻苏老人”，钤印“杨守敬”“星吾七十以后书”①。

同月里，经过认真探究、考证，用缩摹勾勒之法，杨守敬将自己收藏的《泰山经石峪》（六卷十二册）付刊，前有其所写之《泰山经石峪·序》一文。

案：《杨守敬集》将此书（由欧阳中石、安廷山先生整理）收入其第十册，见第 243～407 页。

十二月初六日（1910 年 1 月 16 日），“国会请愿同志会”发动第一次请愿，上书都察院，要求速开国会，清廷不允。

十二月十一日（1910 年 1 月 21 日），日、俄两国声明：不允许将东北铁路改为公共铁路。

十二月十四日（1910 年 1 月 24 日），各省谘议局代表在北京组织“速开国会同志会”，通告各省谘议局。

十二月二十日（1910 年 1 月 30 日），革命党人熊成基在哈尔滨谋刺载洵，事泄被捕杀。

十二月间，经过仔细探究、考证，杨守敬将自己收藏的《高句丽好太王碑》付刊，并为其撰写了一篇跋文——《高句丽广开土好太王谈德碑跋》。

案：《杨守敬集》将此碑及跋文（薛英先生整理）收入其第九册，见第 555～783 页。

是年底，两广总督张人骏抵达江宁就任两江总督，同乡樊增祥仍回江宁布政使本任。

---

① 见北京翰海拍卖有限公司“2011 秋季拍卖会：法书楹联”专场拍卖品，编号：2458。

是年，杨守敬曾自制有水墨纸本行书孟浩然五言诗《夏日南亭怀辛大》立轴："山光忽西落，池月渐东上……感此怀故人，中宵劳梦想"，其题识云"宣统元年，杨守敬"①。

是年，杨守敬曾用楷、行、隶、篆、草五体制作有水墨纸本"浩气还虚碧"轴②。

是年，杨守敬的友人文学家庞鸿文③在常熟老家病逝。

是年，杨守敬的友人淮扬海河务兵备道朱之榛④逝于任上。

是年，在弟子熊会贞的襄助下，杨守敬"刻《水经注疏要删补遗》及《续补》成"；因"以《要删》所录间有谬误者，挖改之"；"又以续有所得，补刊二次"。另"刻战国、秦、续汉、西晋、东晋、刘宋、萧齐、隋各地图成"⑤。

是年，杨守敬又获见《苏东坡西楼帖》四册，仔细把玩，甚是快意，遂又为其撰写了一篇跋文⑥。

是年，经仔细探究、考订，杨守敬为其所藏之《唐人书〈法华信解品〉》撰写了一篇跋文⑦。

宣统二年庚戌(1910年)　七十二岁

是年，杨守敬仍在家自行研究、著述，并继续领取存古学堂薪水。

正月初三日（2月12日），同盟会员倪映典等在广州发动新军起义，倪

① 赵平:《杨守敬书法艺术研究》,湖北人民出版社2011年版,第24页。

② 赵平:《杨守敬书法艺术研究》,湖北人民出版社2011年版,第28页。

③ 庞鸿文(1845—1909),字伯絅,号絅堂,江苏常熟人。庞钟璐长子。光绪二年(1876年)进士,选庶吉士,散馆授翰林院编修。后曾典试广西、云南,外任湖北学政;迁国子司业、太常少卿,官至通政司副使。晚年辞官归乡,兴办学堂,讲求实业。工诗文,擅辞赋、骈体。著有《常昭合志稿》五十卷。

④ 朱之榛(1840—1909),字仲蕃,号竹石,浙江平湖人。同治间以父荫出仕,补苏州府总捕同知。后叙海运劳绩,晋升道员。官江苏四十年,长期管理苏沪厘金,深得地方大吏赏识。曾多次署理江苏按察使、布政使,并在苏州创办存古学堂。晚年授淮扬海河务兵备道,未到任而卒。工诗文。编辑刊刻有《新安先集》(二十卷)、《宝赤汇编》(含《锡麟宝训》《达生篇》《产宝》《福幼编》《保婴易知录》《小儿药证直诀》《童蒙训》七种)等。

⑤ 见《邻苏老人年谱》,第24～25页。

⑥ 见《杨守敬集》第八册,第1109～1110页。

⑦ 见《杨守敬集》第八册,第1127页。

映典战死。

正月十八日（2月27日），清政府颁布“中国红十字会试办章程”，命邮传部右侍郎盛宣怀为红十字会会长。

二月十四日（3月24日），清政府批准湖北设立商办“粤汉川铁路公司”。

二月二十一日（3月31日），汪精卫、黄复生在北京谋炸载沣，事情败露，被捕入狱。

三月初四至初六日（4月13—15日），长沙发生抢米风潮，饥民焚毁抚台衙门、长沙税关及洋行、教堂等。

三月间，杨守敬将自己近五十年所访之碑录编辑成书，基本完成，乃为其撰写一篇《三续寰宇访碑录·序》①。

四月初五日（5月13日），经仔细探究、考订，杨守敬为其在日本所收之《新编妇人良方》二十四卷（影钞本）撰写了一篇跋文②。

同日，经仔细探究、考订，杨守敬为其在日本所收之《新刊仁斋直指方论》二十六卷（影钞本）撰写了一篇跋文③。

四月初七日（5月15日），杨守敬为其所收藏之《新编妇人良方补遗大全》二十四卷本作了一篇题跋④。

同日，经仔细探究、考订，杨守敬为其所收藏之《新编妇人良方补遗大全》二十四卷（元麻沙本）撰写了一篇跋文⑤。

四月十三日（5月21日），山东莱阳贫苦农民曲诗文率饥民七百多人冲进县署，要求速发积谷，减免苛捐杂税。

四月十五日（5月23日），清政府与英、德、法、美四国银行团在巴黎达成铁路借款协议，将湖北、湖南两省人民争回的路权以“国有”的名义收回，再出卖给帝国主义，激起全国人民的义愤。

四月间，杨守敬购买旧材料，开始改建所购买之武昌芝麻岭铺屋。

同月里，杨守敬曾为其在日本访求所藏之《新刊妇人良方补遗大全》

① 见《杨守敬集》第八册，第621页。

② 王重民：《日本访书志补》，《杨守敬集》第八册，第405～406页。

③ 王重民：《日本访书志补》，《杨守敬集》第八册，第406～407页。

④ 《晦明轩稿》，《杨守敬集》第五册，第1185页。

⑤ 王重民：《日本访书志补》，《杨守敬集》第八册，第406页。

（存十六卷，三册）题写了一篇跋文①：

《新刊妇人良方补遗大全》残本，存第三、四、五、六，一册；十三、十四、十五、十六、十七、十八，一册；十九、二十、廿一、廿二、廿三、廿四，一册。行款与熊氏元刻同，惟改“新编”作“新刊”。森立之《访古志》载有明天顺八年刊本，此本或其零残之本也。日本人点校颇密，其书眉以所引书详其出处，若《外台秘要》《圣惠方》之类，非博通医籍者不能。又所称“韩本”，即朝鲜国活字本，盖日本人朝鲜为韩国者，沿“三韩”古称也。又可知小岛影写陈自明本，出自朝鲜活字本也。

宣统庚戌四月，宜都杨守敬记。

案：此书上除钤有杨守敬的藏书印之外，尚钤有“朱师辙观”之白文印和“国立北平图书馆收藏”之朱文印，《日本访书志补》中亦未收录此跋文。

五月初六日（6 月 12 日），山东莱阳、海阳农民发动抗捐起义。

五月初十日（6 月 16 日），“国会请愿团”发动第二次请愿。

五月二十七日（7 月 3 日），山东莱阳曲诗文正式宣布起义，队伍发展至十几万人。

五月三十日（7 月 6 日），曲诗文率农民起义军攻打县城数日不下，只好放弃县城。

五月间，杨守敬曾自制有水墨纸本行书五言诗四屏（138 cm × 32 cm × 4）。其诗及题识云：“种苗在东皋，苗生满阡陌……○心正如此，开径望三益。宣统庚戌五月，杨守敬”，钤印“杨守敬”“星吾七十以后书”（见九州书画商城）。

同月里，经仔细考订、辨识，杨守敬为自己所收藏之《李思训碑》（全称《唐故云麾将军秦州都督彭国公谥曰昭公李府君神道碑》）撰写了一篇跋文②。

同月里，好友徐行可得到有关《唐云麾将军李思训碑》的新材料，携其示杨守敬；杨守敬仔细考订、辨识，遂为其再作一跋③。

六月上旬，经过十几天的血战，起义军伤亡惨重，起义被镇压；曲诗文

① 《善本题跋真迹》，第 1195～1196 页。此文亦收入《晦明轩稿》，《杨守敬集》第五册，第 1166 页。

② 见《杨守敬集》第十一册，第 561 页。

③ 即《又一跋》，《杨守敬集》第八册，第 1094 页。

在当地农民的掩护下，逃到外地，隐姓埋名才幸存下来。

六月间，杨守敬曾自制有水墨纸本行书七言对联：“楼台山阁本无异，鱼鸟江湖只自知”，其题识云“宣统庚戌六月，杨守敬”（见《杨守敬作品精选集》）。

同月里，经仔细考订、辨识，杨守敬为自己所收藏之《韩勑修礼器碑》（又名《汉鲁相韩勑造孔庙礼器碑》）撰写了一篇跋文①。

七月中旬，杨守敬在接到同乡好友、藏书家柯逢时向他求借其于日本访得之有关医书一观，待经过选择商定购进若干种然后予以刊刻的书函后，遂立即清理出一批有关医书给他寄去。

七月二十五日（8月29日），日本宣布合并韩国。

七月间，杨守敬自作之水墨纸本《五体书法》（二卷）手卷（34 cm×275 cm×2）完成。其释文一：“浩气还虚碧，江流日夜声。白杨森培○，青史照纵横”，释文二：“裴将军。大君制六合，猛将清九垓。战马若龙虎，腾凌何壮哉。将军临八荒，烜赫耀英材”；其题识一云“拟邓顽伯书”，题识二云“拟曹景完碑笔法”，题识三云“宣统庚戌正月，杨守敬拟古五则”，题识四云“临颜鲁公《裴将军》”，钤印“杨守敬”（2次）、“星吾七十以后书”（3次）、“杨守敬印”、“邻苏老人”（2次）。书写完成后，杨守敬自己又为其题签。题签一云“楷、行、草三体卷。宣统庚戌七月，杨守敬”，题签二云“篆、隶二体卷。宣统庚戌七月，杨守敬”②。

案：此手卷1912年1月为日人远藤所得后，乃请日人山本坚为之题盒云：“杨守敬书五体二卷。岁之壬子一月之吉，为远藤君题。醒翁坚”，钤印“山本坚印”。1916年夏，守敬日本弟子日下部鸣鹤见到此手卷后，曾应邀为之题跋：“丙辰夏日，八十借一老人东作识”，钤印“鸣鹤”“古狂”。此手卷五体兼备，各臻极诣，又有弟子日下部鸣鹤的题跋，可谓难得之珍品。

同月里，应好友之请，杨守敬曾为其制作有水墨纸本行书七言联立轴（177 cm×45 cm×2）：“流风回雪落花草，空潭泻春古镜神”，其题识云“曾妍仁兄方家正。庚戌七月，杨守敬”③。

---

① 见《杨守敬集》第十一册，第545页。

② 见北京匡时国际拍卖有限公司“2014年夏季艺术品拍卖会：百年遗墨”专场拍卖品，编号：1153。

③ 见香港永德拍卖有限公司“香港永德书画艺术品拍卖会”拍卖品，编号：186。

八月初四日（9月7日），杨守敬应邀为后辈好友罗振玉的新著《殷商贞卜文字考》所作之序完成，遂写了一封书函（即《杨守敬致罗振玉函》①）一并寄赠：

叔韫仁兄阁下：

前日递一函力辞为作龟文叙非恪也。以守敬于金文虽好之而未致力，无所发明，固不如藏拙之得计也。转念足下书方成印寄我，不嘱他人作序而独嘱我，若坚辞未免有负雅意，乃拨冗拟一首，可存即存之，不可存弃之可也。此书是刻本抑石印，其中“北蒙”《读史正义》作“冢”，然《纪年》及《水经注》并作“蒙”，当校改之。

又　足下既以殷墟非盘庚所都，则此书当题“殷墟贞卜文”，以别于北冢之殷，鄙见如是何如？前求《北魏防城考》未得，回示甚以为盼。《北魏地形图》谅已收到。余此文不足以增查，尊书特以重违尊意，故勉强为之。而吾求兄为作《水经注疏》（序）未得，甚盼。即颂著安。

守敬拜　　八月四日

八月初七日（9月10日），同乡好友柯逢时在收到杨守敬给他寄来的医书后，便给杨守敬写来一封书函（即《柯逢时致杨守敬函》②）云：

手示并医籍六种照单收到，医馆拟多购各书，如肯慨让，以后请开值，以免多费笔墨也。如不愿让，即无容开示。前掷来之景钞《仁斋直指》，实缺《医学真经》，余书播过，未见，请借补抄，亦无不可。今日乞早临，面罄一切。祇请学海我兄大人道安。

逢时顿首　　初七日

八月十五日（9月18日），湖北革命党人杨王鹏、李六如等在武昌将“群治学社”改组，成立“振武学社”。

八月中下旬，杨守敬在接到同乡好友柯逢时收到寄书的回函后，遂给他写了一封书函（即《寄慎庵之二》③）寄去：

---

① 转引自胡振宇：《记杨守敬与罗振玉讨论甲骨文之信一帧》，《中国文化》1997年第十五、十六期，第84～85页。因书函不见于《杨守敬集》，故此处全文移录。

② 此函今藏湖北省博物馆，转引自刘信芳整理：《杨守敬函稿·寄慎庵之二》，《东南文化》1992年第Z1期，“注释”(1)。

③ 刘信芳整理：《杨守敬函稿》，《东南文化》1992年第Z1期。因此书函不见于《杨守敬集》，故全文移录于此。

慎庵老兄左右：

前嘱以《仁斋直指》影抄本及《妇人良方》全部呈览。守敬因所藏医书有一种二、三通者，其中有上驷、中驷、下驷之分，而其中源流多未载明，兹将《仁斋直指》影抄宋本计六册，四百六十二页；《妇人良方》九册，五百七十八页，日本亦视为异书者，故传录亦多。又熊宗立补遗本二种，尊处既有此书，兹亦呈上，以视与尊藏是同一本否。又《仁斋直指》明刊本○册，明刊本虽未足奇，然近来藏家皆只有此本，且有日本人以宋元本校录，固亦呈览。观此诸跋，足知守敬在日本兼收并蓄，不惜金钱，虽残本亦不轻舍，以其非弃之物也。不然则陆氏之书，近日又何以十万金购之。如以为可，并留。容日当异（议）各本开价（照旧买账开价。其稍折斤亦可，惟不能过减少焉），大抵如大本《仁斋直指》以为上驷，明刻本为下驷，小号《妇人良方》亦上驷，其辗转传抄者为下驷。

前日所呈《直指方》各种九册，来札谓缺《医学真经》一种，此种叶数无多。合订于《直指方》中。如果无之，此书敝藏尚有一部，可以补抄。来札谓如不可让，则影抄，窃以此书有副本，故照上驷价百两售之，非不可让也。以为可留则留之，否则还之。缘尊处已有此书，似无容复抄。必一一借抄，则敝处异本医书不下百种，穷年累月不能尽，恐守敬之年不能待也。精力衰颓，亦不耐发收之烦也，为谅之。如何如何，唯裁察。

八月间，杨守敬所购买之武昌芝麻岭的铺屋改建完成，随即又用剩下未用完的材料去修阜菊湾的房舍。

九月初一日（10 月 3 日），清政府资政院行开院礼，监国摄政王载沣临院训词。

九月初九日（10 月 11 日），革命党人于右任在上海创办《民立报》。

九月十五至二十日（10 月 17—22 日），“全国第一次运动会”在上海举行，参加比赛的运动员 140 人，上海获第一名，华北获第二名。

九月二十日（10 月 22 日），第三次“国会请愿代表团”向载沣和资政院上书。

九月二十三日（10 月 25 日），东三省总督锡良、湖广总督瑞澂、两广总督袁树勋、云贵总督李经羲等省督抚联名上书请组织内阁，定次年开国会。

九月（10 月）间，“国际飞行协会”在美国旧金山举行飞行比赛，冯如驾驶其自制飞机参加比赛，获得第一名。

九月间，应好友甘翰臣之请，杨守敬曾有上海之行，并为其制作有酒金纸本行书“留余”横批（45.5 cm×132 cm）。其题识云：“焚山而猎，竭泽而渔，昔贤所哉。不知留其有余，正为生生不已之计。翰臣嘱书此二字，岂独为一身一家之谋耶。宣统庚戌九月，杨守敬”，钤印“杨守敬”（白）、“惺吾七十以后书”（白）[1]。

此次在上海小住期间，杨守敬曾与后辈好友吴隐相聚，并应邀为其即将出版的《遁庵秦汉印选》题字。

沈慧兴先生曾在其《吴隐印学活动年表》中的“宣统二年（1910年）”条记载：“集辑《遁斋秦汉印选》四集二十四册，刻钤印本……蒲华题签，杨守敬题字。”[2]

十月初三日（11月4日），清政府宣布将九年预备立宪期限缩改为五年，并预行组织内阁；令民政部及各省督抚解散请开国会之代表。

十月十二日（11月13日），孙中山在槟榔屿召开同盟会秘密会议，决定在广州再次发动武装起义。

十一月初一日（12月2日），沙皇政府召开内阁特别会议，专门讨论了吞并中国东北北部的问题。

十二月初六日（1911年1月6日），杨守敬的日本朋友重野安绎[3]在日本去世。

十二月二十三日（1911年1月23日），武汉各界数万人集会抗议英租界枪杀人力车工人的暴行。

十二月间，朝命陈宝琛以原衔充补为汉经筵讲官，正式成为随侍皇帝左右的文苑词臣。

同月里，应好友木堂先生之请，杨守敬曾为其制作有水墨纸本篆书轴“仓颉见鸟兽蹄远之迹……木堂先生正篆。庚戌嘉禾，杨守敬”[4]。

同月里，杨守敬曾自制有水墨纸本篆书立轴“太湖三万六千顷，七十二峰湖上出；草阁酒醒风雨过，棹歌声在水云间”，其题识云“宣统庚戌嘉平

---

① 见上海驰翰拍卖有限公司“2014春季拍卖会：中国书画”专场拍卖品，编号：0848。

② 沈慧兴：《吴隐印学活动年表》，转引自张俊峰：《杨守敬与印人的交往及其用印特点》，《书法》2020年第6期。

③ 重野安绎（しげのやすつぐ，1827—1910），字成斋，日本鹿儿岛市人。为日本江户时代末期至明治初期著名汉学家、史学家。早年曾入修史局负责编修《大日本编年史》。明治二十一年（1888年）出任帝国大学教授，提倡考证史学，创建东京大学国史学科，奠定国史学发展基础。后曾出任静嘉堂文库首任文库长。

④ 赵平：《杨守敬书法艺术研究》，湖北人民出版社2011年版，第29页。

月，邻苏老人”[①]。

同月里，杨守敬原武昌菊湾的旧房整修完成。

是年，孙先汉（1910—1913）出生，为杨守敬二子必承之次子。

是年，美国基督教会将南京汇文书院和宏育书院合并组成南京“金陵大学堂”（1915 年改名“金陵大学”）。

是年，湖广总督瑞澂“又开通志局”，而“以守敬为纂校”[②]；杨守敬撰有《湖北通志舆地志稿》（原稿残存 407 页），此稿本今藏湖北省图书馆。

案：“通志局”，即“湖北通志局”。该局于宣统二年（1910 年）开设，以湖北江夏张仲炘为总纂，杨守敬受聘为协纂。辛亥革命爆发后，该局曾一度关闭，至民国三年（1914 年）复开，因张仲炘常年不在武昌，故又以江夏方志学家杨承禧（1858—1935）为总纂；民国十年（1921 年）铅印刊成《湖北通志》172 卷。

是年，在弟子熊会贞的襄助下，杨守敬“刻北魏、西魏地图成”，“魏收《北魏地形志》多疏略，亦多残缺，补札记一册。又收不载西魏地形，国朝南康谢启昆作《西魏书》亦多疏漏，亦补札记一册”[③]。

案：此处所说《北魏地形志》，乃指南北朝时的大臣、史学家、文学家魏收（507—572）所撰《魏书》中之《地形志》。谢启昆（1737—1802），字良壁，号蕴山，又号苏潭，江西南康人。乾隆二十六年（1761 年）进士，官至广西巡抚。著名学者、史学家、方志学家。其以《魏书》不载西魏四朝事迹，乃著《西魏书》二十四卷；又著有《小学考》《史籍考》《广西金石志》《圣朝殉节诸臣录》《树经堂集》等，另纂修有《南昌府志》《广西通志》等，为后世所推崇。

是年，杨守敬又“刻《望堂金石二集》成。《三续〈寰宇访碑录〉》十六卷成，已写定未刊”[④]。

案：杨氏之《望堂金石二集》仍延《望堂金石》之法，采用“随搜随刻、随刻随印、随印随售”的方式，故刊刻面世的时间很长，且版本颇多，

① 赵平:《杨守敬书法艺术研究》,湖北人民出版社 2011 年版,第 42 页。

② 见《邻苏老人年谱》,第 25 页。

③ 见《邻苏老人年谱》,第 25 页。

④ 见《邻苏老人年谱》,第 25 页。

每一版所收之篇目、数量亦不尽相同。《望堂金石二集》是自光绪四年（1878年）就开雕的。

其《三续寰宇访碑录》手稿本，今藏湖北省博物馆。刊刻此书时，杨守敬曾为其写有《三续寰宇访碑录·序》一文①。《邻苏老人年谱》谓有十六卷，今收入《杨守敬集》第八册中的为十二卷（见第615～980页）。

是年，杨守敬又“辑《古地志》三十二卷，未写定。古地志皆有所受，非若后世方志大半附会，不可依据，惜其书多不传。乾隆间金溪王谟有辑本，多遗漏，且引《文选注》《御览》等书，不标篇名、卷数，尤费检阅，故复写此，使修方志者有所准则焉”②。

案：此处所说王谟（1731—1817），字仁圃，一字汝上，又字汝麋，晚号汝上老人。江西金溪人。乾隆四十三年（1778年）进士，授知县，不赴，选建昌府学教授。平生致力于汉魏遗书的搜寻，并辑成《汉魏遗书钞》五百余种（刊行者有经部一百零八种）、《汉魏丛书》辑佚书九十四种。晚年又辑成《汉唐地理书钞》五百余种，即杨氏所谓“王谟有辑本”者。王谟另著有《豫章文献录》《汝麋玉屑》《汝麋诗钞》《汝麋文钞》《十三经策案》等二十余种。

是年，杨守敬又“《补汉书古今人表》粗成。班表分上、中、下九等，论者以其品骘未尽当，其事实甚著者固皆甄录，而迹涉幽隐者尚多遗漏，不知时代绵邈，在后世为隐僻之人，在当时未必非炫赫之夫。今一并采辑，不分等第，依韵编次，以便检阅，亦尚论之资也”③。

是年，杨守敬又“刻《明地图》成”④。

是年，杨守敬曾自制有水墨纸本行书杂言四屏（71 cm × 39 cm × 4）。屏一文云：“山路不逢人举头……斜日上林杪”，屏二文云：“山下云连山上溪……行绿楼阴中”，屏三文云：“东坡居士……云左绕清江右回”，屏四文云：“聚书多处……覆盖其上”，其题识云“宣统庚戌，杨守敬”，钤印“杨守敬”、“星吾七十以后书”、“杨守敬印”（3次）⑤。

① 《晦明轩稿》,《杨守敬集》第五册,第1183页。又见《杨守敬集》第八册,第621页。

② 见《邻苏老人年谱》,第25页。

③ 见《邻苏老人年谱》,第25页。

④ 见《邻苏老人年谱》,第25页。

⑤ 见浙江保利国际拍卖有限公司“四季拍卖会(二):中国书画”专场拍卖品,编号:0002。

是年，杨守敬一日偶然翻检出自己所藏早年所拓之《灵飞经》，遂仔细把玩，然后写了一篇《旧拓灵飞经跋》的跋文①。

是年，杨守敬的好友谈文②在海盐老家病逝。

宣统三年辛亥(1911 年)　七十三岁

是年，杨守敬仍在家自行研究、著述，并继续领取存古学堂薪水。

正月初一日（1 月 30 日），湖北革命党人蒋翊武、詹大悲、刘复基等在武昌成立“文学社”，蒋翊武被推为会长。

正月初十日（2 月 8 日），上海协和丝厂女工举行反对减发工资的同盟罢工。

二月间，杨守敬在研究、著述之余，亦十分关心湖北江汉水利的建设，曾为民请命，撰《湖北江汉水利议》③一文送呈当局参考。

三月初十日（4 月 8 日），同盟会员温生才在广州刺死署理广州将军孚琦，温氏亦随即被捕遇害。

三月二十九日（4 月 27 日），黄兴、赵声、朱执信等同盟会员在广州发动武装起义（史称“辛亥广州起义”“辛亥广州三月二十九日之役”，或“黄花岗之役”），攻占两广总督府，随即被清军镇压。此役牺牲革命党人八十六人，后由善堂收殓烈士遗骸七十二具，合葬于城郊的红花岗（后改名“黄花岗”）。

三月间，杨守敬曾自制有水墨纸本行书七言镜心（138.5 cm×34.4 cm×2）：“万感不生斯为静，群形无系故是虚”，其题识云“宣统二年二月，杨守敬”，钤印“杨守敬印”“星吾七十以后书”④。

同月里，杨守敬又自制有水墨纸本行书对屏立轴（176 cm×47 cm×2）。其一的屏文及题识云：“寒耿星稀照碧霄，月楼吹角夜江遥。五更人起烟霜静，一曲残声送落潮。宣统辛亥三月，杨守敬”，钤印“杨守敬印”“惺吾七十以后书”。其二的屏文及题识云：“远上寒山石径斜，白云生处有人家。停车坐爱枫林晚，霜叶红于二月花。宣统辛亥三月，宜都杨守

① 见《杨守敬集》第八册，第 1108 页。

② 谈文（1850—1910），字凤威，浙江海盐人。生平事迹不详。著有《凤威选稿》等。

③ 今收入《杨守敬集》第五册，第 441～449 页。

④ 见関西美术竞卖株式会社“2014 年春季拍卖会：渡来渡去——文物店等与日本”专场拍卖品，编号：0721。

敬”，钤印“杨守敬印”“惺吾七十以后书”①。

四月初十日（5月8日），清政府成立皇族内阁，奕劻为总理大臣，裁撤军机处。

四月十一日（5月9日），清政府取消粤汉、川汉铁路民办的成案，宣布“铁路干线国有”政策。

四月十六日（5月14日），湖南长沙举行万人大会，决议拒外债、保路权。

四月十八日（5月16日），长沙、株洲一万多名筑路工人举行游行示威，提出了罢市、罢课、全省抗缴租税的号召。

四月二十日（5月18日），清政府任命端方为督办铁路大臣，前往接收四省商民集股的铁路公司。

四月二十二日（5月20日），清政府派邮传部大臣盛宣怀与英、法、德、美四国银行团代表签订《粤汉川汉铁路借款合同》。

五月初十日（6月6日），广东粤路股东千余人开会，决议保路，并通电湘、鄂、川，呼吁相互支持。

五月二十一日（6月17日），川汉铁路股东在四川成都召开会议，反对铁路国有，组成“保路同志会”。

五月间，杨守敬曾自制有水墨纸本行书书法四屏（177 cm×46 cm×4）。其屏文及题识云：“沅水又东历……东里许，便得枉人山。宣统辛亥五月，宜都杨守敬”，钤印“杨守敬印”（白）、“星吾七十以后书”（白）②。

同月里，应日本友人藤本先生之请，杨守敬为其制作有水墨纸本行书书法立轴（126 cm×68 cm）。其轴文及题识云：“诚者天下之道也，思诚者人之道也。至诚而不动者，未之有也。不诚未有能动者也。宣统三年五月，藤本先生之属，杨守敬”，钤印“杨守敬印”。

同月里，经仔细探究、考订，杨守敬为其所藏之《钱范拓本》撰写了一篇跋文③。

---

① 见广东崇正拍卖有限公司“2016年秋季拍卖会：翰墨流芳·中国近代名家法书”专场拍卖品，编号：0238。

② 见北京泰和嘉诚拍卖有限公司“2009年秋季艺术品拍卖会：心画——历代书法”专场拍卖品，编号：0284。

③ 见《杨守敬集》第八册，第1114页。

同月里，经仔细探究、考订，杨守敬为其所藏之《阮文达八砖拓本》撰写了一篇跋文①。

六月上旬，后辈好友罗振玉因倡导、刊行《国学丛刊》，打算将《悉昙字记》《帝范》《黄帝明堂经》三书收入其中，曾向杨守敬商洽购买此三书的刻板。

六月初八日（7月3日），经仔细探究、考订，杨守敬为其所藏之《余秋室仕女》撰写了一篇跋文②。

六月二十三日（7月18日），经仔细探究、考订，杨守敬为其所藏之《曹子建〈七启〉八首》撰写了一篇长跋③。

六月二十四日（7月19日），经仔细探究、考订，杨守敬为其所藏之《古抄〈广韵〉卷子残本》撰写了一篇长跋④。

六月二十五日（7月20日），杨守敬在收到好友罗振玉寄赠的书籍后，遂给他写了一封书函（即《杨守敬致罗振玉的一封信》⑤）寄去表示感谢，并就刊刻古籍、购买刻板中的相关问题与好友交换意见、进行商讨：

叔韫仁兄：

足下两次寄来大著并石刻拓本，感谢感谢！《萧玚》一志，足下未有副本，何可攘夺！然可补入《寰宇贞石图》，俟石印后再以奉缴。新出《齐郡王妃》等三志，守敬但见《齐郡王妃常氏》一志缩印本，真精绝，不在《张贵男》下。闻系武进董氏所得，奇货居之。然闻董氏欲购我《寒山诗集》影宋本，吾亦爱不忍割。如董君肯以三志赠我者，则《寒山诗集》可议让也。足下试为商之。

《唐六典》守敬所藏：一明正德本，一日本人校刻本，一扫叶山房本（此本不佳）。日本校刻本凡正德缺字皆补之，颇精。守敬在日本尝亦致力于此，于各史志中有异同互证者抄出之，亦可备参证。支阁二十余年，未尝省视。得足下提及，欲重刊此书，甚善甚善！今新法将数千年来制度尽行翻改，不知彼有深浅者。只欲（当）效法我古制而变其粗野。今以所校原本呈览。吾意行款仍照正德本，缺字依日本刻补之，其

① 见《杨守敬集》第八册，第1114页。

② 见《杨守敬集》第八册，第1137～1138页。

③ 见《杨守敬集》第八册，第1117～1118页。

④ 见《杨守敬集》第八册，第1116～1117页。

⑤ 郗志群：《杨守敬致罗振玉的一封信》，《文献》1998年第4期。因此书函不见于《杨守敬集》，故全文移录于此。

守敬所辑有可采者附于后。何如何如？（记中有作“明庆”者，守敬谓当作“显庆”。既检唐中宗讳“显”，则“明庆”不误。此等处仍求足下正之）但刻此书，似宜用木板精写刻之，不可以石印。如必欲刻，似应仍在鄂，嘱陶子林刻之。唯近日刻工较前更贵，未知贵同人允否？如不刻，仍祈将原书付还，断不可迟留，缘校前甚费翻检，不欲轻弃也。

《书史会要》敝处有两写本，行款不同而互有长短，似是元本，有模糊处，形近致误者，然二本亦竟有不可通者。未知尊处所藏何本，似宜寄来与此二本互校，再以《墨池篇》等书校之，方可入木。大凡守敬在日本得旧抄本，每叶一角，影抄精者，每叶三角，次者二角。此二书，每部约二百余叶，原以二十余元得之。如足下欲得之不刻，则以原抄赀付我（议定寄书），如欲刻之，则不须给我赀（亦不必寄书），缘传古我亦有同情也。

《悉昙字记》《帝范》《黄帝明堂经》三种本是二十年前汪穰卿嘱我刻者。当时仿宋每字三文。诚然！而写工及板片在外，故每字五文。今则刻工每字五文，写工、板片又在外矣。此书汇入《国学丛刻》中，甚善。以其板式甚小，与尊刻合也。通计三种五十五叶，共计一万九千一百五十七字，每字五文，当日之价应九十五千七百八十五文，合洋银七十六元。足下欲买之，即恳以洋银兑付（缘近日需款甚急），其板片由陶子林汇交为便。又《帝范》与中土所传大异，守敬有校记，未刻。其稿当尚存，《悉昙字记》《黄帝明堂》，无不在行，未有题跋，唯足下补刻之。

伯斧所得《唐韵》，不能定为何人之书，故不敢附和，恐伯斧见之不悦。然实事求是，生平不肯假借，惟伯斧谅之。

伏侯所得《文选》，故是希有，然亦未必千金之宝（吾有跋可阅之）。郎注《苏集》，日本有重刊本（非影宋，吾有之），未知其板尚存否？

伯斧拟刻之《王子安集》，已刻样子数行，甚精，当以附入《国学丛刻》。吾之北齐人书《左传》，去年在上海石印之，不佳，今已择良工木刻之，他日亦可附《国学丛刻》也。

吾与伯斧之题跋等，足下可拆开一阅，书此竟腕欲脱，足下当笑我痴也。

守敬所著书未刻者甚多，然必不能尽刻，非惟力不足，且日暮途远，断不能竣事。颇有劝我辑股者，吾鉴于周沅帆得股款而未成书，致遭嗤骂，故迟曰未敢出。今时日已迫，急于成书，未知海内学者赞成否？足下交游最广，声誉最著，鼎力招来，或属可行。且守敬著书已有刻成者，人必信之，不同虚悬。惟经理之人恐贻后人累也。谨以质之足下，可否唯裁示！即颂著安不庄。

守敬顿首　　六月廿五日九钟

又：吾见足下《国学丛刻》宗旨，则吾所藏可汇入者甚多，匆匆不及缕述。有古钞《庄子》残卷子三卷，与宋板大有异同，勿论近刻也。如可汇入，当检出商之。惟守敬年老，精力衰颓，不能照料一切，为可憾也。

又：吾得朱竹垞《宋元人集本书目》一册，似可补入尊刻，容日检寄。

守敬昨日（廿二日）为田伏侯跋《文选》约千余字，昨日又为蒋伯斧书《唐韵》跋又千余字。今日为伯斧、伏侯作信，又为足下书信，精殒力竭，语无次第，草率不堪。缘伏侯限今日渡江，定于午前送各件去故也。

《水经注疏》仍未写定，缘《历史地志详图》已刻成大半，不欲中断。俟全成后，方以全力治《水经注疏》。惟日者言吾生命尽于今年，则《水经注》不能成书，此五百年大憾也。惟祈天鉴我忱，再假我数年，此书成，可瞑目矣。今以刻成北魏、西魏两图呈览，可知吾所刻地图，皆用力至勤，非苟而已也。张石洲《延昌地形志》残稿，为吾乡陈士可（此君亦吾两湖书院门生）所得，屡属其重抄一部，未得。兹以北魏、西魏二书由足下赠之，祈恳其速抄来以与吾书互证。其抄赀即由足下兑付为祷。

案：此书函原藏北京图书馆，由郗志群先生考释。书函中提到的陈士可，即陈毅。陈毅（1873—1927?），字士可，湖北黄陂人。附生。毕业于武昌两湖书院。后历官清政府学部参事、图书馆纂修、法律馆纂修、宪政馆统计科员等职。入民国后，历任北洋政府总统府秘书、蒙藏事务局参事、蒙藏院参事、库伦办事大员、西北筹边使兼西北边防司令、督办外蒙善后事宜等职。1921 年，蒙匪勾结白俄进犯库伦，率军抗击不胜，被免职。1922 年改授湖北赈灾督办。1924 年因故辞官南归，寓居武昌，后卒于上海。通边疆舆地之学。

六月二十六日（7 月 21 日），经仔细探究、考订，杨守敬为其所藏之《日本人临怀素千文》撰写了一篇跋文[①]。

① 见《杨守敬集》第八册，第 1144 页。

六月间，杨守敬曾自制有水墨纸本行书七言诗立轴。其诗及题识云："芙蓉脂肉绿云鬟，罨然楼台青黛山。千树桃花万年乐，不知何事忆人间。宣统三年六月，杨守敬"，钤印"杨守敬印""星吾七十以后作"。

同月里，经仔细探究、考订，杨守敬为其所藏之《刘石庵楷书》撰写了一篇跋文①。

同月里，经仔细探究、考订，杨守敬为其所藏之《改七芗仕女》撰写了一篇跋文②。

闰六月初六日（7月31日），宋教仁、陈其美、谭人凤等人在上海北四川路湖北小学校成立"中国同盟会中部总会"。

七月初一日（8月24日），四川成都举行万人保路大会，决定全省罢市、罢课，抗纳捐税，不认外债。

七月初九日（9月1日），四川川路股东大会决定实行抗粮抗捐。

七月十五日（9月7日），四川总督赵尔丰在成都逮捕谘议局、保路同志会、铁路公司及股东会负责人。

七月十六日（9月8日），"四川保路同志会"举行武装起义，包围成都，全省响应。

七月二十二日（9月14日），武昌"文学社""共进会"组成统一的起义领导机构，决定总动员计划。

七月二十四日（9月16日），为寄书、借书、刊书之事，杨守敬曾致函（即《杨守敬致缪荃孙》③）好友缪荃孙，云：

筱珊老兄同年大人阁下：

客岁拜别，倏逾年余。比维动履绥和，著述日富为颂。守敬老耄日臻，精力衰颓。《水经注疏》尚力写成净本，谨以《要删补遗》即《北魏地形志图》二书呈览祈为是政。（《历史舆地详图》刻至隋代为止，馀实无力全刻。友人有劝集股者，未知有信者否?）尊处当有新刊书，祈赐我为盼。敝处所刻书多不能销售，唯《留真谱》颇有嗜之者。前年托丁秉衡将丁氏古板为影摹一叶，迄未付我。兹闻喻春峰言，贵局亦拟刻之。果尔，则勿庸重叠为之，如欲缓办，则请嘱饶杏舫写之。（不如每叶写全，但如拙刻《留真谱》式可也。）如喻春峰肯写，亦所至盼。前

① 见《杨守敬集》第八册，第1135页。

② 见《杨守敬集》第八册，第1137页。

③ 钱伯城、郭群一整理，顾廷龙校阅：《艺风堂友朋书札》（下册）之第七函，上海人民出版社2018年版，第821～822页。

年借去《寒山子集》，闻在陶子林处，祈饬还为荷。即颂道安，不庄。

守敬顿首　　七月廿四日

截至七月底，在弟子熊会贞的襄助下，杨守敬又"刻十六国及梁、陈、北齐、北周、唐、五代、宋、辽、金、元各地图次第成"。据杨氏说："梁、陈、北齐、北周四史无地志，大体见《隋志》中。《隋志》本为五代志也，然略而不详。阳湖洪齮孙《补梁疆域志》详矣，而多无实据。嘉定徐文范《南北朝舆地沿革表》用力尤多，然书缺有，间亦不免有臆度。汪梅村《南北史补志》则疏漏既多，武断尤甚。余与崮芝博稽故籍，其确然可信者录之，其无考者阙焉，此中颇费经营。"①至此，杨守敬的代表性著作之一的《历代舆地图》，在弟子熊会贞的襄助下，历十数年之功，终于完成。

案：杨守敬的《历代舆地图》分为前后两个部分：前一部分为《历代舆地沿革险要图》，后一部分为历代正史《地理志》图。《历代舆地图》是我国历史上朝代最完整、内容最详尽的一套大型历史地图集。它出版后，备受学者好评。

此处所说洪齮孙（1804—1859），字子龄，一字芝舲，江苏阳湖人。少孤，刻苦自励。道光十九年（1839年）举人，曾官广东镇平县知县。著有《补梁疆域志》四卷、《淳则斋骈体文》二卷。"《南北朝舆地沿革表》"，应为《东晋南北朝舆地表》，江苏嘉定人徐文范（字虹坡，号仲圃，1734—1803）所撰。此书以年代为经、朝代为纬，起自晋惠帝太安二年（303年），止于隋炀帝大业四年（608年），将各国舆地变迁皆用表列出，甚是精详。

七月间，杨守敬曾自制有水墨纸本行书唐诗四条屏（138 cm × 34 cm × 4）。其诗及题识云："误入桃园里，初怜竹径深……谭元殊未已，归骑夕阳催。录孟襄阳诗三首。宣统三年七月，宜都杨守敬"，钤印"杨守敬印"（见孔夫子旧书网）。

同月里，杨守敬的后辈友人学者蒋黻②在京城病逝。

八月初四日（9月25日），四川同盟会起义军占领荣县，宣布独立，建

① 见《邻苏老人年谱》，第25页。

② 蒋黻（1866—1911），初字觐康，后改字伯斧，江苏吴县人。与罗振玉交往最为密切，1896年曾与罗氏在上海创办农学会和《农学报》，后又参与创办南洋公学东文学社和《教育世界》杂志。1905年与罗振玉等任教于江苏师范学堂。1906年任学部咨议官。不久任京师大学堂教习。辛亥革命前病卒。编著有《中国教育史资料》《中国货币史》《东游日记》《沙洲文录》等。

立革命政权。

八月十七日（10月8日），杨守敬的好友佛学学者杨文会①在江宁府宅去世。

八月十九日（10月10日），“武昌起义”（即“辛亥革命”）爆发。

同日里，有人劝杨守敬“远避”，而杨守敬“闻庚子北京之乱，出城者悉被抢劫，在城者犹多保全”，且其“书籍甚多，万不能迁出，况民军示文，秋毫不犯，遂坚持不出城主意”②。

八月二十日（10月11日），革命军攻克湖广总督衙门，武昌城光复，湖广总督瑞澂乘军舰逃走。旋推举第二十一混成协协统黎元洪为“中华民国军政府”鄂军都督。

八月二十一日（10月12日），汉阳、汉口相继光复。

同日里，“家人力劝”杨守敬“逃避”，杨守敬“乃使三儿率其子女及长女母子等先出”，而自己“仍以镇静为宗旨”。然“是夕，有携枪三人入屋，声言借盘费，非二百元不可”；其时，其孙“先楙在侧”，守敬“稍与辩论，则以枪向先楙以恐吓之，即与五十元，乃掷之地，又加五十元而去。于是，阖家恐惧，皆劝”杨守敬尽快躲避③。

八月二十二日（10月13日）早晨，杨守敬“以家中书籍、衣物等件交付旧仆数人看守”，便带领家人及弟子熊会贞一起匆匆出门；“及颠簸出城，回顾故长子妇邹氏及其子先棐、先楙等皆未出”，而城门已关。“时二儿住草湖门外别墅，不及通知，有熟识者乃告：二儿二十日已率其妻子下黄州矣。不得已，过江搭轮船赴上海。”④

案：明初武昌城有大东、保安、平湖、汉阳、草埠等九门，嘉靖十四年（1535年）后，草埠门改为“武胜门”。此处所记“草湖门”，或许是“草埠门”的俗称。

---

① 杨文会（1837—1911），字仁山，号深柳堂主人，自号仁山居士。安徽石埭县（今石台县）人。早年习儒学，并学天文、地理、历数、音韵等。曾任曾国藩部谷米局、江宁筹防局差事。同治五年（1866年）移居江宁，潜心佛学。光绪四年（1878年），曾随曾纪泽游伦敦、巴黎等地。回国后，创设金陵刻经处。宣统二年（1910年），创办佛学研究会，举为会长，被美、日学者称为“现代中国佛教复兴之父”“中国佛教的中兴之祖”。三年（1911年）秋，在金陵病逝。著有《大宗地玄文本论略注》《等不等观杂录》《佛教初学课》《十宗略说》等。

② 见《邻苏老人年谱》，第25页。

③ 见《邻苏老人年谱》，第25～26页。

④ 见《邻苏老人年谱》，第26页。

八月二十三日（10月14日），清政府重新起用袁世凯，任命其为湖广总督；又任命岑春煊为四川总督，对抗起义军。

八月二十五日（10月16日），杨守敬先行抵达上海，仍至“旧友甘君翰臣处暂息焉。翰臣乃为租于间壁屋居之，一切床、几、器具并衣褥皆假之”；刚安排好，“眷属先后至”①。

八月二十六日（10月17日），湖北军政府公布《中华民国军政府条例》。

八月二十七日（10月18日），沙俄指使外蒙叛乱集团宣布“独立”。

八月二十八日（10月19日），革命军大败清军于汉口刘家庙（今黄埔路到丹水池一带）。

八月底，杨守敬又接得“先棐、先楙由蕲水来信，知与其母邹氏于二十六日又出城，赴蕲水张家，以张姓为先棐妻家也”②。

八月间，杨守敬曾自制有水墨笺本行书七言对联一副（170 cm×40 cm×2）：“笑指西湖作衣钵，久与青山为弟昆”，其题识云“宣统三年八月，杨守敬”，钤印“杨守敬印”（白）、“星吾七十三岁作”（朱）③。

九月初，“有日本水野疏梅④来谒”杨守敬，“愿为弟子，求金石之学”；杨守敬先以老辞，后见水野氏心颇诚，方应允。水野氏曾赋诗赠杨守敬云：“钦仰风容玉样温，胸无城府共谈论。夏彝周鼎精稷古，秦碣汉碑远溯源。介绍一生翰墨妙，奇书万卷草堂尊。殷勤向我传心画，正是深高海岳恩。”并作叙云：“辛亥九月，我将航于清国，到鄂垣从杨星吾先生学书法。友人谓武汉战争方烈，甚为危险，力止我行，我不以为意。及开行入沪，忽闻杨先生避兵来此，欣然晋谒，请受业于门，先生以老辞，既而悯余好学之忱，许之。尔来日日亲炙，猥蒙殷勤垂训，感荷何极！爰呈俚语，以鸣谢悃。”⑤

---

① 见《邻苏老人年谱》，第26页。

② 见《邻苏老人年谱》，第26页。

③ 见上海宝龙拍卖有限公司“2012年秋季拍卖会：近现代书画”专场拍卖品，编号：0007。

④ 水野疏梅（1864—1921），名元支，又作元直，号疏梅，日本福冈人。宣统二年（1910年）来华，经王一亭介绍，先从吴昌硕学习中国画，后又从杨守敬学习金石、书法。回日本后声名大噪。

⑤ 见《邻苏老人年谱》，第26页。

正式答应收水野疏梅为弟子之后，杨守敬又应水野之请，撰《学书迩言》①，以其作为教授水野学习书法的教材。

九月初六日（10月27日），清政府任命袁世凯为钦差大臣，节制湖北水陆各军。

九月初九日（10月30日），杨守敬“复着两儿赴武昌取衣物及最要书籍”②。

九月初十日（10月31日），清廷颁发停战文告。

九月上旬，因“天气渐凉，衣褥皆单，米珠薪桂，计必不能经久”，故杨守敬“乃着三儿赴鄂，仅略移出衣箱数口，怀夹得银元少许而出，其重要之书籍皆未及携出，而城闭。比到沪，乃知日本寺西秀武请于黎都督，已有保护吾家书籍告示粘贴门首，并加封条于室内，其示文云：‘照得文明各国，凡于本国之典章图籍，罔不极意保存，以为国家光荣。兹查有杨绅守敬藏古书数十万卷，凡我同胞均应竭力保护，如敢有意图损毁及盗窃者，一经查觉，立即拿问治罪。杨绅系笃学老成之士，同胞咸当爱敬，共尽保护之责，以存古籍而重乡贤’等语”③。

案：此处所说之寺西秀武（1869—?），日本石川县人。陆军大学毕业。先后受袁世凯、张之洞之聘在保定陆军行营军官学校、湖广武昌陆军任职。武昌起义爆发后，黎元洪曾聘其为武昌军事顾问。“黎都督”，指黎元洪（1864—1928）。武昌首义前，黎元洪任湖北新军二十一混成协协统；武昌起义爆发后，湖北革命党人推他为湖北军政府都督。

九月十一日（11月1日），皇族内阁辞职，清政府任命袁世凯为内阁总理大臣。

九月十二日（11月2日），江南新军第九镇统制徐绍桢与协统沈同午等在南京城外发动起义，被推为“江浙联军”总司令。徐氏率军进攻雨花台，被江南提督张勋击退。

同日，北洋军攻陷汉口，民军退守汉阳。黄兴被委任为战时总司令。

---

① 《学书迩言》原稿高22.7 cm，宽18 cm，为红格十行书墨本，纸边印有鱼尾口，口下方有“老三益”字样；靠右一行之外印有“年月日第号”等字样；每行上下格式成弧形，每页所书行数不等；字迹遒劲，纵横跌宕，自然古朴，其字偶有涂改之处。内容分为绪论、评碑、评帖、评书、题跋五个部分，共五十余页，订为一册。此稿现藏湖北省博物馆。

② 见《邻苏老人年谱》，第26页。

③ 见《邻苏老人年谱》，第26页。

也是在这一天，德承和蔚光奉父亲之命抵达武昌草埠门外。据《邻苏老人年谱》记载：当时城门关闭“不能入”，蔚光只得借“他人护照一通入之”，德承则“住城外俟之”；蔚光“入城，见城中守屋诸人无秩序，诰诫之”①。

九月十三日（11月3日），上海革命党人占领县城，起义胜利。三天后成立“沪军都督府”，陈其美任都督。

同日，蔚光出城打算同德承一起入城，却见“汉口火光弥天，两岸炮弹如雨，落于足前者数矣，乃不敢复入城。乃渡江中流，则有一弹落于船侧，水涌数尺，船几覆，遂搭轮空手而回”②。

九月十四日（11月4日），浙江杭州新军起义，次日成立“浙江军政府”。

同日，贵州新军发动起义，次日成立“贵州军政府”。

九月十四日（11月4日），杨守敬的好友汪康年③在天津寓所病逝。

九月十五日（11月5日），江苏巡抚程德全在苏州起义，江苏独立，军政府成立，程德全任都督。

九月十七日（11月7日），广西独立，成立军政府，举沈秉堃为都督，随后改举陆廷荣为都督。

九月十八日（11月8日），安徽独立，成立军政府，举朱家宝为都督。

九月十九日（11月9日），福建新军起义，成立军政府，举孙道仁为都督。

同日，广东独立，成立军政府，举胡汉民为都督。

广东光复后，冯如带着自制的两架飞机参加革命，被“广东革命政府”任命为飞机队飞机长。

自“武昌起义”爆发起，至九月二十三日，湖北、湖南、陕西、山西、云南、江西、上海、贵州、浙江、江苏、广西、安徽、福建、广东、山东等省先后发动起义，宣布独立。

---

① 见《邻苏老人年谱》，第26页。

② 见《邻苏老人年谱》，第26～27页。

③ 汪康年（1860—1911），初名灏年，字梁卿；后改名康年，字穰卿；中年号毅伯，晚年号恢伯、醒醉生。浙江钱塘人。光绪二十年（1894年）进士。早年曾入张之洞幕，并兼两湖书院讲席。二十一年（1895年）赴上海，加入“强学会”，创办《时务报》，宣传变法维新思想。三十年（1904年）入京，任内阁中书。不久创办《京报》，任社长兼总编。辛亥革命爆发，避居天津。不久病逝。著有《汪穰卿遗著》《汪穰卿笔记》等。

九月中旬，杨守敬得孙子先楙自蕲水来信，“知初四日其母在蕲水发病，初八弃世，草草入殓，厝于屋后山上。自其母两年前得疯瘫症，先楙左右服侍，亲婢媪之役，手涤溷秽，夜必同床而寝，无一夕离其母者，人皆称为孝子。此次艰难困苦，几濒于死矣，卒之能扶其母到蕲水，目视入棺，亦不幸之幸也”①。

九月中下旬，杨守敬见水野氏寓居高昌庙之东亚同文社，距自己寓所“十余里，须步行数里，又搭电车二次方到”；且“其人寒士，每日饮食仍其友人安河内担任”；守敬遂以“两孙先梅、先橘在沪无事，乃使其教日语，而留其午餐”。水野曾向守敬索诗，守敬先以“素不作韵语辞之”；后思“甘君之高谊，及寺西之关注，不可不记之以示子孙，乃口占之云：七十老翁遭难离，一家分散各东西。毕竟秦人多幸福，行行觅得武陵溪。奇书万卷冠群伦（余藏书数十万卷，海内孤本亦逾万卷），爱惜殷勤到外人（谓寺西请于黎都督得以保全）。遥望烟雾迷蒙里，呵护犹当有鬼神（并详注遭乱情形，书以赠翰臣、水野以为他日纪念）”②。

九月二十一日（11 月 11 日），汤寿潜、陈其美、程德全三都督通电，倡议在上海召开各省代表会议。

九月二十五日（11 月 15 日），已光复各省代表会议在上海召开，定名为“各省都督府代表联合会”。

九月二十六日（11 月 16 日），内阁大臣袁世凯组成“责任内阁”。

九月下旬，杨守敬听说日本友人寺西秀武自武昌前来上海公干，曾前往旅馆拜访，未遇，遂给他写了一封书函（即《与寺西秀武书》③）寄去：

寺西先生阁下：

前承关注，为敝处藏书请黎都督出示保护，感谢感谢。既于本月初八九有示，令城内民人迁移出城，吾恐守屋人星散，故遣两儿自汉口过江入武昌城。幸守屋者尚有三人，而不能取一物出城，以门紧故也。

因有贵国人水野疏梅者，来上海拜守敬门下求学，其人甚诚笃，念吾书危险，盖民军故有保护，而官军未必同情。水野情愿赴汉口日本领事府，求其以公文致黎都督，挂日本旗，并取衣物银钱，则两方面皆有保护，即官军亦不敢动。水野当商之其友人安河内先生，亦以为可行，

① 见《邻苏老人年谱》，第 27 页。

② 见《邻苏老人年谱》，第 26 页。

③ 见《书论》第三十五号特集——《与寺西秀武书》第一函。

已于二十一日搭岳阳丸去矣。今日小儿回上海，据云与先生同船下驭。据小儿所说，则取物万难办到。但守敬请水野赴汉之要义，在挂贵国旗不在定取衣物，未知挂旗之事能否办到否？守敬意见，水野尽向安河内言之。安河内现住东亚同文书院内，可问而知也。

守敬据小儿言，先生寓丰阳旅馆，即亲往拜谒。及到丰阳馆，则馆中人云先生在东亚同文书院。本拟再谒，以道远路不熟，故以书达。守敬现寓虹口公和祥对门罗浛记巷内，如先生得闻来寓一晤，藉领教言，不胜盼切。能早来更妙，或因事忙不能来，回示守敬，明日当拜谒。

九月间，在老友甘作蕃的府宅，杨守敬与前不久亦来上海避乱、即前来看望好友的同乡晚辈诗人陈曾寿相遇，分外高兴；临别之际，杨守敬还应邀为陈曾寿的书斋“苍虬阁”题写了斋额①。

十月初一日（11 月 21 日），“各省都督府代表联合会”议定，公认“湖北军政府”为“民国中央军政府”。

十月初四日（11 月 24 日），上海“各省都督府代表联合会”决定赴武昌开会。

十月初六日（11 月 26 日），杨守敬得知日本友人寺西秀武愿意与儿子一起赴汉口，颇为高兴，立即给他写了一封书函（即《与寺西秀武书》②）：

寺西先生阁下：

昨日承允同小儿赴汉口，并即住于尊寓，为谋取衣物等件，感谢感谢！但黎都督前既由阁下商办出示保护我家书籍，今复取出，是以两歧。故守敬致黎都督信，只言取衣物，其实内容不能无书。此番烦阁下取衣物，必恳阁下面商黎都督请发封条数十张交阁下，饬小儿贴于箱上，又必恳黎都督饬知城门口放行，不用开箱为妙，盖亦不能无少银钱故也。

一、黎都督既允发封条，而后嘱小儿进城，然必有日领事护照，并恳阁下派人护送进城。即在我家宿一夜，盖清检各物，不能即日出城也。次日仍请其人护送出城，而后妥也。

二、出城之时，必先定时刻，放小轮在城门口，以便出城上船渡江。

① 文雷:《苍虬老人》,《艺文掌故琐记》,平平出版社 1967 年版。

② 见《书论》第三十五号特集——《与寺西秀武书》第五函。

三、如取得什物出城，即于是日过江上大轮船，下赴上海，似不必到汉口起岸，勿用将箱搬于三井库中，盖上岸要脚力，下船又要脚力，守敬现在经济困难时，不能不打算节省也。

四、此次小儿随阁下赴汉口进城，亦派家丁一名同去，盖在城中检物装箱等事，不可太费时日，故加一人帮办，则速也。如停战不在展期，即嘱小儿原船回上海。若有变动，均恳维持一切。平静后以电报我，再着小儿上省。守敬与黎都督信，未写成，容小儿面交。再如停战只展三日（似以展一期为可），则亦不必进城，缘检物不易，到黎都督请封条等事费周折故也。即颂旅安不庄。

弟杨守敬顿首　　初六日灯下

如有要事此信中未及者，祈回示尊办。再守敬近日经济困难，此次小儿所携银元不能多备，所有出入保护人薪水，及小轮渡江船钱，倘有不敷，祈尊处垫出，他日在沪一并缴还。不情之请，伏维原谅。

十月初七日（11 月 27 日），时任清政府川汉、粤汉铁路督办大臣的端方，奉朝命率湖北新军第八镇第十六协第三十一标及三十二标一部，经宜昌入川，前往镇压保路运动。

同日，按原来商定的意见，杨守敬的儿子将随日本友人寺西秀武同船赴汉口，随行行李已经装船，但儿子突然得了急症，不能前往，当即给寺西秀武写了一封书函（即《与寺西秀武书》①）派人送去：

寺西先生阁下：

今日承携小儿上省，午时已将行李上船。顷刻忽得痧症，只得将行李仍取回，且俟阁下到省，将守敬与黎都督信递阅，看其感情如何，又看议和事如何。如可从容取衣物，祈以电来，再着小儿进省，似不为迟。此时纵急于取物，仍无把握也。且小儿胆怯，惊弓之鸟，不胜惶惑，维鉴原。

弟守敬顿首　　初七日灯下

十月初八日（11 月 28 日），杨守敬儿子的急症因医治及时，很快就治好了。适日本友人寺西秀武派人来说，他因昨天船上人太多亦未走成。于是，他马上给寺西秀武写了一封书函（即《与寺西秀武书》②），请来人带去：

① 见《书论》第三十五号特集——《与寺西秀武书》第三函。

② 见《书论》第三十五号特集——《与寺西秀武书》第七函。

寺西先生阁下：

昨日小儿忽得痧症，故将行李仍行取回，幸得良药而愈。顷贵纪来言阁下亦因船上人多未去，拟于今晚上船，仍问小儿去否。伏思小儿虽愈，而精神恍惚，且计日已止，停战之期方可到汉，实不欲其冒险。顷闻议和已有端绪，俟稍平静后容办理为妥。且屋中要紧之书亦非一二日所能检出。小儿不到，守屋之人必不肯发书。纵发数十件，亦不知谁为贵贱，仓促之间，必不能分别，与其费大力取出不甚贵重之物，何如从容检理为妙。昨与阁下之信，及上黎都督一函，未曾起草，不复记忆。一旦得有和议之成，或官军退出汉口，即刻着小儿赴汉，仍携与阁下之信，及黎都督，由阁下指办。若再写信，诚恐迟延时日，有误时机。且恐与前信不符，而有遗漏。故恳将昨日与阁下信函及上黎都督二件一并掷交小价带回，以备他日临时携带妥便。即颂旅安不庄。

弟杨守敬顿首　　初八日

十月初十日（11 月 30 日），“各省都督府代表联合会”代表抵达汉口开会，讨论组织临时中央军政府问题。

十月十四日（12 月 4 日），“各省都督府代表联合会”决定以南京为临时政府所在地，并推举黄兴、黎元洪为正、副元帅。

十月十六日（12 月 6 日），隆裕太后懿旨，准监国摄政王载沣引咎辞职。

十月十八日（12 月 8 日），内阁总理大臣袁世凯派唐绍仪为全权代表南下与民军议和。

岑春煊在其《乐斋漫笔》中说：“是时袁世凯出任组阁，发起和议，南北代表群集于沪上。实则世凯手握强兵，直压武汉，外挟民意，以制朝廷，使双方皆受其指挥，而坐收渔人之利，计诚狡矣！”①

十月十九日（12 月 9 日），各省军政府亦派代表与清方代表议和。

同日，“惊传汉阳已失，武昌民军亦舍城而逃”，杨守敬“因思武昌既失，则我守屋之人未必不逃，屋中无人，逾数日必遭蹂躏”，乃“复使两儿赴武昌；至则见门禁严，难以进城，遂仍赴沪，枉费盘川，空劳往返，两俱失之，真晦气也”②。

---

① 岑春煊:《乐斋漫笔》,荣孟源、张伯锋主编:《近代稗海》(第一辑),四川人民出版社 1985 年版,第 107 页。

② 见《邻苏老人年谱》,第 27 页。

杨守敬刚刚送走二子，就收到同乡晚辈诗人陈曾寿请教的信函，遂给他回了一封信（即《致陈曾寿》[①]），回答他提出的问题：

仁轩大兄足下：

得书，问刘裕伐南燕，先过大岘，后至东莞。而东莞在大岘之南，于形势不合。此《通鉴》之误。《宋书·武帝纪》但言进军琅邪及梁父、莒城二戍，莒城即在东莞之东南，而后言公既入岘，初无先入岘而后至东莞之文。《晋书》载纪则明言：其夏王师次东莞，超遣其左军段晖、辅国贺赖卢等六将，步骑五万进据临朐，俄而王师度岘云云。是刘裕先过东莞，而后入大岘，至审。《通鉴》采之，先后倒置，遂乖地理。今本《十六国春秋》又从《通鉴》采辑，亦因其误，不足据也。

足下虽未能核其致误之由，然致疑于形势不合，可谓善读书者矣。大抵《读史兵略》亦未能订正此误。凡汪梅村所治《汉志》《水经》，多所谬误，余撰《晦鸣轩稿》，曾痛诋之。今以一部呈览，知足下有心人，必不以老学究相疵也。即颂晚佳，不庄。

守敬顿首　　十九日灯下

十月二十二日（12 月 12 日），十四省军政府的代表齐集南京继续开会。

十月二十七日（12 月 17 日），“各省都督府代表联合会”改举黎元洪为大元帅，黄兴为副元帅。

十月二十八日（12 月 18 日），南方十一省代表伍廷芳与清廷代表唐绍仪在上海商议南北停战。

十月间，弟子水野疏梅曾向老师索要其“小传”，杨守敬因此前日本友人亦曾向自己要过“小传”，而自己一直未曾撰写过“小传”，只好“漫应之”；弟子再次提起此事，杨守敬颇为重视，遂在教授水野学习金石、书法的间隙，“徇其请”，开始动笔“追述生平”[②]。

同月里，杨守敬曾自制有水墨纸本行书七言联：“眼净尘空无可扫，水清石瘦便能奇”，其题识云“辛亥十月，邻苏老人”，钤印“杨守敬印”“邻苏老人”。

---

① 此信见于贺宏亮：《新见三十五通杨守敬信札考释》，《中国书法》2016 年第 3 期，第 24～25 页；此信又见于杨守敬《晦明轩稿》中，题名为《答陈仁先》，但文字出入颇大，且信的第二段《答陈仁先》中没有。因此信不见于《苍虬阁诗集》，故全文照录。

② 见《邻苏老人年谱》，第 7 页。

十一月初六日（12 月 25 日），同盟会总理孙中山从海外回国，抵达上海。

十一月初十日（12 月 29 日），十七省代表会于南京，选举孙中山为中华民国临时大总统，并决议改用阳历。

十一月上旬，因已派儿子、女婿赴武昌家中取物品，杨守敬特地致函（即《与寺西秀武书》[1]）日本友人寺西秀武，请其多予以帮助：

寺西先生阁下：

顷着小儿祇仲及小婿李银（铭）卿于初五日夜十二钟搭联合轮船赴武昌取物，并携有致阁下信一函，嘱其先到（并携有嘱书四件）贵寓领教，而后进程。计程初九日必到城，初意并取书籍，既思前次黎公既经参议不许取书籍，此次取之恐生纠葛，则不如但取封条外之物件，其封条之物件不如不取，俟下次我归家自行向黎公接洽为妥。外致小儿等信一函，请即付小儿阅之，以作方针。如此信到时，小儿等正进城，敢请饬贵价送入城交小儿祇仲为荷。联合轮船尚未到，则信存尊处；联合到，小儿必面见阁下，可付之也。屡烦清神，匆任感荷。即颂刻安不庄。

弟杨守敬顿首

十一月十一日（12 月 30 日），杨守敬应弟子水野疏梅之请，完成其自撰年谱——《邻苏老人年谱》（案：其年谱叙事截至本年，此后之事皆由其弟子熊会贞在恩师去世后补记）；随后，他又请水野疏梅抄了一份带回日本留作纪念。

邻苏老人在自撰年谱的最后感叹：“盖自到上海，嘱两儿至武昌取物已经三次，每次枉费钱文不赀，而自两儿去后，吾每夜不能成寐，若有差失，吾命休矣，全家何所依赖？今幸日本人知余在此，尚有求余书者，所得润金亦略可补济，若余复死，则全家饿莩矣。吁！世之藏书者，大抵席丰履厚，以不甚爱惜之钱财，或值故家零落，以贱价捆载而入；守敬则自少壮入都，日游市上，节衣啬食而得；其在日本，则以所携古碑、古钱、古印之属交易之，无一倖获者；归国后，复以卖字增其缺，故有一册竭数日之力始能入厨者。天鉴艰难，当不使同绛云一炬！若长此不靖，典籍散佚，则非独吾之不幸，亦天下后世之不幸也。涕零书此，知我者，其勿以不达

[1] 见《书论》第三十五号特集——《与寺西秀武书》第二函。

笑我。”①

同日，经仔细探究、考订，杨守敬为其所藏之宋拓《大观贴》撰写了一篇跋文②。

十一月十二日（12月31日），“各省都督府代表联合会”决定修改临时政府组织大纲，实行内阁制，增设副总统。并决定采用阳历。

十一月十三日（1912年1月1日），中华民国临时大总统孙中山自沪抵宁，于当晚10时宣誓就职，宣布“中华民国”成立。

十一月十五日（1912年1月3日），“中华民国南京临时政府”成立，各省代表推举黎元洪为副总统。

十一月十六日（1912年1月4日），章太炎与张謇等人在上海成立“中华民国联合会”，嗣发刊《大共和日报》。

十一月二十三日（1912年1月11日），中华民国临时大总统孙中山宣布自任北伐军总指挥，派黄兴为北伐军陆军参谋长，制定六路北伐计划。

十一月二十六日（1912年1月14日）凌晨，浙江临时参议会议长陶成章被刺死于上海广慈医院。

十一月二十七日（1912年1月15日），当川汉、粤汉铁路督办大臣端方③一行抵达资州（今内江市资中县）时，新军突然哗变。端方与其弟端锦遂为起义新军军官刘怡凤所杀。

十二月初四日（1912年1月22日），孙中山发表声明，如清帝退位、袁世凯宣布赞成共和，就马上辞职，推袁为总统。

十二月初八日（1912年1月26日），为将武昌家中的藏书运来上海，

---

① 见《邻苏老人年谱》，第27页。

② 见《杨守敬集》第八册，第1103页。

③ 端方（1861—1911），托忒克氏，字午桥，号匋斋。满洲正白旗（在今内蒙古自治区锡林郭勒盟南郊）人。由荫生中举，后历任工部主事、直隶霸昌道、陕西按察使、陕西布政使、护理陕西巡抚。光绪二十六年（1900年）八国联军进攻北京，慈禧太后与光绪皇帝逃至西安，他拱卫周备，深得宠信，不久擢升湖北巡抚，署理湖广总督。三十年（1904年）调任江苏巡抚，摄两江总督。三十一年（1905年）与载泽等出国考察政治，次年归国，上《欧美政治要义》，建议预备立宪，以抵制民主革命运动。同年任两江总督，逮捕革命党人甚急。宣统元年（1909年）移督直隶，不久因在东陵拍摄慈禧葬仪被监国摄政王载沣免职。三年（1911年）重新起用为川汉、粤汉铁路督办大臣；旋率鄂军入川，途中为义军所杀。谥号“忠敏”。著有《端忠敏公奏稿》、《匋斋吉金录》八卷、《匋斋吉金录续》二卷、《匋斋藏石记》四十四卷等。

杨守敬曾致函（即《与寺西秀武书》[①]）日本友人寺西秀武，有事拜托他：

寺西先生阁下：

和议不成，嘱小儿速归上海。请专足告之，勿贪多取书，冒险也。盖守敬嘱其阴历初七日即当取书出而以电告我。今至初八日而未有电来，故守敬甚恐之。昨日得手书，知承关注，谢谢！即颂刻安不庄。

杨守敬顿首　　十二月初八日

十二月初十日（1912 年 1 月 28 日），“南京临时参议院”成立，林森当选为议长。

十二月十六日（1912 年 2 月 3 日），清隆裕太后命内阁总理大臣袁世凯与民军磋商退位优待条件。

十二月二十三日（1912 年 2 月 10 日），南京临时参议院通过优待清室条件八款。

十二月二十五日（1912 年 2 月 12 日），宣统皇帝[②]奉隆裕太后懿旨，颁发退位诏书，授权内阁总理大臣袁世凯组织临时共和政府，有清 268 年之国运暨华夏二千余年的帝制时代正式终结，中华民国肇兴。

岑春煊在其《乐斋漫笔》中说：“以数千年专制政体，一变而为共和之国，犹复优待清室，不失尊荣，以视前朝易姓诛夷之惨，相去何止天渊。昔日委质为臣者，今且与故君同为国之公民，而区区效忠一姓之狭义，皆当随潮流以俱去，抑世界大势之所趋耶。 于是共和告成，改用阳历纪岁，以明年为中华民国元年云。”[③]

十二月二十六日（1912 年 2 月 13 ），内阁总理大臣袁世凯通电赞成共和。 孙中山向参议院辞职，荐举袁世凯为临时大总统。

---

① 见《书论》第三十五号特集——《与寺西秀武书》之第六函。

② 宣统皇帝（1906—1967），即清朝末代皇帝爱新觉罗·溥仪，字耀之，号浩然。醇亲王载沣之子，光绪帝之侄。登基时不足三岁，由其父摄政。退位后仍住皇宫内，享受民国临时政府议定的清室退位优待条件。1917 年张勋曾拥其复辟，旋即失败。1924 年冯玉祥等发动“北京政变”时，废除大清皇帝称号，迁出皇宫。次年初潜居天津日租界，继续从事复辟活动。九一八事变后，在日本侵略军的保护下潜往长春。1934 年出任伪满洲国傀儡皇帝。1945 年日本投降，他下诏宣布退位，被苏联红军逮捕，押至赤塔，转入伯力监狱。1950 年由苏联政府移交中国，监禁于抚顺。1959 年大赦释出，回到北京。1963 年起在文史资料研究委员会任职。1967 年 10 月 17 日病逝于北京。著有《我的前半生》。

③ 岑春煊：《乐斋漫笔》，荣孟源、张伯锋主编：《近代稗海》（第一辑），四川人民出版社 1985 年版，第 107 页。

十二月二十八日（1912年2月15日），南京临时参议院选举袁世凯为临时大总统。

十二月下旬，杨守敬的日本弟子水野疏梅告别恩师一家，自上海返国。临别之际，杨守敬以《学书迩言》草稿相赠（案：实为据稿本抄录了一份）。其序云："辛亥八月，武昌事起，余避兵上海虹口，有日本水野元直，自福冈来，欲从余授金石。余以老髦，且遭乱离，辞之。而元直执意不回，坚欲拜门下。时元直寓高昌庙，依其友人于同文书院，每日往返二十余里，无间风雨，不惮跋涉之劳。余悯其诚，许之。商量四阅月而归，余为作《学书迩言》授之，书此为执证。"又在后记中云："为《学书迩言》，幽忧积月，遂不能成寐，俯伏床褥，随忆随录，语无伦次，方冀病有间整理之，而水野疏梅归计已蹙，只得以草稿付之。水野携至日本，见余故旧，知余颓唐之状也。"

案：水野疏梅回国后，曾将自己抄录的《学书迩言》和《邻苏老人年谱》副本梓行，在日本广为流传。

十二月间，好友甘翰臣携钟太傅《宣示贴》见示，谓将重刻以饷学者，杨守敬久盼获得此帖而未获，今日得见，十分高兴，仔细把玩，然后为其写了一篇跋文①。

是年，杨守敬曾临日本小野道风书制作有水墨纸本行书镜心（41 cm×306 cm）："龙吟虎啸满山松"，其题识云"临小野道风，杨守敬"，钤印"杨守敬印""星吾七十三岁后作""三叶遘武七秩离兵"②。

案：小野道风（894—966），日本平安中期的书法家，在模仿王羲之字体的基础之上，形成自己的"秀气"。他是日本"和样"书法的创始人，在日本书法史上占有极其重要的地位。1880年杨守敬应清朝驻日公使何如璋之召赴日，其间他将中国六朝时期的书风传入日本，如同一股春风吹进日本书道界。自此日本书道开始尊重个性，在保持传承的同时又注重自由表现。日本民众遂称杨为"日本现代书道化之父"。杨守敬不仅给日本书坛送去了篆隶碑版，他还利用自己的有利条件对日本书法历史作了独到的研究。

① 见《杨守敬集》第八册，第1103页。

② 见北京匡时国际拍卖有限公司"2018春季拍卖会：强其骨——金石家书画"专场拍卖品，编号：0637。

是年，杨守敬的日本友人宫岛诚一郎①在东京去世。

民国元年壬子(1912 年)　七十四岁

是年，杨守敬一家及弟子熊会贞等仍寓居沪上。

正月初一日（2 月 18 日），南京临时参议院派蔡元培、宋教仁等人为专使，前往北京，迎接袁世凯南下就职。

正月初三日（2 月 20 日），南京临时参议院选举黎元洪为副总统，同时又兼任湖北军政府都督。

正月十二日（2 月 29 日），袁世凯指使曹锟的第三镇制造“北京兵变”，次日波及天津、保定等地，并以此作为拒绝南下就职的借口。

正月十五日（3 月 3 日），英军一千多人及美、法、德、日军各二百多人抵京“保卫”其使馆。

正月十八日（3 月 6 日），“南京临时参议院”允准袁世凯在北京就任临时大总统之职。

同日，为将武昌家中的藏书运来上海之事，杨守敬曾致函日本友人寺西秀武（即《与寺西秀武书》②），拜托其鼎力相助：

寺西先生阁下：

办事次第：一、先生先以守敬与黎副总统函，亲面交黎总统，商办一切必要面交者，以守敬箱子多件，不能一一写于护照上，出城时，若要开箱检查则难保无参错处，故必求其封条粘于箱包上，言明不开箱。若非先生亲与商议，但凭贵价递去则不能明白周妥。若必要开箱检查则不必办。小儿等必须先生见黎后复可进城，大约须第二日晨刻。

二、必要贵国领事发护照三人，以便出入城门。又必要，贵国小轮先议定出城日期时刻，以便小轮到城门直接。

三、守敬室内之书当移者，不在一处，仓卒间不能检出清楚，故必

① 宫岛诚一郎(1838—1911)，幼名熊藏，后又名宫岛吉久，字栗香。室名“养浩堂”。日本岩代(今福岛县)人。先后担任明治政府待诏院、修史馆官员、参事院候补议官、宫内省爵位局主事、贵族院敕选议员等职。致力于中国问题研究，经营兴亚学校，与中国官员丁汝昌、黄遵宪、何如璋、黎庶昌、杨守敬、张后沆等交往密切。他从黎庶昌、张后沆处得到张裕钊的文集和书法，称赞不已，遂遣儿子宫岛大八赴保定拜张裕钊为师。喜爱中国文化，为著名汉学家、诗人。著有《戊辰日记》、《养浩堂诗集》(诗有多集)等。

② 见《书论》第三十五号特集——《与寺西秀武书》之第八函。

须间一日，方能出城。出城时非先生派人押解不可，或能请黎总统派一人押解，则城门渡口无留难矣。

四、取书出能直上轮船最妙，或暂放贮领事衙门，均由尊裁。若比时城门大松，渡江时有便民船，则先移出一次，再间一日移出一次，然必离停战期尚远方可。

五、此次移书虽要领事行公文照会，而其要紧事，总在先生与黎总统接洽周妥，而后可着小儿等进城。

六、领事府办公文，不能即日办成，大约必要以次日早晨，一同小儿等进城。

七、此次全仗先生劳心劳力，事后无以报，必著其能存此浩劫之余，全赖先生维持，以告天下后人，以为美谈。

守敬再拜　　正月十八日

小儿等三人，尊处如能暂住一二日，即在尊处住，以便随时指示。如不能，请择近处旅馆住之。

正月二十日（3月8日），“南京临时参议院”通过“民国临时约法”。

正月二十二日（3月10日），袁世凯在北京宣誓就任临时大总统，北洋军阀统治开始。

正月二十三日（3月11日），“南京临时政府”在南京宣布《中华民国临时约法》。

正月二十五日（3月13日），临时大总统袁世凯提名唐绍仪为国务总理。

正月二十七日（3月15日），“中华民国暂行新刑律”公布。

二月十二日（3月30日），唐绍仪的内阁组成。

二月十四日（4月1日），孙中山正式向南京临时参议院提出辞职，临时大总统袁世凯任命黄兴为南京留守。

二月十五日（4月2日），“南京临时参议院”议决临时政府迁往北京。

二月十八日（4月5日），“南京临时参议院”议决该院迁往北京。

二月二十一日（4月8日），“女子参政同盟会”在江苏南京成立。

二月间，经仔细探究、考订，杨守敬为其所藏之《苏东坡落花诗》拓本撰写了一篇跋文①。

---

①　见《杨守敬集》第八册，第1109页。

同月里，杨守敬为留在武昌的藏书以及与守屋人之间的纠纷事，给时任湖北省临时议会议长的同乡好友刘心源[①]致函（即《寄刘心源之一》[②]），请求帮助：

幼丹先生大人阁下：

前承函致黎副统，并指小儿见黎公，求其揭封条。当蒙黎公谕允并札示警局，而守屋人程冬甲犹复照要多人，不准揭封；经警局以黎公札示之，始退。次日又迭嚷说：守敬将书与外人，运动内务府饬沔阳来查。李君见是老人来看书，始释然。而程冬甲仍引其兄弟及外人盘踞我家，不准上楼清书，不交用帐，并把守书门楼，不许我儿等出入。我本欲控告军政府，奈彼等凶暴，党羽众多，声言若告状使以武力相对付，只得忍之，而仍以每月十元及熊姓佃租十串作零用。而前日又有一信来上海，一派诬罔，勒索谢钱而不定数目，云一不回信即登报，或请当道理论。守敬答以必要交书交账而后可以议谢。而程冬甲即登报说我愿出捐万元，嘱小儿缴清。窃守敬空手出门，所存之银皆一一支付冬甲，耗去超半。守敬避于沪上，卖字为活，通国皆知。小儿等回家〇飧不继，安有万银出捐。幸于袁大总统通谕，不准勒捐，不然将使小儿等无以自白。今家中银钱供以罄尽，而程冬甲仍迭嚷陷害如此，乃信致左人照军政府，例自去年八月底起，每月以二十元给之，如不允即以熊姓所典房屋四百串与之，其所余三千余元巨款亦不追问。典屋是程冬甲经手，今废产与之，已是万不得已，闻其尚不允，则无法可以解决矣。只得仰恳尊宿将此情一一呈知黎副统，属小儿递呈。但其党羽众多，恐发表时彼

---

① 刘心源（1848—1917），谱名文申，学名嵩毓，字亚甫，号幼丹，又号冰若，别号夔叟、龙江先生等。湖北嘉鱼人。同治十二年（1873年）举人，光绪二年（1876年）进士，选庶吉士。历官翰林院编修、国史馆协修、江南道监察御史、夔州知府、成都知府、江西督粮道、江西按察使、广西按察使等职。三十一年（1905年）辞官归乡。宣统二年（1910年）任湖北商办铁路公司协理。辛亥革命后被举为湖北议会议长。1912年出任湖北省民政长。1914年任湖南巡按使。不久辞归。毕生精研金石文字，工于考辨鉴赏，擅长书法，各体具佳，尤以篆隶见长。亦能诗文。著有《奇觚室古文审》八卷、《奇觚室吉金文述》二十卷、《奇觚室乐石文述》四十卷、《凡诲书》十卷、《孙子事证》一卷、《游西山记》一卷、《川程坐游记》一卷等。

② 刘信芳整理：《杨守敬函稿》，《东南文化》1991年第1期。因此书函不见于《杨守敬集》，故全文移录于此。

知之，即以武力对付，小儿柔弱，恐有性命之忧。此必出其不备，即行拿办，方保无虞。又必属小儿暂住别处，以避凶暴。涕零书此，无任感荷。

（原编者按：书信至此，似已结束，而次页又有一段云：）

守屋人程冬甲之种种跋扈山横，几不许小儿进门，盖其欲霸占，想已闻知。自去年八月鄂城起义，守敬本不欲出走，及廿一日，时君悦皆来问讯，犹以不走告之。及是昔有军人行抢索钱，与以百元管住家。程冬甲力（劝），初出走，且力任守屋。守敬自去年走后，家中钱粮俱交程冬甲，至今年正月。

（原编者按：此段多涂改，字句亦不连续。）

同月里，杨守敬曾自制有水墨纸本行书七言对联一副："虽无奇字从人问，赖有丛花对客○"，其题识云"壬子仲春，邻苏老人"①。

同月里，杨守敬又曾自制有水墨纸本楷书五言对联一副："结念属霄汉，荡胸生层云"，其题识云"壬子二月，邻苏老人"②。

春日，杨守敬在上海翦松阁观赏到清乾隆时期著名诗人、书画家黎简的手札，回来后就撰写了《黎二樵书札》题跋，以纪其事③。

其间，杨守敬又收到日本弟子日下部鸣鹤托友人带来的书函和请先生作篆书的《一六先生碑》，于是给弟子致函（即《寄鸣鹤之二》④），告知自己的近况：

鸣鹤先生阁下：

昨日文昌堂主人来沪，得手书并《一六先生碑》，感谢感谢。去岁八月，武昌事起，守敬仓黄出门，全家分散，久之始间关来上海，诚有如阁下所云，老令遭此乱离，何堪悲酸者。家中书籍虽经当事者保护，而守屋人跋扈非常，至今小儿等迴鄂，尚未能携出，而财产则损失过半。城中兵多饷绌，时虞哗溃，故守敬常羁滞沪上，藉卖字为活。幸贵

① 此联今藏湖北省博物馆，并收入《湖北省博物馆藏杨守敬书法》。

② 赵平：《杨守敬书法艺术研究》，湖北人民出版社 2011 年版，第 24 页。

③ 见《杨守敬集》第八册，第 1141 页。

④ 刘信芳整理：《杨守敬函稿》，《东南文化》1991 年第 5 期。因此书函不见于《杨守敬集》，故全文移录于此。

邦人夙闻阁下奖借，时以润金济我涸辙。

来书承飞檄四方，募集殷勤，不日一束寄来，无任感荷。又颇闻水野元直言，尊处为集有数百件，不日寄来。上海米珠薪桂，全家行给困(难)，多多益善。唯忧患之余，精力衰颓，每日不胜多书。敢肯阁下先以有成议开单，陆续分数次寄来，事守敬从容应付，或不致多濡时日，有负雅意，想爱我不厌烦琐也。

《一六先生碑》的阁下大笔书丹，自足以千古，守敬得附附以待，何胜欣幸。盖守敬于篆书见闻非多，临池实少，如此巨额，实深怯(焉)。文昌主人返沪在即，匆匆草此，不尽欲言，即颂著安不庄。

三月二十二日（5月8日），杨守敬在收到好友罗振玉自日本写来的书函以及托其转交好友缪荃孙的书函和银洋后，当即给他写了一封回函（即《寄罗振玉之一》①）云：

叔韫仁兄足下：

昨日得手简，并致缪筱翁函中洋银十四元，读悉知。以三次赐书并付浮沉，何缘悭也。武昌屋内之书仍未取出，缘有黎都督保护封条，而我守屋人遂生异心，藉口谓非黎公命令不能揭封条。不得已上书黎公，而黎公又下参议，以为既经保护，不可取去售之外人。故守敬着小儿等四次入武昌取书，皆不效，势必守敬亲自回武昌方可揭封条。然武昌城中党派甚多，时有风潮，守敬既忧虑，尝有不寐之症，畏死不敢去。然书有数十万卷，碑帖字画又数十箱，即揭封条亦不能尽移出，盖力钱船钱数倍数十倍加于畴昔，而上海房屋租价亦较前加倍，则不移出亦未为失策，唯恐此后仍不免耳。城内房屋虽未毁，而城外别墅所贮医书、《经典释文》等板片，及一切器具、楼地板、窗棂，折毁一空，损失不下万金，断不能修补。唯所刻金石地理等书板片在城内者未毁，足下之《悉昙字记》等板亦未毁，此后尚未可知也。现已着两儿入城监之，已与守屋人大相冲突。乱时人心如斯，可慨也。此后能否揭封，只好听之而已。书生薄祜一至于此。

所著《历代地理详图》已刻成十之七八，若使不乱，今年当已全

① 刘信芳整理:《杨守敬函稿》,《东南文化》1989年第Z1期。因此书函不见于《杨守敬集》,故全文移录于此。

成。《水经注疏》八十卷稿已成，惟皆录于书眉，凡十部，未尝合成一部。此书尚待整理，计必一、二年方可毕上。拟于今年同熊固之督同写生成净本，每成一卷，即刻一卷。然余财产尽失，何能完此宏工！但守敬与熊固之数十年心血尽萃于斯，若不成死不瞑目。且后之人即得此十部稿本，亦断难排次，不弟如亭林之《肇域志》也。因欲集股成之，然集股之事已成弩末，况当此大难之后，谈何容易！惟守敬之书确已成稿，海内人士当已知之。且除《水经注疏》外，已刻成者已过一半，其未刻者亦可限日成之。计每册零买之价几达八九十元，以六折扣之，不过四十余元，而已可先得已刻之书三十余元，则预出者不过十余元，想购股者当信用此举，不致如邹阮帷之刻《寰球地图》也。

三十年前，蒙文昌潘孺初先生奖借，推守敬为地理绝学，其文已载之《要删》中。昨年又蒙足下证成其说，以比王怀祖、段茂堂、李壬叔，合之为三绝学，虽不敢当，然大贤之言信从必众。且日本于我书之未成者，亦每购之，知此邦学者或亦悯守敬此书当绝，续之会而共谋襄助成之也。今拟股单书目附上，如以为可，即恳为作一集股启，勿任感戴。

嘱为条幅二十纸并呈，足下见之，知余颓唐之状也。仿单数纸，足下付博文时酌加折扣，使经手得微利，或可陆续索书也。

守敬此来全赖旧友甘君翰臣招呼，此人系怡和洋行栈房总办。足下前者来信，因守敬所寓在巷内，或致遗失，以后有信请书：上海虹口公和祥账房交甘翰臣先生查收转交杨星吾，则必无失矣。

再，今日着人到日本邮政局，持足下函内汇票取银，则局中人云此系足下交银日本邮局存根，非汇票，不付银。别有大纸一张是汇票，而函中未付来。想是足下未知其有异，将大纸汇票留作存根，而误以此存根者寄来。想大纸汇票当仍在尊处，信到即速寄来。若无大纸汇票，亦即信来敝处，即以此小纸存根再寄还，以凭与该邮局换易。

昔日由田中君寄来《傅青主年谱》收到。即颂著安不庄。

弟守敬顿首　　三月廿二日

三月二十三日（5 月 9 日），由统一党、民社联合国民协进会、民国公会、国民党（非同盟会系统）等在上海合并组成“共和党”。

三月二十四日（5 月 10 日），英国侵略军再次侵占西藏的亚东、江孜。

三月二十五日（5 月 11 日），杨守敬收到日本友人山本竞山寄来的信函及此前购买书籍碑帖之款。

三月二十六日（5 月 12 日），“五族合进会”在北京成立，推举姚锡光为会长。

三月间，杨守敬曾应好友诗人、书画家潘飞声[1]之邀，为其作水墨纸本八言行书对联一副："林气映天，竹阴在地；日长似岁，水静于人"，其题识云"兰史仁兄属。 壬子季春，邻苏老人书"，钤印"杨守敬印""邻苏老人"。

案：此对联后为何曼庵所收藏，对联上钤有其收藏印："何曼庵鉴藏""子疋珍藏书画印"。

四月初二日（5 月 18 日），在收到好友缪荃孙商议刻书的来函后，杨守敬当即给他写了一封回函（即《寄缪筱山》[2]），云：

筱山老兄同年大人阁下：

得手教，当即以尊旨告之翰臣，惟此君之好金石始萌芽，尚未有此愿力。而守敬窃有呈者，尊藏海内希有之本，固有《艺风碑目》可考，然非专门金石家所能洞悉，则何如普示天下学者，或石印，或双钩（费皆敝处任之），必有题跋溯所从来，声价必当愈增。即如莫氏之唐本《说文》，若非子偲先生刻之木，徐子静肯以千五百金购之乎？前年在金陵署中见墨本，则又赠价三千金矣，此其明证也。又如罗叔韫所得珍本亦多，以付石印，而获值更丰。如以为不谬，守敬当褰裳从校订之役。此复，即颂刻安不庄。

弟守敬顿首　　四月二日

四月初九日（5 月 25 日），杨守敬到邮局给山本竟山邮寄其所购之书籍和碑帖。

四月十一日（5 月 27 日），由黄兴、程德全、黎元洪、唐绍仪、伍廷芳等党团领袖发起的"政见商榷会"，在上海成立。

四月二十三日（6 月 8 日），临时参议院决议国旗为五色旗。

---

① 潘飞声(1858—1934),字兰史,号剑士,别署说剑词人、独立山人、水晶庵道士;室名"翦松阁"。广东番禺人。少时师从叶衍兰。光绪十三年(1887 年),受聘入柏林大学讲授汉语言文学。归国后,举经济特科,不应。旅居香港十年,主《华报》《实报》笔政。三十三年(1907 年),移居上海,日与沪上前朝遗老、社会名流往来唱和。曾加入南社。晚年以卖文鬻书为生。工诗,擅书画,富收藏。著有《西海纪行卷》《天外归槎录》《说剑堂诗集》《说剑堂词集》《在山泉诗话》《两窗杂录》《饮琼浆室骈文钞》《翦淞阁随笔》等近二十种。

② 刘信芳整理:《杨守敬函稿》,《东南文化》1991 年第 Z1 期。因此书函不见于《杨守敬集》,故全文移录于此。

同日，杨守敬与缪荃孙、何维朴①、李瑞清、沈曾植、王秉恩、徐乃昌②、刘世珩③、吴昌硕④、甘翰臣、陆恢⑤、长尾雨山⑥等人发起的“金石书画共览会”在徐园开幕。

《金石书画共览会广告》载：“战事初平，古物流出，多萃汇沪上，加以海内收藏大家、赏鉴巨子均以避地同处一隅，际此首夏清和，正宜雅集参观，墨缘同结。本会择于阳历六月八号至十二号即阴历四月二十三日至二十七日开会康老脱路徐园，陈列金石书画，与众共赏。倘有海上收藏名家愿将宝藏名件真迹送会陈列者……发起人：缪小山、杨惺吾、沈子培、王雪澄、徐积馀、李梅庵、刘聚卿、宣古愚、王子展、王捍郑、宗子戴、庞莱

① 何维朴(1842—1922)，字诗孙，晚号盘叟，别署秋华居士、晚遂老人。湖南道县人。同治六年(1867年)副贡。曾官内阁中书、候补江苏知府。晚居上海。工篆刻，擅书画，精鉴赏。有《颐素斋印存》等。

② 徐乃昌(1866—1946)，字积馀，号随庵，安徽南陵人。光绪十九年(1893年)举人。曾任淮安知府，官至江南盐法道兼金陵关监督。辛亥革命后寓居上海。学问淹博，家富藏书，精鉴赏，喜刻书。著有《积学斋藏书目》《随庵所著书四种》《积学斋日记稿》等，刻有《随庵丛书》《积馀斋丛书》《安徽丛书》等。

③ 刘世珩(1874—1926)，字聚卿，号楚园，别署灵田耕者、枕雷道士，安徽贵池人。光绪二十年(1894年)举人，曾授江苏候补道，官至度支部左参议。辛亥革命后，以清遗老自居，寓居上海。工诗文，精词曲，富藏书，喜刻书。著有《临春阁曲谱》《梦凤词》《曲品》等，刻有《聚学轩丛书》《贵池先哲遗书》等。

④ 吴昌硕(1844—1927)，名俊卿，字昌硕、仓石，号仓硕、苦铁，别署缶道人、石尊者等。浙江吉安人。诸生。后绝意仕进。曾从俞樾学。30岁始学诗文、书法、篆刻与绘画。曾与友人创立西泠印社，任社长。平生集诗书画印于一身，融金石书画为一炉，艺术风尚在国内外影响很大。著有《缶庐集》《缶庐诗存》《缶庐印存》《苦铁碎金》《吴昌硕画集》《吴昌硕作品集》等。

⑤ 陆恢(1852—1920)，原名友恢，字廉夫，号狷叟，别署破尘庵主人。原籍江苏吴江，迁居吴县。诸生。有人举报其父曾参加太平军，仕进之路断绝。改习绘画，于山水、人物、花鸟、果品，无一不能。又工隶书。曾入吴大澂幕，颇受赏识。中年后往来苏州、上海间，潜心绘画三十余年，为江南著名画师，从游者众。有《陆廉夫山水八景》《陆廉夫冷香居纪事图册》《陆廉夫先生编年画册》等传世。

⑥ 长尾雨山(1864—1942)，本名甲，字子生，号石隐，通称“禛太郎”，日本赞岐高松人。早年就读于日本帝国大学，毕业后任教于东京高等师范学校。1902年辞职，1903年移居上海，受聘为商务印书馆翻译室主任。与吴昌硕、杨守敬等人多有往来。曾加入西泠印社。1914年归国，居京都，以书画、讲学、著述为生，是日本明治时期著名的汉学家、书画家、篆刻家。

臣、孙问清、李平书、陈蓉曙、吴仓硕、何诗孙、陆廉夫、程定彝、张渭渔、程松卿、邹适庐、褚礼堂、甘翰臣、秦炯荪、陈渭泉、长尾雨山、邓秋枚同启。”（1912年5月24日《时报》）

四月二十五日（6月10日），儿子、女婿赴武昌取书回，谓寺西秀武给予了诸多帮助，故杨守敬特致函（即《与寺西秀武书》[①]）表示感谢：

寺西先生阁下：

前日小儿祇仲及小婿李银（铭）卿在武昌取书回，多蒙关注，并劳渡江数日亲送出城，感荷感荷。既惟祇取得衣物等件，而书籍一未取去。兹复着小儿等赴武昌，略取书籍，拟不得写信于黎副总统，即由小儿等自由取之，但不知（按，此下缺文）……再，从前嘱守敬书各件已写成在敝处内，未送呈而事起，今闻小儿言，先生仍欲守敬在此书之，但嘱书多件，惟记有杜牧诗一首，及陋室铭册页，其余皆不记。请再开条件，守敬虽颠沛之余，又当竭力图之。敬请旅安不庄。

弟杨守敬顿首　　四月二十五日

四月二十九日（6月14日），临时大总统袁世凯下令撤销南京留守府，解除黄兴的职务。

四月间，杨守敬曾自制有水墨纸本行书五言诗立轴：“山光忽西落，池月渐东上……感此怀故人，中宵劳梦想”，其题识云“壬子四月，邻苏老人书于沪上”（见《杨守敬作品精选集》）。

同月里，经仔细探究、考订，杨守敬为其在日本所收之《新刊诸儒批点古文集成前集》七十八卷（宋刊本，据《藏园群书经眼录》卷十八补。按：是书又有缪荃孙、莫棠、张元济三家跋，此不具录，见《题记》）作题识一篇[②]。

同月里，经仔细探究、考订，杨守敬为《隋崔玉墓志》撰写了一篇跋文[③]。

同月里，经仔细把玩《唐李少温“听松”二字》，杨守敬觉几年前所写《唐李少温“听松”二字·跋》不甚尽意，遂又为其写了一篇跋文[④]。

同月里，经仔细探究、考订，杨守敬为《晋王右军十七帖》撰写了一篇

① 见《书论》第三十五号特集——《与寺西秀武书》第四函。

② 刘昌润：《日本访书志续补》，《杨守敬集》第八册，第436页。

③ 见《杨守敬集》第八册，第1079～1080页。

④ 即《又一跋》，《杨守敬集》第八册，第1096页。

跋文[1]。

同月里，经仔细探究、考订，杨守敬为《宋蜀大字〈史记〉》（即南宋蜀大字《史记集解》残本三十卷）撰写了一篇跋文[2]。

同月里，经仔细探究、考订，杨守敬为其所藏之《元王振鹏绘历代皇后》撰写了一篇跋文[3]。

五月初二日（6 月 16 日），唐绍仪辞去国务总理之职；十几天后，以陆徵祥为国务总理。

五月初五日（6 月 19 日），亡友邓承修所藏明末清初著名书法家之《丰考功书》今为好友甘翰臣所购得，杨守敬应邀为其撰写了一篇跋文[4]。

五月二十二日（7 月 6 日），根据湖北军政府的荐举，南京国民政府签发命令任命樊增祥为湖北民政长（即后来的"省长"）。随后，湖北军政府派刘成禺等人为专使赴沪迎接，请樊增祥"出山"回湖北履职；樊增祥则仍以对清廷的"忠贞"自居，坚辞不赴。

五月二十六日（7 月 10 日），杨守敬因购买书籍以及碑帖之事，曾致函（即《致山本竞山》[5]）日本友人山本竞山，云：

竞山先生足下：

三月二十五日接到手札并洋银四十八元，以作书字润金，其邻苏园帖二部，姬氏墓志，云未收到。别单尚要隶篇五部，楷法二部，望堂初集二部，二集二部，晦明轩稿一部，旋由四月初九日分为参包交邮局寄上，并有拙信一函，已由四月十六日得邮局回条。而尊处至今无回信，不知何故，特再申明，请速赐回音，是为至感。

杨守敬顿首　　五月二十六日

潘孺初先生临郑文公碑，尚在武昌，未检出，大约再一月可携来。

五月间，杨守敬曾自制水墨纸本行楷五言对联："结念属霄汉，荡胸生层云"，其题识云"壬子五月，邻苏老人"（见《书法报》官方微信公众号，此联今藏湖北省博物馆）。

---

① 见《杨守敬集》第八册，第 1099 页。

② 见《杨守敬集》第八册，第 1119 页。

③ 见《杨守敬集》第八册，第 1132～1133 页。

④ 见《杨守敬集》第八册，第 1140 页。

⑤ 関西大学博物馆编：《山本竞山〇书〇学问》，游文舍 2018 年版，第 58 页。

同月里，杨守敬在好友甘翰臣家与何庚生相遇，何君出其所藏之《忆园灌菊图》请题；杨守敬经仔细探究、考订，遂为其撰写了一篇跋文[①]。

夏日里，好友甘翰臣偶然得到《唐王宏范碑》，特送来观赏；杨守敬久盼一睹此碑，今日如愿，乃仔细把玩、观赏，然后为其撰写了一篇跋文[②]。

夏日里，经仔细探究、考订，杨守敬为其所藏之《唐顾升瘗琴铭》撰写了一篇跋文[③]。

六月二十八日（8 月 10 日），临时大总统袁世凯公布参议院制定的“国会组织法”和“议员选举法”，并下令在全国进行国会议员选举。

六月间，经仔细探究、考订，杨守敬为其所藏之《前秦广武将军张产碑》撰写了一篇跋文[④]。

同月里，经仔细探究、考订，杨守敬为其所藏之《魏渔阳太守司马绍墓志》撰写了一篇跋文[⑤]。

同月里，好友甘翰臣拟重刻宋拓《大观贴》《宣示贴》等以饷学者，请杨守敬为“镌摩之役”；杨守敬又仔细把玩，并为其写有跋文[⑥]。

七月十二日（8 月 24 日），孙中山应临时大总统袁世凯的邀请抵达北京。

七月十三日（8 月 25 日），孙中山、宋教仁等人以同盟会为基础，联合统一共和党、国民共进会、共和实进会、国民公党等党派，成立“国民党”，公推孙中山为理事长。

七月十五日（8 月 27 日），“民主党”成立，拥梁启超为首领。

七月二十八日（9 月 9 日），临时大总统袁世凯授孙中山以“筹划全国铁路全权”，督办全国铁路。

八月十五日（9 月 25 日），临时大总统袁世凯任命赵秉钧为国务总理。

同日，应友朋之邀，杨守敬曾为铁保[⑦]的水墨纸本行书千字文手卷（32 cm×190 cm；36 cm×208 cm）题跋。其题识云：“怀素绢本千文墨

① 见《杨守敬集》第八册，第 1142 页。

② 见《杨守敬集》第八册，第 1092～1093 页。

③ 见《杨守敬集》第八册，第 1107 页。

④ 见《杨守敬集》第八册，第 1076 页。

⑤ 见《杨守敬集》第八册，第 1077 页。

⑥ 见《杨守敬集》第八册，第 1104 页。

⑦ 铁保（1752—1824），字冶亭，号梅庵，乾隆三十七年（1772 年）进士，官至吏部尚书，著名书法家。

迹，明时藏姚公绶家，曾刻于停云馆帖中，厥后真迹归于樵山……壬子八月中秋，宜都杨守敬识于沪上，时年七十有四”，钤印“杨守敬印”。

案：张祖翼曾为此手卷题签“梅庵尚书墨宝。光绪乙巳首夏，桐城张祖翼题”，钤印“张祖翼印”。先后为此手卷题跋的尚有汪洵、杨钟羲、王秉恩、李瑞清、缪荃孙、樊增祥、郑孝胥、陈树屏、冯照等人①。

八月十八日（9月28日），临时参议院决议10月10日为“中华民国”国庆纪念日。

八月下旬至九月上、中旬（10月），章太炎、梁启超、马良等人倡议仿效法兰西，在中国设立统一的最高学术研究机构——“函夏考文苑”。所拟名单②有：

> 马良③相伯、章炳麟④太炎、严复⑤几道、梁启超卓如、沈家本子敦（法）、杨守敬惺吾（金石、地理）、王闿运⑥壬秋（文辞）、黄侃季刚（小学、文辞）、钱夏⑦中季（小学）、刘师培⑧申叔（群经）、陈汉章⑨倬云（群经、史）、陈庆年⑩善余（礼）、华蘅芳若汀（算）、屠寄⑪敬山

---

① 见北京保利国际拍卖有限公司“2014春季拍卖会：翰不虚动——中国古代书法”专场拍卖品，编号：5542。

② 转引自司马朝军、王文晖：《黄侃年谱》，湖北人民出版社2005年版，第65～66页。

③ 马良（1840—1939），又名绍良，字相伯。江苏丹徒人。著名教育家。著有《马相伯先生文集》。

④ 章炳麟（1869—1936），字枚叔，号太炎，浙江余杭人。著名民主革命家、学者。著有《章太炎全集》。

⑤ 严复（1854—1921），字几道，福建侯官人。著名启蒙思想家、文学家、翻译家。著有《严复集》。

⑥ 王闿运（1832—1916），字壬秋，一字壬父，湖南湘潭人。经学家、文学家。著有《王湘绮先生全集》。

⑦ 钱夏（1887—1939），即钱玄同，字德潜，号中季，浙江吴兴人。语言文字学家。著有《钱玄同文集》。

⑧ 刘师培（1884—1919），字申叔，号左庵，江苏仪征人。文学家、经学家。有《刘申叔先生遗书》行世。

⑨ 陈汉章（1864—1938），字云从，晚号伯韬，别号倬云。浙江象山人。经学家、教育家。著有《中国通史》《尔雅学讲义》《周书后案》《论语征知录》等。

⑩ 陈庆年（1863—1929），字善余，晚号横山，江苏镇江人。学者。著有《横山乡人类稿》等。

⑪ 屠寄（1856—1021），字敬山，号结一宧主人。江苏武进人。曾任国史馆总纂。著有《蒙兀儿史记》等。

（史）、孙毓筠[①]少侯（佛）、王露[②]心葵（音乐）、陈三立伯严（文辞）、李瑞清梅庵（美术）、沈曾植子培（目录）。

说近妖妄者不列，故简去夏穗卿、廖季平、康长素，于王壬秋亦不取其经说。

案："函夏"即"华夏"；"考文苑"，乃仿效法国，设立研究院，提倡学风。按马良的解释，学风包括学术和风化：学术实为研究，风化则是倡导风尚、奖励著作。"函夏考文苑"的倡议，得到当时政府的支持。但因章太炎、梁启超当时主要从事政治活动，实际上由马相伯经办此事，以致几年无成效，最终流产。

另：华蘅芳（1833—1902），字若汀，江苏金匮人。清末数学家、教育家、翻译家。著有《行素轩算学》《行素轩文存》《地学浅释》等。也许是马良等人记忆之误，或者根本就不知道华氏已经去世十年了，他不可能再承担算学的研究任务。

九月二十五日（11 月 3 日），沙俄强迫外蒙库伦傀儡当局签订《俄蒙协定》，规定俄国"帮助"外蒙"自治"。

九月二十九日（11 月 7 日），中国政府严正声明，不承认《俄蒙协定》。

十一月二十九日（1913 年 1 月 6 日），孙中山、黄兴、宋教仁等赞同筹建民国国史馆，撰修《中华民国史》。

十一月间，"中华基督教青年会全国协会"在上海成立。

十一月间，杨守敬曾自制有水墨纸本书法四条屏镜心（140 cm × 34 cm × 4）。其题识云"壬子十一月，宜都杨守敬书"，钤印"杨守敬印"（白）、"邻苏老人"（白）[③]。

同月里，经仔细探究、考订，杨守敬为其在日本所收之《南齐书》五十九卷（宋刊本）撰写了一篇跋文[④]。

同月里，经仔细探究、考订，杨守敬为其在日本所收之《老子道德经古

---

① 孙毓筠（1869—1924），字竹如，号少侯，安徽寿州人。1906 年赴日留学，加入同盟会。曾任安徽都督。后入京任约法会议议长、参政院参政。1915 年与杨度等发起筹安会。著有《法相宗纲要》等。

② 王露（1877—1921），字心葵，号雨帆，山东诸城人。近代著名古琴家。著有《玉鹤鞍琴谱》等。

③ 见横滨国际拍卖"2015 年春季拍卖会：中国书画"专场拍卖品，编号：1817。

④ 王重民：《日本访书志补》，《杨守敬集》第八册，第 399 页。

本集注直解》二卷（宋刻本，据《藏园群书经眼录》卷十补）作题识一篇①。

同月里，经仔细探究、考订，杨守敬为其所藏之《隋元智并夫人姬氏墓志》撰写了一篇跋文②。

同月里，经仔细探究、考订，杨守敬为其所藏之《宋蜀石经周礼》撰写了一篇跋文③。

同月里，杨守敬仔细把玩自己所藏之《北齐人书〈左氏传〉》（附《善慧录》），又有所得，乃再在其两年前所写之跋文后写一短跋④。

同月里，经仔细探究、考订，杨守敬为其在日本所收之《南齐书》五十九卷（宋刊本）撰写了一篇跋文⑤。

十二月十一日（1913 年 1 月 17 日），宋教仁抵达湖南进行竞选活动，随后经武汉前往上海。

十二月二十九日（1913 年 2 月 4 日），北京参、众两院复选，宋教仁主持的国民党获 392 席，占压倒性多数，拥护袁世凯的共和党、统一党、民主党仅获 223 席。

十二月间，同乡好友藏书家柯逢时⑥在武昌寓所去世；杨守敬得知噩耗，颇为悲痛，遂撰挽联一副以表达其悼念之情：

---

① 刘昌润：《日本访书志续补》，《杨守敬集》第八册，第 430 页。

② 见《杨守敬集》第八册，第 1082～1083 页。

③ 见《杨守敬集》第八册，第 1121 页。

④ 见《杨守敬集》第八册，第 1127 页。

⑤ 见《杨守敬集》第八册，第 399 页。

⑥ 柯逢时（1845—1912），又名益敏，字懋修，号钦臣，亦号逊（巽）庵，别号息园；藏书室曰“柯家山馆”“息园”。湖北武昌金牛（今属大冶市）人。少家贫，寄读舅父家。同治八年（1869 年）中举人，光绪九年（1883 年）取进士，选庶吉士。后历任翰林院编修、陕西学政、国史馆协修兼会典馆协修、会典馆绘图处帮总纂、庶常馆教习、江西按察使、湖南布政使、江西布政使、江西巡抚、广西巡抚兼兵部侍郎、贵州巡抚等职。三十一年（1905 年），奉旨管理八省土膏统税事宜。三十三年（1907 年），加尚书衔，专任各省土药统税大臣兼总理各国事务大臣。辛亥革命前，授浙江巡抚，未赴任，居武昌。后见革命形势发展迅速，遂积极动员绅商组织武昌保安社，任社长。平生喜著书、藏书、刻书。曾购得江西裘文达家所藏《四库全书》未进呈钞本元、明小集八百余种；死后，日本人以二十万元贿赂其家属，将其购走。又曾刻印《武昌医学馆丛书》八种九十六卷。曾参与纂修《湖北通志》《应山县志》等，并主修《武昌县志》二十八卷。

我邀刊郦，公嗜岐黄，传古深情均未了；

公逝汉皋，我栖沪渎，如今残喘抑何之。

杨守敬在收到好友梁鼎芬问候和询问其归鄂时间的书函后，适得到好友柯逢时去世的消息，遂给梁鼎芬写去一函（即《寄梁鼎芬》①），告知自己的近况和柯逢时去世的消息：

节庵仁弟足下：

昨承关注，问守敬归鄂之期，并希年内言归，以谋文聚，甚感甚感。守敬自去八月仓黄逃沪，全家星散，陆续来沪，借卖字为活。今春使小儿等返鄂，所藏书籍幸无大损；而财产罄尽，欲归不得。入夏以来，患腹泻，经缠两月，近始稍愈。然时止时发，无论求书者已成弩末，而精力衰颓，亦不能久坐握笔，故于吾弟亦不能时时问讯。前蒙徐愿丞言吾弟头晕之疾已愈，而甘翰臣又云往谒外出，知健康如常，甚慰甚慰。守敬因小儿等归鄂，已难以自给，所有书籍欲搬来沪上，择尤而卖；所居颇隘，不能多容，况今日市面贱旧书者，已如星凤；仍置鄂中，即无虞再有扰乱，亦徒饱蠹鱼。刻下正拟移居稍大之屋，择尤运来卖之，以为日用之资。而此间人满为患，赁租不易，刻下尚在踌躇，不能自决。然《水经注疏》未脱稿，尚与熊君昕夕整理，如赵台卿複壁著书，，绝不以流离困苦缀业。倘如天之福，再能留两年，或当蒇事。

昨日得柯巽庵讣，为作挽联一通云："我邀刊郦，公嗜岐黄，传古深情均未了；公逝汉皋，我栖沪渎，如今残喘抑何之。"并跋云："巽庵公创医馆，刻《太平圣惠方》《圣济总录》，守敬为《历史舆地详图》及《水经注疏》，均未蒇事。公今年六十八，守敬今年七十四，而公已先去，异乡不得一临，忍此终古，怅怅何言。所谓既悲逝者，亦行自虑也。愚兄杨守敬拜挽。"守敬素不联语，吾弟所知也，有不安处，祈改政为荷。即颂近安不庄。

愚兄守敬顿首

同月里，在收到黎元洪副总统写来问候的书函后，杨守敬颇为感动，遂当即给他写了一封回函（即《寄黎元洪之三》②）以表达其谢意：

---

① 刘信芳整理：《杨守敬函稿》，《东南文化》1991 年第 5 期。因此书函不见于《杨守敬集》，故全文移录于此。

② 刘信芳整理：《杨守敬函稿》，《东南文化》1991 年第 Z1 期。因此书函不见于《杨守敬集》，故全文移录于此。

宋卿副统麾下：

前者捧读大教，慰诲殷勤，奖借过量，愧不敢当。感荷靡既。去年起义初，荷蒙关注敝藏书籍，特别出示保护，以至今年大致存留。因着小儿辈回家监守，满拟藉薄有下产以求生活，而际此时艰，所在租户多不照常，经济困难，不得不借守敬在沪上卖字以为补苴。望八之年，回首故乡，竟同隔世。如天之福，犹得生入国门，俯伏阶下，得觐尊颜，表我微忱，无任祈祷。小儿辈更希庇荫，使守敬无后顾之忧尤为铭感。即颂勋安不庄。

是年，杨守敬“因《水经注疏》虽已成书，尚待校定，须参考各书，嘱家人归取稿，并将所藏图籍一切运沪。稿至日，发箧与会贞详覈，每一卷成，犹恐有误。当夜静，置灯榻畔，在床执卷，再三审订，或通宵不寐”；而“各界人知先生在沪，求书者络绎不绝；又或持古书碑版请鉴定，兼乞作跋，日本人犹夥”①。

是年，杨守敬曾自制有水墨纸本隶书书法立轴（118.5 cm×52.5 cm）。其轴文及题识云“及时行乐请自今日始，与世无争长如太古初。杨守敬”，钤印“杨守敬印”“时年七十有四”②。

是年，杨守敬与来上海避乱的江西后辈学人李之鼎结识，且二人一见如故；杨守敬见之鼎于目录学颇有研究，而自己眼前实在没有精力继续做此事，遂将自己原来所撰之《丛书举要》二十卷稿本托付给李之鼎，希望他能完成自己的心愿。

李之鼎在《增订丛书举要·原编序》中曾说：“壬子避地沪上，与宜都杨惺吾先生过从甚密。先生尝与鼎言，汇刻丛书目录……手此稿本以赠鼎曰：‘吾老矣，所撰《水经注疏》迄未脱稿。此书子其任之。’”③

李之鼎曾写有《赠杨惺吾先生长句》一诗④，赞颂杨守敬一生的学术成就与贡献，并纪其与杨守敬的师生情谊与交往：

宜都老子古须眉，神王疑啖商山芝。读书万卷行万里，攀汲绝学如渴饥。由幼而壮壮及老，穷年矻矻心不疲。平生冠绝有三事，地舆目录

① 见《邻苏老人年谱》，第27页。

② 见北京翰海拍卖有限公司“北京工艺60年懋隆专场拍卖会：中国书画”专场拍卖品，编号：0110。

③ 见《杨守敬集》第七册，第19页。

④ 见《杨守敬集》第七册，第23页。

金石辞。磅礴大地贯今古，心追手摹无参池。《水经》万旨穷亥步，荒远直探禹导时。全赵望之为郤走，余子碌碌何足奇。目录溯源本《七略》，古香芸简纷离披。燃藜不照刘向字，窥园独下董子帷。好古频年聚金石，琳琅翠墨珊瑚枝。典衣每过相国寺，算缗竞市《曹娥碑》。中土文献久丧乱，礼失求野讵不宜？侧闻扶桑多古籍，此志不遂非男儿。云帆矗天神风引，东游直渡弱水之琉璃。海若抒诚长恩喜，朗吟跌荡惊冯夷。泛槎黎公亦嫔雅，相与蒐辑同追随。秘本唐宋所未见，佚书中祕所未知。吉金骈罗森宝阁，石青字赤光陆离。汗牛充栋力罗致，连樯载归鄂水湄。邻苏园中有光怪，羽琌之藏何人窥。我生何幸及公世，精神矍铄霜雪髭。辟呷奉袂每请业，春风坐对甘如饴。先生顾之谓可教，所知亦足窥藩篱。著书积学未自信，樗材恐负匠石期。顾言执挺为之长，侍立绛帐安可迟。先生闻之掀髯起，奉觥先介先生诗。

民国二年癸丑(1913 年)　七十五岁

是年，杨守敬一家及弟子熊会贞等仍寓居沪上，且“仍督会贞覆按《水经注疏》，昕夕不辍”①。

杨守敬“以三孙先梅颇诚笃，又资禀过人，将来当能世其家学，特钟爱之，每出必令随侍左右”②。

正月十七日（2 月 22 日），隆裕太后③在紫禁城仙逝。

正月中旬，为了租房藏书之事，经友人介绍，杨守敬曾有苏州之行。

正月中下旬，为了租房之事，杨守敬自苏州回到上海后不久，就收到好友季儒的来信；经过一番考虑，守敬便给季儒写了一封回函（即《寄季儒》④）寄去：

---

① 见《邻苏老人年谱》,第 27 页。

② 见《邻苏老人年谱》,第 27 页。

③ 隆裕太后(1868—1913),叶赫那拉氏,慈禧太后侄女。光绪十五年(1889 年)慈禧强制立为光绪皇帝皇后。八国联军侵入北京,随慈禧和光绪逃往西安。二十八年(1902 年)初回到北京。三十四年(1908 年),光绪和慈禧相继去世,立醇亲王载沣三岁幼儿溥仪为皇帝,改年号“宣统”,被尊为皇太后,垂帘听政,而以载沣为监国摄政王。武昌起义爆发后,内阁总理大臣袁世凯乘机要挟她交出政权,她被迫于 1912 年 2 月 12 日宣布清帝退位。

④ 刘信芳整理:《杨守敬函稿》,《东南文化》1991 年第 1 期。因此书函不见于《杨守敬集》,故全文移录于此。

季儒先生足下：

前日得启者，辛亥之秋，鄂城兵起，守敬仓黄出城，间关至沪上栖息，儿孙分散，流离失所；满拟乱后归乡，凭宁至今，未闻宁止，产业荡尽，以卖字为活。所留遗者，书数万卷，书板数千，思度阁无所。颇闻苏城空屋甚多，租经至廉，及到苏查勘，则皆有居人。介绍者引迅华府，则高屋广厦，不敢问价。据介绍者以三万元为则，已非力之所及。昨承来示，拟以四万余金，尤觉望洋而叹。但既承有上报之举，惟虑不以为唐突，拟邀同友人分析，即请详采平竖两图，转示同人，或有欲购者。惟屋既过大，来此者皆损失之余，恐不一家所就住；过不便宜，亦未敢唐突。

顾君鹤逸与有世交，可告近情，或有接洽之日。来札漫抑过甚，前者匆匆拜谒，未聆教言，旋即返沪，殊为歉疚。兹承示书札，又惠手写著作，感谢感谢。

正月间，杨守敬在收到日本弟子日下部鸣鹤寄来的书函后，当即给他写了一封回函（即《寄鸣鹤之一》[①]）云：

鸣鹤先生：

阁下昨日晚挈轩返沪，借道枉书，已蒙收录不述。庚续书嘱，嫌复件误书六纸，随即换付。去年来札，有篆隶之属，守敬以久不习此，未应尊命。辱承贵邦人谬赏，坚欲守敬作之，间为应酬。沪上人见之，亦踵门来求，遂亦不觉手生，重理旧业。然年老笔弱，实不足存，徒以较行书费力润格有加。兹各以十数幅，如有嗜之者，留之，否则一掷还可也。

二月上旬，杨守敬为租房之事、在收到后辈友人顾麟士[②]写来的书函后，亦给他写了一封书函（即《寄顾麟士》[③]）寄赠：

鹤逸先生足下：

前者诣府拜谒，未领教言，匆匆留字，即蒙答书，慰诲殷勤，感谢

---

① 刘信芳整理：《杨守敬函稿》，《东南文化》1991 年第 5 期。因此书函不见于《杨守敬集》，故全文移录于此。

② 顾麟士（1865—1930），字鹤逸、谔一，自号西津、鹤庐、筠邻，别署西津渔父。藏书楼名“过云楼”。江苏元和人。顾文彬之孙、顾廷烈之子。家学渊源，秉承先志，擅画山水，工书法，精鉴别，喜收藏，所藏书画富甲吴下。著有《过云楼书画记》《顾鹤逸山水册》《顾鹤逸仿宋元山水册》《顾西津仿古山水册》《鹤庐画赘》《鹤庐印存》等。

③ 刘信芳整理：《杨守敬函稿》，《东南文化》1991 年第 1 期。因此书函不见于《杨守敬集》，故全文移录于此。

感谢。即日返沪，满拟评报，而宁兵事起，遂尔延阁。

兹启者，当咸丰末年，先祖公先叔敬叔先生避乱至敝邑，曾僦居寒舍，屈今已五十余年。前日匆遽言三十余年者误也。及光绪甲申，守敬由日本归，迂道过苏，谒子山先生，犹康强如昔，而敬叔先生已不及见。曾蒙以所藏珍品见示，又赐我《怡园集帖》，惜未与足下接洽为恨。前年辛亥，武昌兵起，仓黄出城，间关至上海，以卖字为活。家产荡尽，所剩者书数十万卷，书板数千块而已。无处支阁，卖之亦不能骤尽。颇闻苏城空屋甚多，租购者至廉。及到苏履勘，则皆有居人。介绍者引入潘旧宅，则高屋广厦，不敢问价。介绍者以三万元为准，则亦非力所能及，已不复绍是想。而昨潘君来札，以四万五千元为拟，更觉望洋兴叹。缘守敬初与介绍者谋，不过数千元，未及万元者，或可担任。潘君屋既过大，何敢唐突。但既蒙潘君不弃，情愿示以详图寄来，行将持示友人，或有愿得者。惟来此者皆损失之余，敢即告潘君，以至少不减之价若干，便转告。至守敬处，但得有三四十间广者，惟必要有空地谋置板片，是过大则必俟鄂城果已平定，将住宅售出始可议及也。拙撰数种拟觅妥人呈上，先此奉复，即问著安。

再，足下书法之美，冠绝海内，故友甘君翰臣见之，深为叹服，特嘱守敬介绍，欲求一小帧，约三尺长，宽一尺七八寸，以偿素怀。润笔若干，所不吝惜。足下若复赐一小帧，既为世宝，为留纪念。枉所撰书尚多未付刻者，拟先以数种呈览。俟觅妥人寄上。

二月十三日（3 月 20 日），民国大总统袁世凯指使凶徒枪击国民党代理理事长宋教仁于上海车站，两天后宋教仁在上海铁道医院去世。

同日，《文史杂志》在武昌创刊，杨守敬应邀为其题写刊名。

二月十七日（3 月 24 日），经仔细探究、考订，杨守敬为其所藏之朱郁仪校本《水经注》撰写了一篇《朱校水经注》跋文①。

同日，杨守敬从好友沈曾植处借得其所藏明代柳大中所刻之《水经注》（四十卷），仔细审读，发现错误颇多，遂写了《水经注・跋》以纪之②。

二月十九日（3 月 26 日），江苏都督程德全通电公布刺杀宋教仁案主要证据，使真相大白于天下，大总统袁世凯的阴谋败露。

二月二十二日（3 月 29 日），“超社”（原名“超然吟社”）在上海

① 见《杨守敬集》第八册，第 1123 页。

② 见《杨守敬集》第八册，第 1123～1124 页。

成立。

二月二十七日（4 月 3 日），隆裕皇太后的灵柩移至西陵梁格庄暂安殿，杨守敬的好友梁鼎芬、沈瑜庆专程北上参加了丧礼。

二月下旬，杨守敬在苏州看房时，曾前往拜访后辈友人顾麟士不遇，只好留言离去；返回上海后不久，即收到顾麟士的来信，遂给他写了一封回函（即《寄顾麟士》①），云：

鹤逸先生足下：

前者诣府拜谒，未领教言，匆匆留字，即蒙答书，慰诲殷勤，感谢感谢。即日返沪，满拟评报，而宁兵事起，遽尔延阁。

兹启者，当咸丰末年，先祖公及先叔敬叔先生避乱至敝邑，曾僦居寒舍，屈今已五十余年，前日匆遽言三十余年者误也。及光绪甲申，守敬由日本归，迂道过苏，谒子山先生，犹康强如昔，而敬叔先生已不及见。曾蒙以所藏珍品见示，又赐我《怡园集帖》，惜未与足下接洽为恨。前年辛亥，武昌兵起，仓黄出城，间关至上海，以卖字为活。家产荡尽，所剩者书数十万卷，书板数千块而已。无处支阁，卖之亦不能骤尽。颇闻苏城空屋甚多，租购皆至廉。及到苏履勘，则皆有居人，介绍者引入潘旧宅，则高屋广厦，不敢问价。介绍者以三万元为准，则亦非力所能及，已不复绍是想。而昨潘君来札，以四万五千元为拟，更觉望洋而叹。缘守敬初与介绍者谋，不过数千元，未及万元者，或可担任。潘君屋既过大，何敢唐突。但既蒙潘君不弃，情愿示以详图寄来，行将持示友人，或有愿得者。惟来此者皆损失之余，敢以告潘君，以至少不减之价若干。便转告，至守敬所处，但得有三四十间广者，惟必要有空地谋置板片，是过大则必俟鄂城果以平定，将住宅售出始可议及此。拙撰数种拟觅妥人呈上，先此奉复，即问著安。

再，足下书法之美，冠绝海内，故友甘君翰臣见之，深为叹服。特嘱守敬介绍，欲求一小帧，约三尺长，宽一尺七八寸，以偿素怀。润笔若干，所不吝惜。足下若复赐一小帧，既为世宝，为留纪念，枉所撰书尚多未付刻者，拟先以数种呈览，俟觅妥人寄上。

二月间，杨守敬曾自制有水墨纸本行书七言诗立轴（140 cm ×

① 刘信芳整理：《杨守敬函稿》，《东南文化》1991 年第 Z1 期。因此书函不见于《杨守敬集》，故全文移录于此。

38 cm）。其诗及题识云：“白石嵯峨一径斜，碧梧翠竹晚交加。雨晴知有山人到，先遣旧童扫落花。癸丑春日，恪郦主人”，钤印“杨守敬印”“邻苏老人”（见孔夫子旧书网）。

同月里，经仔细探究、考订，杨守敬为所藏之宋刻本《花间集》（十卷）撰写了一篇跋文①。

同月里，好友竟生兄嘱为其书陶渊明《桃花源记》卷子；杨守敬平时就甚喜读此篇，尤“老经乱离，避居沪上，每读此记，不觉神往”；无奈“天寒手僵，拈秃笔书此记，殊不成字”；过后忆及此事，乃作《自书〈桃花源记〉跋》以纪之②。

三月初二日（4 月 8 日），中华民国第一次国会开会。

三月十二日（4 月 18 日），杨守敬偶然在好友甘翰臣家见到自己当年在日本得到的一部明万历四十三年（1615 年）李长庚所刊之《水经注笺》，颇为高兴，大略翻阅一番，当天便在其上题写了长跋。其跋文及题识云：“……（跋文长，且不全，故略）。甘君翰臣以无意得之，此乾嘉学人不得见之书。余得之海外，又迟至数年始重过目，不可为○秘籍也。癸丑三月十二日，宜都杨守敬记，时年七十有五”，钤印“杨守敬印”（白）、“邻苏老人”（朱）③。

案：黄棉纸线装十册《水经注笺》，汉桑钦撰、魏郦道元注，此本为明李长庚订、朱谋㙔笺，孙汝澄、李克家同校，以黄棉纸刊印。书口刻有刻工和字数，书内有朱笔圈点，朱墨双色评语，卷末有“己酉八月之望焉文室主人（黄家舒）题”跋语，后又经行素堂南通沈燕谋（1891—1974）收藏（沈燕谋藏书章为童大年所刻，实物今存人间）。沈燕谋藏书四十年代散出，有不少善本今存美国和中国台湾、香港，全国拍卖善本中，罕见其藏书，其最珍贵之本是其与袁樊递藏的嘉靖《永乐大典》副本卷 2272～2274，后由袁樊之女捐售中国国家图书馆。

三月十四日（4 月 20 日），《文史杂志》第二期出版，加上随后出版的第三期、第五期，连载有署名“王葆心”的《藏书绝句》十九首和序言

① 见《杨守敬集》第八册，第 1124 页。

② 见《杨守敬集》第八册，第 1145 页。

③ 见敬华（上海）拍卖股份有限公司“2019 春季艺术品拍卖会：簏椟珠玑——古籍善本名人手札”专场拍卖品，编号：1133。

一篇。

三月二十日（4 月 26 日），民国大总统袁世凯与英、法、德、日、俄五国银行团签订《善后借款合同》。

三月间，杨潜庵[①]因事曾至上海与李瑞清、陈三立等人往来；李瑞清不仅赠其扇面，还为其作大字联。杨守敬见到李瑞清为杨潜庵所写之字后，不仅自己赞赏有加，而且逢人便夸赞不已。

陈三立曾写有《为潜庵题李道士画扇》：“雨露无恩霰学垂，篓要自照待窥谁。阳乌跃海如相啄，欲裂肝肠挂此枝。”（见《散原精舍诗文集》）

李瑞清《题〈邻苏老人手书题跋〉》中云：“辛亥国变，余黄冠为道士，鬻书沪上，先生亦辟乱沪上，同鬻书，每遇总论书忘昕夕。余尝为杨潜庵作大字联，抚《匡喆刻经颂》，先生见之乃大叹！赏以为当世无此手笔，逢人辄道之，其好善如此。”[②]

同月里，杨守敬曾自制有水墨绫本行书元·郑元佑《天台山图》立轴（158 cm×40 cm）：“万八千丈天台山，仙人抱琴时往还。丝声落涧秋潺潺，曲终飞云舞元鹤，霞光楼观难跻攀”，其题识云“癸丑三月，邻苏老人”，钤印“杨守敬印”（白）、“邻苏老人”（白）[③]。

同月里，杨守敬又自制有水墨纸本行书五言诗立轴（124 cm×52 cm）。其诗及题识云：“朝出锦官城，暮……但使有酒侑，不妨花下住。癸丑三月，邻苏老人”，钤印“杨守敬印”（白）、“邻苏老人（朱）”[④]。

四月初三日（5 月 8 日），经仔细探究、考订，杨守敬为其所藏之《三希堂法帖》撰写了一篇跋文[⑤]。

---

① 杨潜庵(1881—1943)，即杨昭儁，字潜庵，室名“静乐堂”“环碧草堂”，湖南湘潭人。王闿运弟子。入民国，曾任总统府秘书。长居北京，与陈师曾、曾熙、姚华、吴昌硕、齐白石等交往密切。与齐白石同住法华寺时，为其刻有大量印章。好金石，工书法，工篆刻，精鉴赏，富收藏。曾将陈衡恪和姚华的篆刻作品辑成《姚陈印存》。其夫人徐粲章不仅能诗文，亦工篆刻。

② 《邻苏老人手书题跋》，民国五年(1916 年)仲秋宜都杨氏观海堂刻本。

③ 见上海新华拍卖有限公司“2010 秋季大型艺术品拍卖会：中国古代及近现代名家书法”专场拍卖品，编号：0238。

④ 见河南鸿远拍卖有限公司“2011 年首届艺术品拍卖会：文盛轩藏中国书画著录”专场拍卖品，编号：0024。

⑤ 见《杨守敬集》第八册，第 1111 页。

四月二十四日（5 月 29 日），统一、共和、民主三党合并，组成“进步党”，推举黎元洪为理事长，梁启超、汤化龙、张謇等为理事。

四月间，杨守敬曾自制有水墨纸本行书七言对联一副：“峰峦压岸东西碧，桃李临波上下红”，其题识云“癸丑四月，杨守敬”①。

五月初五日（6 月 9 日），大总统袁世凯免去江西都督、原同盟会会员李烈钧之职。

同日里，杨守敬曾在家为日本影钞本《伤寒论》（十四卷，四册）写了一篇题跋②：

> 此影北宋本《伤寒论》，篇中多互见之文，以人命至重，古人不殚反覆叮咛，意至深远，《汉书·艺文志》是其前规。自金成无已作注解，将其重复者概删之，以后世遂无仲景完本。余乃于日本得此影钞，满拟归而刻之，奈真知者少，荏苒岁月，仍未遂苦心搜罗之愿。
>
> 癸丑端午，邻苏老人题

案：此书后为张均衡（1872—1927，字石铭，号适园主人，浙江吴兴人）所收藏，书上有“吴兴张氏适园藏书”朱文方印和“菦圃收藏”朱文方印。既未见《适园藏书志》著录，亦未见《日本访书志补》《日本访书志续补》收录。

同日里，经仔细探究、考订，杨守敬为其在日本所收之《唐宋白孔六帖》残本四十四卷（宋刻本）撰写了一篇跋文③。

五月初十日（6 月 14 日），大总统袁世凯调广东都督、原同盟会会员胡汉民为西藏宣抚使。

五月二十六日（6 月 30 日），大总统袁世凯调安徽都督、原同盟会会员柏文蔚为陕甘筹边使。

五月间，杨守敬曾自制有水墨纸本行书七言诗立轴（134 cm × 33 cm）：“床头枕是溪边石，井底泉通竹下池。宿客不眠过半夜，独闻山雨到来时”，其题识云“贾长江诗。癸丑五月，邻苏老人”，钤印“杨守敬”“时年七十有五”④。

---

① 此联今藏湖北省博物馆；又见赵平：《杨守敬书法艺术研究》，湖北人民出版社 2011 年版，第 43 页。

② 《善本题跋真迹》，第 1150～1151 页。

③ 见《杨守敬集》第八册，第 408 页。

④ 见北京泰和嘉成拍卖有限公司“2011 年秋季艺术品拍卖会：古籍文献”专场拍卖品，编号：1961。

同月里，杨守敬又曾自制有水墨纸本行书七言诗立轴（152 cm × 39 cm）。其诗及题识云："蜗牛角上争何事，石火光中寄此身。随富随贫且欢乐，不开口笑是痴人。癸丑五月，邻苏老人书于上海"，钤印"杨守敬印""邻苏老人""三叶遘武七秩离兵"①。

同月里，杨守敬又曾将元刊本之《经史证类大观本草》（三十一卷，二十二册）检出翻阅，并为其写了一篇题跋②云：

（此书余别有详考，书于宗文本后）《本草》自神农以下，吴普、陶弘景、陈藏器、李英公，代有作者，原书皆不传，以唐慎微《大观》为备。政和本附入寇宗奭衍义，已非唐氏原书。此为南宋刊本，元宗文书院即从此出，序后有宗文书院木记，此本无之，是其证也。且此本为初印，无一叶残缺，尤可宝也。

癸丑五月，邻苏老人记

案：杨守敬将此本定为宋刻，与其《日本访书志》中同名刻本解题的内容不同。此书后为张均衡所收藏。《适园藏书志》著录此本为元刊本，且谓"第杨惺吾附会为宋本，实是大德刊而裁去牌子者，惺吾之跋不足据"，故未收录杨氏原跋；以后所出之《日本访书志补》《日本访书志续补》亦均未收录杨氏原跋。

同月里，杨守敬还曾为自己所藏之明修元覆宋本之《附释音春秋左传注疏》（存三十卷，六册）撰写了一篇题跋③：

十行本《左传注疏》，存第一至十六，又二十二至三十六卷。世传十行本注疏多明正德间补刊，故凡补者即多讹字。此虽残缺之本，然除序文两叶是重刊，余俱原椠，可贵也。

守敬记

案：此本原为著名学者、文学家、金石学家、目录版本学家、书法家莫友芝（1811—1871，字子偲，号郘亭，贵州独山人）旧藏，上钤有"独山莫氏藏书"朱文印，后为杨守敬购得；再后又归张均衡所有，但其《适园藏书志》中却未辑录杨氏跋文，故《日本访书志补》及后来的书目亦未著录这篇跋文。另，此跋文的内容简单，将其定为宋刻，有故意抬高此本价值以求善

① 见北京保利国际拍卖有限公司"北京保利 2019 秋季拍卖会：艺林藻鉴——中国古代书画日场"专场拍卖品，编号：3773。

② 《善本题跋真迹》，第 1215 页。

③ 《善本题跋真迹》，第 140 页。

价之嫌；文尾未署题跋时间，然观其笔迹，应该是其晚年所书，大约与今年题跋其他藏本同时，故系于此。

同月里，经仔细探究、考订，杨守敬为其在日本所收之《覆正平本论语集解》十卷（《古逸丛书》校本）撰写了一篇跋文[①]。

同月里，经仔细探究、考订，杨守敬为其在日本所收之《山谷内集注》二十卷（日本覆宋刻本）撰写了一篇跋文[②]。

六月初九日（7 月 12 日），原江西都督李烈钧在江西湖口宣布独立，被推举为江西讨袁军总司令，“二次革命”爆发。

六月十二日（7 月 15 日），川汉铁路督办黄兴潜入南京，与江苏都督程德全秘密会见，随后宣布江苏独立，并被举为江苏讨袁军总司令。

六月十四日（7 月 17 日），安徽宣布独立，柏文蔚任安徽讨袁军总司令。

六月十五日（7 月 18 日），陈炯明在广东宣布独立讨袁。

同日，陈其美率领上海讨袁军开始攻击制造局，居正率部占领吴淞口炮台。

六月十七日（7 月 20 日），福建宣布独立讨袁。

六月十九日（7 月 22 日），大总统袁世凯发布“讨伐令”。

六月二十日（7 月 23 日），大总统袁世凯下令撤销孙中山筹办全国铁路全权。

六月二十二日（7 月 25 日），江西讨袁军战败，湖口易帜。

六月二十六日（7 月 29 日），黄兴被迫自南京出走，江苏都督程德全宣布取消独立。

六月二十八日（7 月 31 日），大总统袁世凯任命熊希龄为国务总理。

六月二十九日（8 月 1 日），袁军张勋所部在攻陷徐州、清江后，进抵江北重镇扬州。

六月间，经过仔细探究、考订，杨守敬为其所藏之《唐虞恭公温彦博碑》撰写了一篇长跋[③]。

同月里，经过仔细探究、考订，杨守敬为其所藏之《唐颜鲁公论座位

---

① 王重民:《日本访书志补》,《杨守敬集》第八册,第 394 页。

② 王重民:《日本访书志补》,《杨守敬集》第八册,第 415 页。

③ 见《杨守敬集》第八册,第 1085～1086 页。

稿》撰写了一篇长跋①。

同月里，好友欧愚直以所购其乡人明末大臣、诗人、书法家何吾驺所书之诗见示，并请题；杨守敬见后甚爱之，乃为其作《何吾驺书诗》一跋赠之②。

同月里，杨守敬为刊刻《水经注疏》之事，曾致函（即《寄李盛铎》③）时居天津的后辈旧友李盛铎④，云：

木斋先生阁下：

沪上一别，倏经十余年。去岁由方君地山接一函，始略知行踽。今日傅君沅叔来沪，得悉僦居津沽，优游艺苑之场，时备皇华之选，欣慰欣慰。守敬则伏处荒郊，踽踽独行，惟日舆地自勖。

十余年前《隋书地理志》刻成，携之沪上，文芸阁见之，以为地学巨擘。其实粗涉乙部，未能深造也。厥后《水经注疏要删》出，罗叔韫见之，遂誉为绝学，且惭且愧。王益吾至愿出资授梓，其时《注疏》尚未脱稿也。守敬因益以自勖，是稿凡数易，方拟写成净本，会武昌事起，赖黎副统保护书籍，而托付非人，亦残失几半，家产则尽失。居沪以卖字为活，犹复与门人熊生会贞匪朝伊夕，校定再三，始觉全、赵仅有翻检之功，戴氏虽能脉水，而亦有不得郦氏之旨者数大端，其蹈袭全、赵尤其小焉者也。至于陈兰浦、汪梅村，尚未窥郦亭藩篱也。稿成而力不能刊矣，兹因《历史地图》告成，意欲由梁任公呈袁大总统、黎副总统，饬下各省学堂，吾书虽未必毫无遗恨，而隋唐以前皆有考订，正足补诸史书之缺者。梁、陈、齐、周四史无地志者，无论其钩稽之劳矣。至于《水经注疏》，虽不敢当叔韫过誉之鉴，而于郦亭奥旨，为自

① 见《杨守敬集》第八册，第 1106 页。

② 见《杨守敬集》第八册，第 1143 页。

③ 刘信芳整理：《杨守敬函稿》，《东南文化》1991 年第 Z1 期。因此书函不见于《杨守敬集》，故全文移录于此。

④ 李盛铎（1859—1934），字义樵，又字椒微，号木斋，别号师子庵旧主人、师庵居士、麐嘉居士等。江西德化人。光绪五年（1879 年）举人，十五年（1889 年）进士。历官翰林院编修、国史馆协修、江南道监察御史等职。二十四年（1898 年）初，与康有为等发起组织“保国会”。后又投靠荣禄，诋毁“保国会”，得以自保。戊戌政变后，授驻日公使。回国后任顺天府丞。三十一年（1905 年）被派出洋考察宪政。次年回国后授山西按察使。辛亥革命爆发，擢升山西布政使兼护理巡抚。入民国，曾任大总统顾问、参政院参政、农商总长、参政院议长、国政商榷会会长等职。晚年寓居天津。工诗文，富藏书。著有《木犀轩藏书题证及书录》《木犀轩藏书目录》等，编纂有《德化县备考》。

来治《水经》者未能得其端绪，剖别分明者。旷然发蒙，亦一快也。此书不传，死不瞑目。阁下知我，故不惜为自任。

今益吾亦避居平江，久不通音问。或有怂恿集股成，然○○声希之作，恐亦非旦暮期矣。

七月十七日（8月18日），袁军攻陷南昌，占领江西。

七月中旬，经仔细探究、考订，杨守敬为其所藏之《通鉴纪事本末》撰写了一篇跋文①。

七月二十七日（8月28日），袁军倪嗣冲所部攻占安徽安庆。

七月下旬，杨守敬为缪荃孙七十寿诞之事致函（即《致梁鼎芬》②）梁鼎芬，其函云：

节庵仁弟足下：

贵恙当已痊愈。顷闻缪筱翁不日七十寿辰，敝处拟制一联为祝，而未能作联辞，弟所知也。恳为我捉刀，是所至盼。特着小孙诣府，立待撰就掷下。恃爱不情，唯原谅。即请大安。不庄。

兄守敬顿首

三十日如不可即就，烦寄东百老汇一百三十二号舍下为恳。

案：此处所谓“三十日”，是指阳历8月30日。“东百老汇”在上海虹口区，即今上海市虹口区东大名路。

八月初一日（9月1日），袁军张勋所部攻陷江苏南京，孙中山偕胡汉民再次逃亡日本。

八月初九日（9月9日），为老友缪荃孙③的七十寿诞，杨守敬送寿联一副为之贺寿。

八月十一日（9月11日），进步党名誉理事熊希龄的“第一流人才内阁”组成。

---

① 见《杨守敬集》第八册，第1120～1121页。

② 贺宏亮：《新见三十五通杨守敬信札考释》，《中国书法》2016年第3期，第28页。

③ 缪荃孙（1844—1919），字炎之，一字筱珊，晚号艺风、艺风老人。江苏江阴人。早年肄业于丽正书院。同治元年（1862年）举人。光绪二年（1876年）进士，授翰林院编修。曾先后入将军崇文勤、总督吴勤惠、川东道姚彦士及张之洞幕。历主江楚编译书局及南菁、泺源、江宁、钟山、龙城等书院。曾奉命创办江南图书馆、京师图书馆。赞成洋务新政，曾赴日本考察学务。辛亥革命后，寓居上海，与遗老结为诗社。后入清史馆，任总纂。晚年杜门不出，以著述自娱。学识渊博，著述丰富。著有《艺风堂文集》（8卷）、《艺风堂续集》（8卷）、《艺风堂文漫存》、《艺风堂藏书记》、《艺风老人日记》等。另编有《近代文学大纲》、《常州词录》、《续碑传集》（86卷）等数十种。

八月十二日（9 月 12 日），四川讨袁军总司令熊克武放弃重庆，“二次革命”失败。

八月十五日（9 月 15 日），大总统袁世凯下令通缉孙中山、黄兴、李烈钧、柏文蔚、廖仲恺、朱执信等人。

八月十八日（9 月 18 日），大总统袁世凯授意成立“公民党”，以梁士诒为党魁，叶恭绰为副，收罗北洋官僚、政客加入。

八月中旬，杨守敬思虑再三，还是决定通过时任司法总长的老友梁启超将自己已经刊刻完成的《历代舆地详图》和《水经注图》给袁大总统和黎副总统各递呈了一套，希望通过他们的力量能将这些书定为各省学堂的地理教科书，并帮助自己最终将《水经注疏》刊刻面世。于是，他给梁启超①写去一函（即《寄梁启超之二》②），云：

任公总长先生阁下：

沪上一别，倏忽十有六年。比闻著猷庭坚，无任欣慰。守敬伏处荒江，无著贤述。惟穷年矻矻钻研故纸，尤好地学。所撰有《隋书地理志考证》、《历代舆地详图》及《水经注疏》，皆创作也。《隋志》早已付梓，《历代舆地详图》雕镌方成，而《水经注疏》卷帙浩繁，力不能刊矣。守敬不才，缪承海内学者依次事相属，意欲由阁下以《历代舆地详图》呈之大总统、副总统各一部，以为式样流移，饬下各省学堂，以为研究险夷之变迁，因应随时之方略，较之为侈言六合之外，冒昧门阈之间者，似尤为翔实。

至于《水经注疏》，用力三十余年，稿凡四五易，迩来寓居沪上，卖字为活，流（移）跋尾，犹复挑灯伏案，董理再三，拟之台卿复壁著书，尤为不啻。此书不传，使全、赵、戴举世奉为科律，恐郦亭抱歉千

---

① 梁启超(1873—1929)，字卓如，号任公，别署饮冰室主人。广东新会人。光绪十五年(1889 年)中举人。十七年(1891 年)入万木草堂，从康有为学。二十一年(1895 年)入京，与康有为发动“公车上书”，主张变法图强。并主编《时务报》，主讲长沙时务学堂，宣传维新变法思想。变法失败，潜居国外，在日本创办《清议报》《新民丛报》等，坚持改良维新立场。辛亥革命后回国，曾任北洋政府司法总长、财政总长等职。1916 年支持蔡锷组织护国军讨袁。晚年退出政坛，进入清华研究院，潜心学术。学识渊博，著述宏富，涉及政治、经济、哲学、历史、教育、文学艺术、语言文字等，尤其是其所创新文体风行海内外，又是“诗界革命”“文界革命”“小说界革命”和“戏曲改良”的主要倡导者。著述编为《饮冰室合集》。

② 刘信芳整理：《杨守敬函稿》，《东南文化》1991 年第 Z1 期。因此书函不见于《杨守敬集》，故全文移录于此。

古矣。守敬今年七十有五，桑榆已晚，行将就木，足下知我，不惜齿频余论玉成此书，死且不朽矣。狂瞽之言，唯裁察。

八月间，杨守敬曾自制有水墨纸本行书七言联立轴（131 cm × 31 cm × 2）：“溪云初起日沉阁，山雨欲来风满楼”，其题识云“癸丑八月杨守敬”，钤印“杨守敬印”“时年七十有五”①。

同月里，杨守敬经过一番考虑，又给黎副总统写了一封书函（即《寄黎元洪之一》②）寄去，云：

宋卿副总统麾下：

民国成立，公为元勋，与大总统巩固国基，倍历艰辛，旋乾转坤，亘古未有。守敬前蒙保护藏书，至今闭户著书，得以备翻阅，皆公之赐。前岁又蒙札召回籍，倦鸟岂不恋旧枝，奈毛羽不丰，不能奋飞，至今犹濡滞沪上，卖字为活。

兹因《历代地图》告成，将呈麾下、大总统各一部，以为式样。意欲饬下各省学堂为地理教科之书，可以考求险要之因革，研究应变之方略，较之侈谈六合以外，而失之户庭之间，（犹）为有用，可否允许，伏维尊裁。

更有甚者，拙撰《水经注疏》一书，用力三十余年，稿凡四五易，来之沪上，犹复无间寒暑，董理再三，始有成稿。拟之台卿之复壁，殊为不啻。海内学者，颇以此事相推。观文昌潘君孺初先生三十年前识语，虽有过当，然亦必有所试。而卷帙浩烦（繁），力不能刊。守敬今年七十有五，日月已迈，欲及身汗青无期；藏之名山，何如公诸天下。若云国粹，则吾岂敢。伏惟裁察，恭候勋安不庄。

杨守敬顿首

九月初五日（10 月 4 日），宪法会议通过并公布《大总统选举法》。

九月初七日（10 月 6 日），临时大总统袁世凯派军警包围国会，强迫国会开会，选其为正式总统。

九月初八日（10 月 7 日），国会选举黎元洪为副总统。

同日，英、俄、法、日等十三国以袁世凯公开承认一切不平等条约为条件，承认袁记“民国”。

---

① 见北京保利国际拍卖有限公司“第 42 期中国书画精品拍卖会：期妙——中国古代书画”专场拍卖品，编号：1463。

② 刘信芳整理：《杨守敬函稿》，《东南文化》1991 年第 Z1 期。因此书函不见于《杨守敬集》，故全文移录于此。

九月初九日（10月8日），“西湖印社”的同仁们举行隆重的“西湖印社创办十周年”纪念活动，并将社名正式命名为“西泠印社”，修启（“西泠印社”成立启）立约（“西泠印社”社约），发展会员，公推艺术大师吴昌硕为首任社长；又聘请杨守敬、盛宣怀、康有为等人为赞助社员。

余正先生在其《西泠印社早期社员名单整理的几个问题》中，就将“宜都杨惺吾讳守敬”列入《西泠印社故赞助诸公、故社友题名》之中①。

九月十一日（10月10日），袁世凯、黎元洪在紫禁城太和殿正式就任正、副大总统。

九月中旬，杨守敬给时任湖北民政长兼副总统黎元洪秘书的湖北同乡、后辈友人饶汉祥②致函（即《寄饶汉祥》③），寄去自己已刊行的著作数部，希望其在黎副总统面前多美言，能饬令将《水经注图》等书作为各省学堂的教科书，并请他为《水经注疏》作序：

宓僧先生阁下：

属在下风，未领高教。两年来读通电诸作，萍海感动，文章有灵，于斯可验。屈宋而后，乃见此人。守敬钻研故纸，绝少新知，唯于地学抗心孤往，别寻蹊径，独寻堂奥，不为尘封，创为历史地图，沿革灿然，关塞险要，间亦附之，补苴罅漏，亦有微劳。窃不自量，欲为各省学堂地学阶梯，较之侈谈六合之外，而冒昧户闼之前者，似为有用。惟年老眼昏，未必毫无参错。而《水经注》一图，则蚁穿九曲，非初得章步者所能雌黄。然无《注疏》以经纬之，则郦亭之精微仍属阴霾。不免思绝株守，用是当候疏之。稿凡数易，凡二百数十万言，日月已迈，杀青无日，深恐易世过后，遗恨未有。阁下议政之暇，祈为我序而张之，使后得吾遗稿者，知此为杨某之书，感且不朽。

兹呈上《水经注疏要删》二部，其中亦多有非要者，所评赵、戴亦

---

① 转引自张俊峰：《杨守敬与印人的交往及其用印特点》，《书法》2020年第6期。

② 饶汉祥（1883—1927），字瑟僧，一作宓僧，又字羼提，号质含先生。湖北广济人。少聪慧，16岁中县案首，20岁中举人。曾报考京师大学堂，名列第二，未赴读。与居正、郭泰祺、刘文岛、张导民称“广济五杰”。1905年赴日，入政法大学。同年加入同盟会。1907年回国，赴福建视学。武昌起义后回鄂，先后任都督府秘书、秘书长、湖北省内务司长、民政长、参政院参政等职。黎元洪继任总统，任为总统府秘书长兼侨务局总裁。黎元洪下台后，客居天津。1927年归隐乡里，同年病逝于乡里。

③ 刘信芳整理：《杨守敬函稿》，《东南文化》1991年第Z1期。因此书函不见于《杨守敬集》，故全文移录于此。

不中肯，不慊予怀。然可借知吾《注疏》之大略。又《隋书地理志考证》一部，则二十年前所刊，亦不过效《晋书地理志补正》而已。又呈上楹联一通，老衰眼昏，颓唐不足存留，惟哂存。即颂勋安不庄。

弟守敬顿首

九月间，好友“甘君翰臣约先生游西湖，先生欣然携先梅及书卷笔墨至湖上，盘桓数日，先梅作游记盈册，先生顾而乐之”①。

同月里，杨守敬曾自制有水墨纸本行书七言题画诗立轴：“山人惯说山中趣，来访山家陟山路……只有秋声在高楼”，其题识云“元马臻题画。癸丑九月，邻苏老人书”（见《杨守敬作品精选集》）。

十月初七日（11 月 4 日），大总统袁世凯下令解散国民党，并取消国民党籍国会议员资格。

十月初八日（11 月 5 日），大总统袁世凯另组“行政会议”（后改名“政治会议”），行使议会职权。

同日，袁世凯政府同沙俄签订《中俄声明》，承认外蒙自治权及沙俄在外蒙的一切侵略特权。

十月初十日（11 月 7 日），杨守敬曾自制有设色纸本七言联立轴（138 cm×48 cm）：“迁莺贺燕翩翻集，嘉树甘棠次弟开”，其题识云“民国二年十月十日，杨守敬”，钤印“杨守敬印”（白）、“时年七十有五”（朱）②。

十月间，黎元洪在收到杨守敬托人转呈的书籍和回函后，当即写了回函（惜此函今无法见到），并赠书籍刻资二百元，请秘书郭立山送达；杨守敬收到后，颇为感动，当即给他写了回函（即《寄黎元洪之二》③）以致谢：

副总统钧鉴：

昨由瀛台秘书郭君复初递到札示，推誉过当，并赐以刻资二百元。守敬何人，前蒙保护藏书，兹复赐以多金，何可当也。却之不恭，只领惭愧。

窃守敬不自量，前呈《历代舆图》及《水经注图》，欲以饬下各省为初学教科书，年老眼昏，未必毫无参错。惟《水经注图》则颇费经

① 见《邻苏老人年谱》，第 27～28 页。

② 上海嘉泰拍卖有限公司“2011 春季艺术品拍卖会（二）：中国书画（二）”专场拍卖品，编号：0945。

③ 刘信芳整理：《杨守敬函稿》，《东南文化》1991 年第 Z1 期。因此书函不见于《杨守敬集》，故全文移录于此。

营，似足补黄子鸿之不传，汪梅村之图未足比拟也。来札谓所撰《（水经）注疏》相为表里者是也。而卷帙浩繁，力不能刊，伏恳吹嘘奖借，来为至感且不朽。

案：书函中提到之郭复初即郭立山。郭立山（1870—1927），字复初，号复斋，湖南湘阴人。郭嵩焘族侄。早年曾入思贤讲舍、岳麓书院学习。光绪二十一年（1895 年）取举人，二十九年（1903 年）中进士，选庶吉士。后历官翰林院编修、侍讲、国史馆协修、实录馆纂修、湖南中路师范学堂监督等职。三十三年（1907 年），授京师大学堂教习之职。民国初年出任总统府秘书。后辞官归乡，以授徒、著述为生。晚年病逝家乡。著有《三礼札集》《汉书要略》《孟子要略》《离骚注释》《韩昌黎集注》《郭复斋集》等。

十一月十六日（12 月 13 日），光绪皇帝和隆裕太后的灵柩落葬崇陵，好友梁鼎芬、沈瑜庆再次北上，参加了奉安大典。

十一月十八日（12 月 15 日），大总统袁世凯御用的“政治会议”开会，篡夺国会职权。

十一月十九日（12 月 16 日），大总统袁世凯调张勋为长江巡阅使，冯国璋为江苏都督。

十一月中旬，杨守敬见此前托时任民国政府司法总长梁启超转呈袁大总统和黎副总统的书籍即信函均已递达，遂给梁启超写了一封书函（即《寄梁启超第一》[①]），对他的帮助表示谢意，并请他为自己的《水经注图》作序：

任公总长阁下：

昨日由副总统府中秘书郭复初，知守敬前函已由阁下转递副总统，并赠以刻《水经注疏》贰佰元。函中亦及别有一份呈大总统，知已由阁下转呈矣。兹复呈旧刻《隋书地理志考证》一部，此书刻成已逾二十年，前因傅沅叔箧中，未便多携，故遗之，兹因郭君入都附上。其《历代舆图》及《水经注图》去腊只由鄂省寄来二部，且印刷不精，现拟改良稍缓再呈。附上楹联一通，年老眼昏，不足以登大雅之堂，唯哂存。《水经注图》若以为可存，赐之序文，借重文学，感且不朽。

十一月间，杨守敬曾自制有水墨纸本行书苏轼《游金山寺》六屏。其

① 刘信芳整理：《杨守敬函稿》，《东南文化》1991 年第 Z1 期。因此书函不见于《杨守敬集》，故全文移录于此。

诗及题识云“我家江水初发源，宦游直送江入海。闻道潮头一丈高，天寒尚有沙痕在……江山如此不归山，江神见怪警我顽。我谢江神岂得已，有田不归如江水。右苏东坡游金山寺诗一首。癸丑仲冬，邻苏老人书于上海”（见篆刻网“书法交流”）。

同月里，杨守敬出其所藏《苏东坡画竹》立轴反复观赏，为日本友人得知，欲求购此轴，守敬不许；日本友人不仅托守敬的朋友前来劝说，又多次上门；杨守敬感其意诚，遂将此轴售给了日本友人，并作有《苏东坡画竹·跋》纪其事①。

同月里，有在上海开店的日本友人岸田要回日本探亲，杨守敬便托他给此时尚在日本的好友罗振玉带去自己新刊刻的《历代舆地详图》二部，希望他能在日本予以宣扬，并赐一叙；又给好友写了一封书函（即《寄罗振玉之二》②），将岸田介绍给他，谓岸田酷爱收藏中国书法，请他为岸田多提供各种书体，且希望润笔能适当折减：

叔韫仁兄阁下：

久不通音，甚以为歉。比闻在日本西京筑宅，为汉代徐福、胜朝朱舜水，欣慕何似。守敬在沪卖字为活，倏逾两年，衰老颓唐，眼昏手弱，刻下并字亦不能多作。家中书籍，蒙黎副统告示保护；而付托非人，亦损失太半。惟择稍旧完整者卖之，以济不足。而问价者亦少，加之所得日本书大半有倭文，亦不投时好。而上海租房奇贵，堆积无处坐，然犹与熊君固之董理《水经注疏》，至再至三，觉从前所刻《要删》无次，犹孟浪也。有已写净十七册，余二十余册，合四十大册，定于今年蒇事。驳正全、赵、戴数百条，郦氏有审，亦当惊知己于千年矣。然力竭不能刻矣。拟集股刻之，然大市里卖平文冠，恐无人问价也。然此书不传，死不瞑目，阁下亦有以教我否？

《历代舆地详图》前岁已刻成，如能为治一叙，亦感其不朽。而乱后工价奇昂，不止三倍往昔。陶子林亦顾攫钱，纯无感情，故所刊后半部，朱墨不能合套；而刻字之恶劣，尤其小焉者。今特以二部托日本岸田带上，祈为吹嘘之。缘此书前未刻成时，即有日本人零买之，不以不

① 见《杨守敬集》第八册，第1110页。

② 刘信芳整理：《杨守敬函稿》，《东南文化》1989年第Z1期。因此书函不见于《杨守敬集》，故全文移录于此。

全为嫌也。今以全部以之，想如内曰虎者，当不鄙夷之也。又《水经注疏》则黄子鸿亦未能过，汪梅村则不足道也。

《帝范》《悉昙字记》《黄帝明堂》板片嘱陶森在家中取出交阁下，而彼未有回信，未知阁下嘱之刻板如何？《书史会要》从前在日本极力搜求，得两部，今已失一部，尚存一部，未知阁下在日本得之否？

前岁嘱书“罄室”二字，久未报命，慑而不敢下笔，今勉强○。

岸田君酷好书法，特嘱守敬介绍于阁下，恳祈多书各体，润笔求（酌）减，然亦不敢过价廉也。

十二月上旬，大总统袁世凯收到杨守敬托司法总长梁启超转交的赠书和信函，颇为重视，遂“商之副总统”黎元洪，“敦聘”杨守敬为“顾问”①；并亲笔致书（即《袁世凯致杨守敬函》②）杨守敬云：

惺吾先生有道：

梁任公转交手书并历代地图、水经注图两轶，高文古谊，如获至宝。比来欧化东渐，就学寝替，国基新定，庠序未遑，正是延访名贤，培养正气。何幸灵光巍然，不吝远教，出其生平精力，飨遗当世，历史形势，阖然明朗，诚教师之圭臬，地舆之指南也。注疏与图相表里，亟应刊刻成书。兹助板资银洋贰千元，用表微当，而速观成，伏希哂存是幸。迩来眠食，令似早春，多寒当秋，为道保重。书此，即请著安。

大总统袁世凯给杨守敬回函后，便将具体联络工作委托给了副总统黎元洪③。一方面是总统交代的事情，一方面与杨守敬又是乡谊，黎元洪自然不敢怠慢，遂与杨守敬时通函札，只可惜这些信函有的今天已无法见到。

十二月十五日（1914 年 1 月 10 日），大总统袁世凯下令解散国会，停止参、众两院现有议员的职务。

---

① 见《邻苏老人年谱》，第 28 页。

② 此书函被收入孔昭信所编之《还读轩笔记》中，得以保存至今。《还读轩笔记》今藏于湖北省宜都市档案馆。因此书函未见于《杨守敬集》，故全文照录。

③ 黎元洪（1864—1928），字宋卿，湖北黄陂人，人称“黎黄陂”。14 岁随父北上，寓居天津。光绪九年（1883 年）考入天津北洋水师学堂，毕业后派往北洋水师任职。中日甲午战争爆发，曾随舰队北援。二十一年（1895 年），至南京投奔张之洞效劳，深得张氏赏识，曾三赴日本考察军事、政治。次年，随张之洞回到家乡，协助张之洞编练新军。三十一年（1905 年），擢升第二镇第三协统领兼护该镇统制官。次年，任陆军暂编第二十一混成协协统领。武昌起义后，推为革命军湖北军政府都督。南京临时政府成立，当选为副总统。袁世凯去世后，曾两任大总统。晚年退出政坛，移居天津，投资实业。能诗文，工书法。

十二月中旬，副总统黎元洪秉承大总统袁世凯的意愿，又给杨守敬写了一封书函（即《黎元洪致杨守敬函》①），催其尽快进京，并将进京的具体时间早早告知：

惺吾先生有道：

前书一函，由郭秘书太祺转交，谅登讫室。顷蒙大总统拟延台端，藉重顾问，嘱为致意劝驾等语。当此国基始定，礼乐未兴，端赖硕彦名儒，润色鸿业。先生学足专家，意存经世，老成硕望，海内灵光，既蒙当道特邀之知，其仰为国求贤之义，应恳翩然命驾，树厥风声，矜式国人，兴起来哲。蒲轮在路，是所望于海滨大老者也。希将行期惠示为盼。

案：黎副总统书函中所说之“郭秘书太祺”即郭泰祺（1889—1952），字复初，一字葆东，湖北广济（今武穴）人。与居正、饶汉祥、刘文岛、张导民合称“广济五杰”。1903 年考入武昌南路高等小学。1904 年保送赴美留学。1911 年获宾夕法尼亚大学优秀学生，进研究生院社会学系深造。1912 年回国，加入国民党，任湖北省都督府外交股长。1913 年入京担任黎元洪的英文秘书。1916 年黎氏任总统后，兼任外交部参事、总统府顾问。1917 年赴广州任孙中山大元帅府参事。1919 年出席巴黎和会。1923 年任外交部次长。1926 年参加北伐。1927 年曾代理外交部长。1928 年出任驻意大利公使。1932 年任外交部政务次长，同年任为驻英公使。1934 年兼任国际联盟大会中国代表。1936 年兼任互换“中爱（爱沙尼亚）友好条约”全权代表。1941 年回国，任外交部长兼国际最高会议常务委员。同年底免外交部长职，就任最高国防会议外交委员会主席。1945 年当选中央监察委员。1946 年赴伦敦，出任联合国安理会首席中国代表。1947 年底出任驻巴西公使。1949 年侨居圣巴巴拉，宾夕法尼亚大学赠其法学博士。1952 年病逝美国。

书函中的“大总统”指袁世凯。袁世凯 1912 年 2 月 15 日至 1915 年 12 月 10 日出任中华民国临时大总统、大总统。黎元洪于 1912 年 1 月 3 日至 1916 年 6 月 6 日担任副总统，6 日袁世凯去世，7 日以副总统继任代理大总统。

杨守敬收到袁总统和黎副总统的书函后，先是“以年老，无意出山”相

① 此书函被收入孔昭信所编之《还读轩笔记》中，得以保存至今。《还读轩笔记》今藏于湖北省宜都市档案馆。因此书函未见于《杨守敬集》，故全文照录。

回复；然北京“复函催上道”，且复函中“有‘请趁早扶杖北行，为京华光’之语，先生未便深拒”①。

十二月间，亡友邓承修之子元翊往见杨守敬，将其父之自书《奏稿》（二册）交给世伯，杨守敬谋刻之，并为其写了一篇《邓鸿胪奏稿》跋文②。

同月里，杨守敬曾自制有水墨纸本行书七言对联一副：“尽卷簾旌延竹色，想衔杯酒问花期”，其题识云“癸丑嘉平，杨守敬”③。

同月里，杨守敬又曾自制有水墨纸本行书七言对联一副：“石气入秋香到骨，溪云归岫老开颜”，其题识云“癸丑嘉平月，杨守敬”④。

是年，守敬之孙先汉夭折，先汉为德承之次子。

案：《家谱》记载先汉于此年夭折，而熊会贞所补杨氏《邻苏老人年谱》则系于民国元年，应以《家谱》为准。

是年，杨守敬的曾孙世麟出生，系长孙先棐之子。

是年，杨守敬曾自制有水墨纸本行书“苏轼‘赠刘景文’诗轴”（146 cm×40 cm）。其诗及题识云：“荷尽已无擎雨盖，菊残犹有傲霜枝。一年好景君须记，最是橙黄橘绿时。东坡句。杨守敬”，钤印“杨守敬印”“时年七十有五”“三叶遘武七秩离兵”⑤。

同年里，杨守敬又自制有水墨纸本行书王昌龄七言诗立轴（134 cm×33 cm）。其轴文及题识云：“寒雨连江夜入吴……一片冰心在玉壶。王昌龄《芙蓉楼》。杨守敬”，钤印“杨守敬印”“星吾七十有五”⑥。

同年里，杨守敬又自制有水墨纸本行书王安石七言诗立轴（140 cm×34 cm）。其轴文及题识云：“涧水无声绕竹流……一鸟不鸣山更幽。王介甫《钟山诗》。邻苏老人”，钤印“杨守敬印”“星吾七十有五”⑦。

---

① 见《邻苏老人年谱》，第 28 页。

② 见《杨守敬集》第八册，第 1142 页。

③ 此联今藏湖北省博物馆，并收入《湖北省博物馆藏杨守敬书法》。

④ 此联今藏湖北省博物馆，并收入《湖北省博物馆藏杨守敬书法》。

⑤ 此轴今藏四川眉山三苏祠；又见万波：《清杨守敬行书东坡诗轴》，《收藏》2013 年第 15 期。

⑥ 见上海大众拍卖有限公司“新海上雅集——2010 年第四届大型艺术品拍卖会：海外回流书画”专场拍卖品，编号：0931。

⑦ 见上海大众拍卖有限公司“新海上雅集——2010 年第四届大型艺术品拍卖会：海外回流书画”专场拍卖品，编号：0930。

同年里，杨守敬又曾自制有水墨纸本行书苏东坡七言诗立轴（138 cm×34 cm）。其诗及题识云：“春来……一篇珠玉是生涯。东坡句。邻苏老人”，钤印“三叶遘武七秩离兵”“杨守敬印”“时年七十有五”①。

同年里，杨守敬又曾自制有水墨纸本行书苏轼七言诗立轴（135 cm×52.5 cm）。其诗及题识云：“荷尽已无擎雨盖，菊残犹有傲霜枝。一年好景君须记，最是橙黄橘绿时。东坡句。杨守敬”，钤印“杨守敬印”“时年七十有五”“三叶遘武七秩离兵”②。

同年里，杨守敬曾应友朋之邀，制作有水墨纸本行书七言诗立轴，并与李瑞清、谭延闿、高邕的立轴一起组成四屏。其他人的屏文略，守敬的屏文及题识云：“庐山东南五老峰，青天削出金芙蓉。九江秀色可揽结，吾将此地巢云松。杨守敬”，钤印“杨守敬印”（白）、“邻苏老人”（白）③。

民国三年甲寅（1914年）　七十六岁

年初，杨守敬一家及弟子熊会贞等仍寓居沪上。

正月十五日（2月9日），好友罗振玉征得杨守敬同意，将杨守敬自日本带回的古写本尚书残卷借去考订、整理影印，名为《影写隶古定尚书商书残卷》（收入罗氏“云窗丛刻”第一册）；并在书前写有一段按语④，交代该书影印的经过。

案：《影写隶古定商书商书残卷》今经刘先枚先生整理，被收入《杨守敬集》第十三册，第447～507页。

正月十八日（2月12日），大总统袁世凯解除熊希龄本兼各职，以孙宝琦代理国务总理，“名流内阁”倒台。

正月间，杨守敬闲居无事，曾自制水墨纸本行书七言对联（140 cm×35 cm×2）：“花残幽砌堆红雪，莺坐垂杨破绿烟”，其题识云“杨守敬

① 见中国嘉德国际拍卖有限公司“嘉德四季第二十七期拍卖会：中国书画（十六）”专场拍卖品，编号：2254。

② 见横滨国际拍卖“2020迎春拍卖会：中国近现代及古代书画”专场拍卖品，编号：5765。

③ 见西泠印社拍卖有限公司“2014年春季艺术品拍卖会：中外名家手迹”专场拍卖品，编号：0034。

④ 见《杨守敬集》第十三卷，第451页。

书，时年七十有六”，钤印“杨守敬印”“时年七十有六”[1]。

同月里，好友罗振玉因事曾回沪上小住，杨守敬曾前往府中拜访，然人已登轮，将复至日本；杨守敬赶到船上，匆匆见了一面，未及细谈便分手了。见面晤谈期间，杨守敬看得出来，老友对自己将要赴京就职之事颇为不满。

二月初四日（2月28日），大总统袁世凯宣布解散各省议会。

二月上中旬，大总统袁世凯曾询问过副总统黎元洪有关杨守敬入京的情况，适收到杨守敬写来致谢的书函，黎元洪当即就给杨守敬写了一封回函（即《黎元洪致杨守敬函》[2]）云：

惺吾先生有道：

郭秘书转交手示，猥以区区，过蒙申谢。日昨袁总统复询尊驾何日光临，并嘱预备馆舍，藉示景仰诚意。值此春雪初融，天气渐暖，定可扶杖北行，为京华光也。即颂撰安。

案：此书函之后，直至杨守敬接受邀请离沪至京就职，黎、杨之间应该还有多封往还的书函，只是由于种种原因，今天我们已经见不到了，实在是可惜。

二月十九日（3月15日），“全国商会联合会”在上海召开。

二月间，一日好友甘翰臣见到杨守敬所藏之《前秦广武将军张产碑》，甚是喜爱，一定要杨守敬让与他；杨守敬见状，不好坚拒，遂又为《前秦广武将军张产碑》写了一篇跋文[3]，然后将其让与好友。

同月里，好友甘翰臣持新近所获之《晋王献之书〈洛神赋〉十三行》见示（云系从一杭州人手中购得），杨守敬见此帖乃二十余年前好友陈三立从自己手中购去，今却辗转到了甘君手中，不胜感叹，乃仔细把玩，又为其写了一篇跋文[4]。

同月里，经仔细探究、考订，杨守敬为其所藏之《群书考索》（四集）撰写了一篇跋文[5]。

---

① 见江苏真德拍卖有限公司“江苏真德2016秋季文物艺术品拍卖会：书画”专场拍卖品，编号：1139。

② 此书函被收入孔昭信所编之《还读轩笔记》中，得以保存至今。《还读轩笔记》今藏于湖北省宜都市档案馆。因此书函未见于《杨守敬集》，故全文照录。

③ 即《又一跋》，《杨守敬集》第八册，第1076～1077页。

④ 见《杨守敬集》第八册，第1101～1102页。

⑤ 见《杨守敬集》第八册，第1124～1125页。

三月初三日（3 月 29 日），经仔细探究、考订，杨守敬为其所藏之《北宋本古史》撰写了一篇跋文[①]。

同月里，杨守敬曾自制有水墨纸本行书李白七言诗立轴。其诗及题识云："故人西辞黄鹤楼，烟花三月……长江天际流。李太白句。甲寅三月，杨守敬"，钤印"杨守敬印""时年七十有六"。

同月里，经过仔细探究、考订，杨守敬为其所藏之《汉扬量买山记》撰写了一篇跋文[②]。

同月里，经过仔细探究、考订，杨守敬为其所藏之《隋左屯卫大将军姚辩墓志》撰写了一长篇跋文[③]。

同月里，经仔细探究、考订，杨守敬为其所藏之《齐侯垒拓本》撰写了一篇跋文[④]。

同月里，经仔细探究、考订，杨守敬为其所藏之《散氏盘拓本》撰写了一篇跋文[⑤]。

四月初七日（5 月 1 日），袁世凯颁布《中华民国约法》，废除《临时约法》；又撤销"国务院"，设立"政事堂"，任命徐世昌为国务卿。

四月初十日（5 月 4 日），"政事堂"正式成立，裁撤总统副秘书长，以杨士琦、钱能训为左、右丞；又任命袁思亮为政事堂印铸局局长，易顺鼎为印铸局副局长。

五月初二日（5 月 26 日），参政院在北京正式成立，黎元洪出任第一任院长，杨守敬与汪大燮、李家驹、张国淦、樊增祥等七十余人被聘为参政。

五月间，杨守敬在力辞未获批准后，便携家人赴京就任总统府顾问和参政院参政之职，弟子熊会贞则仍留在上海，整理、修改《水经注疏》。

其《邻苏老人年谱》中曾记载："洎入都，大总统优礼有加"[⑥]；而杨守敬自谓"政治学非所长，力辞不获。每会议，因时制宜者，先生莫不赞成。尝提议编辑《正气集》，发明忠孝节义，使国人有所观感，识者叹为扼要之论"[⑦]。

---

① 见《杨守敬集》第八册，第 1118 页。

② 见《杨守敬集》第八册，第 1075 页。

③ 见《杨守敬集》第八册，第 1080～1081 页。

④ 见《杨守敬集》第八册，第 1113 页。

⑤ 见《杨守敬集》第八册，第 1113～1114 页。

⑥ 见《邻苏老人年谱》，第 28 页。

⑦ 见《邻苏老人年谱》，第 28 页。

杨守敬进京任职后不久，又与时任总统府秘书杨潜庵相遇，故时相往还。

李瑞清在《题〈邻苏老人手书题跋〉》中曾云："后先生入都，见潜庵必询余近状。"①

闰五月初五日（6月27日），为搬运沪上书籍来京及带东西给沪上老友甘作蕃之事，杨守敬曾致函（即《杨守敬致杨晟函》②）时任沪海道尹兼外交部特派江苏交涉员杨晟③云：

小川宗兄足下：

昨呈一函，今商之政界中人，乃知是书生之见。大总统一日万机，何暇计及此区区之事。足下担任一方外交，为总统所倚重，亦不必以此事琐渎。自今以往，搬书之事，唯足下裁夺施行，不以昨函为意。外呈上屏四幅、联一对，因前日款疑有误，故补书之。皮蛋一篓，祈携至上海交甘翰臣兄查收为荷。外有致翰臣信，明日呈上。何日成行，祈示知。拟走送，并告何时在寓为祷。

守敬顿首　　闰月初五日

小孙先梅敬仰宗兄之至，特着进谒识荆以为荣幸。

守敬再拜

闰五月初七日（6月29日），袁世凯命由参政院代行立法院职权。

同日，好友傅增湘以所购之明初刻本《史记集解》见示，杨守敬仔细观赏后，乃应邀为其撰写了一篇《史记集解·跋》的跋文④。

案：傅增湘（1872—1949），字润园（源），又字叔和，号沅叔，别署双鉴楼主人、藏园居士、藏园老人、清泉逸叟、长春室主人等。四川江安人。

---

① 《邻苏老人手书题跋》，民国五年（1916年）仲秋宜都杨氏观海堂刻本。

② 贺宏亮：《新见三十五通杨守敬信札考释》，《中国书法》2016年第3期，第23页。

③ 杨晟（1867—?），字少川，广州驻防汉军正红旗舒存佐领下人。1877年留学日本，1882年回国，入广东同文馆。1886年取秀才，1889年以县丞用。1890年转入京师同文馆德文馆。1892年捐笔帖式，后曾官总理衙门候补主事、候补员外郎等职。1895年留学德国，习法律和军事。1899年回国后历任官书局翻译官兼京师大学堂教习、山东候补道、帮办山东军务兼洋务委员、铁路矿务处提调、山东巡警事务总理，以及出使奥地利、荷兰、德国大臣和两江督练公所军事参议官等职。入民国，历任山东巡警道、山东都督府内部司司长、沪海道尹兼外交部特派江苏交涉员、陆海军大元帅统率办事处军事参议官、中国红十字会驻沪副会长、中国红十字会副会长等职。1928年免职后从商。

④ 见《杨守敬集》第八册，第1119～1120页。

幼随父居江浙，后定居天津。光绪十四年（1888 年）举人。二十四年（1898 年）进士，授翰林院编修。宣统元年（1909 年），官至直隶提学使。辛亥革命后，曾任民国约法会议议员、肃政厅肃政使、教育总长。1927 年出任故宫博物院图书馆馆长。1929 年曾赴日本考察中国古籍。抗战期间，曾出任东亚文化协议会副会长、会长。1949 年拒绝赴台，卧病后，即将所藏善本捐赠国家图书馆。其博闻强记，工书善文，喜考古，富收藏，曾建藏书楼“双鉴楼”，藏书达 20 余万卷；又精校勘、目录、版本学。著有《藏园群书题记》、《双鉴楼善本书目》、《双鉴楼藏书续记》、《藏园续收善本书目》（稿本）、《藏园群书经眼录》、《藏园东游别识》、《双鉴楼杂咏》等。

同日，经仔细探究、考订，杨守敬为其所藏之《宋刊纂图重音重意互注本〈礼记〉》撰写了一篇跋文[①]。

闰五月初八日（6 月 30 日），袁世凯废除各省都督，在北京设立将军府，立将军名号。

闰五月十三日（7 月 5 日），杨守敬据《藏园群书经眼录》卷一补，为其所藏之《监本纂图重言重意互注礼记》（二十卷，宋刻本）作题识一篇[②]。

闰五月十六日（7 月 8 日），孙中山在日本召开“中华革命党”成立大会，就任总理，并于七月十二日（9 月 1 日）公布《中华革命党总章》。

闰五月二十八日（7 月 20 日），杨守敬因找人合伙开矿之事曾致函（即《杨守敬致杨晟函》[③]）此时人亦在京城的杨晟云：

小川宗兄足下：

昨日专着小孙晋谒，不遇为怅。留下皮蛋一篓，烦足下汇入行囊带至上海交甘翰臣兄查收为感。再此，番蒙足下待守敬如骨肉，铭感无似。守敬因有肺腑之言欲与足下商之。盖守敬所得参政薪水五百元，而房租及日用已需三百元，而上海亦需百余元，湖北老家且须接济，不得不思营业，为儿孙谋生活计。前由上海带来二千余元，已为屯煤用去，颇得厚利。而此地屯煤利固厚，而开煤之利则有对本。现在有一煤洞可卖得，不过四千元，再加数万元开凿之费，则每年可得对本。因思守敬有四千余元存甘翰臣处，意欲取之来都，以作资本。前已信致翰臣，劝

① 见《杨守敬集》第八册，第 1121 页。

② 刘昌润：《日本访书志续补》，《杨守敬集》第八册，第 423 页。

③ 贺宏亮：《新见三十五通杨守敬信札考释》，《中国书法》2016 年第 3 期，第 23～24 页。

其专人来都调查之，以为与守敬合伙之计，而翰臣以鞭长莫（及）辞之，其实不信开矿有如此厚利也。不知守敬已查之至确。盖敝乡龚君质夫，已开有一洞，以三人合伙，每人不过数万元，今年春开成，刻下已获利五千元，通计今年当得万元。前日席上，吾已略为足下言之。若得足下合伙，则其利不可限量矣。然此非足下调查至确，未可轻易从事，而足下公事旁午，未能从容料理。今商之足下，如足下肯信鄙言，约定某日某时来敝寓细商一切。或因归期在即不得来，则约定时日，守敬来一决之。若以此事难凭如翰臣之说，则守敬另作一信之翰臣，由足下递去，即持守敬所存于翰臣处之四千余元，由足下兑汇来都，将独为之。盖此之厚利，是近日出现，都中官场已有知之者，今日颇争趋之。如胡千之、陈毅是也。惟诸人皆少本钱，不过以数百元试之。然此时不先谋之，俟他日有大力者垄断之，则吾辈无如何矣。此上，即候回示。

守敬顿首　　廿八日

今日雨，恐雨不能面。明后日定时当可。或来敝处住一宵，则无不谐矣。

闰五月间，杨守敬的孙女杨佩兰在收到表弟孔昭信的信函后，随即也给他回了一封书函（即《杨佩兰致孔昭信函》①），告知其有关情况：

昭信表弟鉴：

来函诵悉，佩兰在启秀已于暑假期前毕业，秋季将入女子第一师范，功课比较普通中校为深。母亲及玉兰妹均好。祖父寄居沪上，迭接大总统三函，请入京任参政，父亲恐年高不服水土，止其行。三叔又思活动，力加赞助。祖父老矣，此行定无成绩可言，不过落得一场热闹葬事耳。闻周妹已分娩，希将母子照片寄下，因母亲思后家深切故也。兹将大、副总统函摘录如下。

案：书函中的“佩兰”，乃是杨守敬第二子必承之女，即杨守敬的孙女。“启秀”，即当时的武昌省立启秀女子高等小学。“女子第一师范”，即当时的武昌省立第一女子师范学校。“母亲”即必承之妻孔氏，佩兰之母。“玉兰”即佩兰的同胞妹妹。“三叔”即杨守敬的第三子必昌。“周妹”即孔昭信之妻周氏。

另，从信函中可知，袁总统和黎副总统致杨守敬的信函就是杨佩兰抄给

① 此书函被收入孔昭信所编之《还读轩笔记》中，得以保存至今。《还读轩笔记》今藏于湖北省宜都市档案馆。

表弟孔昭信，而由孔昭信将其编入《还读轩笔记》中，才得以保存至今的。

同月里，杨守敬在日本友人岸田去年归国时，曾托他给尚在日本的好友罗振玉带去自己新刻之书二部。而岸田已返回上海多时，并言带去之书是其亲手交给罗振玉的，却一直未收到罗振玉的回信，不知何故，遂写了一封书函（即《寄罗振玉之三》①）寄去，向好友说明自己之所以去北京就任总统顾问和参政院参政的原因：

叔韫仁兄足下：

不挹是者几十年，今春只足下临上海，当即访之，则已登日轮，将解缆矣。匆匆话别，未尽所怀，颇以守敬赴都为歉，又深以《水经注疏》未授梓为恨事，不知守敬正以此疏力不能付刊，始有此行。

盖改革以来，家产荡尽，在上海卖字，谨敷日用。所余惟书籍，经黎副统保护，得以稍存大半；而托付非人，亦损失四之一。来上海卖字，亦少遇问者。前岁以《历代地图》刻成，以二部一呈副总统，一呈大总统，以此为教科书，不为无益。祈饬学部发各省学堂，守敬因以得版板而刊《水经注疏》，并无干禄出山之意。而副总统来信，言大总统见余书，有聘余为顾问之意，守敬趑趄答之。随又来信，殷勤催促，并许为我刊书，守敬仍以家事不能即行，俟料理清楚而后就道。乃不日又专人来沪迎接，并许为我搬书刻书，此与足下相见之前一日也。尔时非不欲拒绝，而自顾老耄，颠沛流离，仍以携熊君固之至上海日夜纂集稿本，几同台卿之复壁。为此四十年心血不忍湮没，使举世奉全、赵、戴为金科玉律，为不刊之典。又以卖字为活，力不能措资，而交游于此，道好之者少，而前途又所希望皆无，乃携小儿一入都，而仍留熊固之及小孩二人于上海，以守书写书。盖写成净本仅十七册，其余廿余册尚待固之校集也。及见大总统，即以参政相属，守敬力辞之，以为守敬素不习新政，从前又未做官，前曾选授霍山县知县，不赴任，足下所知也。随以图书馆自任，大总统即以馆长允之，而不知图书馆因无经费，已闭不能开。随许我搬书并为我刊书而退。及参政令下，又恐吾坚辞，乃嘱其秘书夏寿康到寓力劝无辞。因念此参政如外国元老院之挂名各官，尚有闲，故勉就之。鲁齐敬修，不敢自拟，亦觉时势不同，用以自恕。而

① 刘信芳整理：《杨守敬函稿》，《东南文化》1989年第Z1期。因此书函不见于《杨守敬集》，故全文移录于此。

足下爱我过高，以不能效法靖节为懂，亦颇闻陈仁先亦同此意。

因忆前年初到上海，由日本山本竟中者，即劝我渡海，我欣欣欲动。及商之甘人古河，则言非有数万金不可（东）渡。足下能为朱舜水，是真世外桃源，为渊明所不能及者矣。今吾书托上海道尹经手，尚未搬来，而刻书之事尚未提及。在大总统故不惜计少经费，而学〇〇人则似视此为无用之物。计寄来书十部，除送人外，一部不能卖，其教长之程度可知矣。吾书自唐以下为乱后嘱门人所绘而刻成，而自隋以前则皆手订也。因思吾此书未刻成时，日本且购零本而去，今书已成，故于今春托岸田归国时携带二部寄足下，意必有争购之者，吾于见足下时亦提及之。及岸田复来上（海），则云已亲交足下，及至今无复音，岂鄙夷守敬，谓不足与言耶？岸田在上海开有杂货店，非乾没人者，收到请速寄信于北京西城南魏胡同为荷。

又前托岸田时并有"罄室"二大字，是足下所嘱也。又如念守敬苦衷，人虽不足称，而书可存，为作一序以示学者，尤一息不能忘也。

从前长沙王益吾见吾《要删》，即许为我刊此书，倘见我今日稿本，不知当如（何）赞赏，今渠在避居平江。当今能知吾书之程度，唯足下与益吾二人，此虞仲翔所言"青蝇作吊客"也。足下前曰吾书为当今绝学，是海内公认，非足下一人私言，何其不酬也。

案：信函中提到的夏寿康，乃是杨守敬在存古学堂时的后辈友人、顶头上司。夏寿康（1871—1923），字守之，号仲膺，亦号仲英、癸英，湖北黄冈仓埠人。光绪二十三年（1897年）举人，次年取进士，入京师大学堂进士馆习法政。学习期满后，曾授翰林院编修、湖北自治局坐办、法政学堂监督、存古学堂监督等职。1907年被派赴日本考察政治。1909年推选为湖北谘议局副议长。辛亥首义时任都督府参议。1912年任湖北省内务司司长，随即晋升民政长。1913年调任政事堂铨叙局长兼黎副总统秘书，后相继出任肃政厅肃政使、总统府秘书长、平政院院长等职。1920年任湖北省省长，任内曾创办武昌私立法政学校、黄冈初级师范、启黄中学。不久，受王占元排挤去职；改授京畿水利督办，未赴任。晚年寓居北京。

六月初一日（7月23日），经仔细把玩《晋王右军兰亭序》，杨守敬颇感几年前所作之跋文不甚尽意，遂又作一跋①。

---

① 见《杨守敬集》第八册，第1100页。

六月初十日至十三日（8 月 1—4 日），德国对俄、法、英国宣战，第一次世界大战爆发。

六月十五日（8 月 6 日），袁世凯政府宣布对欧战（第一次世界大战）保持中立。

六月二十三日（8 月 14 日），杨守敬为将上海的藏书运到京城的具体事宜致函（即《杨守敬致杨晟函》[①]）杨晟云：

小川宗兄足下：

昨日守敬亲往贵寓拜谒，不遇为怅。归后又以电话告贵寓，说敝处有要事相商，嘱其俟阁下归，转告今日何时来敝寓。今晨六时，又以电话询之，则云尚未起。又告以俟阁下起时，告以何时来敝寓。及七时，又打电话问之，则云六时已出门去矣。然则六时回电云未起者，旁人谬言也。前日得上海来信言，轮船装书到天津甚不容易，此非招行守敬之胡千之与阁下面议清楚妥帖不能办。兹特一面邀请阁下来敝寓，一面邀请胡千之来敝处，双方议妥为要。再守敬拟在敝寓请阁下与贵处乐君小酌（籍识观其宝藏），并邀胡千之同席，以便接洽，请问何日何时得闲，或以电告为妥。阁下为我事担心劳力，千万勿辞，使我不安。如一二日间能来，则幸甚幸甚。

守敬顿首　　廿三日

六月间，经国务院呈报、大总统袁世凯批准，“清史馆”正式成立，聘前清东三省总督赵尔巽[②]为馆长（1927 年赵尔巽病逝后，由柯劭忞代理馆长）；赵尔巽曾致函（案：惜此函今无法见到）杨守敬，聘请杨守敬为名誉纂修。

同月里，杨守敬在收到清史馆馆长赵尔巽的信函和聘书后，当即给赵尔巽写了一封回函（即《寄赵尔巽》[③]），向他表示谢意，并在函中极力向他

---

① 贺宏亮：《新见三十五通杨守敬信札考释》，《中国书法》2016 年第 3 期，第 24 页。

② 赵尔巽（1844—1927），亦名次山，字公镶，号次珊，又号无补。汉军正蓝旗人。同治十三年（1874 年）进士，历官翰林院编修，安徽、陕西按察使，甘肃、新疆、山西布政使，湖南巡抚，户部尚书，盛京将军，湖广、四川、东三省总督。入民国，退居青岛。清史馆成立，聘为馆长，主持编纂《清史稿》。段祺瑞执政，出任善后会议议长，临时参议院议长。《清史稿》完成，卒于京师。

③ 刘信芳整理：《杨守敬函稿》，《东南文化》1992 年第 Z1 期。因此书函不见于《杨守敬集》，故全文移录于此。

推荐弟子熊会贞，看能否让其承担《清史地理志》，以襄助馆事；随后，又选择了一些与弟子合编刊刻的书籍一并寄去：

次珊总裁钧鉴：

前日承札，以清史馆名誉纂修下属，守敬老耄，何敢当此虚誉。伏念公前督鄂时，守敬充存古学堂总教，仅得于开馆时一面，未得常领教诲。守敬于史学虽常涉猎，未跻三长。

窃有门人熊会贞者，古地理为专，凡守敬所撰地理书，大半经其襄助。二十年前刻有《隋书地理志考证》，近刻《水经注要删》，则明据会贞之名。至于《历代舆地图》《水经注疏》，则稿成未刊，亦贯穿历代而成。大总统许为刊之，尚未鸠工。

会贞今年五十有五，精力尚健，若以《清史地理志》属之，必能胜任。此人闭户潜修，不求闻达，故罕知之者。然其书俱在，敢以呈之左右，伏祈一为浏览，而后知其程度，无俟守敬之揄扬也。如蒙采捃，以示守敬，即当进谒以道其生平及其所学之至。冒昧呈。

同月里，亡友黄遵宪之小弟黄幼达前来杨府拜访看望杨守敬，“殷殷话旧”（案：黄遵宪在日本任公使馆参赞时，黄幼达年尚弱冠，为使馆一般随员；杨守敬赴日时，他们均在使馆，都相识），并出示其兄生前手札属题；杨守敬睹物思人，感叹唏嘘，遂为其作《黄公度手札·跋》相赠①。

同月里，日本友人岸田君又来函索请杨守敬为其书《兰亭序》屏幅；杨守敬此时“眼愈昏，尤不耐临摹”，而又无法推却，只得在“朦胧之中，遗貌取神”为其书之；随后，杨守敬乃作《自书〈兰亭序〉跋》纪其事②。

同月里，杨守敬收到陆军总长段祺瑞的来函，谓已为其所托名为鸿宾之人谋到差事，请通知他前去就职；杨守敬感到很奇怪，他并不认识那个叫鸿宾的人，也没有托过段祺瑞为他谋差事，便给段祺瑞回了一封书函（即《寄段祺瑞》③），云：

芝泉总长钧鉴：

久抑徽猷，未聆教言。慊悉前日札示，传鸿宾谋差事，不胜惊异。此人素未谋面，亦无函呈，尊左右有笔迹可核。属为转致，无久待，敝

---

① 见《杨守敬集》第八册，第 1143～1144 页。

② 见《杨守敬集》第八册，第 1145 页。

③ 刘信芳整理：《杨守敬函稿》，《东南文化》1992 年第 Z1 期。因此书函不见于《杨守敬集》，故全文移录于此。

处亦查无其人住地。想穷困已极，无路干逑，故出此策。既经执事辞退，似不必深究。惟此后如有呈执事之函，倘非守敬亲笔及图章，皆可不照。谨以奉闻，即颂近祺。

七月初三日（8月23日），日本政府正式宣布对德作战。

七月初八日（8月28日），日本和德国为争夺中国青岛展开激战。

七月十三日（9月2日），日本派兵在中国山东半岛的龙口（今烟台市龙口市）登陆。

七月十四日（9月3日），北京政府宣布，划出山东省龙口、莱州及胶州湾附近地区为日德交战区。

七月十六日（9月5日），日本的两架飞机炸沉一艘德国的布雷艇。

七月间，杨守敬曾自制有水墨纸本行书条幅。其文及题识云“山路只通樵客，江村半是渔家。秋水矶边落雁，夕阳影里飞鸦。甲寅秋日，守敬书，时年七十有六”（见《书法报》官方微信公众号）。

同月里，杨守敬又曾应好友体仁姻亲之邀，为其制作有水墨纸本行书立轴。其轴文及题识云“山路只通樵客，江村半是渔家。秋水矶边落雁，夕阳影里飞鸦。甲寅秋日，体仁姻世兄属，守敬书，时年七十有六”，钤印“杨守敬印”“时年七十有六”。

同月里，杨守敬又曾应时任币制局总裁的好友梁启超之请，为其制作有水墨纸本行书对联：“铜溪铸剑看离合，石匮藏书问有无”，其题识云“任公先生鉴正。杨守敬，时年七十有六”（见《杨守敬作品精选集》）。

同月里，杨守敬曾自制有水墨纸本行书六屏（尺寸不一；151 cm×42 cm×6）。其屏文略。其题识一云“邻苏老人”，题识二云“邻苏老人”，题识三云“邻苏老人”，题识四云“苏东坡句。邻苏老人书”，题识五云“东坡题西林壁。邻苏老人”，题识六云“甲寅七月，杨守敬时年七十六”，钤印“杨守敬印”（六次）、“时年七十有五”（二次）、“三叶遭武七秩离兵”（五次）、“邻苏老人”（三次）、“时年七十有六”①。

同月里，杨守敬又曾自制有水墨纸本行书七言诗立轴（133 cm×34 cm）。其诗及题识云：“潇湘何事等闲回？水碧沙明两岸苔。二十五弦弹夜月，不胜清怨却飞来。钱起《归雁》。杨守敬”，钤印“杨守敬

① 见中国嘉德国际拍卖有限公司“中国嘉德2011秋季拍卖会：妙笔——中国古代书法”专场拍卖品，编号：0611。

印”“时年七十有六”①。

八月十七日（10月6日），日军占领山东济南车站，胶济铁路为日军控制。

八月间，杨守敬与京城“同古堂”后辈著名篆刻家张樾丞②结识，二人往还较多；张樾丞曾刻有“杨守敬印”“宜都杨守敬印”“星吾金石文字”三枚印章赠送邻苏老人，其边款分别为“邻苏老人鉴定，张樾丞橅古”，“甲寅八月为邻苏老人，橅汉，樾丞”，“甲寅秋中，作于宣南厂寓，张荫记”③。

秋天，杨守敬曾自制有水墨纸本行书四屏镜框（128 cm×30 cm×4）。其屏文及题识云“暮从碧山下，山月随人归。却顾所来径，苍苍横翠微。相携及田家，童稚开荆扉。绿竹入幽径，青萝拂行衣。欢言得所憩，美酒聊共挥。长歌吟松风，曲尽河星稀。我醉君复乐，陶然共忘机。花间一壶酒，独酌无相亲。甲寅秋，宜都杨守敬”，钤印“杨守敬印”（白）、“星吾七十以后书”（朱）④。

九月初五日（10月23日），清史馆馆长赵尔巽收到杨守敬寄来的信函和书籍后，亦当即回函（即《致杨守敬函》⑤），很爽快地接受他的举荐，聘请熊会贞为名誉协修：

惺吾先生阁下：

顷接来函，敬悉一是。附书五种，弟匆匆涉猎，具见言中有物，考证详明，罗二十省于心胸，萃九万里于指掌，宏论宏议，拜服拜服。惟

① 见北京歌德拍卖有限公司“北京歌德2009秋季艺术品拍卖会”专场拍卖品，编号：2018。

② 张樾丞（1883—1961），原名福荫，字樾丞，亦作越丞，以字行，直隶新河人。出身贫寒，早年至京城琉璃厂益元斋刻字铺当学徒，勤奋刻苦，聪敏过人，终成一代名刻手。又以治铜印为当时一绝。后在京另立门户，与陈师曾、金北城、姚华等名流交往甚密。曾为溥仪刻印多枚。入民国，曾为北洋政府元首和众多首脑以及名流们刻过印章。新中国成立以后，亦曾为朱德、周恩来等国家领导人刻过印。

③ 见西泠印社拍卖有限公司“2012年春季拍卖会：文房清玩·近现代名家篆刻”专场拍卖品。

④ 见浙江大地拍卖有限公司“2012年秋季艺术品拍卖会：中国书法”专场拍卖品，编号：0094。

⑤ 刘信芳整理：《杨守敬函稿》，《东南文化》1992年第Z1期。因此书函不见于《杨守敬集》，故全文移录于此。

弟宦游半生，学业荒落，管窥蠡测，非一览所能周，尚希将此书存于敝处，宽假时日，以便详细捧读，并请长于地学者同参考焉。

熊君闭户潜修，学有根柢，若肯襄助馆事，甚所欢迎。兹将聘熊君为名誉协修，聘书送呈台端，即希费神转达为荷。专此布复，顺倾时绥。

愚弟赵尔巽拜启　　九月五日

九月二十日（11月7日），日本侵略军驱逐德军，完全占领山东青岛。

九月下旬，杨守敬为刻书之事曾致函（即《寄王先谦之二》[①]）好友王先谦，告诉好友，自己所编纂的《水经注疏》终于完稿，希望好友能赐一序；随信函寄去的，尚有一些自己已刊刻的著作：

益吾老兄同年左右：

久不相见，至今修函，如同隔世。彼此流离，〇老不复归故乡，伤矣。辛亥八月，鄂城起事，守敬只身出城，子孙星散，逃至上海，卖字为活，幸今大总统知守敬藏书颇富，出示保护，得存三之二，而银钱则为守屋人罄尽。壬子之春，熊固之及儿孙辈陆续来沪，而长媳死于蕲水，长孙至今仍在黄州未集。幸《水经注疏》稿本十部埋于土中者，尚未全行靡乱，因是与熊君昕夕编纂，不啻赵台卿之著书屋壁。及稿成，仍觉从前所刊《要删》讹误遗漏均所不免。上虞罗叔韫见之，视为地理绝学，虽不敢当，而驳正全、赵、戴数百，终亦从无人揭其间奥者，亦一快也。忆前未脱稿时，阁下见《要删》刻本，大加激赏，欲为刊之思贤书屋。冬闻前平江舸钱徐书，言阁下避居平江，犹幸故人健在，而景况亦复萧索。思贤之约，此愿不遂矣。

去岁冬，守敬在沪得大总统以顾问相招，并允为刊《水经注疏》。念此书浩繁，已达二百数十万字，非有大力者不能鸠之，乃褰裳赴之。未几而青岛风云，国家经济困难，尚何能提及此事。而守敬眼花耳聋，朝不谋夕，所以忍死须臾，以此书未刻，死不瞑目。且京师刻工奇贵，现在祇以此稿写成宋体净本，已达以前刻字之价。因思阁下所刻诸书，价廉而精，有旧友祁阳人陶德熏者，以前为刻《隋书地理志考证》，价亦至廉，乃作书嘱其物色永州人之能担任刻此书者来京与议之，以湖南

① 刘信芳整理:《杨守敬函稿》,《东南文化》1991年第5期。因此书函不见于《杨守敬集》,故全文移录于此。

刻字以永州为尤廉也。陶君遂因其友汪君启来都别有勾当，以函付守敬，言其人老成可靠。因将京城所刻式样一叶，嘱其归时与工人议之。据云永州刻价从前不过八文，今涨价不过十二文，吾意在京写净本，亦愿出金十二文，汪君谓然。但据叶德辉言，长沙今日刻价须千字一两有余，则二百余万或三百万，所费亦不赀。然勿论成不成，总求赐作一序以为光宠，使后世自阁下集见之，亦不朽矣。今因汪君以信回时函及，书托其交巡抚老友幼丹转呈。幼丹对守敬言，到湘时必以函达阁下，资以政治，刻下已进省否？

再守敬刻《要删》时，但觉戴袭赵，故力诋之。今细核之，乃觉全、赵、戴三家相袭。赵之袭戴，是梁氏兄弟所为；全之袭戴，乃王梓材及董沛（孟）之所为，均有破绽可寻。穷而论之，戴之学与脉水之功，终在全、赵之上；全之较为赵、戴所不见者有数条，王、董不能发明之，遂使林君疑其全伪，亦过也。

前年有自贵州来者，以庞公《读水经注小识》二册示守敬，脉水之功居多，诚有可领者。而优戴劣赵，亦以全为伪。其中与守敬《要删》十同七八，而扞（疑为“汗”）、洴二水，颇似窥见守敬《要删》者。而庞自序成于光绪甲辰，守敬问之贵州，则于庞为贵州巡抚时所刊。今守敬全稿成，为《要删》所未指明精微奥义，庞公亦未指出，守敬因不疑庞君之蹈袭。然守敬实未尝袭前人一事而不著自来者，敢以质之阁下。

今呈上《要删补遗》一部，未记此书阁下见之否？此已刊于十年前，其中亦有未惬处，又寄上《历代舆地沿革图》，共三十四册，前大半部分为守敬亲笔校刊，唐以下则改革后在湖北付梓。其时守敬眼已昏，不能校旧字，而熊固之又与守敬编《水经注》，无暇顾及此，因使固之之学生为之。又刻工贵而多讹，今不得已印以成书，此事恐非。

案：审信尾内容，似未完。

九月间，上海招商局、太古、怡和三轮船公司中国海员举行总同盟罢工。

同月里，杨守敬曾自制有水墨纸本隶书八言联：“班左并驰南董齐辔，萧曹避席严马扶轮”，其题识云“甲寅九月，宜都杨守敬”，钤印“杨守敬印”“时年七十有六”。

同月里，杨守敬又曾自制有水墨纸本行书六言诗立轴（123 cm×41 cm）。

其诗及题识云“山路只通樵客，江村半是渔家。秋水矶边落雁，夕阳影里飞鸦。杨守敬”，钤印“杨守敬印”“时年七十有六”[①]。

同月里，杨守敬曾自制有水墨纸本行书七言联一副：“地有七里邻北斗，人如二客伴东坡”，其题识云“杨守敬书，时年七十有六”[②]。

同月里，杨守敬又曾自制有水墨纸本行书七言对联一副：“山公倒载无妨学，靖节高风不可攀”，其题识云“杨守敬书，时年七十有六”[③]。

十月上、中旬，杨守敬为刻书之事曾致函（即《寄刘心源之二》[④]）时任湖南巡按使的好友刘心源，并挑了几种自己已刊的书籍，又另写了一封书函请其代转给仍在平江的好友王先谦，其函中云：

幼翁巡按钧鉴：

前日匆匆话别，未尽所怀，比闻莅湘一切措施，俱歌颂载道，老成谋国，迥异寻常。守敬眼昏耳聋，朝不谋夕。所为忍死须臾者，以《水经注疏》未刊耳。又值青岛风云，尚未知何日能偿斯愿。计吾书未脱稿时，王益吾同年见吾《要删》，大为激赏，许为代刊于思贤书局。今闻益吾尚避居平江，此愿不遂，然犹欲得一序以为光宠。今特修一函，伏祈转达。呈上钟鼎文一卷，古墓志二十余通，又《寰宇贞石图》三百余事，皆石印也。其中颇有罕见之志，惟哂存。

再有汪启者，安徽桐城人，随宦于湖南永州。近有差使在长沙，有事勾当来京，持有守敬旧友陶德熏函，与守敬相见。因询永州多刻字人，其价廉而精，汪君谓然。因思守敬所撰《水经注疏》，大总统虽允为我刻之，而当此青岛风潮，经济困难之时，守敬安可启齿？而永州刻价不及京城之半，守敬见其人诚笃，似可靠，乃与议刻之事，乃力任监刻。守敬乃以京都所刻样一叶，使其到湘与工人议之。惟刻书事必常与工人相见，汪君虽有屋在永州，而有长差在长沙省城，可否调其人到永州，使之就近督刊。若得刊之，亦先生所欲乐观其成也。持爱渎陈，惟裁察。

---

① 见北京匡时国际拍卖有限公司“2016 精品拍卖会：百年遗墨——二十世纪名家书法”专场拍卖品，编号：1298。

② 此联今藏湖北省博物馆，并收入《湖北省博物馆藏杨守敬书法》。

③ 此联今藏湖北省博物馆，并收入《湖北省博物馆藏杨守敬书法》。

④ 刘信芳整理：《杨守敬函稿》，《东南文化》1991 年第 Z1 期。因此书函不见于《杨守敬集》，故全文移录于此。

十月下旬，为了方便修订《水经注疏》，杨守敬函招弟子熊会贞速速来京。

熊会贞曾说："先生常以名山之业为念，因将沪上图书次第运京，会贞亦于十二月（案：此谓阳历）来京相依。"①

十一月十三日（12月29日），袁世凯公布《大总统选举法》，任期十年，且得连任，继任候选人由总统提名。

十一月中旬，李之鼎②不负杨守敬之所托，辑成《增订丛书举要》六十卷，并将其刊印面世（宜秋馆铅字排印本）。据熊会贞云："先是南城李观察振唐（之鼎）谒先生于沪，一见莫逆，先生以此书（即《丛书举要》）初稿付之，观察随增补刊布。"③书前有李之鼎此年"仲秋"所写之《增订丛书举要·原编序》，说明其编辑、出版此书之经过④。

案：《丛书举要》，杨守敬于光绪二十八年（1902年）初编成二十卷；民国三年（1914年），李之鼎增补为六十卷，收丛书九百零一种；杨氏去世后，李氏继续增补，至民国七年（1918年），成《增订丛书举要》八十卷、附《校误记》一卷，共收入丛书一千六百零五种。

十一月中下旬，杨守敬"精神尚健，饮食、步履如常，但便数，每向会贞言：恐不久于人世"⑤。

十一月下旬开始，杨守敬自觉将不久于人世，反复叮嘱弟子熊会贞，一定要将《水经注疏》刊刻行世，不然他死也不会瞑目；弟子熊会贞亦涕泣答应恩师：一定会完成恩师的未竟之业。

---

① 见《邻苏老人年谱》，第28页。

② 李之鼎（1865—1925），字振堂，亦作振唐，室名"宜秋馆""舒啸轩"，江西南城人。光绪十二年（1886年），游台湾，甚受刘铭传赏识。十七年（1891年）中举人。二十年（1894年），循例捐知县，分发广东候补。二十三年（1897年）起先后为海南澄迈、会同、陵水等县知县。二十七年（1901年），因开罪上司被免官，居家读书。三十三年（1907年），因襄办官报局有功，官复原职，不出。辛亥革命爆发，以遗老自居。1912年避乱上海，结识杨守敬，受杨氏之托，编辑《增订丛书举要》。自1914年开始搜集、整理宋人别集，历时10年，成《宋人集》甲、乙、丙、丁四编，收录中小诗人别集六十余种。1922年为避战乱，举家迁居上海。工诗，精目录版本，富藏书。除《宋人集》《增订丛书举要》之外，尚著有《宜秋馆书目》《宜秋馆丛书目录》《宜秋馆诗话》《宋人见于系年要录目》等；又与周贞亮合编有《书目举要》。

③ 见《邻苏老人年谱》，第28页。

④ 见《杨守敬集》第七册，第19页。

⑤ 见《邻苏老人年谱》，第28页。

刘成禺在其《世载堂杂忆》中记载说："守敬暮年，其书未成，而深信必传，举全稿畀之会贞。临卒犹谓会贞曰：'此书不刊，死不瞑目。'会贞顿首涕泣答曰：'誓以毕生精力，完成此书，已尽未竟之志。'"①

十一月二十四日（1915年1月9日）寅时（凌晨三至五时），著名学者杨守敬在北京寓所"无疾而逝"②。

杨守敬去世前，曾撰有读书笔记《四书识小录》一种，收入其读书笔记六十八则，为杨氏的手写行楷稿，为重庆市图书馆收藏，一直未公开出版，后被《杨守敬集》收入③。

① 刘成禺:《述杨氏〈水经注疏〉》,《世载堂杂忆》,中华书局1960年版,第297页。

② 见《邻苏老人年谱》,第28页。

③ 见《杨守敬集》第一册,第91～125页。

谱　后

十一月二十七日（1915 年 1 月 12 日），大总统袁世凯[1]得知杨守敬去世消息，当即发出策令："参政院参政杨守敬，学术湛深，著述宏富，硕德耆献，海内知名。自简任参政以来，协力赞襄，尤能恪尽厥职。兹闻溘逝，悼惜殊深！著追赠少卿，并交政事堂饬铨叙局核议给恤，以示优崇宿学之意，此令。"[2]

几天后，国务卿徐世昌有呈文递交大总统："据铨叙局详称，遵令核议已故参政杨守敬给恤办法，请示遵。"[3]

案：徐世昌（1855—1939），字卜五，号菊人，晚号弢斋，别署水竹村人、石门山人。祖籍天津，生于河南汲县，幼时随家迁居开封。光绪十二年（1886 年）进士，授翰林院编修。先后充国史馆协修、武英殿协修。二十一年（1895 年），被袁世凯聘为小站新建陆军营务处参谋。后历任国子监司业、内阁学士兼练兵处提调、兵部左侍郎、巡警部尚书、邮传部尚书，累官至军机大臣、体仁阁大学士。辛亥革命爆发，力主取用袁世凯。民国三年（1914 年），出任国务卿，人称"相国"。1918 年由安福国会选为总统。1922 年被直系军阀曹锟、吴佩孚赶下台。此后迁居天津租界，成立编书处，设晚晴簃诗社，以编书、赋诗、写字遣兴。工山水画，善书法，亦能诗。著有

① 袁世凯（1859—1916），字慰亭，又作慰庭，号容庵。河南项城人，故世称"袁项城"。少时至济南、南京、北京读书。光绪七年（1881 年）弃文投奔吴长庆，任"庆军"营务处会办。次年，随吴长庆入朝鲜，因功擢"驻扎朝鲜总理交涉通商事宜大臣"。二十一年（1895 年）回国至天津小站训练新军，从此声誉鹊起，扶摇直上，历任直隶按察使、工部右侍郎、山东巡抚、直隶总督兼北洋大臣、练兵处会办大臣、督办铁路大臣、军机大臣兼外务部尚书等职。武昌起义爆发，出任内阁总理大臣。民国元年（1912 年）初，逼清帝逊位，出任中华民国临时大总统，随后当选为中华民国大总统。民国四年（1915 年）悍然称帝，建立"中华帝国"。次年二月，被迫取消帝制；五月，忧惧而死。

② 见《邻苏老人年谱》，第 28 页。

③ 见《邻苏老人年谱》，第 28 页。

《水竹村人诗集》《晚晴簃诗集》《归云楼题画诗集》等，另编有《清儒学案》二〇八卷、《清诗汇》二百卷，又辑刻有《颜李丛书》四十余种。

十二月初四日（1915年1月18日），日本公使日置益代表日本政府向袁世凯提出阴谋灭亡中国的“二十一条”。

十二月十一日（1915年1月25日），大总统袁世凯批示政事堂呈文云：“准如所拟给恤。并给予治丧营葬费二千元，仍候遣员致祭。其生平事实，著宣付国史馆立传，以彰宿学，此批。”①

十二月十二日（1915年1月26日），弟子熊会贞目睹袁大总统给亡师的批文，顿时百感交集：“仰见大总统重儒崇学，荣施身后，至优极渥，风示天下之至意，凡在国民，同深钦感。先生有知，永无遗憾矣！”随即含泪将恩师尚未写完的《邻苏老人年谱》补述完成，最后感叹道：“会贞亲炙先生四十年，于舆地之学得窥门径者，莫非先生之赐。先生不弃愚顽，命赞襄著述，以作壤流之资，文字姻缘，恩同骨肉。晚年专注重《水经注疏》，屡谓会贞曰：‘此书不刊行，死不瞑目。’促会贞速为校雠，早蒇厥事。今先生已弃我矣，仍当勉力竟功，率德承、蔚光、先楙等缮付梓人，以偿先生之夙愿。因敬谨补述年谱，并书此以自励云。”②

弟子熊会贞在《邻苏老人年谱》中对其师有较全面的评介：“先生长身修髯，傲岸不群。性方严，有所不可，虽名公巨卿毫不假借。强记善辩，每论一事，解一义，繁征博引，委曲详尽，听者忘倦。嗜古成癖，书籍、碑版、钱、印、砖瓦之属，莫不多方搜求，储藏之富，当世罕匹。博学多通，高自位置，尝谓‘世无圣人，不在弟子之列’。于地理、目录、金石之学尤擅绝长，各有著述数十种传世。书法古茂，直逼汉、魏，天下无双。一时名人莫不推重，张文襄作诗至称为‘杨夫子’，端忠愍直师事之。日本闻人亦钦仰至极，有山本由定等，先后不远数千里而来，受业于门。自归道山，海内外新闻称道先生者，连篇累牍，不绝于书。实至名归，非偶然也。”③

十二月二十三至二十四日（1915年2月6—7日），杨守敬去世的噩耗传到日本，由弟子山本竟山倡首，曾组织书法界同人在京都冈崎府立图书馆楼上雅集，举行了“追悼杨守敬遗墨资料展”和演讲会，以悼念这位“近代

① 见《邻苏老人年谱》，第28页。

② 见《邻苏老人年谱》，第29页。

③ 见《邻苏老人年谱》，第28页。

日本书道之祖”。

十二月间，杨氏后人扶杨守敬灵柩回宜都，袁政府政事堂派专车护送。

年底，弟子熊会贞谨记恩师嘱托，踵接继武，在协助杨氏后人将杨守敬灵柩葬入龙窝祖茔后，便回到武昌，住进菊湾恩师故居，潜心晦迹，自此闭门谢客二十余年，专意修订《水经注疏》一书。

刘成禺在其《世载堂杂忆》中记载说：恩师去世后，“会贞居武昌菊湾杨氏故庐，又二十二年，书凡六七校，稿经六易，略已初定”[①]。

是年，杨守敬在日本时的友人著名汉学家、文学家冈千仞[②]去世。

民国四年（1915 年）中，弟子熊会贞和杨守敬的家人将已经整理好的《邻苏老人年谱》石印面世[③]。

民国四年十二月十三日（1916 年 1 月 17 日），孙先植（1916—？）出生，乃二子必承之三子。

民国四年十二月（1916 年 1 月）间，杨守敬三子蔚光请于陈三立，为其父作《宜都杨先生墓志铭》[④]（见《散原精舍文集》卷十一）。

民国五年（1916 年）八月，杨守敬之孙先梅（字岭乡）搜集祖父平时手书题跋成《邻苏老人手书题跋》二卷（收文四十三篇），将付梓刊行，特请祖父生前好友著名书画家李瑞清为其题跋。李瑞清乃欣然为之跋云：

> 宜都杨惺吾先生，负海内重名，世所称“邻苏老人”者也。昔年游日本，日本人无不知有杨先生者。先生精鉴藏，于书法靡不备究。陶斋尚书督两江，先生尝游江南，为尚书坐客，时余识先生于江南。辛亥国变，余黄冠为道士，鬻书沪上，先生亦辟乱沪上，同鬻书。每过从，论书忘昕夕。余尝为杨潜庵作大字联，抚《匡喆刻经颂》；先生见之，乃大叹赏，以为当世无此手笔，逢人辄道之，其好善如此。后先生入都，见潜庵必询余近况。未几，先生遂没于都中。每念昔游，不知涕之何从

---

① 刘成禺：《述杨氏〈水经注疏〉》，《世载堂杂忆》，中华书局 1960 年版，第 297 页。

② 冈千仞（1833—1914），字天爵，亦字振衣，通称“启辅”，号鹿门。日本台藩（今日本宫城县）人。曾在藩校养贤堂和江户昌平的坂学问所学习汉文，修经史，曾担任过东京图书馆馆长。1867 年因倡导勤王大义，被藩主下狱。出狱后，曾担任过修史馆编修，后专心经营私塾“绥犹堂”。曾与中国驻日使官黄遵宪、黎庶昌、杨守敬、张后沆结识并成为好友。1884 年 5 月访华，次年第归国。一生著述甚丰，有《在臆话记》《攘夷纪事》《美国志》《法国志》《英国志》《北游诗草》《鹿门诗话》《观光游记》等。

③ 见《杨守敬集》第一册，第 1～41 页。

④ 陈三立：《宜都杨守敬先生墓志铭》，刊于《青鹤》第四卷第二十一期（1936 年）。

也！先生博瞻多通，著述宏富，不自爱惜。今其文孙岭乡辑其《手书题跋》为二卷，石印以示世。其不得者，尚十百于此。余知后之人必搜而刻之，岭乡可无多虑也。丙辰八月新凉，清道人谨跋。①

民国五年（1916 年），由张均衡辑录的《适园藏书志》一书刊行，其中保存了颇多杨守敬藏书的题跋（见民国五年张氏家塾刻本）。

民国六年（1917 年）十月，罗振玉与上海哈同花园姬觉弥共同出资，在日本刊行《悉昙字记》《景祐天竺字源》二书（书前均有罗氏跋文）。

民国六年（1917 年），杨守敬之孙先梅将祖父所编辑之《留真谱二编》（八卷，收书 252 种）刊行面世（宜都杨氏刻本）。

民国七年（1918 年）六月，李之鼎将《增订丛书举要》由六十卷补充增订至八十卷，并刊刻行世（李氏有序纪之）。谢承仁主编之《杨守敬集》将其收入第七册中（见第 1～1360 页）。

民国八年（1919 年），时任教育总长的傅增湘得知杨守敬的后人欲将观海堂藏书售出的消息，遂积极活动民国政府以七万余金将其全部买下，收归国有。初藏于政事堂，随后庋藏于中南海集灵囿。

民国十二年（1923 年），北洋政府将藏于中南海集灵囿的一部分图书拨赠新建的位于北海公园快雪堂的松坡图书馆第一馆。

民国十四年（1925 年）十月，支伟成先生所编之《清代朴学大师列传》由上海泰东图书局出版发行，其中收有《杨守敬传》。

民国十五年（1926 年），北洋政府又将中南海集灵囿所藏杨守敬藏书拨归故宫博物院图书馆保存，收藏于人高玄殿；1929 年冬，这批图书又转移至寿安宫中，辟专室庋藏，并开始供读者公开借阅。

案：时故宫博物院图书馆馆员何澄一先生曾将馆藏杨氏善本书编成《观海堂书目》四卷，王重民先生则抄录杨氏所写序跋而不载于《日本访书志》者，辑为《日本访书志补》一册。新中国成立前夕，杨守敬所藏书籍被运往台湾，现大多藏于台北故宫博物院。

民国十五年（1926 年，日本大正十五年），杨守敬撰、樋口铜牛疏释之《学书迩言疏释》一书由日本东京西东书房出版。

民国十五年（1926 年）十二月出版之《图书馆学季刊》第一卷第四期上载有袁同礼先生所撰之《杨惺吾先生小传》一文。

---

① 李瑞清《题〈邻苏老人手书题跋〉》见于《邻苏老人手书题跋》，丙辰仲秋宜都杨氏观海堂石印本。今此跋亦见于《邻苏老人题跋》附录（见《杨守敬集》第八册，第 1151 页）。

民国十六年（1927 年），上海蟫隐庐刊印《藏书绝句》（三十二首）面世，谓为杨守敬所作（实至今未有定论）。

民国十六至十七年（1927—1928 年），王重民先生在《文字同盟》第九至十一号上连载《杨惺吾先生著作考》一文。

民国十七年（1928 年），时在中央大学任教、住在南京大石桥的黄侃先生，从好友徐恕处借得杨守敬生前编辑之《古诗存目录》抄本，依之再抄一份留存，此抄本后为徐恕所得，并将其售予中国科学院图书馆。

民国十七年（1928 年），冈井慎吾在《文字同盟》第十三号上发表《杨惺吾先生著述考补正》。

民国十七年（1928 年），赵尔巽等纂修之《清史稿》由清史馆刊行，其中的卷四百八十六为《张裕钊传附杨守敬传》。

民国十八年（1929 年），日本治郦专家森鹿三服膺杨守敬学殖精深，曾请日本大学京都研究所派遣松浦嘉三郎专程至武昌杨家面晤熊会贞，求购《水经注疏》稿本，遭到熊会贞的坚决拒绝；后又两次相见，许以重金，乞写副本，亦遭熊会贞拒绝；最后，熊会贞感其学术研究之诚意，遂允其抄录副本一份带回日本。

案：先前，日本学者松浦嘉三郎在熊会贞处求购和乞写副本均遭拒绝；后来熊会贞感其学术诚意，且双方已达成一项口头协定，即在中国未出版此书之前，日本绝不能出版此书，于是才让其手抄了一部副本。

民国十九年（1930 年），遵故宫博物院图书馆馆长袁同礼先生之嘱，由王重民先生辑补的《日本访书志补》一书刊行（今见《杨守敬集》第八册，第 373～415 页），前有孙楷第先生同年六月所写之《日本访书志补·序》；其根据故宫博物院所藏杨守敬遗书及其所见其他书志（主要参考《适园藏书志》），对杨氏所撰之《日本访书志》进行了增补（见民国十九年中华图书馆协会北平铅印本），增收四十六种（其中和刻本十八种），并撰写了《杨惺吾先生著述考》。

民国二十一年（1932 年），陈衍所著之《虞初近志》由上海广益书局出版发行，其卷七收有《杨守敬传》。

同年，袁同礼先生编成《观海堂书目》，藏故宫博物院图书馆，并为其写有《观海堂书目·序》。

民国二十二年（1933 年）八月，《邻苏老人年谱》被收入《近代名人年谱丛刊》，由上海大陆书局铅印出版，基本上是根据石印本重新排印的，除加了标点外，文字没变化。

同年，由北平文化学社出版发行的贾逸君编著的《中华民国名人传》

（下册），收入《杨守敬（一八三九—一九一五）》。

民国二十四年（1935 年）春夏之交，经熊会贞兢兢业业、沉潜一意修订之《水经注疏》一书基本完成；同年五月，熊会贞在顾颉刚先生主办的《禹贡》（半月刊，第三卷第六期）上发表《关于〈水经注疏〉之通信》，首次向学术界介绍了《水经注疏》修撰的进展情况。

案：自光绪初年始，至民国二十五年（1936 年），由杨守敬纂疏、熊会贞参疏并最后修订完成的《水经注疏》一书，历时近六十年，终于完成；这是师徒二人精诚合作、勤奋耕耘、共洒汗水的结晶，不仅成就了中外学术史上的一段佳话，也兑现了弟子对恩师的宿诺。

熊会贞在 1933 年六月至 1934 年正月给好友郑德坤所写的三封信中，对其师去世后他继承遗志，数十年不懈努力，审订、校核、完善《水经注疏》的情况，有较具体的说明。

民国二十四年（1935 年）九月，上海开明书店编印刊行《二十五史补编》，将杨守敬的《隋书地理志考证附补遗》亦收入其中。

同年，《禹贡》半月刊第三卷第一期发表容肇祖先生的《史地学家杨守敬》一文。

同年，《禹贡》半月刊第四卷第一期发表朱士嘉先生的《杨守敬地理著述考》一文。

民国二十五年（1936 年）春夏之交，杨守敬之孙杨勉之私自将《水经注疏》手稿出售他人；同年五月二十五日，熊会贞在得知《水经注疏》手稿被卖的消息后，自觉无颜苟活于世，遂含恨自杀而亡。

刘成禺在其《世载堂杂忆》中记载说："世变方殷，杀青无期，杨氏后人，阴售疏稿，图断会贞生计。会贞郁郁寡欢，因而自裁，与稿俱逝，时民国二十五年五月也。"①

民国二十六年（1937 年）春夏之交，李子魁②受同乡好友熊会贞生前函

① 刘成禺：《述杨氏〈水经注疏〉》，《世载堂杂忆》，中华书局 1960 年版，第 297 页。

② 李子魁（1905—1982），别名子奎，湖北枝江人。早年在枝城、荆州、武昌念小学、中学。在读湖北省立二高中商科时加入共青团。1932 年考入燕京大学研究院历史系，研究中国沿革地理。1935 年毕业后至民国大学文学系任教。1937 年回武昌，参与《水经注疏》的校补工作。1938 年赴重庆，从事《水经注》的研究。40 年代在国立湖北师范学院执教，新中国成立后，国立湖北师范学院撤销，转入华中师范学院；70 年代初退休，1982 年 7 月去世。早年追求进步，积极投身学生爱国活动，参加过一些有益革命的活动。后来曾整理、出版过杨、熊所撰《水经注疏》中的一部分。

书所托，自甘肃平凉回到武昌，与杨勉之结交并得到信任，参与《水经注疏》膳正本（即后来售予中央研究院之本）最后的校补工作。

案：李子魁在校补《水经注疏》的过程中，有意将熊会贞去世前交给杨勉之的三十九条疏校意见修改，谓是自己所作；又在书稿中将“会贞按”换成“子魁按”，有意将自己的名字和“守敬按”连在一起，并在“按”字下加“《大典》本（指《永乐大典》）、宋残本、明钞本作某”等字样，以致弄巧成拙，将杨守敬生前未出、从未见过之书亦列于其中，使行家一看就知是作假。

民国二十六年（1937 年）抗战前夕，故宫博物院图书馆观海堂藏书随其他珍贵图书南迁。

民国二十六年（1937 年）抗战爆发后，根据南京国民政府的要求，中央研究院总干事、历史与语言研究所所长傅斯年经与商务印书馆王云五等人商定，正式与杨守敬之孙杨勉之签订刊印《水经注疏》（定稿膳正本）的合同，并付款三千元。

案：因战事的原因，傅斯年于 1938 年将《水经注疏》书稿带到香港，准备交由商务印书馆出版刊行未果；当年，又自香港将书稿转运至重庆，交中央图书馆保存；1949 年初，书稿又由傅斯年携带至台湾；50 年代初，《水经注疏》终于由台北中华书局影印出版。

另，《水经注疏》因经多年修撰，书稿又经六七校，六易其稿，已知的本子有六部，最后定稿至今下落难明。今存世稿本共有三种，即“北京手抄本”、“台北稿本”和“日本手抄本”。

民国二十七年（1938 年）七月，杨勉之将其祖父杨守敬撰著《水经注疏》的参考书籍八千余册，以六千五百元的价格售给了湖北省图书馆。

民国二十七年（1938 年）九月，李子魁和熊小固（熊会贞之子）带着一批《水经注疏》“散稿”（乃用作修改之底稿，而非修改后的誊正之稿）及有关参考书籍、资料凡百数十种，自武汉到达重庆，曾去中央研究院索还《水经注疏》原稿（即正本），遭到拒绝。

同年，日本东京平凡社出版发行《东洋历史大辞典》，其中收有《杨守敬》。

民国二十八年（1939 年），李子魁在重庆发表《述整理水经注疏之经过》和《熊会贞逝世时遗言》以及杨守敬的遗著《倭奴国王印考》（详见汪辟疆《明清两代整理水经注之总成绩》附记）。

民国二十八年（1939 年），日本兴文社刊行了由河井荃庐监修、藤原楚水纂辑的《增订寰宇贞石图》。 全书四巨册，计收碑六百余种，以杨守敬原书为基础，大量增补杨氏去世后所出之古碑。

民国二十九年（1940 年），重庆《时事新报·学灯》第六十九至七十期连载汪国垣①所撰之《明清两代整理〈水经注〉之总成绩——杨守敬、熊会贞〈水经注疏〉》一文。

民国三十年（1941 年）十一月，杨荫深编著之《中国学术家列传》由上海光明书局出版刊行，其中收有《杨守敬（一八三九—一九一五）》。

民国三十五年（1946 年）八月，李子魁离开重庆前，将自己研究《水经注》的参考书籍一千余册托交重庆市图书馆代为保管。

民国三十六年（1947 年）二月起，李子魁在湖北师范学院《史地丛刊》上连载自己所编、杨守敬和熊会贞合撰之《水经注疏》的卷一和卷二（后因经费短缺而停载）。

民国三十六年（1947 年），《国史馆刊》创刊，汪国垣在创刊号上发表《杨守敬熊会贞传》（后收入《汪辟疆文集》）。

民国三十六年（1947 年），上海开明书店铅印《二十五史补编》，将杨守敬所著之《汉书地理志补校》《三国郡县表补正》收入其中。

民国三十七年（1948 年），故宫博物院图书馆观海堂藏书和其他珍贵图书被运往台湾，今藏台北故宫博物院。

1949 年，松坡图书馆第一馆与北平图书馆合并，其中原有杨守敬的藏书今藏于国家图书馆。

1949 年 12 月，李子魁编辑的《水经注疏》由武昌亚新地学社排印出版，仅《河水》三卷，共一册，卷首有宜都向宜甫所写之序。

1953 年，香港《民主评论》第四卷第二十二期上刊载吴天任先生的《杨守敬与〈水经注〉》一文。

1954 年，武汉市文史研究馆馆员、藏书家徐恕将自己所藏之抄录杨守敬《古诗存目录》（此即黄侃先生抄录本）售予中国科学院图书馆。

---

① 汪国垣(1887—1967)，字笠云，后改辟疆，别号展庵，自号方湖，江西彭泽人。1904 年考入河南客籍高等学校，1908 年保送入京师大学堂。1912 年毕业，赴上海，加入同盟会。1915 年回乡丁父忧，专心研读。1918 年任南昌二中国文教员。1922 年任江西心远大学教授。1925 年任北平女子大学教授。1927 年起任教南京第四中山大学多年。1939—1946 年，兼任中央大学文学院中文系主任。南京解放，一直任教于南京大学。1967 年病逝。工诗文，善目录版本，富藏书。著有《光宣诗坛点将录》《近代诗人评述》《唐人小说》《目录学研究》《汉魏六朝目录考略》《方湖类稿》等，今人编有《汪辟疆文集》。

1954 年冬，武汉市文史研究馆馆员徐恕将自己所藏之抄录《水经注疏》的副本以一万六千元的价格售予中国科学院图书馆。

1957 年，上海古典文学出版社出版了《藏书绝句》（三十二首，今收入《杨守敬集》第八卷，第 437～465 页），在出版说明中认为是杨守敬作。

1957 年 12 月，北京科学出版社将中国科学院图书馆新中国成立初从武汉藏书家徐恕（1890—1959，字行可，号强誃，湖北武昌人）手中购得之《水经注疏》副稿本四十卷（附原稿一残卷）影印出版（署杨守敬纂疏，熊会贞参疏，线装二十册）。

1965 年 2 月，杨守敬之孙杨先梅先生将其祖父历年来为人题跋金石、书籍、字画而未刊之家藏遗文整理装订成四册，不分卷，共得文 154 篇，并写有《编辑〈邻苏老人题跋〉之说明》一文说明情况，随后将稿本交给湖北省博物馆保管。

1969 年，台湾《畅流》第三十九卷第六期发表程远的《中国地理学家杨惺吾》一文。

1971 年，台湾中华书局影印出版了中央图书馆所藏《水经注疏》的另一稿本《杨熊合撰〈水经注疏〉》（经李子魁修改过的膳正本）四十卷（平装十八册），书前刊有李子魁《述整理〈水经注疏〉之经过》一文。

同年，王恢在《史学汇刊》第四期上发表《杨熊〈水经注疏〉之探讨》一文。

1973 年，日本三省堂刊行的《（长泽先生古稀纪念）图书学论集》中，收入了由原田种成整理的《清客笔话——杨守敬与森立之的笔谈》长文①。

1974 年，日本治郦专家、京都大学名誉教授森鹿三主持翻译的日文版《水经注（抄）》由日本东京平凡社收入《中国古典文学大系》第二十一卷，出版面世。它也是郦注唯一的一部外文译本。

1974 年，吴天任先生所著之《杨惺吾先生年谱》一书由台北艺文印书馆出版。

案：吴先生在该书中认定《藏书绝句》（三十二首）为杨守敬所作。关于《藏书绝句》（三十二首）究竟为谁所作，自 20 世纪 30 年代起就争论不休，有谓杨守敬所作的，有谓王葆心所作的，亦有谓江人度所作的，莫衷一是，至今没有定论。另，书中尚收有其《〈水经注疏〉清写本与最后修订本校记》一文。

① 今《清客笔谈》经陈捷先生整理，收入《杨守敬集》第十三册，第 511～555 页。

1974 年，香港存粹书社编辑之《杨守敬研究汇编》一书由崇文书店刊行。

1974 年，由日本杉村邦彦编辑之《邻苏老人书论集》一书由东京省心书房出版刊行。

1975 年，翁一鹤在《东方杂志》（复）第九卷第五期发表《吴著〈杨守敬年谱〉及〈水经注疏〉校记合刊述评》一文。

1976 年，唐祖培在《湖北文献》第二十五期刊发《杨守敬传》。

1979 年 9 月，夏征农等编撰之《辞海》（上、中、下）由上海辞书出版社出版，其中收有“杨守敬”。

1979 年，黄得时在《湖北文献》第五十三期刊发《杨守敬与〈日本访书志〉》。

1979 年，陈上岷在《文物》第十一期上刊发《杨守敬手稿〈学书迩言〉与中日书法交流》一文。

1982 年，台湾省台北市中央图书馆编辑的《善本题跋真迹》一书出版，影印了众多馆藏名家善本题跋的书影，其中有杨守敬的题跋 21 则。

1982 年，杨守敬撰、陈上岷作注之《学书迩言》一书由北京文物出版社出版①。

1982 年 7 月 25 日，《湖北日报》上刊发彭万廷撰写之《晚清著名学者杨守敬》。

1982 年 8 月，国务院《古籍整理规划》公布，杨守敬所著之《隋书经籍志补正》、《楷法溯源》、《三续寰宇访碑录》和《水经注疏》榜上有名。

1982 年 9 月，南京大学历史系《中国历代名人辞典》编写组所编之《中国历代名人辞典》由江西人民出版社出版，其中收有“杨守敬”。

1982 年，日本秋山元秀在《中国史研究动态》第十期上刊发《中国历史地理学界的现状》一文。

1983 年，李纬国在《上海师范学院学报》第一期上刊发《读杨守敬题本〈群书考索〉》一文。

1983 年，陈桥驿在《杭州大学学报》第一期上刊发《评台北中华书局影印本〈杨熊合撰水经注疏〉》一文。

1983 年，施和金在《历史知识》第二期上刊发《历史地理大师杨守敬》一文。

① 今经陈上岷先生整理，收入《杨守敬集》第八册，第 467～514 页。

1983 年，吕万和在《历史知识》第二期上刊发《杨守敬赴日访书》一文。

1983 年，陈桥驿在《历史研究》第六期上刊发《论郦学研究及其学派的形成与发展》一文。

1983 年 12 月，吴泽、杨翼骧编撰之《中国历史大辞典·史学史卷》由上海辞书出版社出版，其中收有《杨守敬》。

同年，来新夏编撰之《近三百年人物年谱知见录》由上海人民出版社出版，其中卷五有《邻苏老人年谱》介绍。

1984 年，陈上岷在《文物》第一期上刊发《杨守敬刻选〈景苏园帖〉采用的原帖目录及评述》一文。

1984 年 5 月，《杨守敬集》整理小组在北京成立，全国四十多所大专院校的数十位专家、学者全面展开杨著的编纂工作。

1984 年，王国忠在《中国史研究动态》第十一期上刊发《近年来〈水经注〉研究述略》一文。

1985 年，石叔明在台湾《故宫文物月刊》总编号第二十二期上刊发《碑帖并尊说》一文。

1985 年，施和金在《南京师范大学学报》第三期上刊发《杨守敬〈隋书地理志考证〉订补》一文。

1985 年 7 月 26 日至 8 月 4 日，日本"书论研究会"在京都思文阁美术馆举行了"杨守敬逝世七十周年纪念展"。

1986 年 3 月，由中田勇次郎和杉村邦彦为正副团长的日中书法交流学术访中团赴武汉湖北省博物馆参加了"杨守敬及其门人流派作品展览"和学术研讨会。

1987 年 4 月，杨立诚、金步瀛编撰之《中国藏书家考略》由上海古籍出版社出版，其中收有《杨守敬》。

1987 年 6 月，"杨守敬故居"修复基本竣工，"龙窝墓葬"亦得以复原；同年 8 月 18 日，设于"杨守敬故居"的"杨守敬纪念馆"正式开馆；日本书道研究会会长杉村邦彦率领"日中书法学术交流访华团"专程赴宜都参加开馆仪式并拜谒杨守敬墓。

1987 年，李华兴主编之《近代中国百年史辞典》由浙江人民出版社出版，其中收有《杨守敬》。

1988 年 4 月，谢承仁主编的《杨守敬集》第一册由湖北人民出版社出版面世。

1989 年 7 月，叶衍兰、叶恭绰编辑之《清代学者像传合集》由上海古籍出版社出版，其中收有《杨守敬》。

1989 年 6 月，段熙仲、陈桥驿合作点校之《水经注疏》由江苏古籍出版社出版。

1990 年 2 月，廖盖隆等编撰之《中国人名大词典·历史人物卷》由上海辞书出版社出版，其中收有“杨守敬”。

1990 年 9 月，经陈上岷先生整理的《杨守敬评碑评帖记》由文物出版社刊行面世，前有徐无闻先生所撰序言。

1990 年 9 月，《中国大百科全书·地理学卷》由中国大百科全书出版社出版，其中收有《杨守敬》。

同年 9 月，日本书道教育学会理事长石桥鲤成率领代表团访问宜都杨守敬纪念馆，进行杨守敬学术交流。

1990 年，《中国水利百科全书》由水利电力出版社出版，其第三卷收有“《水经注》条”。

1990 年，日本书道教育学会在东京日中友好会馆举办以湖北省博物馆藏品为主题的“近代日本书道之祖杨守敬及其友人书展”，湖北省代表团应邀前往进行学术交流并出席开幕式。

1991 年，马永强主编之《中国书法大辞典》由河南美术出版社出版，其《书家》中收有“杨守敬”。

1992 年 8 月，日本书道研究会会长、京都大学杉村邦彦教授率领“日本国杨守敬书学交流访华团”访问宜都杨守敬纪念馆，双方开展了杨守敬学术交流和书法笔会。

1992 年，杨世灿、熊茂洽编纂之《〈水经注疏·三峡注〉补》由湖北人民出版社出版。

1993 年，崔尔平所编之《历代书法论文选续编》由上海书画出版社出版，其中将《学书迩言》收入（第 712～743 页）。

1997 年 6 月，谢承仁先生主编之《杨守敬集》（13 册）开始由湖北人民出版社和湖北教育出版社出版面世。

是年，经过谢承仁、侯英贤等学人重新校点、整理的杨守敬所著之《水经注疏》（上、下）稿本被收入《杨守敬集》第三册（上，卷一至卷二十，第 1～1275 页）、第四册（下，卷二十一至卷四十，第 1275～2525 页）。

是年，经过石洪运先生校点、整理的杨守敬所著之《历代经籍存佚考》稿本被收入《杨守敬集》第六册（第 1～479 页）。

是年，经过郗志群、周晓柏先生校点、整理的杨守敬所著之《续群书拾补》（收入杨氏校勘札记十二篇）稿本被收入《杨守敬集》第七册（第1361～1572页）。

是年，刘昌润先生在校点、整理杨守敬《日本访书志》、王重民《日本访书志补》的过程中，又自各处辑得逸文十九篇，题为《日本访书志续补》①。

是年，经陈上岷先生校点、整理的《激素飞清阁评碑记、评帖记》一书被收入《杨守敬集》第八册（见第515～584、585～614页）。

是年，经裴兆仁、谢圣杰、鲍国强先生校点、整理的《邻苏老人题跋》稿本（共收入题跋154篇，前有邻苏老人之孙杨先梅先生1965年春所写之《编辑〈邻苏老人题跋〉之说明》）被收入《杨守敬集》第八册（第1055～1150页）。

是年，经郗志群、贾双喜、冀亚平先生校点、整理的《望堂金石》（初集、二集，共收碑五十种）被收入《杨守敬集》第十一册（第1～565页）。

是年，经王树伟先生校点、整理的《古泉薮》稿本（十二卷）被收入《杨守敬集》第十二册（第1～337页）。

是年，经王树伟先生校点、整理的《飞清阁钱谱》稿本（十六卷）被收入《杨守敬集》第十二册（第339～904页）。

1997年，湖北人民出版社、湖北教育出版社出版《杨守敬集》第八册，其中收入刘昌润辑补之《日本访书志续补》一书（第417～436页），著录十九种（其中和刻本一种）。

1999年9月，杉村邦彦先生再次率领日本“杨守敬故里参观及书法学术交流团”访问宜都杨守敬纪念馆，宾主双方举办了规模盛大的杨守敬学术交流活动和中日联合书法展览，并拜谒了杨守敬墓。

同年，日本书学研究会会长、清玉书道会会长、书法家青山碧云先生随代表团访问了杨守敬纪念馆，参加了杨守敬学术交流和中日联合书法展览等活动，回日本后，即完成了《杨守敬》的撰写、出版。

2001年5月，经中宣部和湖北省委宣传部批准，由湖北省社会科学院、湖北省书画研究院、宜昌市政协、宜昌市委宣传部、宜昌市炎黄文化研究会、宜都市杨守敬学术研究会、宜都市杨守敬纪念馆共同举办了“杨守敬国际学术交流会”，日本杉村邦彦、青山碧云等先生亦向大会提交了论文。

---

① 今收入《杨守敬集》第八册，第417～436页。

2002年，宜昌市委常委、宣传部部长、宜昌市对外文化交流协会会长文成国先生任团长，率领“宜昌市赴日文化交流代表团”访问了日本京都教育大学和书道研究会；京都教育大学校长村田隆纪博士热情接待了代表团，杉村邦彦教授则主持了“中日杨守敬学术研讨会”，就弘扬杨守敬学术文化等议题进行了深入研讨。

2004年始，已年逾古稀的青山碧云先生收集了几百幅杨守敬的相关资料，自费制作展板，每年在日本各大城市巡展并亲自讲解。

2006年4月12日，由国学网、百度网、中国人民大学国学院主办，中国台湾网协办的“我心目中的国学大师”网上评选活动全面启动，杨守敬被确定为50位国学大师之一。

2006年6月，在中国首个“文化遗产日”（2006年6月10日）前夕，“杨守敬故居”和“龙窝墓葬”被国务院公布为第六批全国重点文物保护单位。

2010年12月，辽宁辽海出版社出版了日本京都大学所藏之《水经注疏》，八开，全二册，由陈桥驿教授作序并题写书名。此印本即日本学者森鹿三向熊会贞求稿时所录出的一种副本。

主要参考文献

一、文献、著作类

[1] 卞孝萱，唐文权. 民国人物碑传集［M］. 北京：团结出版社，1995.

[2] 蔡冠洛. 清代七百名人传［M］. 北京：北京图书馆出版社，2008.

[3] 陈衍. 石遗室诗话（一、二）［M］. 沈阳：辽宁教育出版社，1998.

[4] 陈上岷. 杨守敬研究学术论文选集［M］. 武汉：崇文书局，2003.

[5] 陈寿曾. 苍虬阁诗集［M］. 张寅彭，王培军，点校. 上海：上海古籍出版社，2009.

[6] 陈旭麓，方诗铭，魏建猷. 中国近代史词典［M］. 上海：上海辞书出版社，1982.

[7] 程翔章，程祖灏. 樊增祥年谱［M］. 武汉：华中师范大学出版社，2017.

[8] 程翔章，程祖灏. 王柏心年谱［M］. 武汉：华中师范大学出版社，2019.

[9] 费行简. 近代名人小传（影印本）［M］. 北京：中国书店，1988.

[10] 甘孺. 永丰乡人行年录（罗振玉年谱）［M］. 南京：江苏人民出版社，1980.

[11] 郭廷以. 近代中国史事日志［M］. 北京：中华书局，1987.

[12] 郭廷以. 中华民国史事日志［M］. 台北：近代史研究所，1979.

[13] 湖北省人民政府文史研究馆，湖北省博物馆. 湖北文征（第十一卷）［M］. 武汉：湖北人民出版社，2000.

[14] 黄万机. 黎庶昌评传［M］. 贵阳：贵州人民出版社，1989.

[15] 金梁. 近世人物志［M］. 北京：北京图书馆出版社，2007.

[16] 江庆柏. 清代人物生卒年表［M］. 北京：人民文学出版社，2005.

[17] 梁启超. 清代学术概论［M］. 北京：东方出版社，1996.

[18] 刘成禺. 世载堂杂忆 [M]. 钱实甫，点校. 北京：中华书局，1960.

[19] 罗继祖. 雪堂类稿 [M]. 萧文立，编校. 沈阳：辽宁教育出版社，2012.

[20] 杨守敬. 邻苏老人手书题跋（石印本）[M]. 宜都：杨氏观海堂，1916.

[21] 马洪林，郭绪印. 中国近现代史大事记 [M]. 上海：知识出版社，1984.

[22] 马卫中，董俊珏. 陈三立年谱 [M]. 苏州：苏州大学出版社，2010.

[23] 缪荃孙. 艺风老人日记 [M]. 北京：北京大学出版社，1986.

[24] 皮明庥. 湖北历史人物辞典 [M]. 武汉：湖北人民出版社，1984.

[25] 钱伯城，郭群一. 艺风堂友朋书札（下）[M]. 顾廷龙，校阅. 上海：上海人民出版社，2018.

[26] 荣孟源，张伯锋. 近代稗海（第一辑）[M]. 成都：四川人民出版社，1985.

[27] 上海图书馆编. 汪康年师友书札（3）[M]. 上海：上海书店出版社，2017.

[28] 司马朝军，王文晖. 黄侃年谱 [M]. 武汉：湖北人民出版社，2005.

[29] 王承仁，曹木清，吴剑杰，等. 中国近百年史辞典 [M]. 武汉：湖北人民出版社，1986.

[30] 吴永. 庚子西狩丛谈 [M]. 刘治襄，记；鄢琨，标点. 长沙：岳麓书社，1985.

[31] 吴天任. 杨惺吾先生年谱 [M]. 台北：艺文印书馆，1974.

[32] 吴文治. 中国文学史大事年表 [M]. 长沙：岳麓书社，1996.

[33] 魏绍昌，管林，刘济献，等. 中国近代文学辞典 [M]. 郑州：河南教育出版社，1993.

[34] 汪诒年. 近代史料笔记丛刊：汪穰卿先生传记 [M]. 杭州：汪氏铸版，民国二十七年（1938 年）.

[35] 许全胜. 沈曾植年谱长编 [M]. 北京：中华书局，2007.

[36] 杨守敬. 杨守敬年谱 [M] //近代名人年谱丛刊. 上海：大陆书局，1933.

[37] 杨守敬. 杨守敬集 [M]. 武汉：湖北人民出版社/湖北教育出版

社，1988-1997.

［38］杨世灿. 杨守敬学术年谱［M］. 武汉：湖北人民出版社，2004.

［39］赵平. 杨守敬书法艺术研究［M］. 武汉：湖北人民出版社，2011.

［40］赵尔巽，等. 清史稿［M］. 上海：上海古籍出版社/上海书店，1986.

［41］中国人民大学清史研究所. 清史编年［M］. 北京：中国人民大学出版社，2000.

［42］张舜徽. 清人文集别录（上、下）［M］. 北京：中华书局，1963.

［43］张之洞. 张之洞全集［M］. 石家庄：河北人民出版社，1998.

［44］张之洞. 张之洞诗文集（增订本）［M］. 庞坚，校点. 上海：上海古籍出版社，2015.

［45］杉村邦彦. 从《雪柯日记》中出现的有关记述看杨守敬与松田雪柯、岩谷一六、日下部鸣鹤之间的交流［M］//陈上岷. 杨守敬研究学术论文选集. 武汉：崇文书局，2003.

［46］谢承仁. 杨守敬生年辨正［M］//谢承仁. 杨守敬集（第十三册）. 武汉：湖北人民出版社/湖北教育出版社，1988-1997.

［47］谢承仁. 杨守敬与《水经注疏》［M］//陈上岷. 杨守敬研究学术论文选集. 武汉：崇文书局，2003.

［48］杨正泰. 晚清地学界泰斗：简论杨守敬的治学成就［M］//历史地理研究（第 2 辑）. 上海：复旦大学出版社，1990.

二、论文类

［1］陈捷.《罗振玉手札》所收罗振玉致杨守敬书札考察［J］. 文献（季刊），2009（3）：171-181.

［2］陈开勇. 从《悉昙字记》到《悉昙三书》：汪康年、罗振玉、罗福苌刊行梵汉悉昙文献始末考［J］. 浙江社会科学，2018（4）：141-150.

［3］陈志平.《杨守敬集》校补六则［J］. 书法研究，2016（1）：109-119.

［4］常凤香. 杨守敬的藏书及其下落［J］. 文史杂志，1999（3）：34-35.

［5］程俊英. 杨守敬书学著作四种考论［J］. 书法赏评，2017（6）：40-45.

［6］程俊英. 同道相益：杨守敬对山本竟山的传习授书［J］. 中国书画，2019（5）：44-48.

[7] 傅世金. 从《水经注疏》到《湖北江汉水利议》[J]. 中国三峡，2011 (10) : 75-81;2.

[8] 贺宏亮. 新见三十五通杨守敬信札考释 [J]. 中国书法，2016 (3) : 22-33.

[9] 韩悦. 杨守敬题跋本诸经单疏四种的特殊价值 [J]. 图书馆杂志，2019 (5) : 88-95.

[10] 胡振宇. 记杨守敬与罗振玉讨论甲骨文之信一帧 [J]. 中国文化，1997 (15、16 合刊) : 84-86.

[11] 金人. 半生心血萃兹篇：杨守敬、熊会贞合撰《水经注疏》[J]. 书屋，2013 (9) : 19-23.

[12] 雷平，邹俊涛. 杨守敬学术交游述略 [J]. 三峡大学学报（人文社会科学版），2015 (1) : 1-5.

[13] 刘济民. 杨守敬为日本汉诗题写书名并书黄遵宪序文 [J]. 三峡论坛，2011 (6) : 115.

[14] 刘信芳整理. 杨守敬函稿 [J]. 东南文化，1989 (Z1) : 243-247.

[15] 刘信芳整理. 杨守敬函稿 [J]. 东南文化，1991 (1) : 265-169.

[16] 刘信芳整理. 杨守敬函稿 [J]. 东南文化，1991 (5) :317-321.

[17] 刘信芳整理. 杨守敬函稿 [J]. 东南文化，1992 (1) :269-273;122.

[18] 毛本栋. 杨守敬东瀛收书 [J]. 老年教育（书画艺术），2017 (12) : 56.

[19] 毛先唯. 杨守敬书法应酬对其学术研究的影响 [J]. 荣宝斋，2020 (4) : 6-31.

[20] 石田肇.《古逸丛书》的刊刻及刻工木村嘉平史略 [J]. 贵州文史丛刊，1992 (3) : 41-52.

[21] 宋泽宇. 罕见的湖北通志稿本 [J]. 档案记忆，2018 (4) : 23-25.

[22] 沈必晟. 杨守敬早年与江汉关的两段缘分 [J]. 中国书画，2019 (5) : 34-37.

[23] 沈必晟. 杨守敬的早年行迹和经济来源 [J]. 中国书法，2016 (3) : 44-45.

[24] 施和金. 试论杨守敬历史地理学的成就与地位 [J]. 华中师范大学学报（人文社会科学版），1984 (1) : 58-65.

[25] 万波. 清杨守敬行书东坡诗轴 [J]. 收藏, 2013 (15): 27.

[26] 王倚平. 馆藏杨守敬书法作品解读 [J]. 中国书法, 2008 (10): 51-52.

[27] 郗志群. 杨守敬致罗振玉的一封信 [J]. 文献, 1998 (4): 281-285.

[28] 杨斌. 杨守敬致谭献手札二通考释 [J]. 书法研究, 2020 (2): 124-136.

[29] 赵嘉. 古籍版本图录在藏书题跋整理中的作用: 以《善本真迹》所收杨守敬题跋为例 [J]. 新世纪图书馆, 2018 (7): 78-82.

[30] 曾迎三. 清道人年谱 (一) [J]. 内江师范学院学报, 2013 (9): 16-24.

[31] 曾迎三. 清道人年谱 (二) [J]. 内江师范学院学报, 2013 (11): 27-37.

[32] 曾迎三. 清道人年谱 (三) [J]. 内江师范学院学报, 2014 (1): 14-26.

[33] 曾迎三. 清道人年谱 (四) [J]. 内江师范学院学报, 2014 (5): 17-24.

[34] 曾迎三. 清道人年谱 (五) [J]. 内江师范学院学报, 2014 (11): 23-38.

[35] 占如默. 陶风楼藏杨守敬致倪文蔚手札考释 [J]. 文献 (双月刊), 2016 (4): 108-132.

[36] 张春玲. 日本书道之父杨守敬东瀛访书 [J]. 东方收藏, 2013 (10): 126-127.

[37] 张俊峰. 杨守敬与印人的交往及其用印特点 [J]. 书法, 2020 (6): 124-137.

[38] 周敏珏. 端方与杨守敬金石交游考述 [J]. 中国书法, 2019 (17): 24-35.

后　记

杨守敬生前就被国人誉为“硕学通儒”，他不仅在历史地理、目录版本、金石文字、校勘出版、书学理论与书法作品等方面均有建树，其藏书之富亦闻名士林，其古文骈体之优亦受到学人的普遍认同与赞誉，是名副其实的享誉海内外的文化大师、国学大师。他也是笔者较早关注的湖北近代重要作家之一——早就想全面、深入地研究他，并在平时注意收集他的相关资料，还在前几年写了一篇三万余字的研究、介绍他的文章（因文章太长，未发表，此次已收入《湖北近代作家研究（第二集）》），为编纂他的年谱或撰写他的评传做准备。只是由于他的作品太多，仅收入《杨守敬集》中的就有四十多种，十三巨册，需要慢慢地阅读消化；加之自己的杂事太多，准备不足，故迟迟未能集中精力动手写作。

疫情期间，不能出门，笔者在编撰完《吴禄贞年谱》后，便集中精力、一心一意编撰《杨守敬年谱》，且一鼓作气完成了初稿。随后便对其进行完善、补充、修改，预计定稿时可达三十万字。然而，杨守敬本身就是一座富矿——随着书稿修改工作的逐步推进，时有新的材料发现；到修改工作接近尾声时，仅搜集到的他的佚文（含题跋、书函）就有数十篇之多，书稿的字数可能要达到四十万字。

此处需要特别提到的是，在为本书稿查阅相关资料，对其进行完善、补充、修改的过程中，得到校图书馆副研究馆员王朝晖、刘勇、乔菊英老师和文学院资料室高景老师的多次帮助，在此表示真诚的谢意。

去年下半年，由于华中师范大学出版社领导的积极推动和各位专家评委的大力支持，我们申报的 2020 年度湖北省学术著作出版专项资金项目——“‘湖北近代文学研究’丛书（第一辑）”获得批准，《杨守敬年谱》被纳入其中。至此，笔者才算松了一口气——终于对自己有一个交代了。

作　者
2021 年 1 月 6 日